Tapezier

Kleister
Tapezier
Bordüren
Vliestape
Glasfase

Gesta

Die Welt
Räume r
Räume r
Bilder au
Mit Licht
Lebensra
Küchenp
Sitzplätz
Fliesens
Küche u
Eingangsbereich: Gestaltung 108
Treppenhäuser gestalten 111
Relax-Oasen gestalten 142
Teppichböden richtig auswählen 144
Kinderparadiese gestalten 162
Hölzer und Holzfarben 166
Arbeitszimmer gestalten 182
Badgestaltung 204
Fliesen bekleben 208
Wirtschaftsräume optimal nutzen 234

en

ben 17
nkunde 35
mbole 37
en Wohnbereich 38
78
Dübel 120
ntensysteme 124
suren 135
richtig auswählen 144
152
Laminat 165
ungen 220

e

Pinsel, Farbroller & Co. 28
Werkzeuge zum Tapezieren 39
Hammer & Nagel 52
Werkzeuge zum Verfliesen 82
Richtig bohren 118
Werkzeuge für Fertigparkett und Laminat 168
Standardwerkzeuge im Überblick 248
Elektrowerkzeuge im Überblick 253
Checkliste Werkzeug 257

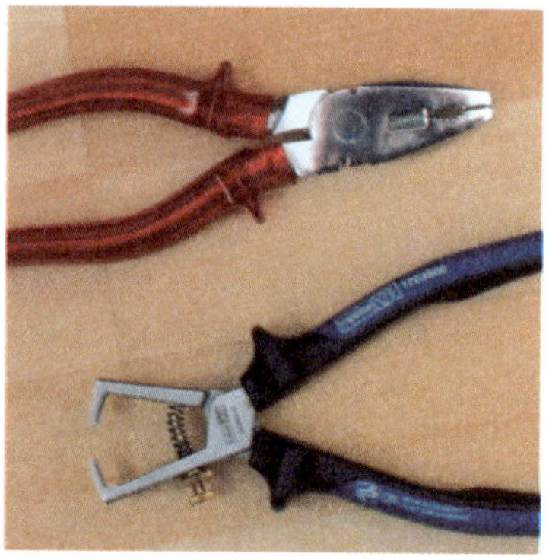

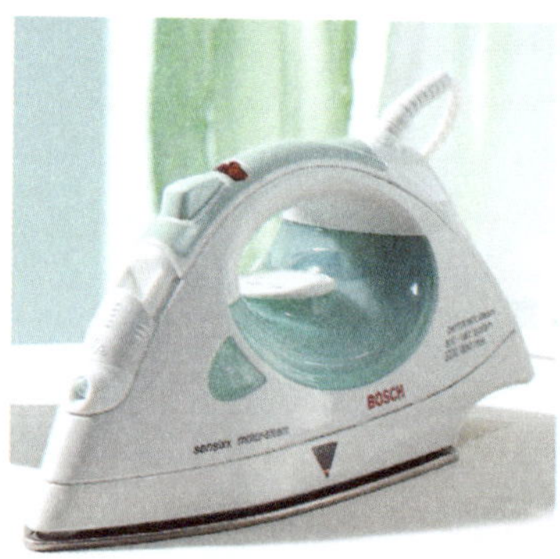
BOSCH

Yara Hackstein
Tobias Pehle

Do it yourself
für Frauen

- Einrichten
- Renovieren
- Reparieren

DÖRFLER
RATGEBER

Selbst ist die Frau

Vorwort	8
Wohnbereich	10
Die Welt der Farben	12
Räume mit Farben verändern	16
Dispersionsfarben	17
Wände & Decken selbst streichen	19
Die Vorarbeiten: Schlüssel zum Erfolg	20
Untergrund vorbehandeln	21
Alte Tapeten entfernen	22
Risse & Löcher zuspachteln	24
Richtig abkleben	26
Pinsel, Farbrolle & Co.	28
Flüssigdispersion streichen	30
Kreative Wandeffekte	32
Räume mit Tapeten gestalten	34
Kleine Tapetenkunde	35
Die Tapetensymbole	37
Tapeten für den Wohnbereich	38
Werkzeug zum Tapezieren	39
Kleister auswählen und ansetzen	40
Tapezieren mit Papiertapeten	42
Bilder aufhängen	50
Hammer & Nagel	52
Wechselrahmen aufhängen	54
Mit Licht Atmosphäre zaubern	56
Die Hauselektrik	58
Keine Angst vor Strom	59
Lichtschalter gegen Dimmer tauschen	60
Fernbedienungen installieren	62
HiFi-Anlage anschließen	64
Fernseher & Co. anschließen	66
Küche	68
Lebensraum Küche	70
Küchenplanung	72
Sitzplätze gestalten	76
Fliesen	78
Selber fliesen	79
Die Vorplanung	80
Wände richtig fliesen	81
Werkzeuge zum Verfliesen	82
Boden verfliesen	84
Fliesespiegel umgestalten	88
Fugen auffrischen	90
Arbeitsplatte abdichten	92
Küchenschrank aufhängen	94
Küchenschranktüren richten	96
Ausgebrochene Tür reparieren	98
Küche und Esstische beleuchten	100
Unterbauleuchte anbringen	102
Hängeleuchte montieren	104
Eingangsbereich	106
Gestaltung	108
Treppenhäuser gestalten	111
Bordüren kleben	112
Wände strukturieren	114
Richtig bohren	118
Schraube und Dübel	120
Garderobe anbringen	122
Halogen-Leuchtensysteme	124
Schienensystem anbringen	126
Rauchmelder installieren	130
Holz aufarbeiten	132
Vorarbeiten	133
Lacke und Lasuren	135
Türen lackieren	136
Heizkörper streichen	138
Schlafzimmer	140
Relax-Oasen gestalten	142
Teppichböden richtig auswählen	144
Die Verlegearten	147
Teppichboden verlegen	148
Fußleisten befestigen	150
Vliestapeten	152
Vliestapeten verkleben	153
Vorhänge	156
Vorhangstange befestigen	158
Kinderzimmer	160
Kinderparadiese gestalten	162
Wickel-Werkstatt Babyzimmer	164
Holzböden	165
Hölzer und Holzfarben	166
Fertigparkett und Laminatböden verlegen	167
Werkzeug und Material	168
Click-Böden selbst verlegen	170
Mit fester Farbe streichen	176
Regal an Hohlraumwand aufhängen	178
Arbeitszimmer	180
Arbeitszimmer gestalten	182
Büromöbel zusammenbauen	184
Glasfasertapete verkleben	188
Glasfaser verarbeiten	189
Telefoninstallation	192
Telefonnetz erweitern	195
Kabel verlegen	196
Computer verkabeln	198
Leuchtmittelwechsel	200
Badezimmer	202
Badgestaltung	204
Fliesen überstreichen	207
Fliesen bekleben	208
Accessoires anbringen	210
Spiegel montieren	212
Spiegel mit Click-System montieren	214
Spiegelschrank anbringen	216
Duschabtrennungen	220
Badewannenaufsatz selbst montieren	221
Massagebrause anbringen	224
Tropfender Wasserhahn	226
Verstopften Abfluss reinigen	228
WC-Sitz ersetzen	230
Haushaltsraum	232
Wirtschaftsräume optimal nutzen	234
Regalwand anschrauben	236
Kanten umleimen	238
Waschmaschine und Trockner anschließen	240
Bügeleisenschnur ersetzen	244
Werkzeuge	246
Standardwerkzeuge im Überblick	248
Elektrowerkzeuge im Überblick	253
Zubehör	256
Checkliste Werkzeuge	257
Internetadressen	258
Impressum	259
Register	260

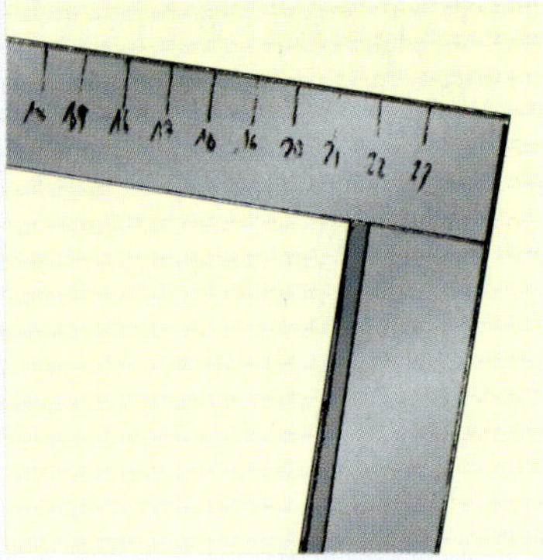

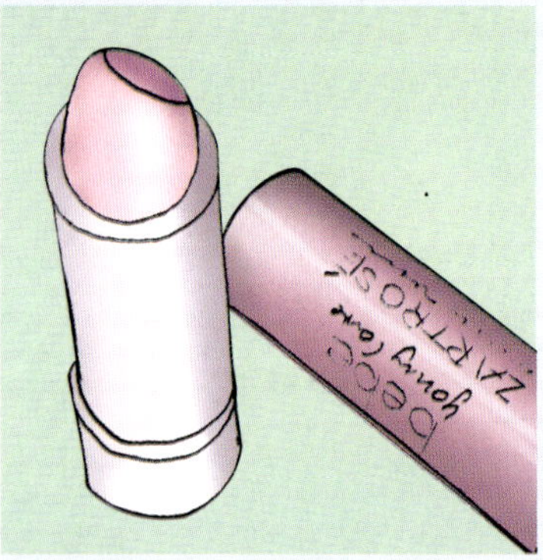
beco
ZARTROSE

BOSCH

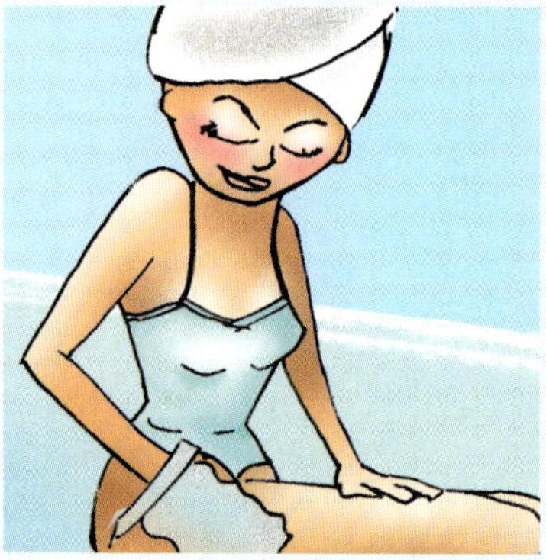

„Hallo Frauen!“

Wodurch glänzen Männer? Durch Abwesenheit – vor allem dann, wenn wir sie brauchen! Und was lernen wir daraus? Dass wir sie am besten nicht brauchen, wenn wir sie bräuchten! Und dabei helfen wir Ihnen – zumindest bei allem rund ums Wohnen.

Wenn Sie ein neues Regal aufhängen wollen, dann können Sie das künftig selbst. Genau wie Tapezieren, Fußbodenverlegen oder Möbelzusammenbauen. Das ist alles gar nicht so schwer – was man schon daran erkennt, dass das selbst Männer können. Hat Ihre bessere Hälfte dann doch einmal Zeit – dann stehen Sie nicht mehr untätig daneben. Puksäge, Pump-Fix, Papageienschnabel? Kein Problem! Und im Baumarkt irren Sie auch nicht mehr umher wie im Dschungel.

Wenn Sie den Haushalt schmeißen, Kinder groß ziehen und im Job Ihre Frau stehen, werden Sie ganz bestimmt nicht am Heimwerken scheitern. Und Spaß macht es so ganz nebenbei auch noch – vor allem, wenn man dabei auf die Machosprüche der Typen verzichten kann.

Suchen Sie eine konkrete Arbeitsanleitung, dann schauen Sie am besten in den Quickfinder ganz vorn oder ganz hinten im Buch. Und wenn Sie konkret einen Raum umgestalten wollen, dann richten Sie sich nach der Kapiteleinteilung. Im letzten Kapitel finden Sie zudem kompakte Informationen zu allen Werkzeugen inklusive Checkliste für den Einkauf.

Sie sehen: Wir stehen Ihnen mit allen wichtigen Grundinformationen zur Seite. Und wenn Sie doch auf ein Detailproblem stoßen sollten, was wir nicht beschrieben haben, dann heißt es einfach: Köpfchen einschalten. Das tun Männer ja ab und zu auch.

Also: Handschuhe an, Wimpern hoch und los!

Wohnbereich

„Fehlt nur noch, dass Du Dir auch noch die Schuhe passend zum Teppich kaufst!“

Wohnen, so wie ich es mag. In einem Stil, der zu mir passt. Mit Farben, die ich liebe. In Räumen, in denen ich mich wohl fühle. Das ist der Gestaltungsschwerpunkt in diesem Kapitel. Ob romantisch und gemütlich, kühl und elegant, farbenfroh und peppig – eine kleine Farbberatung macht es leicht, den Wohnraum dem eigenen Stil entsprechend anzupassen. Dazu finden Sie alle Basisinformationen rund ums Streichen. Wenn Sie Ihre Wände lieber mit Tapeten gestalten möchten, ist dies auch kein Problem: Das Kapitel zeigt, worauf Sie bei der Tapetenauswahl achten müssen und wie Sie Papiertapeten professionell an die Wand kleben. Und damit Sie sich auch abends in Ihrem Wohnbereich richtig wohl fühlen, gehen wir detailliert darauf ein, wie man mit stimmungsvoller Beleuchtung Atmosphäre zaubert und Schönes ins richtige Licht rückt. Die Technikschwerpunkte liegen auf der Hauselektrik sowie der HiFi- und Fernsehtechnik.

Die Welt der Farben

Die Welt der Farben spiegelt Gefühle, Stimmungen, Lebenseinstellungen wieder. Kein anderes Element prägt die Wohnraumgestaltung so nachhaltig wie die Farbe von Decke und Wänden.

Der Farbgestaltung gilt deshalb besondere Aufmerksamkeit – vor allem im Wohnbereich. Dabei kommt es sowohl auf die Wirkung nach innen als auch auf die Wirkung nach außen an. Die Farbgestaltung sollte natürlich so gewählt werden, dass Sie selbst sich wohl fühlen, aber auch gleichzeitig Ihre Familie oder Ihr Freundeskreis. Der Wohnbereich ist nämlich immer beides: Ort der Entspannung und des Wohlbefindens, aber auch Ort der Kommunikation und des gemeinschaftlichen Erlebens.

Aber welche Farbe passt zu mir und meiner Lebenseinstellung? Und: Welche Farben harmonieren miteinander? Die verschiedenen Farbwelten auf den nächsten Seiten helfen Ihnen bei der Entscheidung und vereinfachen den Einkauf. Denn alle Markenhersteller bieten vorgemischte Anstrichmittel für die jeweiligen Farbkombinationen. Innerhalb dieser Programme sind die Farbtöne exakt aufeinander abgestimmt und erleichtern so die Farbzusammenstellung.

Die hier vorgestellten Farbwelten verstehen sich dabei als Anregung, nicht aber als feste Vorgabe: Selbstverständlich lassen sich die Farben auch ganz anders kombinieren. Denn was als harmonisch empfunden wird, ist immer auch eine Frage des eigenen Geschmacks.

Der besondere Tipp

- **Beachten Sie bei der Farbwahl Möblierung, Bodenbelag und Stoffe – selbst der schönste Farbton nutzt nichts, wenn er sich mit anderen dominanten Farben wie z.B. denen der Sitzgarnitur oder des Teppichs beißt.**
- **Greifen Sie vorhandene Farben auf – z.B. vom Stoffmuster der Couch. Das wirkt immer besonders harmonisch.**
- **Wenn Sie sich nicht zwischen zwei Farben entscheiden können, wählen Sie die hellere! Sie bringt mehr Licht und Freundlichkeit in den Raum.**
- **Seien Sie mutig! Ein Anstrich ist keine Entscheidung fürs Leben. Selbst wenn Ihnen schon in ein oder zwei Jahren die Farben nicht mehr gefallen – neu zu streichen ist weder besonders teuer noch sehr arbeitsintensiv.**

Hell, klar & sehr neutral: die weiße Welt

Jahrzehnte war sie die Nummer eins bei der Wohnraumgestaltung: die Farbe Weiß. An den Wänden und an der Decke taucht sie den Raum in neutrale Helligkeit und lässt ihn groß und weit erscheinen. Der Vorteil dabei: Weiß harmoniert mit allen anderen Farben und Materialien. Dabei passt es perfekt zu jeder Art der Möblierung. Ob naturnahe Holztöne, elegantes Grau-Schwarz oder leuchtend bunte Farben – Weiß im Hintergrund sichert allen Raumdetails einen perfekten Auftritt.

Wenn man überhaupt von einem Nachteil bei der weißen Welt sprechen kann, dann von dem, dass sie heute ein bisschen langweilig erscheint. Ein rundum mit weißer Farbe gestalteter Raum erstickt förmlich in Neutralität und drückt somit weder eine besondere Stimmung noch ein spezielles Lebensgefühl aus. Die individuelle Note einer Raumgestaltung lässt sich hier nur durch Möblierung, Stoffe und Bodenbeläge erzeugen, nicht aber durch die Wandgestaltung.

Weiß ist heute dennoch nicht aus den eigenen vier Wänden fortzudenken – vor allem bei der Deckengestaltung. Durchweg in bunten oder abgetönten Farben gestaltete Räume überfrachten die Wohnung schnell mit Reizen. Eine weiße Fläche hingegen wirkt immer wohltuend ruhig. Aufgrund seiner Neutralität eignet sich Weiß also besonders zur Kombination mit anderen Farbwelten.

Angetönte Farbe: die Welt der unaufdringlichen Eleganz

Leicht angetönte Farbe – von sandigem Beige über dezentes Lindgrün bis hin zu edlem Hellgrau – taucht die Räume in eine so dezente wie elegante Farbwelt. Die Wände springen nicht sofort ins Auge – Möblierung und Einrichtungsdetails ziehen weiterhin die Aufmerksamkeit auf sich. Ihre Wirkung wird sogar noch gesteigert, wenn die Wandfarben die Farben der Inneneinrichtung aufgreifen und so ein besonders harmonisches Gesamtbild erzeugen. Der Look wirkt modern und strahlt einen Hauch angenehmer Kühle aus. Trotz der Farbe entsteht ein eher sachliches Ambiente, das ein offenes, zeitgerechtes Lebensgefühl vermittelt.

Zum Stil passen vor allem leichte, helle Stoffe und edle Hölzer. Eine farblich eher reduzierte Einrichtung in klarem Design unterstreicht den Anspruch einer unaufdringlichen Eleganz.

Aufgrund der dezenten Wirkung lassen sich auch kleinere Räume gut rundum in einem Farbton gestalten, ohne dass dies aufdringlich oder reizüberflutend wirkt. Die Decke muss nicht zwangsläufig weiß bleiben. Auch hier lässt sich mit Farbe wie z. B. mit einem sanften Hellblau der Stil unterstreichen. Selbst die Kombination von verschiedenen Tönungen ist möglich – dies empfiehlt sich aber eher für größere Räume.

Rottöne & erdige Farben: die warme Welt

Der Wohnbereich als Hort der Gemütlichkeit, als Oase der Entspannung und des Wohlbefindens, dieses Ambiente unterstreichen erdige Farben und ausgesuchte Rottönungen. Die Wandgestaltung spielt eine raumprägende Rolle. Sie bildet die Bühne, auf der besonders antike Möbelstücke kombiniert mit schweren Stoffen einen überzeugenden Auftritt bieten.

Die Grundgestaltung dieser warmen Farbatmosphäre verkörpert Wertbewusstsein und einen gediegenen Lebensstil. Die mit der Farbwelt verbundenen Anleihen an traditionellen Gestaltungsmustern müssen aber nicht zwangsläufig antiquiert wirken: Durch bewusst gesetzte Kontraste – z. B. mit Möbeln in modernem Design oder mit

zeitgenössischer Kunst – lässt sich ein aktuelles Raumempfinden schaffen.

Nachteilig ist, dass der eher dunkle Grundcharakter der Farben Räume kleiner erscheinen lässt, was wiederum die Gemütlichkeit unterstreicht. Eine weiße und damit kühl wirkende Decke läuft dem angestrebten Gestaltungsstil zuwider. Empfehlenswerter sind hier leicht angetönte Farben wie z. B. ein sanftes Beige.

Helle, freundliche Farben: die Welt der guten Laune

Guten Morgen, gute Laune – so begrüßen Räume in frischen, hellen Farbtönen schon morgens den Tag. Helles Gelb, saftiges Grün oder ein freundliches Hellblau sprechen für einen aktiven Lebensstil, für Spaß und Optimismus. Sie unterstreichen einen jungen Einrichtungsstil, der sich durch Klarheit und bewusste Kontraste auszeichnet. In der Kombination mit Einrichtungsgegenständen aus Glas und Stahl oder farbig beschichteten Hölzern läuft diese Farbwelt zu ihrer Höchstform auf.

Die Räume wirken großzügig und frei. Hier kann sich Kreativität aktiv entfalten. Die Atmosphäre ist einladend und weltoffen. Allein anheimelnde Gemütlichkeit sucht man

Der besondere Tipp

- **Ein weißer Raum muss nicht gleich gänzlich neu gestrichen werden, um Farbe ins Spiel zu bringen. Streichen Sie nur eine Wand in einer kräftigeren Farbe – das sichert dieser Zone Aufmerksamkeit und belebt den Raum.**
- **Wenn man nur wenige Möbelstücke oder Einrichtungsgegenstände besitzt, wirken diese selbst in größeren Räumen nicht verloren, wenn ein Teil der Wände in besonders kräftigen, leuchtenden Farben gestrichen ist.**

hier vergebens. Um auch abends entspannende Ruhe zu empfinden, ist deshalb eine bewusste Lichtgestaltung unerlässlich.

Die Farbgestaltung der Wände setzt ein hohes Maß an Sensibilität bei der Auswahl von Stoffen und anderen farbigen Einrichtungsgegenständen voraus, denn für ein harmonisches Gesamtbild müssen alle Details sorgfältig aufeinander abgestimmt sein.

Kräftige, leuchtende Farben: die Welt der Fröhlichkeit

Blau, Rot, Gelb spielen hier zum Pop-Konzert auf: Kräftig und klar, laut und leuchtend springen die Wände unübersehbar ins Auge und werfen ein bezeichnendes Schlaglicht auf die Bewohner. Die Farben stehen für einen klaren Geist, eine moderne Lebenseinstellung und einen selbstbewussten Charakter, aber auch für innere Strenge und Konzentration auf das Wesentliche.

Bei der Einrichtung sind klare Linienführung, unaufdringliche Stoffdesigns und helle Materialien erste Wahl. Verspieltes ist hier genauso unangebracht wie große Vielfalt. Im Gegenteil: Der Farblook sichert vor allem einigen wenigen ausgesuchten Einrichtungsdetails ihren großen Auftritt.

Die Grundgestaltung orientiert sich an der klassischen Moderne, die sich auf wenige Grundfarben in der Kombination mit viel Weiß konzentriert – und das aus gutem Grund: Damit die Farben die Räume nicht überfluten, müssen der aufregenden Farbwelt sorgfältig ausgesuchte Ruhepole gegenübergestellt werden. Weiße Decken und auch kontrastierende weiße Wände sind deshalb nahezu unverzichtbar.

Räume mit Farben verändern

Farben und Farbmuster haben maßgeblichen Einfluss auf das Raumempfinden: Sie können kleine Räume größer und offener erscheinen lassen, aber auch große Räume intimer und gemütlicher.

Unterschiedliche Farb-Kombinationen oder Hell-Dunkel-Kontraste verleihen demselben Raum einen jeweils ganz anderen Charakter und unterschiedliche Wirkung.

Frische, helle Farben – wie hier hellblau und grün – lassen den Raum großzügig wirken, eine dunkle Decke (r.) lässt ihn deutlich niedriger erscheinen.

Die Raumwirkung wird entscheidend von der Helligkeit und dem Kontrast der eingesetzten Farben geprägt. Ganz allgemein gilt dabei: Helle Farben lassen Räume größer erscheinen, dunkle kleiner. Indem man diese beiden Grundeigenschaften der Farben für die Raumwirkung miteinander bewusst kombiniert, lässt sich das Raumempfinden gezielt verändern. Das Geheimnis liegt dabei im Kontrast von hellen und dunklen Farbtönen.

Die besten Tricks, die Raumwirkung zu verändern, sind:

- Kleine Räume wirken größer, wenn Decke und Wände in einem hellen Farbton gestrichen werden. Wichtig dabei: Der Übergang von Wand zur Decke sollte kaum wahrnehmbar sein.
- Ein niedriger Raum wirkt höher, wenn Decke und Wände in unterschiedlichen Farben gestrichen werden. An die Decke kommt die hellere Farbe und schließt exakt an der Deckenkante ab.
- Ein hoher Raum hingegen wirkt niedriger, wenn man die Decke in einer dunkleren Farbe streicht. Bei besonders hohen Räumen lässt sich diese Wirkung noch intensivieren, indem man eine sehr stark kontrastierende Farbe einsetzt und diese auch noch ein Stück an der Wand herunterzieht.
- Ein langer schlauchartiger Raum wirkt wesentlich proportionierter, wenn man die Kopfseiten in dunkleren Farben gestaltet.
- Ein Raum wirkt tiefer, wenn man die Kopfseiten hell absetzt.

Dispersionsfarben

Wenn das Wohnzimmer in neuem Glanz erstrahlen soll, kommt heute eigentlich nur noch eine Art Farbe zum Einsatz: die Dispersionsfarbe. Sie ist das richtige Anstrichmittel für Stein, Putz und Tapete. Nur bei Holz und Metall greift man zu Lacken (siehe auch S. 135 ff.).

Die Bestandteile, aus denen Dispersionsfarben bestehen, sind „dispergiert", d.h. sie schwimmen in feinster Verteilung in der Farbflüssigkeit. Neben den Farbpigmenten, die den Farbton einer Dispersionsfarbe bestimmen, kommt es vor allem auf das verwendete Bindemittel an. Man unterscheidet Dispersionsfarbe auf Basis von Acrylharzen und von Latex.

Acrylharzfarben überziehen die Wand sozusagen mit einer atmungsaktiven zweiten Haut. Luft und Feuchtigkeit können in die Wand eindringen und dort auch wieder abtrocknen. Bei Latexfarben hingegen entsteht eine wesentlich undurchlässigere Schicht. Beides hat Vor- und Nachteile: Während Acrylharzfarben ein angenehmeres Raumklima erzeugen, sind Latexfarben besonders widerstandsfähig und pflegeleicht; sie sind z.B. scheuerbeständig.

Acrylharzfarben sind wesentlich preiswerter als Latexfarben. Für die meisten Räume im Haus setzt man sie deshalb gerne ein. Speziell für so genannte Feuchträume, wie Küchen und Bäder, bietet der Handel zudem spezielle Feuchtraumfarben an. Latexfarben sind aber in der Regel auch hier ausreichend.

Die Materialeigenschaften sind die eine Seite der Medaille, die Optik eine andere. Ganz wichtig ist hier der Glanzgrad: Man unterscheidet bei Latexfarben „Matt" von „Seidenmatt" und „Hochglanz". Dispersionsfarben sind in der Regel „Matt". Diese Farben vermitteln ein sehr natürliches Raumgefühl. Je glänzender die Farben werden, desto edler und intensiver wirken sie.

Die Farbmischungen

Wenn es bunt werden soll, bieten sich zwei Möglichkeiten an: Entweder man mischt den Farbton selbst an oder aber man greift zu fertig abgemischten Farben.

Selbst Farben zu mischen hat den Vorteil, dass man ganz individuelle Farbtöne schaffen kann. Als Basis dient weiße Farbe, der man so genannte Abtönfarbe zusetzt. Diese Abtönfarben gibt es in verschiedenen Grundtönen wie z.B. blau, rot oder braun. Je nachdem, welche und wie viel Farbe man mit dem Weiß vermischt, entstehen mehr oder weniger intensive Farbtöne. Das macht Spaß und ist wesentlich preiswerter, als zu fertig gemischten Farben zu greifen.

Allerdings hat das Ganze auch Nachteile: Wenn man einen bestimmten Farbton vor Augen hat, ist es ziemlich schwierig diesen anzusetzen, weil man beispielsweise für einen dunkleren Rotton eben nicht nur rote, sondern auch ein bisschen schwarze Abtönfarbe benötigt. Bei größeren Räumen reicht es zudem nicht aus, nur einen Eimer weiße Farbe abzutönen, man muss in mehreren Farbeimern immer wieder dieselbe Farbe erzeugen, und das ist fast unmöglich.

Es ist deshalb insgesamt einfacher, zu fertig abgemischten Farben zu greifen. Hier kann man aus einer ganzen Palette von verschiedenfarbigen Anstrichmitteln wählen.

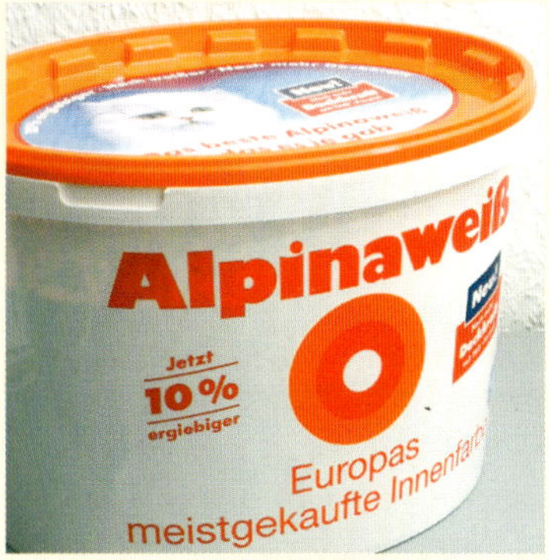

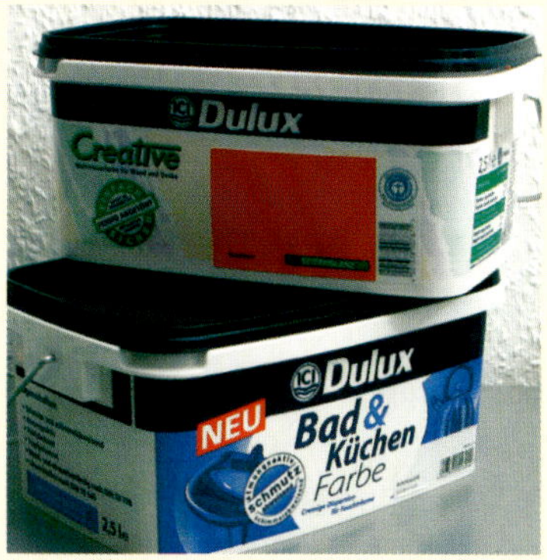

Der besondere Tipp

- Alle großen Baumarktketten bieten eigene Produkte an (Hausmarke), die preiswerter sind als Markenfarben und dennoch ähnliche Verarbeitungseigenschaften bieten.
- Lassen Sie sich beraten. Fachverkäufer wissen um die Vor- und Nachteile der einzelnen Farben.
- Achten Sie auf Sonderangebote. Vor allem Markenfarben gibt es immer mal wieder zu Sonderpreisen.
- Notieren Sie sich, welchen Farbton Sie gestrichen haben; so fällt es leicht, auch noch nach Jahren denselben Farbton nachzukaufen.

Das Spektrum reicht von sanften Pastellfarben bis hin zu kräftig leuchtenden Komplementärfarben. Wer ein bisschen unsicher ist, welche Farben zueinander passen, findet bei den Markenherstellern zudem feinfühlig aufeinander abgestimmte Farbmischungen.

Einige Baumärkte und Fachgeschäfte bieten an, Anstrichmittel nach Farbtabellen anzumischen. Hier ist die Auswahl an unterschiedlichen Farbtönen besonders groß. Nachteilig ist allein der etwas höhere Grundpreis dieser Farben.

Die Verarbeitungsqualität

Die Preisunterschiede bei Dispersionsfarben sind groß – und das aus gutem Grund: Die Anstrichmittel unterscheiden sich wesentlich in Bezug auf ihre Konsistenz und ihre Deckkraft – und damit in ihrer Verarbeitungsqualität. Flüssigdispersion ist das beliebteste Anstrichmittel. Die Farbe ist relativ dünnflüssig und spritzt deshalb stark. Markenfarbe ist relativ teuer, preiswerte Flüssigdispersionen decken allerdings nicht besonders gut. Eine dunkle Wand muss also mehrfach gestrichen werden, bis sie z.B. durchgängig weiß erstrahlt. Cremige Dispersionen sind hier verarbeitungsfreundlicher: Sie decken besser und spritzen nicht so sehr, sind aber auch wesentlich teurer als Flüssigdispersionen.

So genannte feste Farben spritzen schließlich so gut wie gar nicht und decken exzellent. Hier muss man beim Streichen noch nicht einmal Böden oder Möbel komplett abdecken.

Eine solche Verarbeitungsqualität hat natürlich auch ihren Preis. Feste Farben sind nur etwas für den gut gefüllten Geldbeutel. Für die meisten Streichvorhaben in den eigenen vier Wänden liegt man trotz der Vorteile von cremigen und festen Farben mit der Flüssigdispersion richtig. Sie garantiert professionell wirkende Ergebnisse zu einem angemessenen Preis-Leistungs-Verhältnis, aber nur dann, wenn man zu richtig guter und damit auch relativ teurer Farbe greift. Hochwertige Qualität lässt sich einfach besser verstreichen, bildet auf der Wand eine durchgängige Farbfläche aus und wirkt wesentlich hochwertiger als billige Farbe. So schwer es auch im Baumarkt fallen mag, zum nicht selten fast doppelt so teuren Markenprodukt zu greifen – den Kauf von billiger Farbe bereut man fast immer.

Wände & Decken selbst streichen

Wände und Decken selbst zu streichen, ist ein kreatives Vergnügen, für das man weder besondere Fähigkeiten noch außergewöhnliche Kräfte braucht, sondern nur Zeit und Willen. Ganz ohne Kraftaufwand geht es allerdings nicht.

Vor allem beim Streichen von Decken oder der Wandkanten zur Decke hin kommt man leicht ins Schwitzen, weil die mit Farbe vollgesogene Rolle mit der Zeit immer schwerer zu werden scheint. Und auch das Bücken zum Farbeimer geht mit der Zeit auf die Kondition. Jedoch kann man sich das Leben mit moderner Technik – beispielsweise durch einen elektrischen Farbroller – wesentlich erleichtern.

Je nachdem mit welcher Farbe man streicht, sind zum Teil kleine Unterschiede zu beachten. Die grundlegende Arbeitsanleitung für alle Farben finden Sie hier im Anschluss. Beachten Sie vor allem die Tipps zum Vorbereiten des Untergrunds.

Die Besonderheiten, die beim Streichen mit Strukturfarben oder mit Rollputz, der wie Farbe aufgestrichen wird, sowie beim Verarbeiten von fester Farbe zu beachten sind, werden in Kurzanleitungen gesondert beschrieben.

Arbeitsanleitungen:

Vorarbeiten:	Seite	20 – 27
Streichen mit Dispersionsfarben:	Seite	30 – 31
Kreative Farbeffekte:	Seite	32 – 33
Strukturfarben verstreichen:	Seite	114 ff.
Streichen mit fester Farbe:	Seite	114, 176 ff.

Grundieren mit Tiefgrund oder Makulatur sowie das Abkleben von Ecken und Kanten sichern den Erfolg beim Streichen mit Dispersionsfarbe.

Die Vorarbeiten: Schlüssel zum Erfolg

„Geht doch...auch ohne Buch!“

Beim Streichen ist es wie beim Zubereiten von feinen Speisen: Das Kochen an sich, also die Zutaten in den Topf zu geben und auf der richtigen Flamme zu garen oder zu braten, ist letztlich nicht das Arbeitsaufwändige. Der Erfolg der guten Küche steht und fällt mit der Vorbereitung, mit der Auswahl der Zutaten, dem Einkauf von qualitativ hochwertigen Lebensmitteln, dem Putzen und Schnippeln, dem Anrühren und Mischen. Beim Streichen verhält es sich nicht anders: Die Farbe professionell auf der Wand zu verstreichen ist letztlich nur das i-Tüpfelchen bei der Wandgestaltung. Die Arbeiten stehen und fallen mit dem Grundieren des Untergrunds, dem Ausspachteln von Löchern und Rissen sowie dem Abkleben und Abdecken.

Der besondere Tipp

- **Kalkulieren Sie für die Vorarbeiten mindestens doppelt soviel Zeit ein wie für das Streichen; bei einem nicht übermäßig möblierten Raum mit 20 m² Grundfläche benötigen Sie gut einen Tag für die Vorarbeiten.**
- **Führen Sie alle Vorarbeiten in Ruhe aus. Den Gesamteindruck bestimmen am Ende Details maßgeblich mit. Unsauber gestrichene Ränder – z.B. von schlecht abgeklebten Schaltern oder Sockelleisten – stören den Gesamteindruck und wirken unprofessionell.**

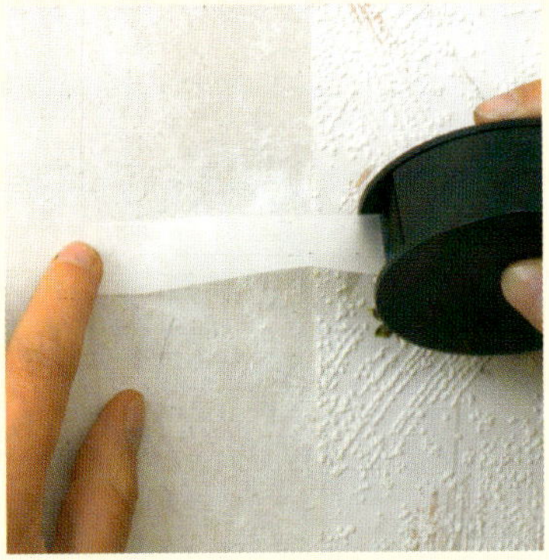

Der Abreißtest mit Klebeband zeigt, ob Altanstriche fest genug sind, um überstrichen zu werden.

Aufgeplatzte Tapetennähte kann man mit Kleister und Pinsel wieder befestigen.

Untergrund vorbehandeln

Damit die Farbe optimal haften kann und der Anstrich professionell wirkt, muss der Untergrund plan, sauber und haftfähig sein. Je nach Untergrund (siehe Kasten) sind dabei zum Teil sehr unterschiedliche Vorarbeiten notwendig.

Grundsätzlich sollten alle Flächen vor dem Tapezieren grundiert werden. Geeignet sind dafür so genannter Tapetenwechselgrund und Makulatur zum Aufstreichen.

Altanstriche

Soll eine bereits einmal gestrichene Fläche übermalt werden, prüft man zunächst, ob der Altanstrich der neuen Farbe noch ausreichend Haftung bietet. Einen ersten Eindruck vermittelt die Sichtprüfung: Wenn die alte Farbe an einigen Stellen abplatzt oder Beulen wirft, kommt man um gründliche Vorarbeit nicht herum.

Einen guten Aufschluss über die Haftungseigenschaften der alten Farbe gibt auch die so genannte Abrissprüfung: Dabei wird ein Stück selbstklebendes Kreppband auf die Wand geklebt und ruckartig abgerissen. Bleiben größere Farbpartikel an der Klebeunterseite des Bandes hängen, muss auch dieser Altanstrich entfernt werden.

Zum Entfernen der Farbe bieten sich zwei Alternativen an: das Abreiben mit einer Drahtbürste oder das Abschleifen mit einem Schwingschleifer (siehe auch s. 133). Beides ist zeit- und arbeitsaufwändig.

Intakte Altanstriche werden nur gründlich gereinigt. Es genügt, sie abzuwaschen. Achten Sie besonders auf Fettrückstände auf der Wand. Diese müssen gründlich entfernt werden, weil sonst die neue Farbe nicht hält. Hierfür benutzt man am besten so genannten „SE-Anlauger", mit dem die Wand nach dem Abwaschen behandelt wird.

In lange Zeit nicht renovierten Altbauten können sich an Wänden und Decken noch Farben auf Leimbasis befinden. Diese müssen gründlich abgewaschen werden, da Dispersion auf ihnen nicht haftet.

Putze

Wenn direkt auf Putz gestrichen werden soll, darf er nicht mürbe sein. Guten Aufschluss über die Haftfähigkeit bietet der Klopftest, bei dem man mit dem Fingerknöchel verschiedene Stellen des Putzes abklopft. Dabei sollte kein Putz ausbrechen. Ist dies jedoch der Fall, sollten die mürben Wandbereiche von einem Fachmann erneuert werden. Vor dem Streichen werden verdreckte Putzstellen mit einer Drahtbürste gereinigt.

Tapeten

Tapeten sollten nur überstrichen werden, wenn sie noch intakt sind. Kleine Stellen, an denen sich die Tapete gelöst hat, können dabei mit Kleister vor dem Streichen wieder festgeklebt werden. Achten Sie besonders auf die Ansätze zwischen den Tapetenbahnen. Auch hier darf sich die Tapete nicht lösen. Haben sich an wenigen Stellen geringe Spalten ausgebildet, kann die Tapete während des Streichens mit der Dispersionsfarbe wieder „verklebt" werden. Besondere Vorarbeiten sind hier nicht notwendig.

Für Dispersionsfarbe geeignete Untergründe

- **Beton**
- **Porenbeton**
- **Ziegel**
- **Kalksandstein**
- **Mineralputz**
- **Kunstharzputz**
- **Gipsputz**
- **Gipskartonplatten**
- **Tapete**
- **Altanstriche**

Tapeten versucht man zunächst immer erst trocken von der Wand zu reißen. Dabei oben am Deckenrand beginnen und langsam, nicht ruckartig arbeiten.

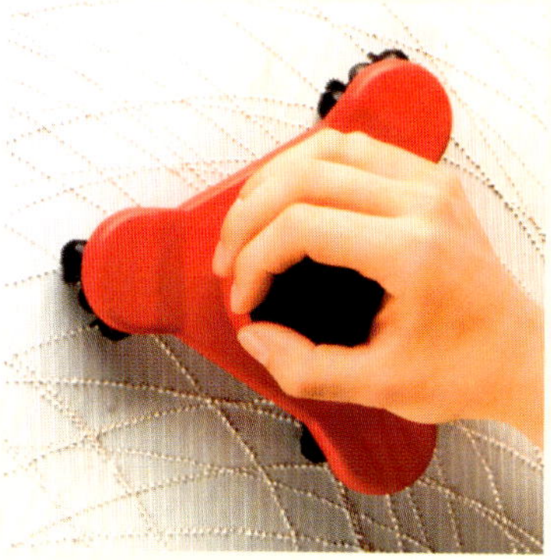

Vor dem Einweichen von Tapeten, die sich nicht leicht lösen lassen, empfiehlt es sich, die Tapete mit einem Tapetenperforierer anzukratzen.

Alte Tapeten entfernen

Wenn Tapeten ein paar Jahre an der Wand kleben, schon mehrfach überstrichen wurden oder nicht mehr richtig haften, kommt man beim Renovieren um das Herunterreißen nicht herum. Je nach Zustand von Tapete und Wand kann dies ein aufwändiges Unterfangen sein.

Zunächst sollten Sie immer versuchen, die Tapete trocken von der Wand zu lösen. Dazu suchen Sie oben an der Kante zur Decke nach einer losen Ecke, greifen die Tapete und lösen sie langsam ab. Ruckartiges, ungeduldiges Reißen bringt meistens nichts. Man riskiert nur, dass die Tapete schneller reißt als nötig. Wenn die Kante mit einer dicken Farbschicht zugestrichen ist, empfiehlt es sich, zunächst in der Kante mit einem Cuttermesser einen Schnitt auszuführen. Anschließend wird mit der Messerspitze eine Ecke abgelöst. Zum Entfernen der Tapete eignet sich am besten ein breiter Spachtel mit festem Griff. Mit ihm fährt man unter die Tapete und versucht sie zu lösen.

Es wäre schön, wenn sich alle Bahnen mit ein paar Handgriffen so ablösen ließen. In der Praxis zeigt sich jedoch, dass die meisten Tapeten richtig fest auf der Wand kleben. Feuchtigkeit ist dann das beste Mittel, den Kleister, mit dem die Tapete angeklebt wurde, wieder flüssig zu machen.

Deshalb weicht man die Tapeten am besten ein, wobei man dem Wasser einen speziellen Zusatz beimengt, so genannten Tapetenablöser. Dieser wird mit einem Quast auf die alte Tapete aufgestrichen. Das spritzt meistens und an der Wand laufen beim Aufstreichen kleine Bäche zum Boden hinunter. Deshalb sollten Sie vor allem neuwertige Bodenbeläge mit Plastikplanen abdecken, besser noch abkleben. Die Flüssigkeit lässt man gut zehn Minuten einwirken und versucht dann erneut, die Tapete mit dem Spachtel zu entfernen. Dieser Vorgang muss eventuell wiederholt werden.

Bei dicken Tapeten oder solchen, die mehrfach überstrichen wurden und so von einer dicken Farbschicht bedeckt sind, kann die Feuchtigkeit nur sehr langsam bis zum Kleister auf der Unterseite vordringen. Deshalb kratzt man die Tapete vor dem Einweichen am besten an. Dafür gibt es spezielle Tapetenperforierer, die eine Vielzahl von kleinen Löchern in die Tapete stechen.

Der Tapetenablöser wird mit einem Quast kräftig in die Tapete einmassiert. Nach der Einweichzeit entfernt man die Tapete mit Hilfe eines Spachtels.

Das Ablösen von Tapeten erleichtern spezielle Dampfgeräte, die man sich auch ausleihen kann. Der Umgang mit den Geräten ist nicht kompliziert.

Zwei Varianten stehen zur Wahl: Eine mit Dornen gespickte Walze an einem Rohr, die wie eine Farbrolle über die Tapete gezogen wird, und kleine Handgeräte, die auf die Wand gedrückt werden. Diese Geräte laufen auf Rollen, wobei kleine Messerrädchen die Tapete ankratzen.

Tapentenlösen mit Dampf

Es gibt noch eine weitere Methode, Tapeten von der Wand anzulösen: mit Wasserdampf. Dazu führt der Handel spezielle Dampfgeräte. In ihnen wird Wasser erhitzt und über einen Schlauch zu einer DIN-A4 großen Platte, dem so genannten Schild, geführt. Es ähnelt der Unterseite eines Bügeleisens.

Der Umgang mit dem Gerät ist ganz einfach: Die Platte drückt man kurz auf die Wand, löst die im Griff befindliche Dampfsperre und lässt die feuchtheiße Luft auf die Tapete einwirken. Anschließend entfernt man die angelöste Tapete mit dem Spachtel.

Das Arbeiten mit Wasserdampf hat gleich mehrere Vorteile: Das Tapetenablösen geht leichter und schneller von der Hand, der Boden wird längst nicht so in Mitleidenschaft gezogen und das ganze Arbeiten gestaltet sich sauberer. Außerdem muss keine Chemie eingesetzt werden. Die Geräte sind dabei noch nicht einmal sehr teuer.

Der besondere Tipp

- **Nach dem Abreißen ganzer Bahnen bleiben oft kleine Tapetenreste auf der Wand. Diese gründlich mit Tapetenablöser einweichen und dann mit dem Spachtel abschaben.**
- **Man erleichtert sich das Aufstreichen von Ablöser auf der Tapete, an der Decke und an hohen Wänden, indem man den Quast auf eine Teleskopstange oder einen Besenstiel aufsteckt.**

Zum Ausspachteln von Löchern und Rissen brauchen Sie: Spachtelmasse, Gipsbecher, kleines Set mit Japanspachteln sowie größeren Spachtel mit stabilem Griff.

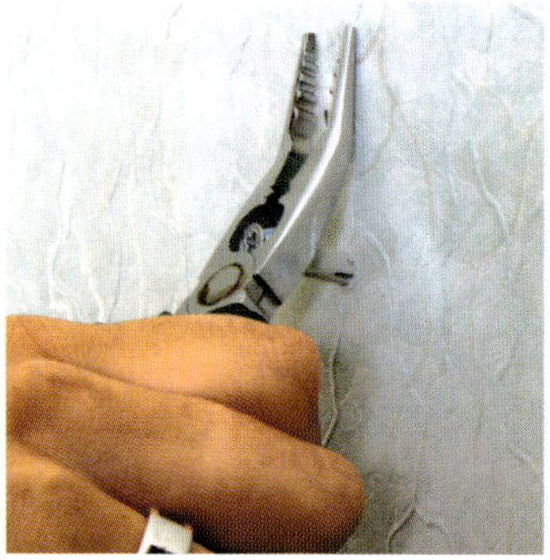

Alte Dübel sollten immer aus der Wand raus. Einfach geht's, wenn man eine passende Schraube ein wenig eindreht und dann mit einer Zange wieder aus der Wand zieht.

Risse & Löcher zuspachteln

Keine Wand ist plan und eben. Stets gilt es, vor dem Streichen – oder auch dem Tapezieren – kleine Löcher oder Risse zu stopfen. Das geht mit Füllspachtel kinderleicht.

Der Handel führt ein breites Sortiment an Füll- und Spachtelmassen. Für das Ausbessern einer leicht beschädigten Wand kommt dabei nur Spachtelmasse für den Innenbereich in Frage, und den gibt es in verschiedenen Varianten: Besonders einfach geht es mit fertig angemischtem Spachtel aus der Dose oder der Tube. Wesentlich preiswerter ist Spachtelmasse zum Selbstanrühren. Das ist zwar ein bisschen Arbeit, aber aus Spachtelpulver und Wasser eine löcherstopfende Masse anzumischen ist wesentlich leichter, als z. B. einen Rührteig zuzubereiten.

Die Spachtelmasse sollte nicht zu dünnflüssig sein, denn je weniger Wasser sie enthält, desto schneller trocknet sie aus. Zum Anrühren benutzt man am besten einen kleinen Gummi-Gipsbecher.

Zum Spachteln benötigt man mindestens zwei Spachtel. Sie sollten nicht zu breit sein, denn meistens sind nur kleine Löcher wie z. B. von einem Nagel oder einem alten Dübel zu stopfen. Besonders preiswert sind so genannte Japanspachtel. Sie bestehen aus einem hauchdünnen Blech mit Kunststoffgriff. Diese Werkzeuge führt der Handel immer als Set mit Spachteln in den wichtigsten Breiten. Sinnvoll ist zudem ein Malerspachtel mit großem Holz- oder Kunststoffgriff, um z. B. die Masse anrühren oder von kleineren Spachteln sauber abziehen zu können (s. rechte Seite).

Der besondere Tipp

- **Rühren Sie immer nur so viel Spachtelmasse an, wie Sie benötigen. Überschüssige Reste kann man nur noch entsorgen.**
- **Verarbeiten Sie Spachtelmasse nur, solange sie noch zäh ist. Wenn sie schon angetrocknet ist, kann man sie nicht mehr glatt abziehen. Wenn nach dem Spachteln auffällt, dass man ein Loch übersehen hat, ist es auf jeden Fall sinvoller, neuen Spachtel anzurühren, als zu versuchen, den angetrockneten noch einmal zu verwenden.**
- **Reinigen Sie die Spachtel nach Gebrauch gründlich. Den Gipsbecher müssen Sie nicht reinigen: Wenn die Restmasse ausgehärtet ist, lässt sie sich durch Drücken ganz einfach klumpenweise aus dem Gipsbecher lösen.**

1 Gipsbecher zur Hälfte mit Wasser füllen. Dann etwa gleichviel Spachtelmasse zugeben und einsumpfen lassen, bis eine zähflüssige Masse entsteht. Durch Verrühren wird die Zeit, in der die Masse anschließend verarbeitet werden kann, etwas verkürzt.

2 Je dickflüssiger, desto schneller trocknet die Masse. Wenn man zu viel Wasser eingefüllt hat, kann man durch Zugabe von weiterem Spachtelpulver die Konsistenz verbessern. Rühren verkürzt die Verarbeitungszeit der Masse. Sie härtet dann ein bisschen schneller aus.

3 Mit dem kleinen Spachtel Masse auf einen größeren Spachtel aufziehen. Achten Sie darauf, dass sich die Spachtelmasse nach Möglichkeit immer nur auf einer Seite des Spachtels befindet, sonst verschmiert man schnell Hände oder Wand.

4 Spachtelmasse über dem Loch oder dem Riss mit dem Spachtel glatt verstreichen, abziehen, wie der Fachmann sagt. Dabei nicht mehr Masse aufbringen als erforderlich. Es können mehrere Löcher in einem Arbeitsschritt verspachtelt werden. Bei tieferen Rissen oder größeren Löchern zunächst das Loch füllen und die Masse austrocknen lassen. Erst in einem zweiten Arbeitsschritt dann die Fläche plan ziehen.

Richtig abkleben

Abkleben ist der beste Schutz für Fußböden und Möbel, Fenster und Türen. Deshalb kommt es beim Abkleben vor allem auf eines an: auf sauberes Arbeiten. Denn Fehler springen entweder nach dem Streichen unangenehm ins Auge oder verursachen ärgerliche Flecken.

Zum Abkleben benutzt man Plastikfolie und Kreppband. Die Folie sollte nicht zu dünn sein, andernfalls lässt sie sich nur schwer auslegen und reißt schnell ein. Empfehlenswert ist eine Stärke von mindestens 0,007 mm. Alternativ zur Folie kann man auch altes Zeitungspapier verwenden.

Das bekannte gelbe Kreppband gibt es in den zwei Standardbreiten 3 und 5 cm, wobei man am besten beides zur Hand hat. Das dünnere ist gut geeignet, um Kleinteile wie z.B. ein Thermostat abzukleben. In den meisten Fällen setzt man aber besser das breitere Band ein, weil es mehr Fläche abklebt und so besseren Schutz bietet.

Ideal sind 55 oder 110 cm breite Folien auf Rolle, bei denen an einem Rand ein Klebeband, das so genannte Maskenband, eingearbeitet ist. Diese Folie eignet sich besonders zum Abkleben von Türen und Fenstern, von Rolladenkästen und Böden. Mit dem Maskenband wird sauber abgeklebt. Die Folie fixiert man an der losen Seite mit Kreppbandstückchen auf der abzuklebenden Fläche.

Je weniger abgeklebt werden muss, desto besser. In der Praxis bedeutet dies: Lichtschalter und Steckdosen demontiert man besser als sie abzukleben. Das ist sehr einfach und ungefährlich, wenn man zuvor die entsprechende Sicherung herausgedreht hat (Regeln zum Umgang mit Strom siehe S. 59).

1

2

3

1 Maskenband ermöglicht Abkleben und Abdecken in einem Arbeitsgang. Zuerst wird das Klebeband an der entsprechenden Kante genau aufgeklebt.

2 Die Folie ist auf der Rolle zusammengefaltet und wird nach dem einseitigen Fixieren abgezogen. Damit die Folie nun nicht umherflattert, befestigt man die lose Seite mit Klebebandstreifen.

3 Beim Abkleben längerer, gerader Ränder wie bei der Teppichbodenleiste vereinfacht man sich das Arbeiten, indem man das Band an einem Ende der Geraden auf gut 10 Zentimeter anklebt, es dann auf bis zu 2 m Länge von der Rolle abwickelt und abtrennt. Jetzt das Band straff ziehen und am losen Ende aufkleben.

Das Band liegt nun auf der gesamten Länge fast richtig auf und muss nur noch angedrückt werden.

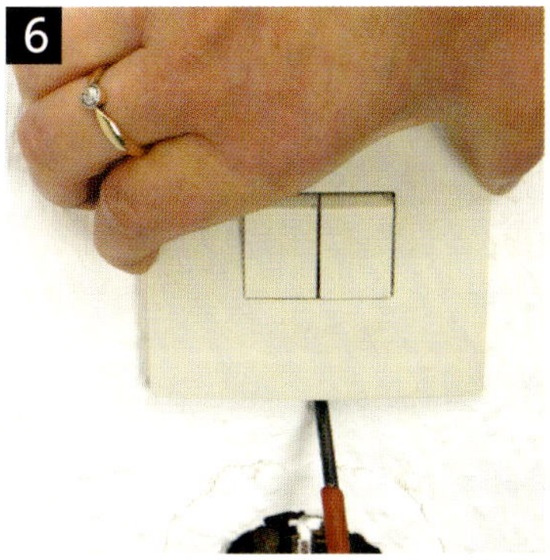

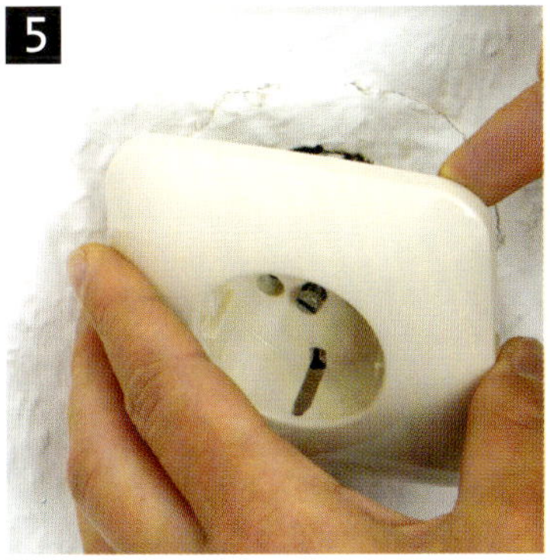

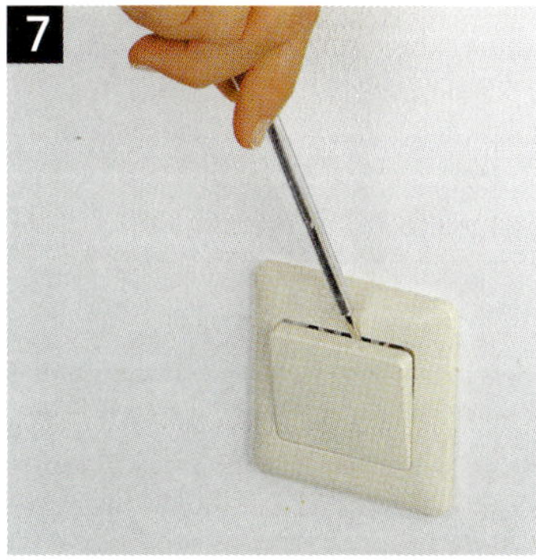

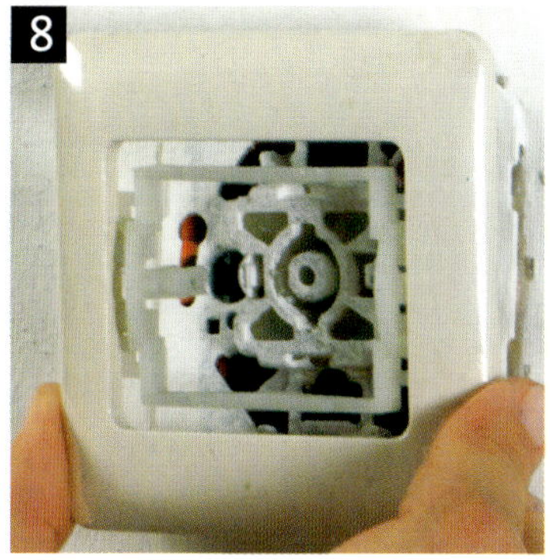

4 Vor jeder Arbeit an Elektroteilen unbedingt die Sicherung herausdrehen! Steckdosenabdeckungen lassen sich ganz leicht abmontieren: In der Mitte der Dose befindet sich eine kleine Schraube, die mit einem ummantelten Schraubendreher gelöst wird.

5 Die Schraube muss nur vollständig vom Gewinde des darunter liegenden Innenteils abgedreht, nicht aber ganz herausgezogen werden. Nach dem Lösen der Schraube lässt sich die Abdeckung ganz einfach abheben.

6 Bei Schaltern muss nichts abgeschraubt werden. Die eigentlichen Schalter und der sie umgebende Abdeckrahmen sind nur aufgesteckt. Bei älteren Schaltern muss nur der Rahmen entfernt werden. Dazu die Spitze eines kleinen Schraubendrehers unter den Rahmen führen und diesen dann abwinkeln.

7 Bei neueren Schaltern überlappen die Tastfelder den Rahmen und müssen deshalb zuvor entfernt werden. Mit einem kleinen Schraubendreher winkelt man die Schalter vorsichtig ab. Bei vielen Schaltern befindet sich dazu auf der Unterseite ein kleiner Schlitz.

8 Der Rahmen selbst wird in der Regel von einer Plastikhalterung gehalten, bei einigen von einer Metallhalterung. Diese muss man aber nicht entfernen. Man winkelt einfach den Rahmen von der Wand ab. Dabei springt die Halterung mit heraus.

Pinsel, Farbrolle & Co.

Ohne gutes Werkzeug tut man sich unnötig schwer – auch beim Streichen von Flüssigdispersion. Entscheidend ist vor allem die Qualität von Rollen und Pinseln.

Rollen

Bei den Rollen sollten Sie möglichst nur zu Lammfellrollen greifen. Dieses Naturprodukt ist zwar teurer als eine Rolle aus Kunststofffasern; dafür trägt sie die Farbe aber auch sehr leicht und gleichmäßig auf. Empfehlenswert sind weiterhin Bezüge aus Perlon oder Nylon.

Bei guter Pflege halten alle Rollen lange und man kann sie immer wieder verwenden. Die Rollen gibt es in unterschiedlichen Breiten. Je breiter die Rolle ist, desto schneller sind große Flächen gestrichen. Mit kleineren Rollen geht es langsamer, dafür ist die mit Farbe vollgesogene Rolle auch nicht so schwer.

Rolle und Farbeimer müssen von der Größe her zusammenpassen. Mit großen Rollen kann man nur schwer Farbe aus kleinen Eimern aufnehmen. Für cremige Dispersionen und feste Farben benötigen Sie spezielle Rollen (siehe auch S. 176).

Der Handel bietet Teleskopverlängerungen zum Aufstecken des Rollengriffs an. Diese Verlängerungen vereinfachen vor allem das Streichen von Decken oder hohen Wänden. Alternativ kann man aber auch einen alten Besenstiel verwenden. Hilfreich ist auch eine kleine Heizkörperrolle, die hier zweckentfremdet eingesetzt wird und mit der man mit dem Pinsel verstrichene Farbe – vor allem in Ecken und Kanten – gleichmäßig verteilen kann.

Pinsel

Drei Faktoren sind bei Pinseln entscheidend: Verarbeitungsqualität, Borste und Form. Billige Pinsel haaren sehr schnell aus. Das erschwert das Anstreichen, denn man muss immer wieder einzelne Haare aus der Farbe fischen. Bei den Borsten unterscheidet man Natur- von Kunststoffborsten. Besonders empfehlenswert sind vor allem die etwas teureren Pinsel mit so genannter „Original China-Borste“.

Für das Streichen sollten Sie zwei verschiedene Pinsel zur Hand haben: Einen breiteren Pinsel (ca. 5 cm) mit kurzem Stiel für etwas größere Flächen wie z.B. die Fensterlaibung und einen schmaleren, längeren, für Ecken und Kanten. Gut geeignet ist hier z.B. ein so genannter Heizkörperpinsel mit abgeknicktem Kopf.

Elektrischer Farbroller

Anstrengend beim Streichen ist unter anderem das permanente Bücken mit der Rolle zum Farbeimer. Aber das muss nicht sein: Bei einem elektrischen Farbroller ist dies nicht mehr nötig. Eine Pumpe versorgt dabei die Rolle auf Knopfdruck mit frischer Farbe aus einem speziellen Farbbehälter, den man sich auch umhängen kann. Das ist praktisch, aber auch teuer.

Weitere Werkzeuge

Alle Farben müssen vor dem Streichen gut durchgerührt werden. Das kann man von Hand mit einem langen, festen Hilfswerkzeug wie einem Rohr oder Stab bewerkstelligen, doch das kostet Kraft. Wesentlich leichter geht es mit einem Quirlvorsatz für Bohrmaschinen, der zudem nicht teuer ist.

Wenn gerollt wird, benötigt man ein Abstreifgitter, das in den Farbeimer gehängt wird. Die Breite des Gitters sollte dabei zur Breite des Eimers und der Rolle passen. Preiswerte Kunststoffgitter reichen hier vollkommen aus.

Eine Farbwanne ist bei allen Streicharbeiten unerlässlich. In sie füllt man ein wenig Farbe ab, um dann z.B. auf der Leiter Deckenkanten streichen zu können, ohne dabei mit dem schweren Farbeimer hantieren zu müssen. In jedem Fall ist eine ausreichend hohe Leiter erforderlich, um Deckenränder oder die Decke streichen zu können.

Rolle, Eimer und Abstreifgitter müssen zueinander passen. Die großen Abstreifgitter lassen sich so beispielsweise nur in entsprechend große 10-Liter Farbeimer stecken.

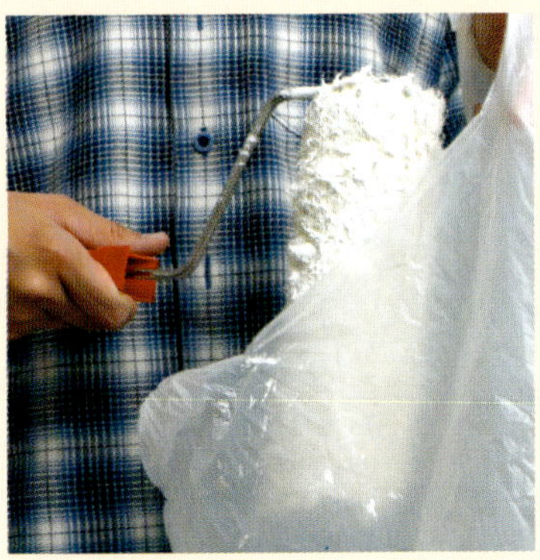

Unterbricht man das Streichen, müssen Rolle und Pinsel nicht ausgewaschen werden. Es reicht, sie in eine Plastiktüte zu stecken und diese luftdicht zu verschließen.

Flüssigdispersion streichen

Vor dem Streichen muss der Untergrund entsprechend vorbereitet (siehe S. 21) und alles gut abgeklebt bzw. abgedeckt sein (siehe S. 26). Während der Streicharbeiten wird die Heizung abgestellt und für eine gute Durchlüftung gesorgt – z.B. indem Fenster auf Kippe gestellt werden. Bei Außentemperaturen von unter 5 °C hält man die Fenster des Raums, in dem gestrichen wird, geschlossen und sorgt für die Lüftung durch gekippte Fenster in Nachbarräumen. Die Heizung wird erst zwei bis drei Stunden nach dem Streichen bei geschlossenen Fenstern wieder angedreht, dabei alle zwei bis drei Stunden gründlich durchlüften.
Man beginnt immer mit dem Streichen der Decke. Erst anschließend werden die Wände gestrichen. Gearbeitet wird „nass in nass“, vor allem beim Rollen gilt es also, keine längere Pause zu machen, in der die Farbe auf der teilgestrichenen Wand eintrocknen kann. Am besten immer eine Wand komplett durchstreichen.

Werkzeug & Material

- Quirlvorsatz
- Akkubohrer oder Bohrmaschine
- Rollen
- Pinsel
- Abstreifgitter

- Wandfarbe

Einfach ist das nicht, aber Sie schaffen das schon

Nehmen Sie sich Zeit. Das kann etwas dauern!

Geringer Kraftaufwand

1

3

2

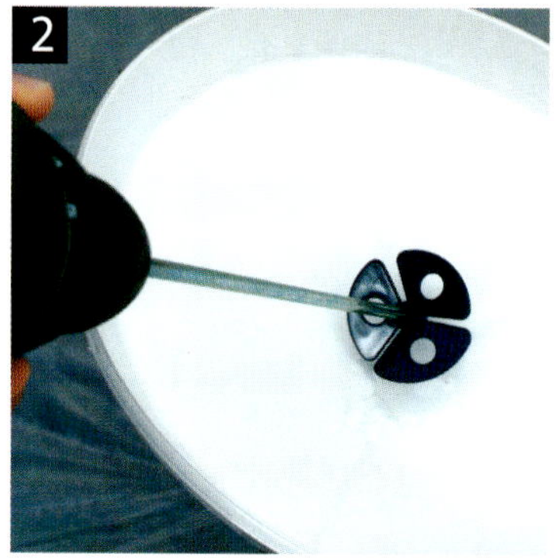

1 Quirlvorsatz in den Bohrer einstecken und Bohrfutter (s. S. 118) fest andrehen. Der Quirl muss fest und sicher in der Bohrmaschine verankert sein.

2 Die Drehzahl der Maschine auf die niedrigste Stufe einstellen. Bis zum Boden des Farbeimers eintauchen und erst dann die Maschine anstellen. Ansonsten spritzt die Farbe aus dem Eimer.

Natürlich kann man zum Rühren auch andere Werkzeuge benutzen, jedoch wird das Ergebnis nicht so perfekt.

3 Zuerst Ecken und Kanten ausstreichen. Dazu Farbe in eine Farbwanne füllen und mit breiterem Pinsel streichen.

4

5

6

7

8

4 Achten Sie darauf, dass Sie die Kanten durchgehend ausmalen und keine Lücken bleiben. Farbe so dünn wie möglich, aber so deckend wie notwendig aufstreichen.

5 Gitter in den Eimer hängen, Rollen nur leicht mit dem Bezug in die Farbe tauchen. Dabei nicht zu viel Farbe aufnehmen. Dann an dem Gitter abstreifen, um überschüssige Farbe von der Rolle zu entfernen.

6 Die Farbe in schrägen, sich überkreuzenden Bahnen auf der Wand auftragen.

7 Durch waagerechtes oder senkrechtes Überrollen die Farbe gleichmäßig verteilen.

8 Beim Streichen von Decken oder hohen Wänden hilft eine Verlängerung.

Damit das Schablonenmuster gleichmäßig auf die Wand kommt, spannt man eine Schnur waagerecht und zeichnet dann mit Bleistift die gewünschten Abstände an.

Kreative Wandeffekte

Eine einfarbig gestrichene Wand war Malern schon vor Hunderten von Jahren oft zu langweilig. Sie entwickelten Techniken, mit denen man auch heute noch schöne Dekoeffekte zaubern kann.

Das Grundprinzip ist dabei stets gleich: Zuerst wird die Wand ganz normal im gewünschten Grundton gestrichen und dann erst in verschiedenen Techniken kreativ gestaltet.

Schablonentechnik

Bei dieser Gestaltungsvariante wird ein immer wiederkehrendes Muster zumeist als Streifen an der Wand aufgemalt, sodass ein ähnlicher Eindruck wie bei einer Bordüre entsteht. Der Handel führt verschiedene Kunststoffschablonen mit beliebten Motiven wie Sonne oder Fische. Man kann sich aber auch leicht aus stabiler Pappe oder Kunststoff eine eigene Vorlage zurechtschneiden. Wichtig ist, dass die Kanten sehr sauber ausgeschnitten werden, da das Muster auf der Wand sonst an den Außenlinien ausfranst.

Wenn das Muster wie eine Bordüre waagerecht an der Wand verlaufen soll, spannt man an der Wand eine kleine Schnur als Orientierungshilfe – gehalten z.B. von zwei Heftzwecken. Den waagerechten Sitz überprüft man mit der Wasserwaage. Dann bestimmt man den Abstand, den die Motive zueinander aufweisen sollten und markiert entsprechende Anhaltspunkte mit dem Bleistift auf der Wand. Die Schablone wird mit einem Stück Kreppband entlang der Richtschnur auf der Wand an den vorher festgelegten Markierungen fixiert. Für das Ausmalen benutzt man am besten einen etwas breiteren Borstenpinsel. Der Handel führt spezielle Pinsel für diese Maltechnik. Zum Bemalen eignet sich besonders Dispersionsfarbe. Sie sollte genauso aufgebaut sein wie die Wandfarbe, also auf Acryl- oder Latexbasis.

Wenn ein Motiv ausgemalt ist, nimmt man die Schablone von der Wand und überprüft vor allem, ob sich auf der Rückseite Farbe angesammelt hat; sie wird nötigenfalls abgewischt. Dann die Schablone an der nächsten Abstandsmarkierung anbringen und erneut malen.

Bei der Tupftechnik wird der Schwamm nur mit Farbe benetzt und dann auf die Wand gedrückt. Ausgefallene Effekte erzeugt man mit einem Wickelroller.

Schwamm-Tupftechnik

Mit dieser Technik entsteht ein unregelmäßiger, marmorierender Effekt auf der Wand: Mit einem Schwamm tupft man in der Regel eine kontrastierende Farbe auf die farbig gestrichene Wand. Durch das Auftupfen entstehen zunächst einzelne wolkenartige Motive. Je mehr Tupfer man aufbringt, desto mehr verdichtet sich das Muster zu einer einheitlichen Wandgestaltung. Zum Tupfen setzen Sie am besten einen Naturschwamm ein, wie ihn die Farbenhersteller in ihren Programmen führen. Der ist zwar relativ teuer, lässt sich aber gut mehrfach verwenden. Die Farbe nimmt man am besten aus einer Farbwanne auf. Der Schwamm wird dabei nicht durchtränkt, sondern nur mit Farbe benetzt. Die Intensität des Musters wird entscheidend durch den Andruck geprägt – hier gilt: lieber wirklich nur leicht auftupfen als auf die Wand pressen. Tupfen Sie nach Möglichkeit sehr unregelmäßig und nicht in einer Linie.

Schwamm-Wischtechnik

Bei dieser Technik verwischt man eine zweite Farbe mit dem Schwamm auf der Wand. Dazu setzt man normalerweise nur eine leicht abgetönte Farbe zum Grundton der Wand ein. Es entsteht so ein patinaartiger Eindruck; je unregelmäßiger man dabei wischt, desto auffälliger wird die Wand. Besonders ansprechend wirkt diese Technik in hellen Sand-, Erd- und Rottönen, da sie an die Wandgestaltung alter südländischer Bauten erinnert.

Wickeltechnik

Statt mit einem Schwamm wird hier mit einem Tuch gearbeitet. Besonders geeignet sind Fensterleder oder spezielle Wickeltechniktücher. Das Tuch wird in verdünnte Farbe oder Spezialfarbe getaucht und gut ausgewrungen. Nun formt man es zu einer faltigen Wulst, die mit nur leichtem Druck mehr oder weniger über die Wand gerollt wird. Durch die Falten im Tuch und den Andruck wird die Farbe ungleichmäßig auf der Wand verteilt. Es wird auf der gesamten Fläche gewickelt, sodass eine doch relativ einheitliche Struktur entsteht.

Das Wickeln ist nicht so einfach, weil es darauf ankommt, das Tuch möglichst gleichmäßig über die gesamte Fläche abzurollen. Empfehlenswert ist hier, die Technik erst einmal zu üben, z.B. an einer Keller- oder Garagenwand.

Kreative Mischtechniken

Beim Gestalten der Wände mit Farben sind Ihnen letztlich keine Grenzen gesetzt: So kann man alle Techniken auch miteinander kombinieren oder auch nur Teilflächen der Wände ausgefallen gestalten – z.B. ober- oder unterhalb einer Bordüre. Darüber hinaus kann man natürlich auch noch ganz andere „Werkzeuge“ benutzen wie z.B. einen speziellen Effekthandschuh oder eine breite Bürste, mit der – wie beim Rollputz (siehe S. 114 ff.) – die Farbe kreuzartig auf der Wand verstrichen wird.

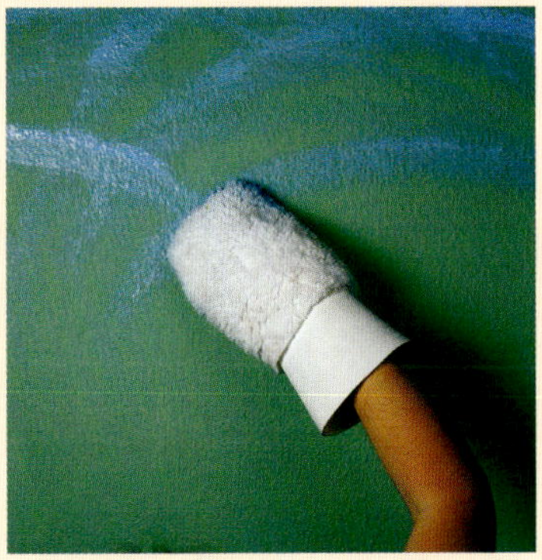

Besonders kreative Gestaltungsmöglichkeiten bietet ein Effekthandschuh, mit dem man gezielte Strukturen auf die Wand aufbringen kann.

Tapetenbedarf berechnen

(Standardrolle: 10,5 m x 0,53 m)

Wandlänge in „m"	Rollenanzahl bei Raumhöhen von 2,10-2,35 m	2,40-3,05 m	3,10-4,00 m	Rollenanzahl Decke
6	3	4	5	1
10	5	7	9	2
12	6	8	11	2
15	8	10	14	3
18	9	12	17	4
20	10	14	19	5
24	12	16	23	7

Fenster und Türen werden der Wandlänge voll zugerechnet, um genügend Verschnittreserven zu haben.

Räume mit Tapeten gestalten

Farbig gestrichene Wände sind die eine Alternative für die individuelle Wohnraumgestaltung – Tapeten die andere. Sie können die Wände durch Strukturen beleben, die Optik durch ausgefallene Muster, Farben und Oberflächen bereichern oder aber Farben einen idealen Haftgrund bieten.

Tapezieren ist zwar ein bisschen schwieriger als eine Wand zu streichen, aber wenn Sie weder aufwändige Mustertapeten verkleben noch extrem hohe Räume gestalten wollen, geht es mit den richtigen Materialien und Werkzeugen leicht von der Hand. Empfehlenswert sind vor allem unifarbene Tapeten mit einheitlicher Struktur, die nach dem Tapezieren überstrichen werden. Hier muss man beim Ansetzen der einzelnen Bahnen nicht auf Muster achten. Und selbst kleinere Fehler beim Tapezieren lassen sich hinterher durch das Überstreichen gut kaschieren. Außerdem sind solche Tapeten wie z.B. Raufaser relativ preiswert.

Noch leichter geht es mit den modernen Vliestapeten: Diese muss man nicht mehr vorkleistern oder weichen lassen, sondern man drückt sie einfach auf die mit Kleister bestrichene Wand. Genauso einfach ist darüber hinaus das Verkleben von Glasfasertapeten.

Bei allen Tapezierarbeiten ist es dringend angeraten, die Wand zuvor zu grundieren. Nur so stellen Sie sicher, dass die Tapete auch wirklich gut haftet. Für die meisten Untergründe bieten sich dazu so genannnter Tapetenwechselgrund oder Makulatur an.

Kleine Tapetenkunde

Tapeten unterscheidet man nach ihrem Trägermaterial, also der Rückseite, in vier Tapetenarten: Papier-, Stoff-, Vlies- und Glasfasertapeten. Das Trägermaterial bestimmt nicht nur den Grundpreis der Tapete, sondern vor allem auch die Verarbeitung.

Trägermaterial Papier

Tapeten, bei denen das Trägermaterial aus Papier besteht, sind besonders verbreitet; nicht zuletzt, weil sie in den einfachen Ausführungen preiswert und besonders vielseitig einsetzbar sind. Basis der Tapeten ist eine Papierbahn – meist Recyclingpapier –, deren Oberfläche beschichtet wird. Die Beschichtung bestimmt dabei nicht nur die Optik, sondern auch die Qualität der Tapete. Aufgrund der Beschichtung unterteilt man diese Tapeten noch einmal in folgende Gruppen:

■ Papiertapete

Als Papiertapete bezeichnet man im Handel eigentlich nur solche, bei denen die Oberfläche glatt bedruckt ist. Qualitätsunterschiede gibt es durch die verwendeten Farbarten und -zusätze; sie bestimmen z.B. die Leuchtkraft der Farben oder sorgen dafür, dass die Tapete nicht mit der Zeit ausbleicht.

■ Prägetapete

Unter hohem Druck werden Papiertapeten geprägt und erhalten so eine Oberflächenstruktur. Bei hochwertigen Prägetapeten werden zwei Papierbahnen aufeinander geschichtet (kaschiert). Bei diesem so genannten Duplexverfahren bleibt die Struktur beim sachgerechten Tapezieren an der Wand vollständig sichtbar.

■ Profiltapeten

Bei diesen Tapeten bestimmen aufgeschäumte Farbpasten die Oberfläche, sodass durch Licht und Schatten die Muster und Strukturen eine räumliche Dimension erzeugen. Man unterscheidet Struktur-Profiltapeten, die vollständig strukturiert sind und z.B. eine Putz- oder Gewebe-Optik vermitteln, von Dekor-Profiltapeten. Hier wechseln glatte Oberflächen mit Muster- oder Konturflächen ab.

■ Textiltapeten

Auf die Oberfläche der Papierbahn bringt man Gewebe oder Faserkombinationen z.B. aus Jute, Baumwolle oder Kunstfaser auf. So entsteht der Eindruck, als ob die gesamte Tapete aus Stoff bestehen würde. Umgangssprachlich bezeichnet man diese Tapeten auch als Stofftapeten. Bei einigen Tapeten sind zudem die Fasern oder der Untergrund bedruckt.

■ Raufaser

Raufaser gibt es in verschiedenen Körnungen, die so auch unterschiedliche strukturierte Oberflächen erzeugen. Diese Tapeten zählen zu den preiswertesten Wandbelägen.

Das Tapezieren von Tapeten aus Papier ist relativ aufwändig. Die Bahnen werden nach dem Zuschnitt eingekleistert und müssen dann einweichen, bevor man sie auf die Wand kleben kann. Durch das Einweichen verändert die Tapete die Form: sie schrumpft. Wenn der falsche Kleister verwendet wird oder der Kleister nicht in der richtigen Konsistenz und gleichmäßig auf die Tapete aufgebracht wird, hat dies unansehnliche Folgen: Die Tapete wirft Blasen, die Nahtstellen (Stöße) zwischen den einzelnen Bahnen verändern sich und bilden Zwischenräume aus.

Bezüglich der Verarbeitungsqualität gibt es große Unterschiede: Einige Papiertapeten lassen sich relativ leicht verkleben, bei anderen ist es wesentlich schwerer, ein professionell aussehendes Gesamtergebnis zu erzielen, was ihnen den Spitznamen „Malertod“ eingebracht hat. Beim Kauf ist deshalb eine kompetente Beratung wichtig.

Trägermaterial Vlies

Vliestapeten sind relativ neu auf dem Markt und haben den großen Vorteil, dass sie nicht mehr eingekleistert werden müssen. Sie verändern auch unter Feuchtigkeit nicht ihre Form und so ist es eigentlich kinderleicht, mit ihnen zu arbeiten. Zwei Varianten stehen zur Wahl: Am einfachsten ist es, die Wand, die tapeziert werden soll, mit einem passenden Kleister einzustreichen. Dazu kann man entweder einen Quast benutzen oder aber den Kleister mit einer Dispersionsfarbenrolle aufrollen. Dann wird das zugeschnittene Tapetenstück so, wie es von der Rolle kommt, auf die Wand geklebt. Alternativ kann man auch das zurechtgeschnittene Tapetenstück einkleistern und ohne Weichzeit auf die Wand kleben.

Immer mehr Markenhersteller bieten diese Tapeten an. Es gibt sie sowohl strukturiert zum Überstreichen als auch bedruckt mit zum Teil ausgefallenen und modernen Designs. Hinzu kommt noch ein weiterer Vorteil: Die Tapeten können ganz einfach durch Abziehen wieder von der Wand gelöst werden. Es gibt eine ganze Reihe von Vliestapeten mit Strukturen, die verschiedenen Putzoberflächen wie Reibe- oder Strukturputz gleichen. Diese Tapeten sind in erster Linie für Bewohner von Mietwohnungen interessant, die ihre Wände nicht verputzen dürfen, aber dennoch nicht auf die Putzoptik verzichten möchten. So viele Vorteile haben natürlich ihren Preis. Die Vliestapeten sind wesentlich teurer als Papiertapeten. Sie bieten allerdings ein sehr gutes Preis-Leistungs-Verhältnis vor allem für Do-it-Yourselfer.

Trägermaterial Glasfaser

Eine edle moderne Optik, eine robuste Oberfläche und eine relativ einfache Art des Verklebens zeichnen Glasfasertapeten aus. Anders als bei allen anderen Tapetenarten wird hier nicht gekleistert, sondern wirklich verklebt: Auf die Wand rollt man einen speziellen Kleber auf, in den dann die Tapete gedrückt wird.

Glasfasertapeten gibt es nur strukturiert und unifarben. Sie müssen nach dem Verkleben gestrichen werden. So schwierig das Verspachteln des Klebers auf den ersten Blick erscheinen mag, so einfach ist es in der Praxis. Der Kleister wird mit einem speziellen Spachtel auf der Wand verteilt und das geht verhältnismäßig einfach.

Glasfasertapeten sind ebenfalls relativ teuer und waren lange Zeit die einzige Alternative zum Einkleistern von Bahnen. Sie eignen sich für das Do-it-Yourself-Verfahren, wobei der Umgang mit der Glasfaser nicht ganz unproblematisch ist. Es kann leicht zu Hautrötungen und Juckreiz kommen.

Im Gegensatz zu anderen Tapetenarten lässt sich Glasfaser beim Renovieren nicht einfach wieder abziehen. Es ist zwar mit speziellem Spachtel möglich, die Wand wieder einzuglätten und so für andere Wandbeläge erneut nutzbar zu machen, jedoch ist dies sehr aufwändig.

Die Tapetensymbole

Tapeten unterscheiden sich auf vielfältige Weise. Um die Materialqualität transparent zu machen und den Einkauf zu erleichtern, hat man sich auf Symbole geeinigt, die so genannte Euro-Norm. Diese Kennzeichnung befindet sich auf der Rückseite der Tapete und informiert über die wichtigsten Grundeigenschaften:

Pflege

Die Pflegesymbole sind an der waagerechten Schlangenlinie zu erkennen. Sie geben Auskunft darüber, wie leicht sich Verschmutzungen feucht entfernen lassen. Für den Wohnbereich sollten Sie mindestens waschbeständige Tapeten einsetzen, für Küche und Bad jedoch wasch- oder scheuerbeständige Tapeten. Insgesamt unterscheidet man fünf Symbole:

Wasserbeständig
Frische Kleisterflecken können mit dem feuchten Schwamm abgetupft werden.

Waschbeständig
Leichte Verschmutzungen können mit einem feuchten Schwamm entfernt werden.

Hochwaschbeständig
Verschmutzungen, außer Öle, Fette usw., kann man mit leichter Seifenlauge und Schwamm entfernen.

Scheuerbeständig
Wasserlösliche Verschmutzungen entfernt man mit leichter Seifenlauge oder mildem Scheuermittel, mit Schwamm oder weicher Bürste.

Hochscheuerbeständig
Diese Tapeten sind für den professionellen Einsatz gedacht. Im privaten Umfeld kommen sie nicht zum Tragen.

Lichtbeständigkeit

Farbige Tapeten können mit der Zeit ausbleichen. Die Symbole mit der angedeuteten Sonne sagen Ihnen, wie lichtbeständig die Tapete ist. Empfehlenswert sind Tapeten ab „guter Lichtbeständigkeit".

Ausreichend lichtbeständig

Befriedigend lichtbeständig

Gut lichtbeständig

Sehr gut lichtbeständig

Ausgezeichnet lichtbeständig

Ansatz und Rapport

Bei gemusterten Tapeten ist es zum Teil erforderlich, die Tapeten so aneinander zu setzen, dass das Muster exakt fortläuft. Wenn man hier Fehler macht, „springt" die Tapete. Als Rapport bezeichnet man dabei das Maß, um das eine Tapetenbahn versetzt zu der vorherigen Tapete aufgeklebt werden muss. Grundsätzlich gilt: Tapezieren Sie nur mit Tapeten, die „ansatzfrei" verklebt werden können. In dem Augenblick, wo Muster ins Spiel kommen, ist sehr viel Erfahrung gefragt. Das überlässt man am besten einem professionellen Maler. Man unterscheidet folgende Symbole:

Ansatzfrei
Muster brauchen beim Kleben nicht beachtet zu werden.

Gerader Ansatz
Gleiche Muster in gleicher Höhe nebeneinander kleben.

Versetzter Ansatz
Das Muster auf der nächsten Bahn jeweils um eine halbe Musterhöhe verschieben.

Gestürztes Kleben
Jede zweite Bahn auf den Kopf stellen.

Kleistern

Hier zeigt sich, wie arbeitsintensiv das Tapezieren ist:

Tapete einkleistern

Wand einkleistern
Nicht die Tapetenrückseite, sondern der Untergrund wird mit Kleister oder Kleber eingestrichen.

Vorgekleistert
Die Tapetenrückseite ist vorbeschichtet mit Kleister, der durch Wässern aktiviert wird.

Entfernen von Tapeten

Die letzte wichtige Symbolgruppe zeigt an, wie leicht oder schwer sich die Tapete bei der nächsten Renovierung entfernen lässt. Man unterscheidet drei Symbole:

Trocken abziehbar
Die Tapete lässt sich beim Renovieren ohne Rückstand trocken von der Wand abziehen.

Spaltbar trocken abziehbar
Die Oberschicht der Tapete ist trocken abziehbar. Die untere Schicht verbleibt als Makulatur auf der Wand.

Nass zu entfernen
Tapete mit Wasser gründlich einweichen und mit dem Spachtel entfernen.

Tapeten für den Wohnbereich

Die Auswahl an Tapeten ist enorm groß, und doch entscheiden sich die meisten Menschen immer wieder für Raufaser. Sie ist nach wie vor Deutschlands Tapete Nummer eins, vor allem als idealer Untergrund für Dispersionsanstriche. Aber genau in dieser Beliebtheit liegt auch der Nachteil der Raufaser: Denn mit der Wahl von Raufaser beweist man weder besondere Kreativität noch Individualität. Der Markt bietet heute eine Vielzahl von Präge- und Strukturtapeten, die sich ebenfalls hervorragend zum Überstreichen eignen, aber doch andere Strukturen und Oberflächen aufweisen als die Raufaser. Das Spektrum reicht von modernen grafischen Mustern bis hin zu nachempfundenen Putzstrukturen. Die Oberflächen sind zumeist sehr dezent gestaltet und springen nach dem Streichen nicht sofort ins Auge. Dennoch prägen sie die Raumatmosphäre maßgeblich mit und beweisen eine persönliche Note.

Diese Tapeten sind zwar etwas teurer als Raufaser, bieten dafür aber auch eine edlere Optik. Und die ist im Wohnbereich ja durchaus angebracht. Dabei darf man die Raumwirkung des Grundmaterials nicht unterschätzen. Vor allem Textiltapeten, aber auch aufwändigere Strukturtapeten lassen die Raumatmosphäre wärmer und sanfter erscheinen.

Bei der Auswahl von Mustern und Farben ist vor allem bei kleineren Räumen Zurückhaltung angesagt: Eine sehr aufwändig gestaltete Tapete – z.B. mit großen Mustern, harten Kontrasten oder vielen Farben – wirkt sehr dominant. Andere Gestaltungselemente oder Möbelstücke gehen schnell unter. Tapeten mit kleinen Mustern hingegen unterstreichen dezent den Einrichtungsstil, ohne aufdringlich zu wirken. Grundsätzlich gelten für die Wandgestaltung mit Tapeten die gleichen Gesetzmäßigkeiten wie bei der Gestaltung mit Farben: Allen voran lassen schwere und dunklere Tapeten Räume zwar besonders gemütlich erscheinen, sie machen diese aber auch kleiner. Helle Farben wirken freundlicher, frischer, einladender und lassen Räume größer erscheinen. Die Farbwahl stimmt man am besten auf vorhandene Einrichtungsgegenstände ab.

Der besondere Tipp

- **Bordüren werten Wände auf, vor allem, wenn eine dezente Tapete gewählt wird.**
- **Wählen Sie Tapeten nicht nur nach Fotos aus, sondern begutachten Sie ein Stück Originaltapete. Nur so lässt sich die Wirkung richtig erfassen.**
- **Achten Sie beim Kauf der Rollen auf gleiche Anfertigungsnummern, die auf jeder Rolle aufgedruckt sind. Nur so können Sie sicher sein, dass Farbe und Muster exakt übereinstimmen.**

Werkzeug zum Tapezieren

Beim Tapezieren ist ein Tapeziertisch unerlässlich. Bei den Tischen gibt es Qualitätsunterschiede. Wird nur gelegentlich ein Raum tapeziert, reicht ein einfacher, preiswerter Holztisch aus.

Wenn aber eine ganze Wohnung oder gar ein Haus tapeziert werden soll, ist es empfehlenswerter, zu einem hochwertigeren und damit stabileren Tisch zu greifen. Diese gibt es z.B. mit aufgedruckter Messskala, was das Ausmessen der Tapetenbahnen erheblich erleichtert.

Bei einem Standardtisch benutzen Sie für die Längenbestimmung am besten ein Maßband mit 3 m Länge (Zwei-Meter-Bänder oder Zollstöcke erschweren das Messen, weil selbst Standardräume ca. 2,50 hoch sind). Beim Anzeichnen greifen Sie am besten zu einem großen, breiten Bleistift. Ein Kugelschreiber ist hier fehl am Platz, weil sich die Markierungen nicht ausradieren lassen und dünne Tapeten wie z.B. Raufaser beim Anzeichnen vor allem in durchgeweichtem Zustand schnell einreißen.

Wichtig ist, die Bahnen am Ende gerade und rechtwinklig abschneiden zu können. Dazu benötigt man einen so genannten Winkel und ein Kantenschnittlineal. Statt dieses speziellen Lineals lässt sich auch ein gerades Flacheisen oder eine breite Aluminiumleiste einsetzen. Wichtig ist nur, dass diese „Lineale“ rostfrei sind, weil Kontakt mit dem Kleber unvermeidlich ist.

Zum Beschneiden der Tapete benutzt man ein Cuttermesser. Wichtig sind ausreichend viele Ersatzklingen. Sobald das Messer nämlich stumpf wird, reißt die Tapete beim Abschneiden ein – dann sollte die Klinge sofort gewechselt werden. Für das Einkleistern der Tapeten von Hand benötigen Sie einen Quast – leichter geht es aber mit einer Kleistermaschine. Hier wird der Kleister in eine Wanne eingeschüttet und dann die Tapete über Rollen an dem Kleister entlanggeführt. Die Kleistermenge, die auf die Tapete aufgebracht wird, kann man einstellen. Das Verfahren hat gleich mehrere Vorteile: Das Einkleistern geht schneller, die Tapete wird gleichmäßig eingekleistert und das Arbeiten geht sauberer von der Hand.

Auch das Zuschneiden der Bahnen fällt leichter: Die Tapete wird nicht erst zugeschnitten und dann eingekleistert, sondern man zieht die Tapete in der benötigten Länge durch die Maschine und schneidet sie rechtwinklig mit dem integrierten Messer zu. Für perfektes Arbeiten bietet der Handel so genannte Tapeziercenter an: Tapeziertische mit integriertem Kleistergerät, Messskala und Abschnittvorrichtung.

Für das Tapezieren an sich benötigen Sie nun noch ein paar Kleinwerkzeuge. Allen voran eine Schere. Am besten eignet sich eine spezielle Tapetenschere. Für das senkrechte Ausrichten der ersten Tapetenbahn ist ein Lot unerlässlich. Außerdem benötigen Sie eine Tapetenbürste, um die Tapete blasenfrei auf die Wand zu bringen, und einen Kantenroller, um die Übergänge von einer Bahn zur anderen zu verfestigen.

Für den Einkauf des benötigten Werkzeugs gilt: Wenn die Werkzeuge nach dem Tapezieren gründlich gereinigt werden, halten sie ein Leben lang. Wer Qualität kauft, investiert also langfristig. Für Anfänger und Vieltapezierer ist eine Kleistermaschine besonders zu empfehlen, zumal diese gar nicht einmal so teuer ist. Auch hier sollte man zu Markenqualität greifen, weil billige Maschinen mehr Arbeitserleichterung versprechen als sie halten. Und die Verwendung von gutem Werkzeug ist ja bekanntlich schon die halbe Arbeit und erleichert so manchen Arbeitsschritt.

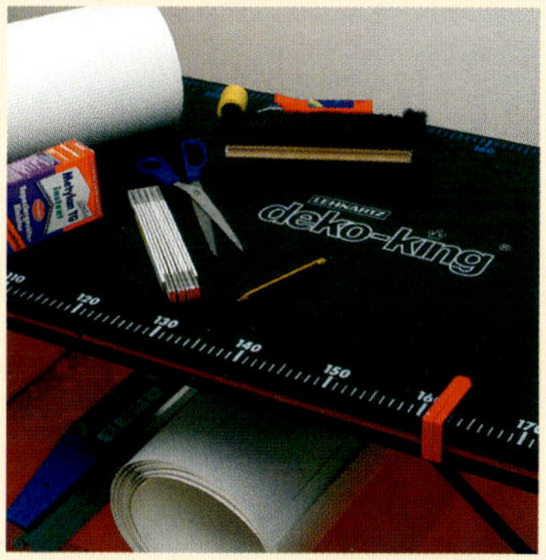

Tapezier-Center erleichtern u.a. den Zuschnitt durch eine integrierte Messleiste. Zudem können eingekleisterte Tapeten unter dem Tisch in speziellen Fächern abgelegt werden.

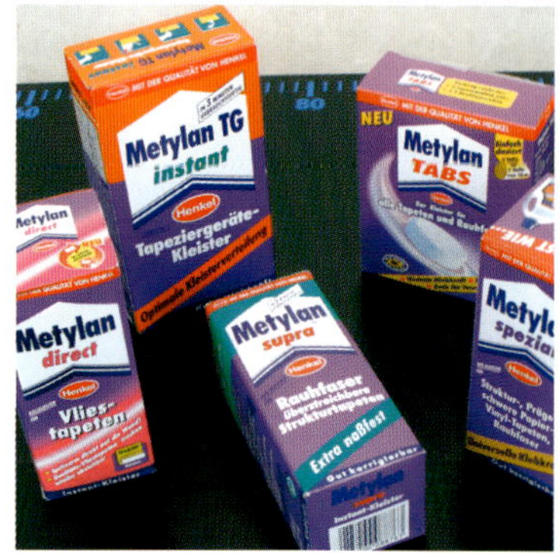

Kleister auswählen und ansetzen

Kleister ist lange nicht gleich Kleister! Es gibt ein breites Angebot. Die Kleber unterscheiden sich in ihrer Verarbeitungsqualität und ihren Haftungseigenschaften.

Ein guter Kleister lässt sich klumpfrei in Wasser einrühren und benötigt nur eine relativ kurze Quellzeit; schließlich bleibt er lange verarbeitungsfähig. Grundsätzlich gilt: Der Kleister muss zur Tapete passen – lassen Sie sich beim Kauf beraten, welcher Kleister für die gewählte Tapete der richtige ist. Wichtig ist auch die Verarbeitung: Für das Einkleistern von Hand sind andere Kleister erforderlich als für die Arbeit mit einer Kleistermaschine. Beim Ansetzen des Kleisters gilt der Grundsatz: Je schwerer die Tapete ist, desto dicker muss der Kleister sein.

Ein richtig angesetzter Kleister ist die halbe Miete beim Tapezieren. Auf den Verpackungen sind genaue Mischungsverhältnisse angegeben. Diese sollten Sie unbedingt einhalten: Messen Sie also die benötigte Wassermenge genau ab und verarbeiten Sie immer ein ganzes Päckchen, um die beste Konsistenz zu erzielen. Wer Pulver und Wasser „Pi mal Daumen“ mischt, riskiert, dass die Tapete anschließend nicht optimal haftet. Im Bezug auf die Verarbeitungsgeschwindigkeit gilt es Standard- von Instant-Kleister zu unterscheiden. Standardkleister benötigen nach dem Ansetzen mindestens eine Viertelstunde, bis sie verarbeitungsfähig sind. Bei den etwas teureren Instant-Kleistern verkürzt sich diese Zeit auf wenige Minuten. Neu am Markt sind Instant-Tabs, mit denen sich auch kleinere Kleistermengen leicht dosieren lassen.

Der besondere Tipp

- **Rühren Sie Kleister immer auf einem relativ großen Stück Abdeckplane oder mehreren Schichten auseinander gefaltetem Zeitungspapier an. Es tropft immer mal wieder Kleister auf den Boden und wenn er einmal eingetrocknet ist, lässt er sich nur noch mühevoll entfernen.**
- **Das Abmessen der Wassermenge erleichtern Eimer mit einer Literskala.**
- **Bedenken Sie im Vorfeld, wo Sie den Rührquirl nach dem Einrühren ablegen – am besten ist ein sauberes Gefäß wie ein zusätzlicher Eimer geeignet.**
- **Kleisterflecken immer gleich mit einem feuchten Schwammtuch entfernen.**

1 Für die Konsistenz des Kleisters ist es wichtig, dass exakt die richtige Menge Wasser verwendet wird. Zum Abmessen nutzt man entweder einen Eimer mit Literskala oder einen Messbecher.

2 Der Kleister wird sorgfältig in das Wasser eingerührt. Am besten setzt man dazu einen Akkubohrer mit Rührquirl ein (siehe auch S. 30). Den Quirl lässt man auf kleiner Stufe laufen und streut langsam den Kleister ein. So vermeidet man Klümpchenbildung.

3 Während der Quellphase – bei Standardkleistern bis zu 20 Minuten – rührt man den Kleister immer wieder um. Er ist verarbeitungsfähig, wenn er nahezu transparent wirkt.

4 Angerührter Kleister lässt sich auch mehrere Tage verwenden: Dazu den Eimer mit dem Kleister mit Frischhaltefolie abdecken; vor der erneuten Verarbeitung Kleister kräftig umrühren und eventuell mit etwas Wasser verdünnen.

Tapezieren mit Papiertapeten

Der Erfolg beim Tapezieren ist all denjenigen gewiss, die gründlich vorarbeiten (siehe S. 20 ff.). Wie schwierig sich die Arbeiten gestalten, ist nicht nur von den Räumen abhängig, sondern vor allem auch von der Qualität der Tapete. Anfänger sollten keine Mustertapeten verkleben und besonders auf hohe Formbeständigkeit achten.

Werkzeug & Material

- Tapeziertisch
- Maßband oder Zollstock
- Winkel
- Schneidelineal
- Cuttermesser
- Tapeziermesser
- Tapezierschere
- Leiter
- Quast oder Tapeziermaschine
- Kantenroller
- Bürste

- angerührter Kleister
- Tapete

Beim ersten Mal nicht ganz einfach

Die Zeit ist von Raumgröße und -höhe abhängig

Vor allem große, hohe Räume strengen an

1 Wand mit Makulatur oder Tapetenwechselgrund vorbehandeln. Diese Grundierungen verbessern die Hafteigenschaften; Wechselgrund erleichtert bei späteren Renovierungen das Entfernen der Tapete. Makulatur hat den Vorteil, dass sie kleinere Unebenheiten in der Wand ausgleicht.

Zum Auftragen Quast verwenden. Trockenzeit nach Herstellerangaben beachten.

2 Raumhöhe mit Maßband oder Zollstock ermitteln und rund 5 cm für Zuschnitt an Decke und Boden zugeben. Eine Wand komplett ausmessen und errechnen, wie viele Bahnen man aus einer Rolle zuschneiden kann. Anhand der Daten überprüfen, ob genügend Tapete eingekauft wurde.

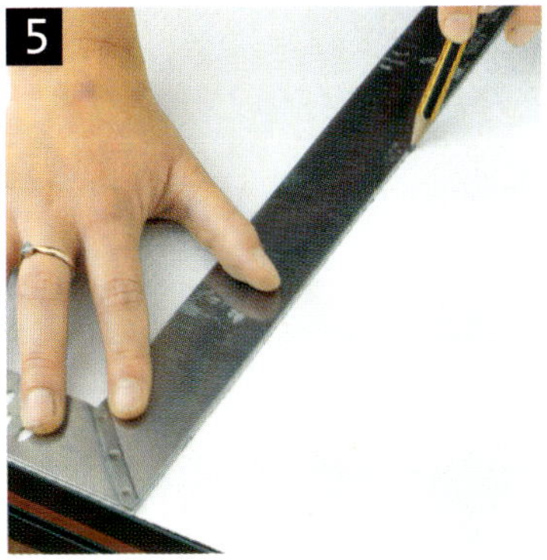

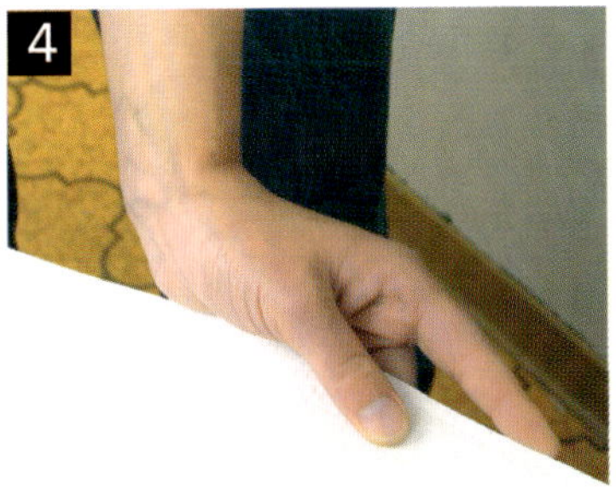

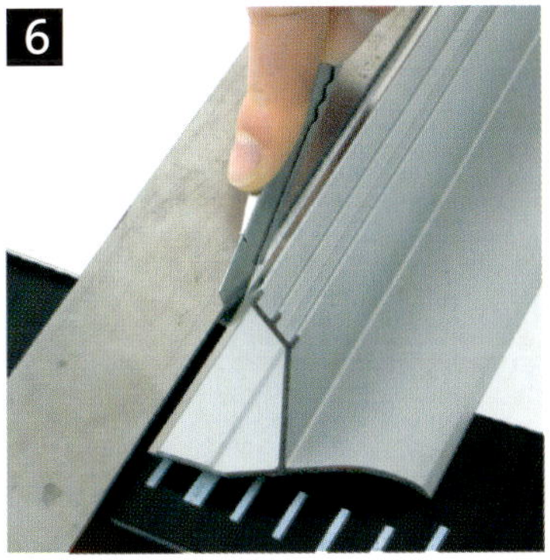

3 Die Tapetenbahn mit dem Maßband entsprechend ausmessen und die Schnittkante mit einem Bleistift markieren. Die Standardlänge der Raumhöhe kann auf dem Tapeziertisch angezeichnet werden – so muss man nicht bei jeder Bahn neu messen.

4 Tapetenbahn exakt parallel zu einer Längsseite des Tapeziertisches ausrichten.

5 Winkel an der Längsseite des Tapeziertisches anlegen und die Trennlinie markieren.

6 Zum Abtrennen entweder ein Stahllineal anlegen und mit Cuttermesser die Bahn durchtrennen oder die Bahn an der Trennstelle knicken und mit einem Tapeziermesser durchschneiden. Mehrere Bahnen anfertigen und mit den Rückseiten nach oben auf dem Tapeziertisch übereinanderlegen. So können die Bahnen zügig nacheinander bearbeitet werden.

7 Die oberste Tapetenbahn mit dem Quast flächig einkleistern. Dabei den Kleister gut einmassieren. Der Kleister muss die Tapete gleichmäßig dick bedecken. Die eingekleisterte Bahn zusammenfalten, weglegen und die nächste Bahn bearbeiten. Immer nur so viele Bahnen einkleistern, wie innerhalb einer Viertelstunde verarbeitet werden können. Danach trocknet der Kleister zu stark an; die Bahn kann nicht mehr fachgerecht verklebt werden.

8 Beim Kleistern vor allem auf die Ränder achten – hier darf nichts trocken bleiben!

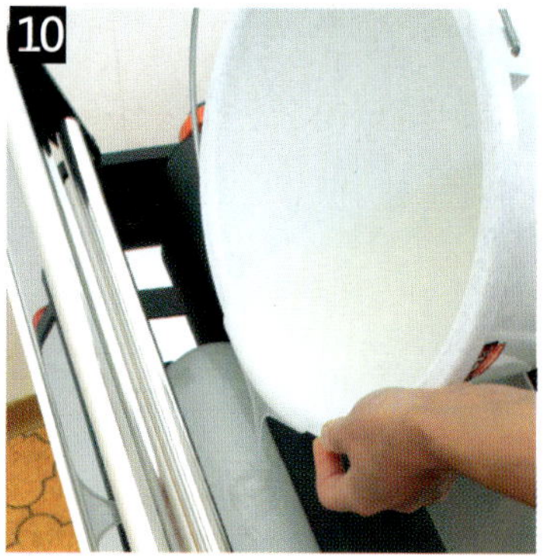

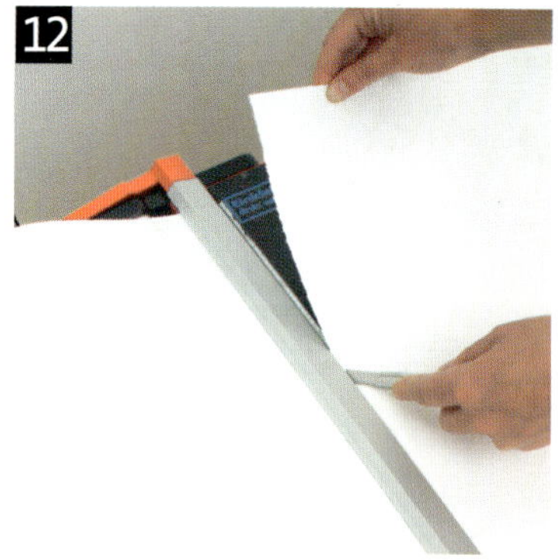

9 Beim Kleistern mit einer Tapeziermaschine wird zunächst die Tapetenrolle auf der entsprechenden Stange – hier einer Stange am Tapeziertisch – eingehängt.

10 Den Kleister nach Herstellerangaben ansetzen und dann in die Kleistermaschine einfüllen. Es sollte nur Kleister verwendet werden, der ausdrücklich für Tapeziermaschinen geeignet ist. Er ist mit dem Zusatz „TG“ gekennzeichnet.

11 Die Tapete von unten zwischen die Rollen der Kleistermaschine führen. Zum Einkleistern Tapetenbahn langsam und gleichmäßig durch die Maschine ziehen. So kann die Maschine den Kleister optimal auf der Tapetenunterseite verteilen.

12 An vielen Tapeziermaschinen befindet sich ein Stahllineal, an dem man leicht die Bahn mit einem Cuttermesser im rechten Winkel abtrennen kann.

13

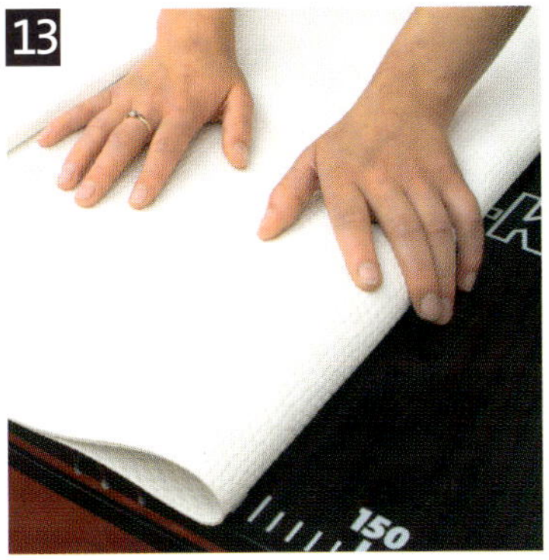

14

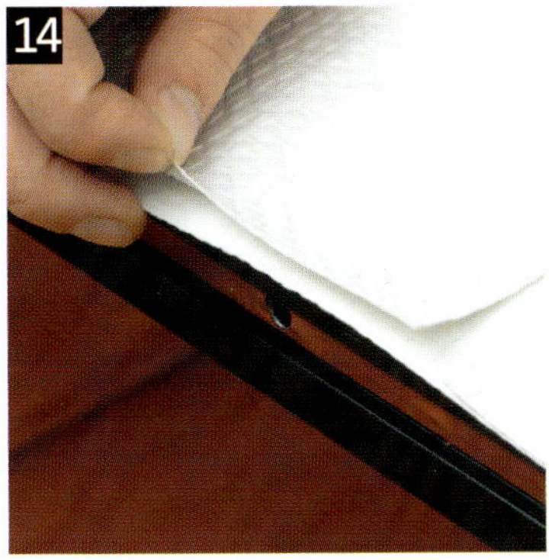

13 Zum Weichen werden die Bahnen von beiden Enden her zur Mitte zusammengelegt – Kleisterseite auf Kleisterseite. Die Faltungen nicht kräftig anpressen – das führt zu Knicken – sondern nur locker andrücken.

14 Beim Zusammenlegen darauf achten, dass die Bahnen exakt aufeinanderliegen und keine Ränder überstehen. Diese trocknen sonst ein und haften nicht mehr.

15

15 Tapeten zum Weichen rund 10 Minuten an die Seite legen, mehrere gefaltete Bahnen übereinander. Unbedingt immer nur so viele Bahnen einweichen, wie hintereinander verarbeitet werden können.

16

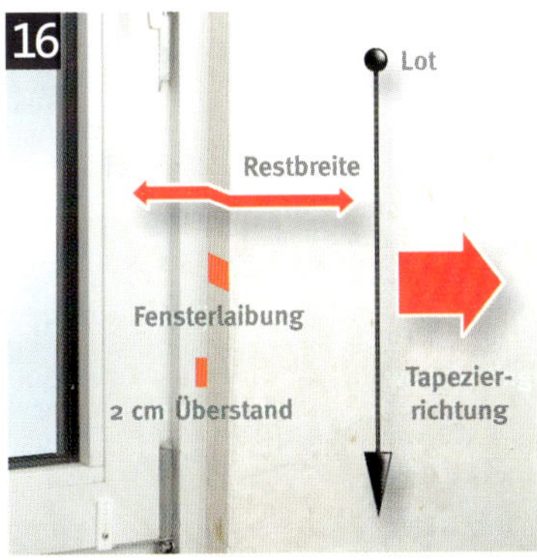

17

16 Begonnen wird beim Tapezieren an einer Wand direkt neben einem Fenster. Eine ganze Bahn sollte hier so geklebt werden können, dass sie ohne großen Verschnitt in die Laibung passt, also in die Fensternische.

17 Dazu den Punkt ermitteln, an dem die Tapete an der Wand angesetzt werden muss. Berechnungsformel: Tapetenbreite minus Fensterlaibung minus 2 cm Verschnittzugabe.

18

18 Das errechnete Maß an der Wand von der Außenkante der Fensterlaibung aus abmessen und relativ weit oben an der Wand die Position anzeichnen, an der man mit dem Tapezieren beginnt. Jetzt hat man die Wahl, zuerst die Fensterlaibung zu tapezieren, oder – am Anfang ist dies leichter – erst einmal in die andere Richtung, also vom Fenster weg, die Wand zu tapezieren.

19

20

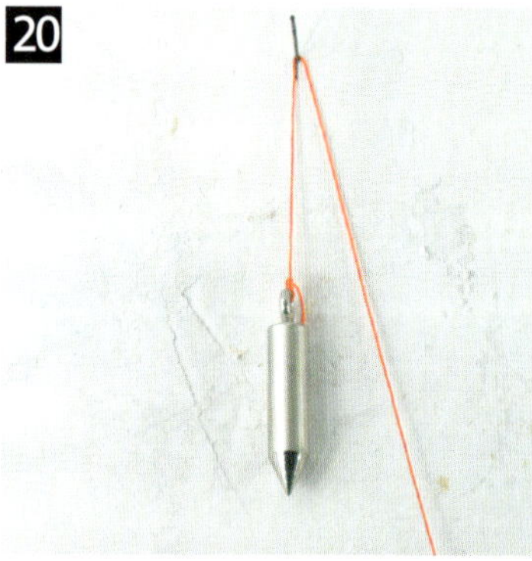

21

22

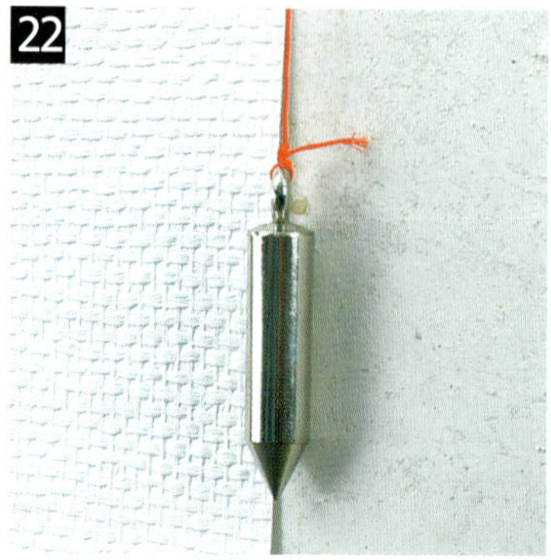

23

24

19 Dazu an dem angezeichneten Markierungspunkt einen kleinen Nagel einschlagen und ein Lot daran aufhängen.

20 Das Lot dient dazu, die erste Tapetenbahn exakt senkrecht auf die Wand tapezieren zu können.

21 Erste Tapetenbahn entlang des Lots oben mit ein paar Zentimetern Überstand zur Decke an die Wand drücken. Dabei zunächst nur eine Seite der Tapete auffalten!

22 Beim Aufkleben genau darauf achten, dass die Bahn auch wirklich gerade sitzt und die Kante parallel zum Lot verläuft.

23 24 Mit der Bürste Tapete blasenfrei auf die Wand massieren. Dabei oben beginnen und von innen nach außen bürsten. Tapete unten auffalten und bis zum Boden weiter tapezieren.

25

28

26

27

29

25 Beim Tapezieren der zweiten Bahn dient die erste Bahn als vertikales Richtmaß. Die Bahnen werden Stoß an Stoß geklebt.

26 Beim Andrücken der Tapete besonders darauf achten, dass die Stöße nicht überlappen.

27 Mit dem Kantenroller die Stöße noch einmal nacharbeiten. Dann Bahn für Bahn fortfahren, bis man auf die erste Innenecke trifft.

28 Nachdem mehrere Bahnen auf die Wand geklebt wurden, schneidet man unten und oben den Überstand ab. Einfach geht es mit einem Kantenschnittlineal, das oben in den Knick gedrückt wird. Dann an der Stahlkante entlang mit dem Cuttermesser die überstehende Tapete abtrennen.

29 Wenn man über kein Lineal verfügt, kann man die Tapete in die Kante drücken und die Bahn entlang der Knickkante mit einer Tapezierschere abschneiden.

30

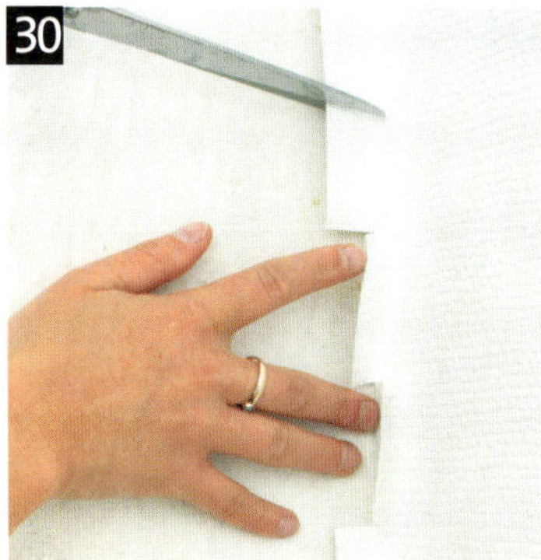

30 Nicht um die Ecke tapezieren, sondern die Bahn senkrecht so zuschneiden, dass sie nur 2 cm um die Ecke reicht. Diesen Überstand jetzt alle 5 cm mit der Schere bis zu Ecke hin einschneiden.

31

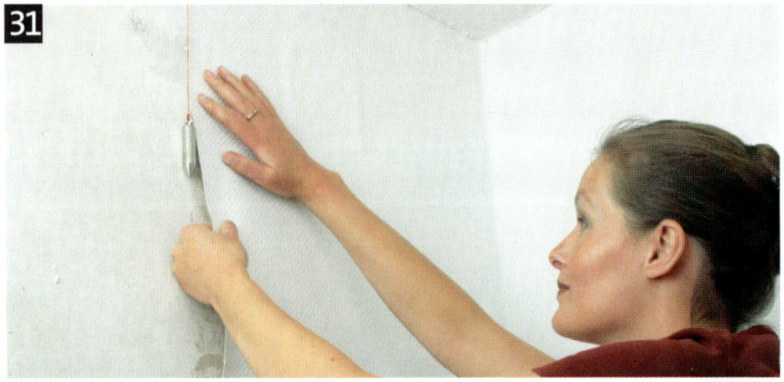

31 Mit einer kompletten Bahn auf der neuen Wand weitertapezieren. Dabei in der Ecke den eingeschnittenen Überstand der letzten Bahn übertapezieren. Mit dem Lot kontrollieren, ob auch die neue Bahn exakt senkrecht verläuft.

32

33

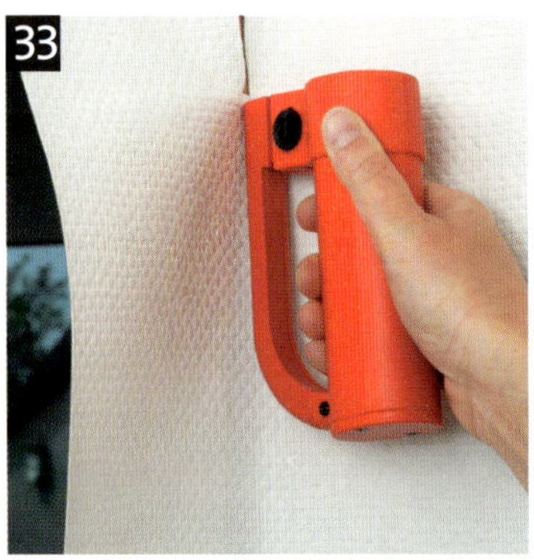

33 Zum Abschneiden der Kanten kann man statt eines Cuttermessers oder einer Tapezierschere auch einen elektrischen Kantenschneider einsetzen.

32 Bei Türen wird zunächst eine ganze Bahn so verklebt, als sei die Tür gar nicht da. Dann die Tapete oberhalb des Türrahmens mit der Tapezierschere so einschneiden, dass sie bündig an der Türoberkante aufsitzt. Die Tapete seitlich an den Türrahmen drücken. Jetzt entweder die überschüssige Tapete mit Kantenschnittlineal und Cuttermesser abtrennen oder aber den Knick anzeichnen und mit der Schere die Tapete kürzen.

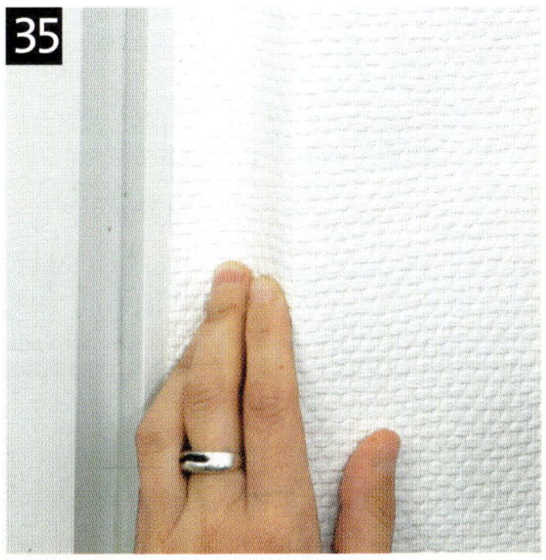

34 Beim Tapezieren der Fensterlaibung ähnlich verfahren wie bei der Tür. Zunächst ganze Bahn auf die Wand kleben. Dann auf Fensterhöhe oben und unten die Bahn waagerecht bis zur Laibung einschneiden.

35 Dann die Tapete um die Fensterlaibung herumziehen und provisorisch andrücken.

36 Jetzt Überstand am Fenster mit einem Bleistift markieren, Tapete wieder von der Laibung zurückziehen und entlang der eingezeichneten Linie mit der Schere kürzen.

37 Stattdessen kann man auch direkt mit dem Cuttermesser in der Kante schneiden. Als Hilfsmittel lässt sich auch hier wieder ein Kantenschnittlineal oder ein langes Metall benutzen.

38 Bei Fensterbänken wird die Tapete rund um die Fensterbank mit einem Cuttermesser abgeschnitten.

Die wirkungsvollste Hänge-Position des Bildes finden Sie, indem Sie es von einer Helferin in verschiedenen Höhen an die Wand halten lassen.

Bilder aufhängen

Sie beweisen Geschmack und Individualität, fangen den Blick und bereichern den Raum: Bilder und Fotos. Ob klein oder groß, von Künstlerhand geschaffen oder selbst fotografiert – stets prägen Sie das Raumerleben nachhaltig mit.

Wenn Sie gleich große Bilder nebeneinander aufhängen möchten, sollten Sie diese auf gleiche Höhe hängen – schon kleine Sprünge wirken störend.

Kleine Bilder verlieren sich auf großen Wänden. Statt eines großen Bildes kann man aber auch mehrere kleine Bilder zu einem Ensemble zusammenstellen. Wenn diese unterschiedliche Größen aufweisen, sollten die Bilderrahmen im gleichen Abstand zueinander hängen. Am einfachsten gelingt dies, wenn man ein größeres Bild in der Mitte positioniert und dann die anderen Bilder um dieses herum gruppiert. Eine weitere attraktive Variante ist die Reihung von gleich großen Bildern z.B. von Urlaubsfotos in ebenfalls gleich großen Rahmen. Alle Bilder werden exakt nebeneinander im gleichen Abstand aufgehängt.

Für die Wirkung ist die Höhe, auf der die Bilder hängen, entscheidend. Grundsätzlich gilt: Hängen Sie Bilder nicht zu hoch – man betrachtet sie nämlich nicht nur im Stehen, sondern vor allem auch im Sitzen. Vor dem Anbringen an der Wand gilt es deshalb, die Raumwirkung besonders von der beliebtesten Sitzposition aus zu überprüfen, also z.B. vom Sofa, der Sitzgruppe oder den Stühlen am Esstisch aus.

Der besondere Tipp

- **Wenn Sie mehrere unterschiedliche Bilder zu einem Ensemble zusammenstellen möchten, probieren Sie die Anordnung zuvor auf dem Boden aus.**
- **Hängen Sie Bilder immer zu zweit auf. Die Raumwirkung und die richtige Höhe kann man nämlich nur dann leicht bestimmen, wenn jemand hält und ein anderer die Position beurteilt.**
- **Greifen Sie vorhandene Linien im Raum auf, indem Sie z.B. die Winkel von Treppen oder Dachschrägen auch als Maß für das abgestufte Aufhängen von mehreren gleich großen Bildern nutzen.**

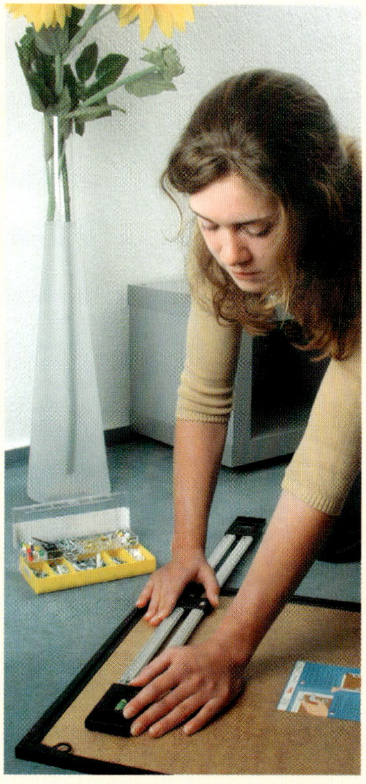

Erstklassig aber teuer: Spezielle Wasserwaage zum Bilder aufhängen, die das Maßnehmen, Anzeichnen und Ausrichten sehr erleichtert.

Die Aufhängung

Zum Aufhängen kommen zwei Varianten in Frage: Die Einzelaufhängung direkt an der Wand mit Nägeln und Schrauben oder aber das Abhängen der Bilder von einer Bilderschiene am Deckenrand mit Nylonfäden. Diese Variante hat den Vorteil, dass man Bilder auch verschiedener Formate leicht wechseln kann.

Direkt am Deckenrand wird eine spezielle Laufschiene montiert, in die die Haken eingehängt und frei bewegt werden können. Nachteilig ist, dass man die Nylonfäden an der Wand sieht und die flachen, eleganten Schienen sehr teuer sind. Das System empfiehlt sich vor allem für Menschen, die viele Bilder besitzen und gerne umhängen. Bilderschienen setzt man deshalb eher selten und nur in einzelnen Räumen ein, z. B. in einem zu einer kleinen Galerie umgestalteten langen Flur.

Die meisten größeren Rahmen werden nicht nur an einem, sondern an zwei Nägeln aufgehängt. Und das wiederum bedeutet, dass beide Nägel exakt waagerecht ausgerichtet sein müssen, damit das Bild gerade hängt. Beim Aufhängen kommt man also um das Arbeiten mit einer ausreichend langen Wasserwaage nicht herum. Ideal ist eine Waage mit einer Länge von 80 cm.

Besonders einfach ist das Aufhängen von Bildern mit einer speziellen Wasserwaage, die insbesondere für das Anzeichnen und Aufhängen von Gegenständen an der Wand konstruiert wurde: Das teure Gerät mit verschiedenen Libellen (Fenster mit Luftblasen), Maßskalen und Messschiebern erleichtert dabei nicht nur das Ausrichten, sondern auch das Maßnehmen und das Übertragen der Haltepositionen auf die Wand.

Eine solche Wasserwaage empfiehlt sich vor allem dann, wenn man gerne umdekoriert und dabei öfter auch andere Bilder aufhängt.

Garantiert keine blauen Finger: Wenn man den Nagel mit einer Spitzzange hält, ist es fast unmöglich, sich mit dem Hammer auf die Finger zu schlagen.

Hammer & Nagel

Nageln ist die einfachste Art, etwas an der Wand zu befestigen – aber leider nicht die stabilste. Dennoch: Für das Befestigen von leichten Gegenständen sind Hammer und Nagel erste Wahl.

So reicht es bei den meisten Bildern vollkommen aus, sie mit einem oder mehreren Nägeln aufzuhängen. Nur bei schweren Kunstwerken greift man besser zu Dübel und Schraube, um sie sicher an der Wand anzubringen (siehe S. 120).

Der Nagel sollte zum Rahmen passen. Für die beliebten Wechselrahmen und die meisten Standardrahmen benutzt man am besten einen Nagel mit breitem Kopf, den die Öse der Aufhängung sicher greifen kann. Außerdem hat dies den Vorteil, dass man beim Nageln den Kopf leichter trifft. Für die Auswahl der Nägel gilt: Je größer und damit auch schwerer die Bilder sind, desto größer sollte der Nagel sein. Und: Je länger der Nagel ist, desto besser hält er. Für die meisten Bilder reichen 30 mm lange Nägel aus.

So genannte X-Haken oder Floreathaken – auch als Bilderhaken bekannt – sind erste Wahl bei sichtbaren Aufhängungen. Dabei wird ein Haken an der Wand befestigt, zu dem in Optik und Größe abgestimmte Nägel gehören. Standard sind goldfarbene Haken und Nägel. Die Nägel werden durch die Führung des Hakens immer schräg in die Wand geschlagen. Das erhöht die Stabilität der Befestigung. Die Haken gibt es in verschiedenen Breiten und auch im Set mit den passenden Ösen für die Montage an Rahmen.

Wie leicht oder wie schwer sich ein Nagel einschlagen lässt, ist vom Wandaufbau abhängig. So verschwinden Nägel beispielsweise in Porenbetonwänden wie in Butter, in Betonwänden hingegen hat man so gut wie keine Chance, einen Nagel zu versenken; hier hilft nur Bohren, Dübeln und Schrauben (siehe S. 118). Wenn man nicht weiß, wie sich die Wand beim Nageln verhält, sollte man dies zunächst an einer unauffälligen Stelle ausprobieren – z.B. hinter der Couch, aber in jedem Fall auf derselben Wand. Lässt sich der Nagel dort nicht richtig einschlagen, hängt man die Bilder an einer eingedübelten Schraube auf, auch wenn dazu mehr Aufwand betrieben werden muss.

Zum Nageln benutzt man einen Schreinerhammer, und der sollte weder zu groß noch

Kleine Nägel lassen sich mit einem Pappstreifen festhalten. Sollte die Pappe zu dick zum Reißen sein, wird sie mit Hilfe einer Schere entfernt.

Praktisch wie preiswert, und nicht selten auch auf Baumarkt-Wühltischen zu finden: ein kleines Nagel- und Haushaltssortiment mit allen wichtigen Befestigungsmaterialien.

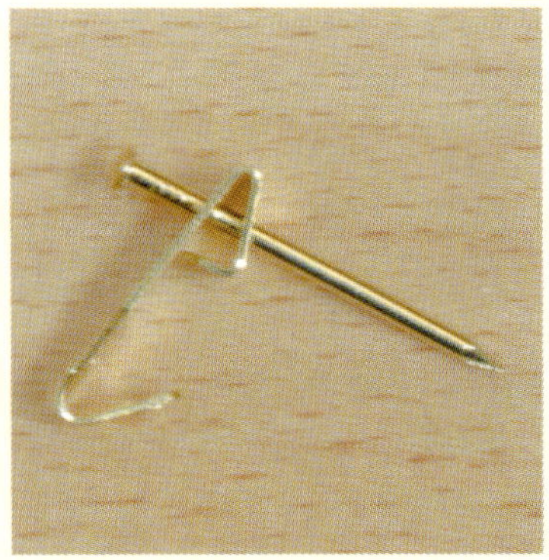

So genannte X-Haken sind erste Wahl bei sichtbaren Aufhängungen von Bildern. Sie sind dekorativ und halten besonders gut.

zu klein sein. Für Nägel von 15 bis 50 mm setzt man am besten einen Hammer mit einem Gewicht von 300 g ein. Für kleinere Nägel ist ein 100-g-Hammer ideal, für größere benutzt man einen 500-g-Hammer. Der Nagel wird zunächst mit leichten Schlägen an der Wand fixiert. Dazu verwendet man die spitze Seite des Hammers, da man mit ihr sensibler treffen kann. Dann wird der Hammer gedreht und der Nagel mit der breiten Seite und kräftigeren Schlägen in die Wand getrieben.

Das Zielen vereinfacht, wenn man den Hammerkopf zunächst auf dem Nagel aufsetzt. In einer zügigen, fließenden Bewegung nimmt man dann den Hammer zurück und schlägt sofort zu. Wichtig ist, beim Hämmern auf den Nagel zu schauen und nicht auf den Hammer. Wer dabei Angst hat, sich auf die Finger zu schlagen, kann eine kleine Spitzzange zum Halten des Nagels benutzen. Je kleiner der Nagel ist, desto schwieriger ist das Halten. Um bei ganz kleinen Nägeln blaue Finger zu vermeiden, gibt es einen einfachen Trick: Man schneidet einen kleinen Streifen aus Pappe zu (1,5 x 5 cm). Den Nagel steckt man nun ganz vorn durch die Pappe und hält den Streifen hinten fest. Sobald der Nagel in der Wand sitzt, kann der Pappstreifen mit einem Ruck zur Seite entfernt werden.

Der Nagel wird nicht ganz in die Wand eingeschlagen, sondern steht nach dem Einschlagen ca. 3 mm vor. Wenn er zu weit in der Wand verschwindet, lässt sich das Bild nicht mehr aufhängen; steht er zu weit vor, steht der Rahmen oben von der Wand ab.

Wechselrahmen aufhängen

Bilder aufzuhängen ist kein Kunststück, wenn man genau misst und arbeitet.

Vor Beginn der eigentlichen Arbeit wird bestimmt, wo das Bild aufgehängt werden soll. Dabei muss vor allem das Höhenmaß von der Rahmenoberkante zur Decke festliegen. Zudem muss geprüft werden, ob ein Einschlagen der Nägel in die Wand überhaupt möglich ist (siehe S. 52). Nägel eignen sich nur zum Aufhängen leichter Bilderrahmen wie hier im Bildbeispiel eines Wechselrahmens. Schwere große Bilder oder Rahmen müssen gedübelt werden (siehe S. 118).

Die Abstände zwischen den beiden Haltern auf der Rückseite eines Rahmens sind bei jedem Rahmen unterschiedlich. Jeder Rahmen muss deshalb einzeln ausgemessen werden. Meistens können die Haken gedreht werden. Vor dem Messen kommt es deshalb darauf an, die Haken exakt gerade auszurichten.

Werkzeug & Material

- Zollstock
- Wasserwaage
- Hammer
- Bilderrahmen
- evtl. Spitzzange (zum Schutz der Finger beim Einschlagen der Nägel)
- Nägel

„Das ist ja einfach!" würde Boris jetzt sagen

Nur geringer Zeitaufwand

Das geht ohne Muckis

1 Die richtige Höhe des Bildes ergibt sich aus dem Abstand der Rahmenoberkante zur Decke zuzüglich dem Abstand der Rahmenoberkante zur Aufhängung auf der Rückseite des Bilderrahmens.

Beides ausmessen, addieren und dann einen der beiden Befestigungspunkte an der Wand anzeichnen.

2 Auf der Rückseite des Bilderrahmens den Abstand zwischen den beiden Halterungen genau ausmessen.

Dabei darauf achten, dass man den Zollstock exakt mittig an den Haken anlegt.

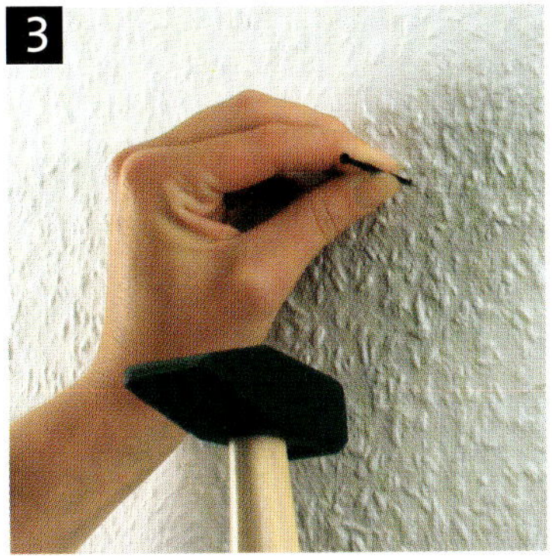

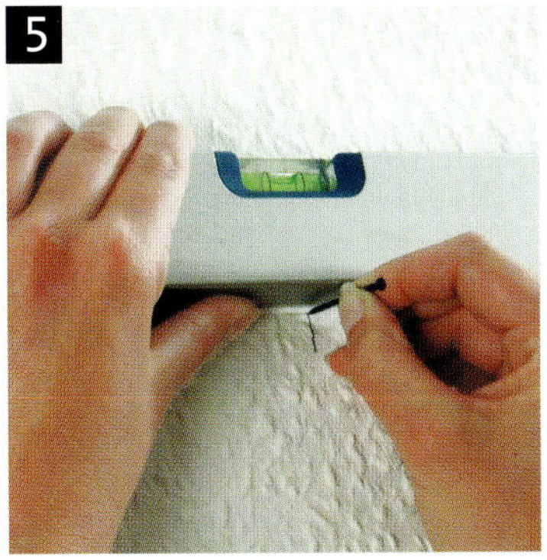

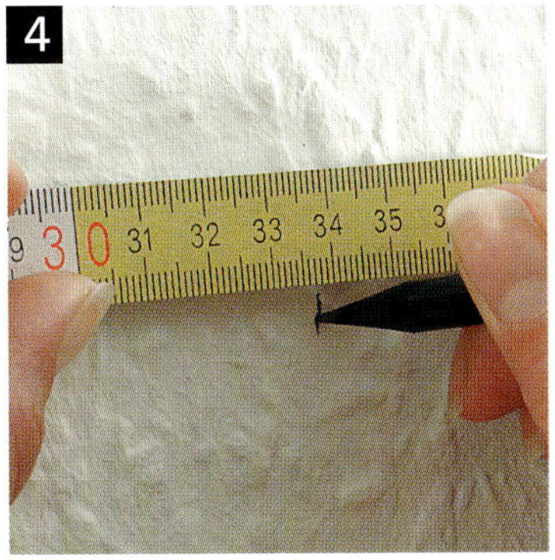

3 Den ersten Nagel so weit in die Wand schlagen, dass er noch ca. 3 mm herausragt.

4 Den zuvor an der Rückseite des Bilderrahmens gemessenen Abstand zwischen den beiden Haltern auf der Wand anzeichnen.

Dazu ein Ende des Zollstocks waagerecht gegen den eingeschlagenen Nagel drücken, den Zollstock einigermaßen gerade ausrichten und den Abstand auf der Wand mit Bleistift anzeichnen.

5 Die Wasserwaage auf der einen Seite auf dem eingeschlagenen Nagel auflegen und waagerecht ausrichten. Jetzt den zweiten Nagel unterhalb der Waage am angezeichneten Abstand so weit wie möglich in die Wand drücken, die Wasserwaage zur Seite legen und den Nagel in dieser Position einschlagen.

6 Abschließend das Bild aufhängen. Hängt es immer noch nicht gerade, kann man den etwas höheren Nagel noch nachrichten, indem man ganz leicht mit dem Hammer von oben auf ihn schlägt. Dadurch neigt er sich etwas nach unten – meistens reicht dies als Korrektur aus.

Mit Licht Atmosphäre zaubern

Ganz gleich, ob romantische Stimmung zu zweit, gemütliches Beisammensein mit Freunden oder einfach nur ruhiges Entspannen nach einem intensiven Tag: Der Wohngenuss am Abend steht und fällt mit einer atmosphärischen Beleuchtung.

Das große Geheimnis atmosphärischen Lichts liegt dabei im abwechslungsreichen Spiel von Licht und Schatten. Und das entsteht nur, wenn mehrere Lichtquellen im Raum dezente Highlights setzen, Schönes ins richtige Licht setzen und Unattraktives im Dunkeln verschwinden lassen.

Eine zentrale Leuchte mitten unter der Decke, die gnadenlos nicht nur jedes Fältchen, sondern auch den gesamten Raum in gleißende Helligkeit taucht, ist der Stimmungstöter schlechthin. Verzichten kann man auf dieses Licht trotzdem nicht, weder beim Aufräumen noch beim Putzen. Im ganzen Raum ist immer wieder so genanntes Funktionslicht erforderlich, ohne das raumumgreifende Tätigkeiten unmöglich wären.

Gezieltes Funktionslicht

Auch aktives Entspannen wie z. B. Lesen oder Kartenspielen mit Freunden am Tisch ist ebenfalls ohne Funktionslicht nicht denkbar. Hier kommt es darauf an, dass das Funktionslicht wirklich nur dort für ausreichende Helligkeit sorgt, wo es benötigt wird, also zum Lesen an der Couch oder zum Beleuchten der Tischfläche. Erreicht wird dies, indem man gezielt Leuchten aufstellt, die eng umgrenzt den betreffenden Tätigkeitsbereich ausleuchten – und auch nicht mehr. Geeignet sind vor allem Halogenlampen mit einem engen Abstrahlwinkel, die wirklich nur auf dem Tisch oder dem Lesebereich für Helligkeit sorgen.

Sie allein aber schaffen noch keine gemütliche Beleuchtung – vor allem auch deshalb nicht, weil diese eng umgrenzten Lichtkegel den größten Teil des Raums im Dunkeln belassen. Das aber wiederum läuft vor allem unserem Schutzempfinden zuwider. Man fühlt sich einfach wohler, wenn man den gesamten Raum einsehen kann. Mehr noch: Das Raumempfinden wird ja maßgeblich durch die Gestaltung der Wände und durch die Möbelstücke an den Raumgrenzen mit geprägt. Wenn man sie nicht sieht, geht ein großes Stück Wohngefühl verloren.

Dezente Rundumbeleuchtung

Bei einer atmosphärischen Beleuchtung gilt es deshalb, besonders die Raumumgebungsflächen sanft zu beleuchten, etwa durch gedimmte Downlights in der Decke, die auf Bilder gerichtet sind, oder durch Lichterketten, die viele Lichtpunkte in eine große Zimmerpflanze zaubern. Auch kleine Tischleuchten mit einem schwachen Leuchtmittel auf einem Regal oder ein gedimmter Fluter in einer Raumecke tragen maßgeblich zum gewünschten Stimmungslicht bei.

Wenn an jeder Wand ein oder zwei solcher Leuchten in etwa die gleiche Helligkeit entfalten, wirkt dies nicht nur sehr gemütlich, sondern lässt den Raum zudem auch noch größer erscheinen. Das bedeutet nicht zwangsläufig, dass man überall für künstliches Licht sorgen muss: Auch Kerzen, die rundum verteilt werden, erfüllen den gleichen Zweck. Besonders stimmungsvoll wirkt die Kombination von künstlichen und natürlichen Lichtquellen immer dann, wenn sie über den ganzen Raum verteilt werden.

Warme Lichtfarben

Kerzen wirken deshalb so romantisch, weil sie ein Licht mit besonders starkem Rotanteil produzieren. Das wirkt warm und gemütlich. Viele künstliche Lichtquellen wie z.B. Leuchtstoffröhren oder ungedimmte Halogenlampen hingegen produzieren Licht mit viel Blau- und Grünanteil: Das erzeugt strahlend weiße Helligkeit, wie sie vor allem beim Funktionslicht gefragt ist.

Bei der atmosphärischen Raumausleuchtung sind diese Tugenden allerdings nicht gefragt. Auf Leuchtstoffröhren verzichtet man hier also am besten ganz. Halogenleuchten sollten dimmbar sein. Denn je weiter sie heruntergedreht werden, desto wärmeres Licht produzieren sie. Energiesparlampen gibt es sowohl mit einer kühlen als auch mit einer warmen Lichtfarbe – im Wohnbereich entscheidet man sich am besten für die wärmere Variante. Die klassischen Glühbirnen erzeugen übrigens auch ein sehr angenehmes Licht; sie sind aufgrund ihres hohen Stromverbrauchs allerdings nicht mehr zeitgemäß. Die Lichtwirkung von Lampen wird aber nicht allein durch die Leuchtmittelart geprägt, sondern vor allem auch durch den Leuchtenkörper. Ein Lampenschirm in einer dezenten Beige- oder Rottönung erzeugt trotz einer kalten Lichtquelle ein angenehmes Licht.

Blendwirkungen vermeiden

Zu einer rundum gelungenen Lichtplanung zählt schließlich, Blendwirkungen zu vermeiden. Wenn man direkt in eine Lichtquelle sieht, ist das nicht nur für die Augen, sondern für den gesamten Menschen unangenehm – man fühlt sich gestört. Beim Ausrichten von Strahlern und beweglichen Leuchten gilt es deshalb sorgfältig zu prüfen, ob sie an keinem der bevorzugten Sitzplätze wie der Couchgarnitur oder dem Tisch blenden. Lässt sich eine direkte Sichtachse nicht vermeiden, sollte man die Leuchte auf jeden Fall dimmen können.

Der besondere Tipp

- **Bei größeren Räumen sollten unterschiedliche Lichtbereiche möglich und getrennt schaltbar sein, damit man gezielte Lichtatmosphären schaffen kann, z.B. für das Zusammensein mit Freunden oder das Entspannen allein.**
- **Auch den zentralen Deckenauslass mit einer lichtstarken Lampe kann man in die atmosphärische Beleuchtung mit einbeziehen, wenn man den Schalter gegen einen Dimmer tauscht (siehe S. 60).**
- **Größere Fensterfronten wirken abends nicht wie schwarze Löcher, wenn man Kerzen oder Leuchten auf die Fensterbank stellt.**

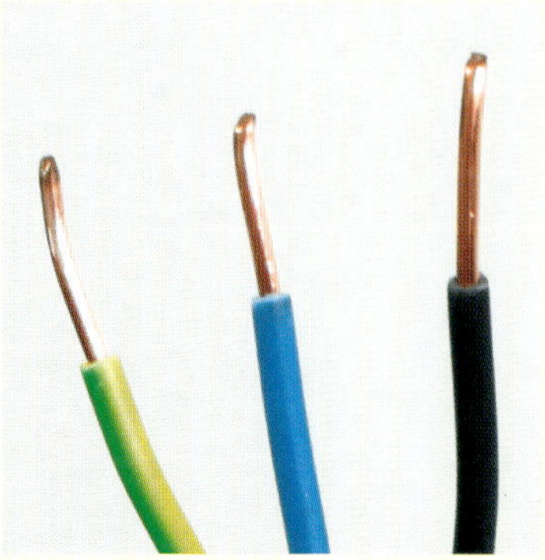

Die Kabelfarben: Gelb-Grün für Schutzleiter, Blau für den harmlosen Nullleiter und Schwarz (Braun) für die Phase, die die gefährliche 230-V-Spannung führt.

Die Hauselektrik

Licht in den eigenen vier Wänden: Das ist ohne Strom nicht denkbar. Um Leuchten anschließen zu können, reichen einfache Grundkenntnisse der Hauselektrik völlig aus.

Die Stromkabel im Haus, die Leuchten, Steckdosen und Schalter miteinander verbinden, führen mindestens folgende drei Adern:

- die Phase
  Sie führt die gefährliche 230-V-Spannung. Die Ader ist – richtig angeschlossen – schwarz oder braun. Die Kurzbezeichnung für die Phase, die sich auf Schaltern oder Elektrogeräten befindet, ist „L", „L1" oder „P".

- der Nullleiter
  Er ist bei richtigem Anschluss ungefährlich, weil er keine Spannung führt. Die Adern sind blau, die Kurzbezeichnung lautet „N".

- der Schutzleiter
  Die grün-gelbe Ader sorgt bei Kurzschlüssen dafür, dass die Hauptsicherung (FI) herausspringt und sich der Strom abstellt.

Damit eine Leuchte oder ein Elektrogerät funktioniert, sind immer Phase und Nullleiter anzuschließen. Ein Lichtschalter (Fachbegriff: Aus- oder Wechselschalter) unterbricht die Spannungszufuhr der Phase. Um zu überprüfen, ob durch ein Kabel Strom fließt – korrekt ausgedrückt: ob das Kabel Spannung führt – benötigt man ein Prüfgerät. Zwei Varianten sind gängig: Ein kleiner Schraubendreher mit integrierter Glühlampe, die dann aufleuchtet, wenn man den Schraubendreher an eine spannungsführende Ader hält und oben mit dem Finger auf den Drehkopf drückt. Diese so genannten Phasenprüfer sind allerdings lange nicht so zuverlässig wie ein Spannungsprüfer mit zwei variablen Spitzen. Durch Anhalten der beiden Spitzen an Phase und Nullleiter zeigen Leuchtdioden nicht nur, ob Strom fließt, sondern auch wie stark er ist. Vom normalen Strom im Haus mit 230 Volt (V) Spannung unterscheidet man Starkstrom (400 V) zum Betrieb von Herd und Durchlauferhitzer (für Laien absolut tabu!) und Niedervoltstrom für Halogenlampen. Letzterer ist so gut wie ungefährlich, weil hier nur 12 V Spannung anliegen.

Die Kabel, die aus der Decke oder Wand kommen und für den Anschluss von Leuchten gedacht sind, bezeichnet man als Decken- bzw. Wandauslass. Zum Verbinden von Kabeln – z.B. Deckenauslass mit Leuchte – setzt man eine so genannte Lüsterklemme in einer Breite von 6 mm ein. Diese Klemme hat zwei Öffnungen, die mit je einer kleinen Schraube versehen sind. Beim Anschluss lockert man die Schraube, schiebt das Kabel in die Klemme und dreht die Schraube wieder fest.

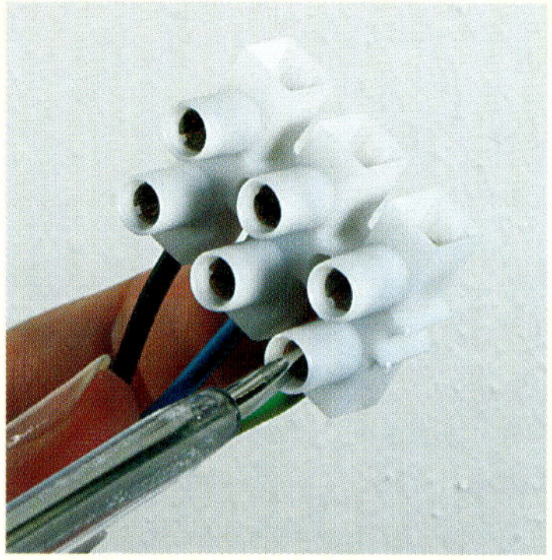

Zum Verbinden von Kabeln setzt man Lüsterklemmen ein, in denen die Adern von beiden Seiten festgeschraubt werden. Dazu die Adern mit einer Entisolierzange entisolieren.

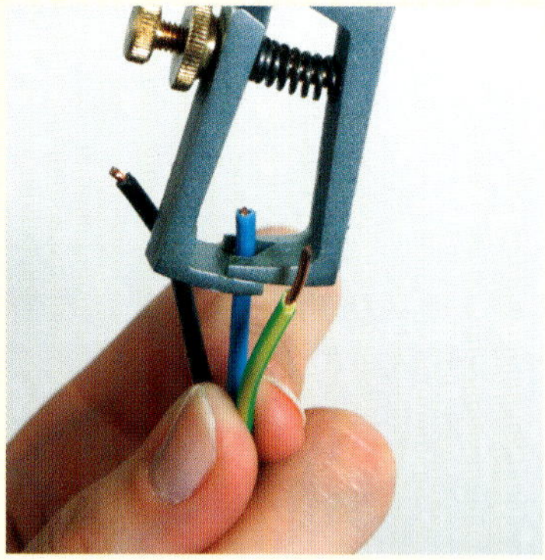

Keine Angst vor Strom

Bei allen Arbeiten mit elektrischer Spannung, vor allem beim Umgang mit 230 Volt, besteht Lebensgefahr durch direkte Berührung spannungsführender Leiter. Doch das heißt noch lange nicht, dass Arbeiten an Lichtschaltern, Steckdosen oder Deckenauslässen zum Anschluss von Leuchten lebensgefährlich sein müssen. Sie müssen nur folgende zwei Grundregeln beachten:

Sicherung ausschalten

Schalten Sie immer vor Beginn der Arbeiten an einem Stromkreis die entsprechenden Sicherungen im Sicherungskasten (Verteilerkasten) aus oder schrauben diese bei uralten Sicherungen heraus – dann fließt garantiert kein Strom mehr. Bei allen modernen Elektroinstallationen finden Sie dazu im Verteilerkasten schwarze Kippschalter, die genau beschriftet sein müssten (z.B. „Wohnzimmer“). Ist der Schalter oben, fließt Strom, ist er unten, fließt keiner.

Sollte die Beschriftung fehlen, probiert man so lange die Schalter durch, bis der richtige gefunden ist. Zudem gibt es einen Schalter, der den gesamten Strom unterbricht, den FI-Schalter – er ist etwas breiter als die anderen Schalter und befindet sich meistens unten im Verteilerkasten. Wenn man ihn umlegt, ist man auf der besonders sicheren Seite, kann aber weder mit Elektrowerkzeugen arbeiten noch Licht anschalten.

Spannung überprüfen

Testen Sie auf jeden Fall immer mit einem Spannungsprüfer, ob eventuell trotz ausgedrehter Sicherung Spannung anliegt. Wenn nämlich die Installation unsachgemäß ausgeführt wurde oder Leitungen defekt sind, kann auch dann noch Gefahr bestehen, wenn die vermeintlich richtige Sicherung herausgenommen wurde. So ist beispielsweise nicht gesagt, dass an Steckdosen keine Spannung mehr anliegt, wenn die Leuchten im selben Raum keine Spannung mehr führen. Die können nämlich bei einer schlampigen Grundinstallation auch über eine andere Sicherung abgesichert sein.

Bei Arbeiten an Leuchten oder deren Spannungszufuhr reicht es keinesfalls aus, die Spannungszufuhr allein durch Betätigung des Lichtschalters (Wechselschalters) zu unterbrechen. Wenn Sie beispielsweise ein Leuchtmittel auswechseln wollen, ist es lebensgefährlich, die Leuchte nur über den Wandschalter „auszustellen". Möglicherweise unterbricht der Wechselschalter nämlich nicht die Spannungszufuhr über die 230 V führende Phase, sondern lediglich über den harmlosen Nullleiter. An der Leuchte selbst liegen also weiterhin 230 Volt Spannung an.

Weitere wichtige Regeln

Kinder sollten Sie für die Dauer der Elektroarbeiten fern halten. Sie können die Gefahren von Strom nicht einschätzen. Hinterlassen Sie keine unfertigen Arbeiten und sorgen Sie bei einer Unterbrechung dafür, dass keine Adern oder Kabel offen liegen – diese können für Dritte lebensgefährlich sein. Arbeiten Sie mit Bedacht und ruhig – unter Stress entstehen leicht folgenschwere Fehler. Setzen Sie nur neuwertiges Material ein; beschädigte Leitungen gehören so z.B. nicht verbaut, sondern auf den Müll. Wenn Sie all diese Regeln gewissenhaft beachten, können Sie einfache Installationen ohne weiteres selbst ausführen.

Ein Spannungsprüfer zeigt an, ob und wieviel Strom anliegt. Seine Spitzen legt man an Phase und Nullleiter an, wenn Spannung vorhanden ist, leuchten Dioden auf.

Lichtschalter gegen Dimmer tauschen

Man unterscheidet Dimmer für 230-V-Leuchten von solchen für Halogenlampen. Letztere können auch für 230-V-Leuchten eingesetzt werden. Umgekehrt ist dies nicht möglich. Die Dimmer gibt es in Standardausführung und als elektronische Dimmer – für die Selbstmontage sind nur Dimmer in Standardausführung empfehlenswert, da hier der Installationsaufwand geringer ist. Beim Kauf eines Dimmers darauf achten, dass er optisch zu den anderen Schaltern passt. Eventuell muss man einen passenden Rahmen mit erwerben. Tauschen Sie nur einen Schalter, wenn dieser der einzige ist, über den die betreffende Leuchte an- und ausgeschaltet werden kann. Bei Wechselschaltungen gestaltet sich die Installation wesentlich komplizierter – man benötigt umfangreichere Kenntnisse. Beachten Sie die Sicherheitsregeln im Umgang mit elektrischer Spannung auf der vorherigen Seite. Lesen Sie die Installationsanleitung sorgfältig, und führen Sie die Arbeit nur aus, wenn Sie diese genau verstanden haben und sich den Wechsel des Schalters auch zutrauen.

Werkzeug & Material

- **Spannungsprüfer**
- **Dimmer**
- **kleiner Schraubendreher, am besten vollummantelter Elektroschraubendreher**

Das ist nicht so schwierig

Das ist schnell gemacht

Hier brauchen Sie keine Kraft

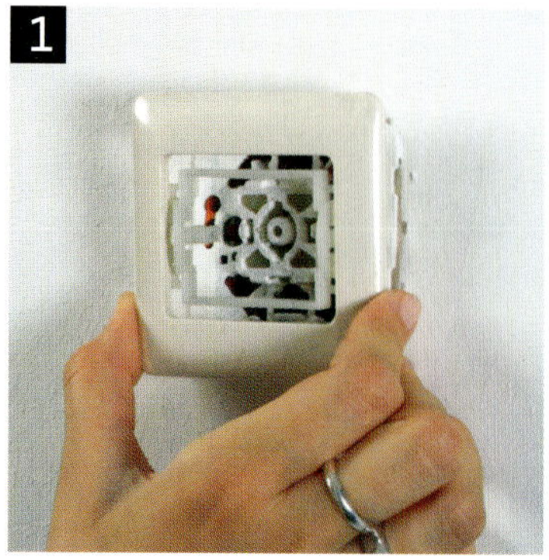

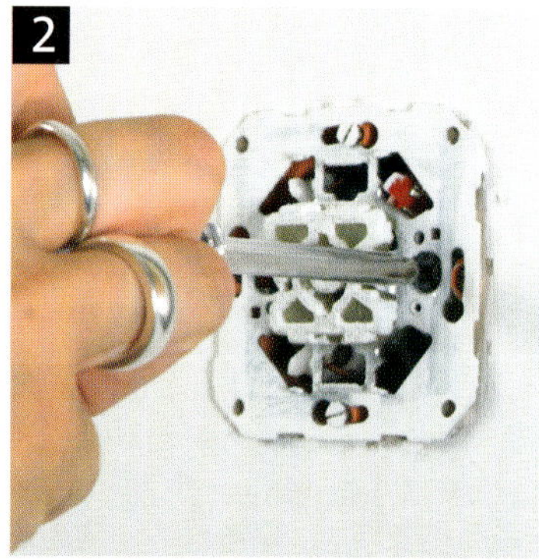

1 Vor Beginn der Arbeiten sicherstellen, dass keine Spannung mehr anliegt. Dazu mit dem zu wechselnden Schalter eine funktionstüchtige Leuchte anschalten und dann im Sicherungskasten die entsprechende Sicherung ausschalten. Die Lampe darf jetzt kein Licht mehr abgeben. Die Abdeckung des Schalters entfernen (detaillierte Beschreibung siehe S. 27).

2 Links und rechts des eigentlichen Schalters sitzen etwas vertieft Halteschrauben (Schlitzschrauben). Sie werden mit einem etwas größeren Schlitzschraubendreher an beiden Seiten abwechselnd immer weiter ein Stückchen gelöst, bis der Schalter locker sitzt. Bei Gipskartonwänden sind zusätzlich ganz oben in der Mitte und ganz unten in der Mitte sitzende Schrauben zu lösen.

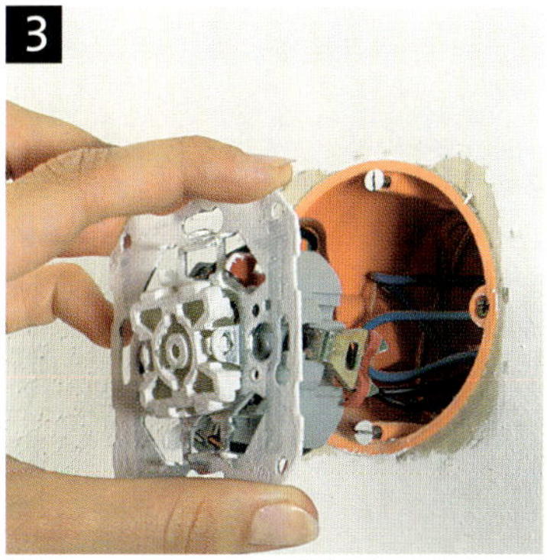

3 Jetzt den Schalter aus der Wand ziehen. Am Schalter befinden sich zwei Adern. Eine ist die Phase, die vom Stromkreis kommt, die andere jene, die zur Leuchte führt. Schauen Sie sich die Steckverbindungen, an denen sie eingesteckt sind, genau an. Bei nahezu allen Schaltern zeigen Pfeile an, ob es sich um den Eingang (Pfeil zeigt nach innen) oder den Ausgang (Pfeil zeigt nach außen) handelt.

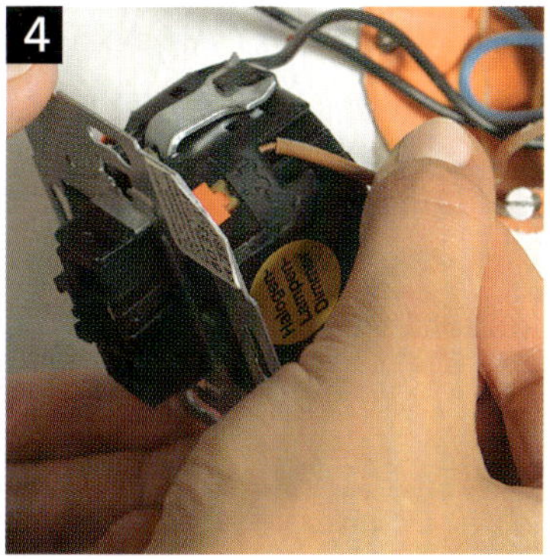

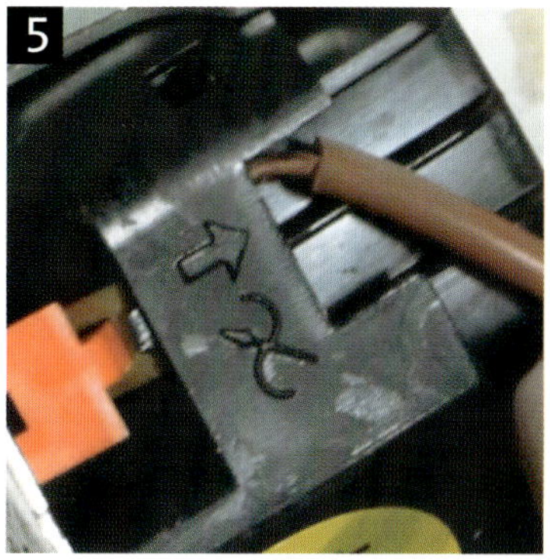

4 **5** Auf dem neuen Dimmer finden Sie die gleichen oder ähnliche Symbole. Die Adern werden jetzt entsprechend umgesteckt. Sie sind nur eingesteckt. An der Buchse befindet sich ein kleiner Plastikdrücker (hier rot), den man nach unten drückt (geht manchmal etwas schwer). Die Adern werden so tief in die Buchse gesteckt, bis kein unisolierter Kupferdraht mehr zu sehen ist. Durch kräftiges Ruckeln am Kabel überprüfen, ob die Adern auch fest sitzen.

6 Jetzt den Dimmer in die Dose einsetzen. Dazu erst die Abdeckung des Dimmers abziehen und die Halteschrauben links und rechts des Schalters weitgehend lösen, aber nicht abschrauben. Den Dimmer in die Dose drücken und ausrichten. Unter Druck auf den Dimmer abwechselnd die beiden Halteschrauben festziehen. Bei Rigipswänden den Dimmer stattdessen oder zusätzlich oben und unten befestigen.

7 **8** Sitzt der Dimmer in der Wand, steckt man den Rahmen über den Schalter und dann die Abdeckung auf den Schalter auf. Abschließend vorn den Drehknopf für die Dimmereinstellung aufsetzen.

Sicherung wieder einschalten. Durch Betätigen des Dimmers Funktion überprüfen.

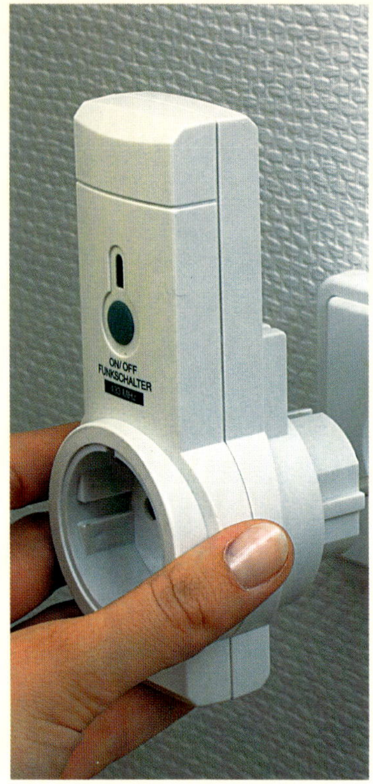

Fernbedienungen installieren

Steh- und Tischleuchten oder auch Lichterketten bequem vom Sofa aus ein- und auszuschalten, ja sogar zu dimmen – das ist komfortabel und praktisch. Die Installation mit Zwischensteckern ist dabei so kinderleicht wie die Bedienung.

Das Grundprinzip ist sehr einfach: Der Netzstecker der Leuchte wird in einen Zwischenstecker gesteckt, der seinerseits in die Steckdose kommt. In dem Zwischengerät sitzt der Empfänger, der die Schaltsignale vom Handsender aufnimmt und die Spannungszufuhr zur Leuchte regelt.

Fernbedienung ist dabei nicht gleich Fernbedienung: Man unterscheidet Infrarot- von Funkschaltungen. Bei Infrarot muss zwischen der Fernbedienung und dem Empfänger eine Sichtverbindung bestehen – genau wie bei der Fernbedienung des Fernsehers. Funk hingegen funktioniert sogar durch Wände hindurch – die Reichweite beträgt dabei zwischen 150 und 300 m. Funkfernbedienungen sind so besonders zu empfehlen, weil sich die Empfänger gut verstecken lassen und z.B. auch hinter Möbelstücken funktionieren.

Die Fernbedienungen werden in relativ preiswerten Sets aus bis zu vier Empfängern und einem Handsender angeboten. Über den Sender kann man dann jeden der vier Empfänger getrennt steuern. Die Sets lassen sich erweitern, wobei dann mehrere Empfänger über eine Taste auf dem Handsender gesteuert werden. Die Funkfernbedienungen lassen sich aber nicht nur zum Schalten von Leuchten, sondern auch von anderen elektrischen Geräten nutzen. Besonders sinnvoll ist es, Fernseher oder HiFi-Anlage komplett vom Strom trennen zu können; so verbrauchen diese keinen Strom im Standby-Betrieb. Auch die Kombination von Leuchten und anderen Geräten ist möglich. Über ein oder zwei Tasten schaltet man dann Licht, über andere den Fernseher, die HiFi-Anlage oder irgendein anderes Gerät.

Auch mehrere Leuchten lassen sich auf einen Tastendruck schalten. Dazu die Leuchten an eine Steckdosenleiste anschließen und den Stecker dieser Leiste dann in den Zwischenstecker der Fernbedienung stecken. Dabei ist allerdings auf die maximale Schaltleistung zu achten: Alle an den Schalter angeschlossenen Leuchten dürfen eine maximale Gesamtschaltleistung nicht überschreiten. Angegeben wird

Fernbedienungen sind kinderleicht zu installieren: Einfach Zwischenstecker in die Steckdose stecken und dann Stromkabel der Leuchte anschließen.

Zum Programmieren den Knopf am Zwischenstecker und die gewünschte Taste an der Fernbedienung für mehrere Sekunden gleichzeitig drücken.

sie in Watt. Bei einer maximalen Leistung von 150 Watt dürfen so z.B. zwei Leuchten mit 60-W-Lampen angeschlossen werden, nicht aber drei. Je nach Funktionsumfang der Fernbedienung lassen sich bis zu acht Zwischenstecker einzeln schalten. Bei guten Fernbedienungen ist auch das Dimmen der Leuchten möglich. Fast alle Fernbedienungen verfügen über so genannte Masterschalter, über die alle angeschlossenen Geräte gleichzeitig ein- oder ausgeschaltet werden können.

Zum Programmieren den Programmierschalter an dem Zwischenstecker und die gewünschte Taste an der Fernbedienung gleichzeitig mehrere Sekunden drücken. Wenn die Leuchte an dem Zwischenstecker nicht mehr blinkt, sondern dauerhaft Licht zeigt, war die Programmierung erfolgreich.

HiFi-Geräte werden über Chinchkabel miteinander verbunden. Die entsprechenden Buchsen am Verstärker und am anzuschließenden Gerät sind genau bezeichnet.

HiFi-Anlage anschließen

Ein Wohnzimmer ohne Musik ist wie ein Tag ohne Sonne. Zum Aufstellen einer HiFi-Anlage müssen Sie aber keinen Techniker bemühen: Das Verkabeln einer HiFi-Anlage ist heute dank farbiger Kabel und eindeutiger Bezeichnungen kinderleicht.

Bevor Sie die Geräte und Lautsprecher untereinander verbinden, sollten Sie alle Netzstecker ziehen. Herzstück der Anlage ist der Verstärker oder der Receiver, ein Verstärker mit integriertem Radio. Das Gerät unterscheidet sich schon allein durch die vielen Anschlussmöglichkeiten an der Rückseite von den anderen: Hier laufen die Tonsignale aller Tonquellen zusammen wie CD-Player oder Kassettenrekorder. Außerdem können hier zwei, bei manchen Geräten auch mehr Lautsprecher angeschlossen werden. Für die Verbindung der Tonquellen mit dem Verstärker benutzt man Chinch-Kabel, doppeladrige Kabel, die an beiden Enden entweder je einen roten und einen weißen oder einen roten und einen schwarzen Stecker haben. Über die eine Ader wird das linke, über die andere das rechte Signal des Stereotons übertragen.

Am Verstärker finden Sie genau bezeichnete Doppelbuchsen, z.B. „CD“ für den CD-Player oder „Tuner“ für das Radiogerät. Stecken Sie jeweils ein Chinchkabelpärchen in die entsprechenden Buchsen des Verstärkers und der Tonquellen. Die Buchsen sind rot und weiß bzw. rot und schwarz gekennzeichnet. Rot wird immer mit rot verbunden, weiß mit weiß oder mit schwarz – hier hat man immer noch keine einheitlichen Farben definiert.

Der besondere Tipp

■ Wenn Sie eine Mehrfachsteckdose mit Schalter einsetzen, können Sie alle Geräte mit einem Fingertipp vom Netz trennen – so wird kein Strom im Standby-Betrieb verbraucht.

■ Stellen Sie die Boxen nicht direkt an die Wand, sondern rücken Sie diese ein Stück ab. Das verbessert den Klang merklich.

■ Wenn Ihr Verstärker über einen „Aux"-Anschluss verfügt, können Sie auch den Ton von Fernseher oder DVD-Player über die Hi-Fi-Anlage laufen lassen. Dazu die Geräte mit einem Chinchkabel verbinden – der Handel führt übrigens auch lange Chinchkabel oder Verlängerungen.

■ Wenn Sie auch in einem anderen Raum Musik hören wollen, müssen nicht zwangsläufig lange Kabel verlegt werden. Der Handel führt auch Funksets für den Anschluss zusätzlicher Boxen.

Zum Anschluss der Boxenkabel am Verstärker dreht man die Halteschrauben etwas auf, steckt die Kabel ein und dreht dann die Schrauben wieder fest an.

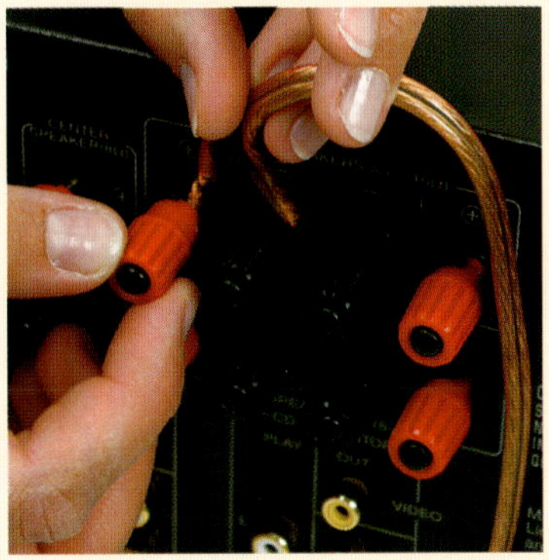

Beim Plattenspieler ist meistens noch ein so genanntes Massekabel anzuschließen – die entsprechende Anschlussmöglichkeit befindet sich immer in der Nähe der „Phono"-Buchsen und ist meist mit "Gnd" für "Ground" beschriftet. Das Massekabel wird mit einer Rändelschraube am Gerät festgeschraubt und verhindert Brummen.

Für den Anschluss eines Kassettenrekorders, Minidisc- oder MP3-Geräts – dem Nachfolger des Kassettenrekorders – finden sich je vier Chinchbuchsen am Gerät und am Verstärker. Die Doppelung ist notwendig, weil man mit den Geräten nicht nur Musik widergeben, sondern auch vom Verstärker kommende Signale aufnehmen kann.

Die vier Anschlussbuchsen sind am Gerät mit „Tape" gekennzeichnet, besser ausgestattete Verstärker verfügen über zwei Tape-Anschlüsse („Tape 1" und „Tape 2"). Dabei ist es gleich, ob man einen Kassettenrekorder oder ein MP3-Gerät an den einen oder den anderen Anschluss anlegt. Für die Verbindung eines dieser Geräte mit dem Verstärker benötigen Sie zwei doppeladrige Chinchkabel. Die jeweiligen vier Buchsen eines Tape-Anschlusses sind noch einmal mit „in" und „out" beschriftet.

Ein Doppelkabel führt von der „Out"-Buchse des einen Gerätes zu der „In"-Buchse des anderen, beim zweiten Kabel ist es dann genau umgekehrt. Etwas verwirrend wird es, wenn am Kassettenrekorder nicht „in" und „out" steht, sondern „Play" und „Record". Dann wird „Play" mit der „In-Buchse" des Verstärkers verbunden, „Record" mit der „Out"-Buchse.

Bleibt nur noch der Anschluss der Boxen. Auch das ist sehr leicht. Für die Verbindung setzt man wieder doppeladrige Kabel ein, allerdings diesmal mit blanken Metallenden. Diese zwirbelt man zwischen den Fingern so zusammen, dass sie in die Anschlussbuchsen passen. Bei einigen Verstärkern oder Boxen finden sich Klemmbuchsen, die man herunterdrücken muss, um das Kabelende einführen zu können. Bei anderen sind es Schrauben, die man anlösen muss, damit sie eine kleine Öse freigeben, durch die das Kabelende eingeführt wird. Wenn das Kabel eingesteckt ist, dreht man die Schraube wieder fest.

Die Anschlüsse an Box oder Verstärker sind rot und schwarz markiert. Nach Möglichkeit sollte eine Ader die beiden schwarzen, die andere die roten Buchsen miteinander verbinden. Wenn man die Kabel vertauscht, ist dies zwar nicht schlimm – aber der Klang kann leiden.

Um das Radio mit der Antenne zu verbinden, wird abschließend noch ein so genanntes Antennenanschlusskabel benötigt. Dieses hat zwei unterschiedliche Stecker: Zunächst steckt man den in die Buchse des Verstärkers passenden Stecker ein – der andere Stecker kommt in die passende Buchse der Antennendose.

Jetzt nur noch die Netzstecker der Geräte in Steckdosen oder in eine Mehrfachsteckdosenleiste stecken und alles sollte funktionieren. An die Mehrfachsteckdose für die HiFi-Geräte – auch für Fernseher und Co. – sollten Sie übrigens keine Steh- oder Tischleuchte mit anschließen. Andernfalls kann es zu Knackgeräuschen in den Boxen beim An- und Ausschalten des Lichts kommen.

Fernseher und Co. anschließen

Ob Lieblingsserie oder Nachrichten, Spielfilm oder Dokumentation – was wäre das Leben ohne Fernsehen? TV, Video und DVD sind mit ein paar wenigen Kabeln schnell miteinander verbunden.

Beim Anschluss der Geräte gibt es kleine Unterschiede zwischen Kabelanschluss und Satellitenfernsehen:

Kabelanschluss

Am einfachsten ist es, einen Fernseher in einer Wohnung oder in einem Haus mit Kabelanschluss oder der guten alten terrestrischen Antenne auf dem Dach anzuschließen. Dafür ist nur ein Kabel erforderlich, nämlich ein Antennenanschlusskabel, das von der Kabeldose zum Fernseher führt. Es ist derselbe Kabeltyp wie er für den Anschluss eines Radios benutzt wird (siehe S. 65). Erst passenden Stecker des Kabels in die Antennenbuchse des Fernsehers einstöpseln und dann den anderen Stecker in die passende Buchse der Kabeldose. Dann Netzstecker einstecken und schon kann der Fernsehabend beginnen.

Wenn zusätzlich ein Videorekorder betrieben werden soll, ist auch das kein Problem. Die Bild- und Tonsignale von der Antennendose werden zunächst über ein Antennenanschlusskabel zu der Antenneneingangsbuchse ("HF in") des Videorekorders geführt. Über ein zweites Antennenanschlusskabel geht es dann von der Antennenausgangsbuchse des Videorekorders („HF out“) zum Antenneneingang des Fernsehers. So kann der Videorekorder ein Programm aufzeichnen, während man im Fernseher ein anderes anschaut. Um eine Kassette sehen zu können, muss man noch ein Scartkabel einstöpseln. Das sind die Kabel mit dem großen, breiten Stecker. Wichtig: Bei modernen Fernsehern und Videorekordern befinden sich auf der Rückseite meistens je zwei entsprechende Buchsen, eine schwarze und eine blaue. Videorekorder und Fernseher werden über die schwarzen Buchsen miteinander verbunden. Die blauen Buchsen sind für den Anschluss eines DVD-Players oder eines Decoders wie den Premiere-Decoder vorgesehen. Wenn sich an einem Gerät zwei schwarze Scartbuchsen befinden, nutzen Sie die untere für die Verbindung von Fernseher und Videorekorder. Die Installation überprüfen Sie, indem Sie eine bespielte Kassette im Videorekorder ablaufen lassen. Um das Bild vom Videorekorder auf dem Bildschirm zu sehen, müssen Sie am Fernseher auf „AV1" schalten. Ist hier kein Bild zu sehen, stöpseln Sie die Scartstecker bei laufendem Rekorder und TV so lange an den Geräten um, bis sich ein Bild zeigt.

Haben Sie alle Kombinationen durchgespielt und zeigt sich dennoch kein Bild, liegt es am Scartkabel. Das gibt es nämlich in Billigvarianten, die nur in eine Richtung funktionieren. Drehen Sie deshalb das Scartkabel um und versuchen Sie es erneut mit den einzelnen Buchsenkombinationen. Jetzt müsste es endgültig klappen.

Einen DVD-Player anzuschließen ist vor allem dann kein Problem, wenn Fernseher und/ oder Videorekorder über eine zweite Scartbuchse verfügen. Dann wird der DVD-Player mit einem Scartkabel an diese freie Buchse angelegt. Wenn der DVD-Player an die zweite Scartbuchse des Fernsehers angeschlossen wird, sind seine Bild- und Tonsignale über „AV2" sichtbar. Wenn er an die zweite Buchse des Videorekorders angelegt wird, muss am Videorekorder auf „AV2" geschaltet werden und am Fernseher auf „AV1".

Ein Premiere-Decoder wird wie ein DVD-Player über Scart entweder an den Fernseher oder an den Videorekorder angeschlossen.

Satelliten-Fernsehen

Die Fernsehbilder, die über eine Satellitenanlage in Ihre vier Wände kommen, können Standardfernseher nicht ohne einen zusätzlichen Satellitenreceiver sichtbar machen. Das Fernsehsignal wird hier von der Fernsehdose in den Receiver geleitet. Der wiederum wird – wie ein DVD-Player oder ein Decoder – über Scart mit dem Fernseher oder dem Videorekorder verbunden (siehe Abb. rechts). Für die Verbindung von Dose zu Receiver wird kein normales Antennenkabel eingesetzt, sondern ein spezielles Satellitenfernsehen-Anschlusskabel. Das wird nicht einfach aufgesteckt, sondern zusätzlich aufgeschraubt. An der Dose einer Satellitenfernsehen-Hausverkabelung befindet sich mittig über den beiden bekannten Anschlussbuchsen für herkömmliches Radio und Fernsehen eine dritte Buchse für das Satellitenfernsehen-Anschlusskabel. Dieses Kabel hat auf beiden Seiten die gleichen Stecker. Diese also an der Dose und am Receiver einstecken und mit der Hand festdrehen. Anders als beim herkömmlichen Fernsehen kann man beim Satellitenfernsehen nicht gleichzeitig ein Programm anschauen und ein anderes mit dem Videorekorder aufnehmen. Dies ist nur mit einem zweiten Receiver an einer anderen Fernsehdose möglich.

Der besondere Tipp

■ An TV-Gerät oder Videorekorder befinden sich oft Chinchbuchsen für den Anschluss einer Videokamera. Diese kann man auch für DVD-Player oder Decoder benutzen.

■ Wenn Fernseher und/ oder Videorekorder über keine freien Scart- oder Chinchbuchsen zum Anschluss eines DVD-Players oder Decoders verfügen, bietet der Handel Zusatztechnik an.

■ Moderne Satellitenanlagen können Digitalfernsehen mit seinen vielen Programmen in besserer Qualität empfangen. Dafür benötigt man allerdings einen digitalen Satellitenreceiver, der genauso wie ein analoger Satellitenreceiver angeschlossen wird.

■ Über einen Satellitenreceiver für das Fernsehen kann man auch digitale Radioprogramme empfangen und über die Boxen des Fernsehers hören. Für eine bessere Klangqualität verbindet man den Receiver über ein Chinchkabel mit dem Aux-Anschluss des HiFi-Verstärkers. Jetzt kann man auch über die HiFi-Boxen Digitalradio hören.

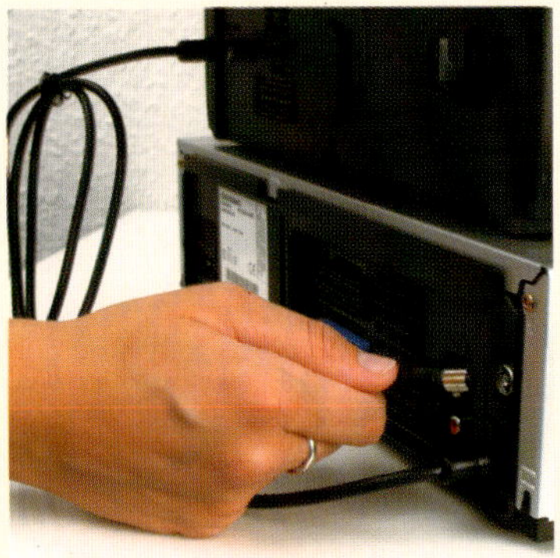

Die zwei wichtigen Kabeltypen beim Anschluss von Fernseher & Co. sind das runde Antennenkabel (o.) und das breite Scart-Kabel (u.).

Küche

Sie ist das heimliche Zentrum der Wohnung, der Ort zum Zusammensein und Zusammenleben. Ob kochen und genießen, plaudern oder diskutieren – rund um Herd und Kühlschrank findet das wahre Leben statt. Das Flair der Küche, die heute weit mehr ist als reiner Arbeitsplatz, lässt sich mit einer wohnlichen Gestaltung intensiver erlebbar machen. Eine schöne Einrichtung und Funktionalität sind dabei kein Widerspruch. Neben allen wichtigen Fragen rund um Kücheneinrichtung und Essplatzgestaltung beschäftigt sich dieses Kapitel vor allem auch mit Fliesenlegen. Hier zeigen wir detailliert, wie man einen Küchenboden verfliest. Ein weiterer Schwerpunkt liegt auf kleinen Reparaturen, die in der Küche im Laufe der Zeit immer mal wieder anfallen. Das Spektrum reicht vom Ausrichten schiefer Schranktüren bis hin zum Abdichten von Arbeitsplatten. Schließlich gehen wir ausführlich darauf ein, wie man sowohl gutes Funktionslicht zum Arbeiten als auch gemütliches Licht zum Genießen in der Küche einrichtet.

Single- und Partnerküchen kommen mit wenigen Küchenmöbeln und -geräten aus. Das schafft Freiräume für individuelle Gestaltung und viel Wohnatmosphäre.

Lebensraum Küche

Kulinarische Kochinsel, Familienzentrum oder Lebensmittelpunkt: Die Küche von heute zeigt viele Gesichter.

Vor der eigentlichen Planung gilt es deshalb genau zu überlegen, welche Funktionen die Küche erfüllen soll. Denn je nach persönlicher Lebensausrichtung kommen unterschiedliche Gestaltungsvarianten und -schwerpunkte in Frage:

Die Küche als Arbeitsplatz

Wer mit Hingabe und Perfektion kocht, wird sein Augenmerk auf die praktischen Aspekte legen. Für Köchin und Koch ist die Küche in allererster Linie ein Arbeitsplatz, der möglichst optimal funktionieren sollte. Das bedeutet: Herd, Spüle, Kühlschrank und Co. müssen so angeordnet sein, dass man alles besonders schnell und reibungslos erreicht. Ergonomie, also körper- und bewegungsgerechte Gestaltung, geht über alles, vor allem auch, was die Arbeits- und Einbauhöhen von Schränken und Elektrogeräten betrifft. Wohnliche Aspekte treten bei der Planung in den Hintergrund – das Design richtet sich ganz nach den arbeitstechnischen Erfordernissen. Erst wenn diese in allen wichtigen Details durchgeplant sind, schaut man, ob noch Spielraum z.B. für zusätzliche Sitzgelegenheiten oder Wohnaccessoires verbleibt.

Die Küche als Familienzentrum

Die Küche als Zentrum des Hauses, in dem tagsüber alle Fäden zusammenlaufen, in der man nicht nur kocht, sondern auch miteinander kommuniziert: Das ist die Planungsanforderung, die vor allem junge Familien an die Gestaltung der Küche stellen. Hier steht weniger die Ergonomie von Geräten und Küchenschränken im Vordergrund. Vielmehr geht es darum, die Erfordernisse des Arbeitsplatzes mit denen des Zusammenlebens zu einer stimmigen Einheit zu verbinden. Wer in der Küche Essen zubereitet, ist nicht länger vom Rest der Familie isoliert. Kochen und gleichzeitiges Beaufsichtigen von Kindern ist genauso möglich wie Kochen und ein Schwätzchen mit der besten Freundin.

Diese Küchen gliedern sich in zwei eng miteinander verzahnte Funktionsinseln: den eigentlichen Koch- und den Kommunikationsbereich. Diese können optisch deutlich von-

Die Küche als Kommunikationszentrum mit Familie und Freunden muss Platz zum Sitzen anbieten – wie z. B. an einer kleinen Bar oder an einem Küchentisch.

einander getrennt sein – z. B. durch eine Bar – oder fließend ineinander übergehen – z. B. durch einen an die Arbeitsplatte angegliederten Sitzbereich. Die großen Klassiker unter den Gestaltungsvarianten sind dabei Küchentisch und Eckbank.

Ideal ist eine offene Küche, die nahezu nahtlos an den Wohnbereich anschließt. Sie bietet die meisten Einrichtungsalternativen wie z. B. das Platzieren eines großen Tisches, der genauso als Esstisch wie als Arbeitsfläche genutzt werden kann. Aber auch in kleineren Küchen lässt sich mit Kreativität und flexiblen Möbeln, wie z. B. Klapp- oder Rolltischen verbunden mit Klapp- oder Stapelstühlen, Raum für Kommunikation gewinnen.

Single- und Partnerküche

Sie kochen zwar gerne, aber nur selten und meist für sich allein oder gemeinsam mit dem Partner bzw. der Freundin? Dann muss die Küche nicht die Größe haben wie für eine mehrköpfige Familie, bei der jeden Tag eine warme Mahlzeit auf den Tisch gestellt werden will. Kleine Kücheneinheiten reichen hier völlig aus, um die wichtigsten Geräte und Kochutensilien unterbringen zu können. Das schafft Raum zum Leben und Genießen.

Single- und Partnerküchen lassen sich ganz individuell gestalten und mit viel Wohn- und Wohlfühlatmosphäre verbinden. Nicht die Funktionalität hat dabei oberste Priorität, sondern die eigene Persönlichkeit. Hier ist genauso Platz für den kleinen Fernseher, um beim Abendessen die Lieblings-Vorabendserie zu schauen, wie für bunt gemischte Regale, auf denen sich Zuckerdose und kleine Reiseandenken den Platz teilen.

Ein kleiner Sitzplatz zum Frühstücken oder zum Plausch mit anderen darf dabei nicht fehlen. Schöne Bilder oder Fotos lockern die Wände auf und kleine Wohnaccessoires bringen Individualität in die Küche. So wird aus dem Funktions- ein Wohnraum.

Speziell geformte Spülbecken nutzen eine Küchenecke perfekt aus.

Küchenplanung

Nichts scheint in der Küche so wichtig wie Funktionalität: Arbeitsabläufe sollten leicht und schnell von der Hand gehen. Doch deshalb muss eine Küche daheim noch lange nicht reine Arbeitsatmosphäre vermitteln.

Seit Jahrzehnten ist die Einbauküche das Maß aller Dinge in der Küchengestaltung. Arbeitsflächen, die bis in die letzten Winkel reichen und Schrankreihen, die die Räume optimal ausnutzen, haben dabei vielfältige Vorteile – allen voran den, dass sie sich besonders leicht pflegen lassen. Denn jede Kante, jeder Vorsprung und jede Ecke erschweren das Putzen. Und: Vor allem Markenhersteller haben für nahezu jede Einbausituation perfekte Lösungen erarbeitet wie z.B. Eckschränke, deren Innenleben die Ecke komplett ausnutzt, oder eine Schublade, die beim Öffnen eine Brotschneidemaschine ausfährt.

Unter Praxisaspekten ist die Einbauküche auch heute noch unschlagbar. Eine solche Küchengestaltung hat aber auch eindeutige Nachteile, vor allem den, dass sie die Funktionalität in den Vordergrund stellt. Die Küchen strahlen trotz verschiedenster Dekors wenig Individualität aus und vermitteln kaum wohnliche Atmosphäre. Zudem sind die Küchen immer ganz speziell auf eine Raumsituation zugeschnitten – die Küche kann so z.B. nicht ummöbliert werden, beziehungsweise bei Umzügen muss man sie den neuen Raummaßen individuell anpassen. Das ist material-, geld- und zeitaufwändig. Neben den Einbauküchen haben sich so in den letzten Jahren Küchen etabliert, die aus Einzelmöbeln bestehen, wie z.B. aus einem Spültisch, einem niedrigen Schrank mit eingebautem Elektroherd oder aber aus einzelnen Regal- oder Schrankelementen zum Aufstellen oder Aufhängen. Die Möbel werden nicht mehr zu einer durchgehenden Zeile mit kompletter Arbeitsfläche verbunden. Vielmehr arrangiert man sie, wie in anderen Bereichen der Wohnung auch, entsprechend den individuellen Raumgegebenheiten und persönlichen Einrichtungsvorstellungen.

Solche Systemmöbel haben eine ganze Reihe von Vorteilen: Die Küche lässt sich immer mal wieder etwas umgestalten, wobei man nur durch die Anschlüsse (Starkstrom für den Herd, Wasserzu- und -ablauf für Spüle oder Geschirrspüler sowie eventuell einen Gasan-

Kleine Aufbauschränke mit nur geringer Tiefe (l.) schaffen zusätzlichen Abstellplatz auf der Arbeitsfläche.

Empfohlene Arbeitshöhen

(Angaben in cm)

Körpergröße	Arbeitsplatten	Kochfeld	Spüle	Sitzplatz
160	90	85	95	72
165	95	90	100	74
170	100	95	100	76
175	100	95	105	78,5
180	105	100	110	81
185	105	100	110	83,5
190	110	105	115	86
195	115	110	120	88
200	120	115	125	91

Quelle: Miele

schluss) eingeschränkt ist. Mit solchen Küchen lässt sich sehr leicht umziehen, da man sie neuen Raumproportionen leicht anpassen kann.

Bei der Auswahl der Küchenmöbel ist man nicht mehr allein auf Küchenhersteller festgelegt. Die Systemmöbel harmonieren auch mit anderen Möbeln wie z.B. einem Regalsystem für Arbeitszimmer oder Schrankelementen für den Wohnbereich. Durch die Einzelelemente und die lockere Anordnung entsteht kein so strenger Gesamteindruck wie bei einer Einbauküche. Der Küchenraum kann so weitaus wohnlicher wirken und bietet viel mehr individuelle Gestaltungsmöglichkeiten.

In Bezug auf die Praxistauglichkeit, vor allem die Pflege, muss man allerdings im Vergleich zur Einbauküche deutliche Abstriche hinnehmen. So sind z.B. weitaus mehr Seitenwände sauber zu halten, und während bei der Einbauküche eine durchgehende Sockelleiste die Bodenfläche auf ein Minimum reduziert, stehen die Einzelmöbel oft auf Füßen. So muss auch unter den Schränken gewischt werden.

Eine solche Küche ist also in erster Linie dort zu empfehlen, wo mit Lust und Liebe gelegentlich gekocht wird, aber nicht dort, wo Praxistauglichkeit groß geschrieben werden muss. Die meisten Verunreinigungen entstehen durch die Dämpfe beim Kochen. Eine leistungsfähige Dunstabzugshaube verhindert allerdings wirkungsvoll, dass sich die Fett- und Schmutzrückstände auf den Möbeln absetzen. Deshalb mindert eine starke Dunstabzugshaube den Pflegeaufwand besonders in Küchen mit Einzelmöbeln. Eine gute Küche besticht durch wirklich durchdachte Detaillösungen, die ganz speziell auf die eigenen Koch- und Raumverhältnisse zugeschnitten sind. Je kleiner die Küchenräume sind, desto wichtiger wird es, mit dem vorhandenen Platz optimal umzugehen.

In vielen Küchen zieht man die Küchenzeile um eine Innenecke herum. Diese Ecke lässt sich vielfältig nutzen: So bietet der Fachhandel sowohl Spülen als auch Herdplatten speziell für den Einbau in die Ecke an. Dabei wird die Küchenzeile durch einen schrägen Unterschrank ein wenig in den Raum hineingezogen. Das schafft mehr Stauraum und belebt die Ecke optisch. Bei den Spülen hat man die Wahl zwischen verschiedenen Einbauvarianten. Standard ist, dass die Spüle von oben in die Arbeitsplatte eingelassen wird. Der Nachteil dabei: Es entsteht eine Kante, in der sich leicht Schmutz bzw. Bakterien festsetzen. Dies ist bei Spülen, die flächenbündig eingebaut werden, nicht möglich. Das Einlassen solcher Spülen in die Arbeitsplatte ist leider teuer. Die dritte Alternative ist, die Spüle von unten gegen die Arbeitsplatte zu setzen. Das bedingt, dass der Ausschnitt für die Spüle sehr sauber ausgearbeitet sein muss; ein solcher Einbau kommt so eigentlich nur bei Natursteinplatten in Frage.

Die Spüle sollte nach Möglichkeit zwei Becken umfassen oder ein Becken mit einem separaten zweiten Abfluss. Selbst, wenn dann ein Becken mit Spülwasser gefüllt ist, kann man z.B. in dem anderen Restwasser aus eingeweichten Töpfen abgießen.

Bei den Armaturen sind vor allem solche mit integrierter Brause empfehlenswert. Diese kann man herausziehen und so z.B. sehr leicht Obst und Gemüse waschen. Auch größere Töpfe lassen sich so mit Wasser füllen, ohne sie mit einer Hand über die Spüle halten zu müssen.

Küchen kaufen

Beratung wird in allen Küchenstudios groß geschrieben. Wer sich aufmacht, eine Küche zu kaufen, trifft auf einen Service, von dem man bei anderen Kaufentscheidungen nur träumen kann.

Computersimulationen, die die Möblierung mit der ausgesuchten Küche in den eigenen Raumabmessungen zeigen, sind heute in allen Küchenstudios nahezu selbstverständlich. Wer eine genaue Maßzeichnung mitbringt, auf der vor allem Wasser- und Elektroanschlüsse eingezeichnet sind, ermöglicht eine besonders praxisgerechte Beratung. Zum Service gehört meist auch ein genaues Aufmaß vor Ort und der Aufbau der Küche. Einen kleinen Haken hat das ganze allerdings doch:

Es geht den Küchenstudios um das Verkaufen von standardisierten Küchen, allen voran von uniformen Einbauküchen. Hier kann man zwar Oberflächen und Farben individuell mit verschiedensten Möbelelementen kombinieren, alternative, auf die eigene Persönlichkeit zugeschnittene Lösungen kann man letztlich aber nicht erwarten. Zwar gibt es auch Küchenstudios, die wirklich ausgefallene Raumideen entwickeln, die entsprechenden Lösungen sind aber meist sehr teuer.

Wichtig ist deshalb, im Vorfeld möglichst eigene Vorstellungen von der Küchenmöblierung zu entwickeln und dabei vor allem auch eventuell schon vorhandene Möbelstücke zu berücksichtigen. Besonders teuer lassen sich Küchenstudios individuelle Maßanfertigungen bezahlen. Dabei sollte man sich allerdings fragen, ob es wirklich z.B. das kleine, teure Regal vom Hersteller sein muss, oder ob nicht eine Eigenanfertigung ausreicht (siehe S. 236). Sie ist nicht nur preiswerter, sondern bringt auch mehr Individualität in die Küche.

Besonders bei der Montage von Spülen bieten sich vielfältige Alternativen.

Eine ausziehbare Brause erleichtert nicht nur, Salat oder Gemüse zu waschen, sondern z.B. auch große Töpfe mit Wasser zu füllen.

Verlängerte Arbeitsplatten (l.) schaffen selbst in kleinen Küchen einen Sitzplatz. Eine Theke (o.) trennt offene Küchen perfekt vom Ess- oder Wohnbereich ab.

Sitzplätze gestalten

Ob Küchentisch, kleiner Sitzplatz oder Bar – Sitzplätze rund um den Herd sind aus der modernen Küche nicht fortzudenken.

Tische richtig platzieren

Grundsätzlich gilt es darauf zu achten, dass der Tisch beim Arbeiten in der Küche nicht im Weg steht. Das kann z.B. dann der Fall sein, wenn eine Einbauküche in einem größeren Raum U-förmig angeordnet ist und der Tisch in der Mitte dieses „U“ steht oder sehr weit in dieses hineinragt. Praktischer ist immer ein seitliche Positionierung des Tisches. So weitläufig und zeitgerecht eine offene Küche auch wirken mag; sie hat einen gewichtigen Nachteil: Der Blick in die Küche – vor allem wenn man Gäste mit einem aufwändigen Essen bewirtet – bietet selten einen attraktiven Anblick. Allerdings muss sich vom Tisch aus nicht zwangsläufig ein freier Blick auf das Töpfe-Chaos eröffnen. So kann z.B. eine Bar als perfekte Blickmauer fungieren, wenn sie zwischen Sitzplatz und Küche platziert ist. Dabei kommt es auf die richtige Höhe an. Sie sollte so hoch gebaut sein, dass man von den Sitzplätzen am Tisch zwar gerade noch über den Tresen hinübersehen, dabei aber nicht auf die Arbeitsflächen blicken kann.

Kleine Sitzplätze

In kleinen Küchen hat man oft keinen ausreichenden Platz, einen Küchentisch aufzustellen. Verzichten muss man auf ein oder zwei Sitzplätze dennoch nicht. So kann man z.B. die Küchenarbeitsplatte an einer schmalen Seite der Küchenzeile bis zu 60 cm verlängern und frei in den Raum ragen lassen. Auf der offenen Seite stützt man sie eventuell von der Wand aus mit einem Regalträger. So entstehen ein oder zwei kleine Sitzplätze. Wenn man die Platte weiter verlängern möchte, muss man ein oder zwei Tischbeine aus dem Baumarkt zur Stabilität unterschrauben. In der Regel reicht ein Bein aus, das man mittig unter den „Tisch“ setzt.

Etwas problematisch ist allerdings die Höhe der Arbeitsplatte, weil man mit Standardstühlen zu tief sitzt. Gut geeignet sind ausdrehbare Hocker und das nicht nur, weil man sie individuell auf die richtige Sitzhöhe einstellen kann. Sie nehmen zudem nur sehr wenig Raum ein und lassen sich bei Nichtbedarf unter der Arbeitsplatte verstauen. So stehen sie nicht

im Weg. In romantischeren Küchen gliedert sich ein kleiner Bistrotisch stimmungsvoll in das Ambiente ein. Die Tische mit dem gusseisernen Fuß und der runden Platte gibt es in verschiedenen Größen; mit 50 cm Durchmesser finden die kleinsten von ihnen auch in Miniküchen Platz. Stilistisch passend und praktisch dazu sind Klappstühle aus Holz.

Barambiente

Eine kleine Bar in der Küche vereint viele Vorteile. Sie ist nicht nur besonders kommunikativ, sondern auch als Arbeitsfläche geeignet. Auf einem Barhocker sitzend, können so bequem einfache Arbeiten erledigt werden. Zudem ist sie ein idealer Tischersatz für den kleinen Imbiss zwischendurch. Ein weiterer Vorteil: Ein schmaler Tresen lässt sich selbst in kleine Küchen integrieren und nimmt dabei nicht einmal so viel Raum ein wie ein Tisch. Schließlich lassen sich die Barhocker unterschieben, was die Bewegungsfreiheit erhöht. Die meisten Tresen finden sich in offenen Küchen, in denen sie den Kochbereich von Ess- oder Wohnzimmer abgrenzen. Die praktische Platte kann aber auch mitten in der Küche platziert werden oder schräg in sie hineinreichen. Optimal nutzt sie den Raum vor allem dann aus, wenn sie auf Maß zugeschnitten ist, und das muss nicht teurer sein. Relativ einfach lässt sich eine individuelle Lösung mit einer Holzplatte aus dem Baumarkt bewerkstelligen, wobei man diese an einer Wand mit Regalträgern befestigt und auf der anderen Seite ein Tischbein mittig unterschraubt. Diese Theke gewinnt optisch, wenn man die Platte zum Raum hin mit der Stichsäge abrundet.

78

Fliesen

Fliesen gehören zur Küche wie die Butter zum Brot: Ob als Wand- oder Bodenbelag, keine andere Oberfläche lässt sich so leicht pflegen und schützt die Bausubstanz so effektiv wie sie.

Keramische Fliesen bestehen normalerweise aus zwei Schichten: der so genannten Scherbe, also dem Trägermaterial, und der Glasur, der Oberfläche. Je nach verwendetem Material und Verarbeitung dieser Schichten lassen sich die Fliesen verschiedenen Anwendungsbereichen zuordnen.

Allgemein unterscheidet man zwischen Wand- und Bodenfliesen. Der Unterschied zwischen diesen beiden Fliesengruppen bezieht sich in erster Linie auf die Glasur. Die ist bei Bodenfliesen weitaus widerstandsfähiger als bei den Wandbelägen. Der Fachmann spricht von Abriebsklassen. Wandfliesen entsprechen den Klassen 1 bis 2, Bodenfliesen den Klassen 3 bis 4. Wenn Wandfliesen auf dem Boden eingesetzt werden, verkratzen die Oberflächen schnell; schlimmstenfalls reißt oder springt die Glasur. Umgekehrt lassen sich aber Bodenfliesen sehr wohl auch auf Wänden verkleben.

Bezüglich der Scherbe spricht man bei Wandfliesen von Steingut, bei Bodenfliesen von Steinzeug. Steinzeug ist dabei härter als Steingut. Eine Besonderheit stellen bei den Bodenfliesen Feinsteinzeug-Fliesen dar. Sie sind extrem hart und widerstandsfähig – ein Vorteil in der täglichen Belastung, ein Nachteil beim Verlegen. Feinsteinzeug-Fliesen lassen sich schwerer durchtrennen oder schneiden. Neben den Fliesen für Innenräume bietet der Handel zudem verschiedene frostsichere keramische Beläge für Außenbereiche an. Fliesen werden meistens in Programmen angeboten; das bedeutet, dass in Design und Farbe abgestimmte Wand- und Bodenfliesen, Sockel- und Bordürenfliesen erhältlich sind.

Die großen Preisunterschiede bei den Fliesen beziehen sich vor allem auf die Verarbeitung und das Design. Vermeintliche Schnäppchen lassen sich mit Fliesen zweiter Wahl ergattern. Für häufig genutzte Räume ist von ihnen aber abzuraten, weil hier nicht garantiert ist, dass die Glasur fehlerfrei ist. Zudem ist die so genannte Maßhaltigkeit nicht garantiert, die Fliesen können also schief und krumm sein.

Selber fliesen

Aufwändige Fliesenmuster wie z. B. eine diagonale Verlegung sollten Sie einem Fachmann überlassen.

Fliesenlegen ist ein vielseitiges Handwerk, das besonders bei ausgefallenen Verlegemustern und Fliesenformen sehr viel Erfahrung und Kenntnisse voraussetzt. Kleine, unkomplizierte Flächen lassen sich aber auch selbst fliesen.

Abzuraten ist davon, sich an das komplette Fliesen von Küche oder Bad heranzuwagen – und dies aus mehreren Gründen: Fliesen lassen sich nicht einfach wieder austauschen oder renovieren wie Tapete oder Teppichboden. Fehler beim Verlegen wirken sich meist auf Jahrzehnte hin aus. Für eine ganze Reihe von Arbeiten benötigt man spezielle Werkzeuge, und der Umgang mit diesen ist nicht immer einfach.

So ist es z. B. mit Standardwerkzeugen nur sehr schwer möglich, eine kreisrunde Aussparung für ein Heizkörperrohr in eine Feinsteinzeug-Fliese zu schneiden. Größere Schwierigkeiten beim Verfliesen bereiten zudem schiefe Wände sowie unebene Wände und Böden. Außerdem erschweren viele Vorsprünge, Ecken und Kanten die Arbeit. Anfänger sollten sich deshalb nur an kleine, einfach zu fliesende Flächen heranwagen wie z. B. den Boden im Waschkeller oder den Küchenspiegel (siehe S. 88). Leicht geht das Fliesen nur bei einfachen Verlegemustern, bei denen nur wenige Fliesen zugeschnitten werden müssen.

Bevor Sie das Verfliesen eines Raumes in Angriff nehmen, sollten Sie auf jeden Fall prüfen, ob der Boden und/oder die Wände auch wirklich weitgehend eben und gerade sind. Ist dies nicht der Fall, sind entweder aufwändige Vorarbeiten wie das Einebnen des Bodens oder das Neuverputzen von Wänden unvermeidlich, oder aber die Fliesen sollten von einem erfahrenen Fachmann verlegt werden.

Voraussetzungen für das Fliesenlegen sind weniger Kraft und Detailkenntnisse, als vielmehr genaues Arbeiten und ein gutes Auge. Kraft benötigt man nur zum Schleppen der Fliesenpakete. Zum Fixieren an Wand oder Boden werden die Fliesen in einen flächig aufgetragenen, durchgekämmten Kleber gelegt (siehe S. 83 ff.). Das ist an sich keine Kunst. Es kommt aber darauf an, sie alle exakt rechtwinklig anzuordnen und alle Fugen gleich breit auszugestalten. Und all dies gelingt nur, wenn man die Arbeit im Vorfeld gut plant, genau misst und die Fliesen sorgfältig verlegt.

Weitere Fallstricke liegen in der Materialauswahl. Der verwendete Kleber, der Untergrund, die Fliesen und das Fugenmaterial müssen zueinander passen. Wenn man hier Fehler macht, fallen die Fliesen nicht nur schlimmstenfalls von der Wand – man verliert auch jeglichen Gewährleistungsanspruch. In der Regel entscheidet man sich zunächst für die Fliesen und kauft dann die benötigten bauchemischen Produkte, also evtl. Mittel zur Untergrundvorbehandlung, Kleber und Fugenmaterial.

Abgestimmte Produkte

Dabei sollte man sich stets für die abgestimmten Produkte **eines** Herstellers entscheiden. Nur so kann man sicher sein, dass es keine Probleme beim Verfliesen durch das benutzte Material gibt. Um die richtigen bauchemischen Produkte kaufen zu können, empfiehlt es sich, eine der zu verklebenden Fliesen mit zum Fachhändler zu nehmen und sich beim Kauf umfassend beraten zu lassen. Wichtig ist auch, dass Sie wissen, auf welchen Untergrund Sie die Fliesen kleben möchten. Wenn Sie nicht sicher sind, um welchen Untergrund es sich handelt, sollten Sie bei Ihrem Vermieter oder dem Bauträger nachfragen.

Vor dem Verfliesen legt man die Fliesen am besten einmal aus, um die Wirkung und den Verschnitt beurteilen zu können (l.).

Das Ausrichten erleichtern Fliesenecken (o.) sowie Zollstock und Anschlagwinkel (l.).

Die Vorplanung

Die wichtigsten Vorarbeiten sind ein genaues Aufmaß und ein exakter Verlegeplan.

Die Grundfragen lauten: Wo beginne ich mit dem Verlegen der Fliesen, welche Blickachsen ergeben sich, und wie minimiere ich den arbeitsaufwändigen Verschnitt.

Bodenfliesen richtig verlegen

Es ist am einfachsten, in einer Raumecke mit dem Fliesen zu beginnen und sich dann Reihe für Reihe an einer Wand entlang bis zur Tür vorzuarbeiten. Das funktioniert aber nur dann, wenn die Ecke, in der man beginnt, auch wirklich rechtwinklig und die Wand, an der man entlang fliest, auch wirklich gerade ist. Wenn die Wand auch nur 1° aus dem rechten Winkel läuft, so addiert sich dies auf einer Raumlänge von mehreren Metern schnell zu einem Versatz von mehreren Zentimetern. Legt man dennoch die Fliesen an einer solchen Wand entlang, laufen die Fugen von der Tür aus gesehen immer schräg.

Was die Tür betrifft: Sie bestimmt die wichtigste Blickachse in den Raum. Von hier aus gesehen sollten die Fugen der Bodenfliesen absolut gerade verlaufen. Ein fachgerechter Verlegeplan für den Boden orientiert sich also nicht an den Wänden, sondern an den Blickachsen, die sich von der Tür aus ergeben. Besonders professionell wirkt das Ergebnis, wenn eine Längsfuge exakt mittig von der Tür aus gelegt wird. Das bedeutet aber fast zwangsläufig, dass die Fliesen sowohl an der linken als auch an der rechten Wand (von der Tür aus gesehen) passend gekürzt werden müssen und erheblicher Verschnitt anfällt. Deshalb werden Fliesen nur selten wirklich so verlegt. Vielmehr sucht man sich eine Raumecke als Ausgangspunkt aus und überprüft anhand der Fliesenmaße und unter Berücksichtigung der vorgesehenen Fugenbreite, welches Fliesenbild sich ergeben wird.

Vor dem eigentlichen Verlegen der Bodenfliesen kontrolliert man den Plan, indem man eine oder mehrere Reihen auslegt. Nur so kann man vor allem als Anfänger wirklich beurteilen, wie der Boden später aussehen wird und ob die geplante Verlegung den Realitäten – vor allem dem geraden Wandverlauf – entspricht.

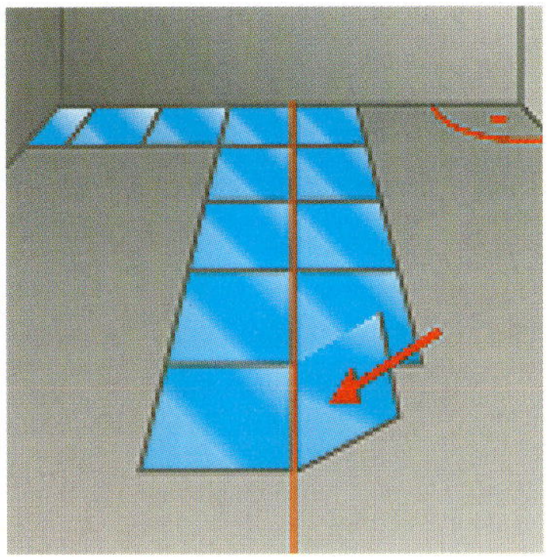

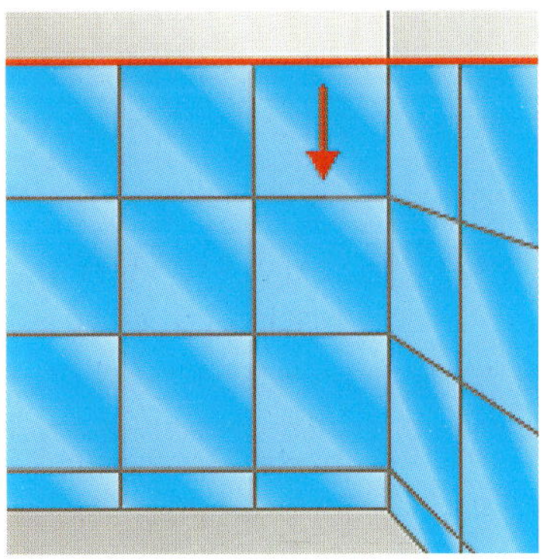

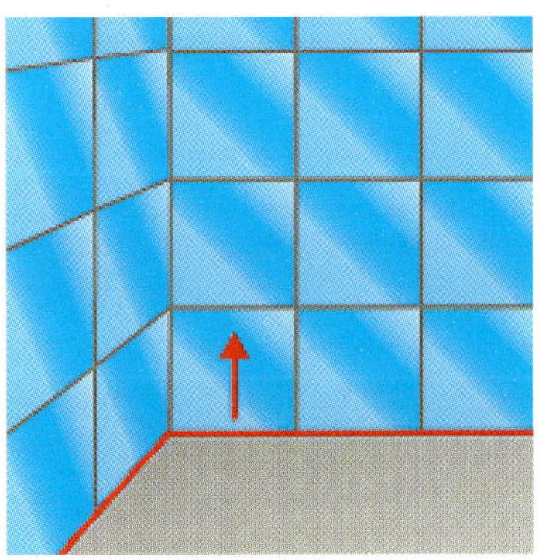

Wände richtig fliesen

In der Küche werden Wände, mit Ausnahme des Fliesenspiegels, der Wand zwischen Arbeitsplatte und Oberschränken, zwar in der Regel nicht gefliest, aber in anderen Feuchträumen ist der keramische Wandbelag fast unerlässlich. Beim Verlegemuster gilt es, die Linienführung des Bodens aufzugreifen. Das ist allerdings nur erforderlich, wenn Wand- und Bodenfliesen die gleiche Breite haben und die Bodenfliesen nicht diagonal verlegt sind. Bei unterschiedlichen Fliesengrößen muss man auf den Fugenverlauf am Boden keine Rücksicht nehmen, was den Verlegeplan deutlich vereinfacht.

Wenn der Boden die Verlegerichtung nicht vorgibt, richtet man sich auch beim Verfliesen von Wänden nach den Hauptblickachsen und wählt als Ausgangspunkt eine der Raumecken, die besonders ins Auge springen. Hier arbeitet man sich in beide Richtungen mit ganzen Fliesen die Wand entlang. Bei Wänden mit Fenstern kann man mit dem Verfliesen direkt neben dem Fenster beginnen. Für welchen Ausgangspunkt man sich entscheidet, ist von den individuellen Gegebenheiten abhängig – allgemeinverbindliche Regeln gibt es nicht. Alles hängt von den individuellen Raummaßen und den Fliesenbreiten ab.

Feste Regeln gibt es allerdings, in welcher vertikalen Richtung man mit dem Fliesen beginnt. Bei Räumen, deren Wände komplett verkachelt werden, legt man die erste Reihe vom Boden aus und schneidet die letzte Reihe oben an der Decke passend zu. Anders ist dies, wenn die Wand nur zum Teil verfliest werden soll. Dann beginnt man mit ganzen Fliesen oben und schneidet unten am Boden zu. Wenn nur bis zu einer bestimmten Höhe gefliest werden soll, versuchen Sie diese Höhe mit ganzen Fliesen zu erreichen. So muss weder oben noch unten geschnitten werden.

Fugenbreite und -wirkung

Für die Gesamtwirkung der gefliesten Fläche und auch für den Verlegeplan ist die Fugenbreite zwischen den Fliesen von Bedeutung. Hier gilt: Je größer die Fliese ist, desto besser wirken auch breitere Fugen.

Wandfliesen verlegt man in der Regel in einem Abstand von 2 bis 4 mm, Bodenfliesen von 5 bis 8 mm. Um die gewünschten Abstände durchgängig einzuhalten, kann man so genannte Fugenkreuze aus Plastik einsetzen, die es in allen gängigen Fugenbreiten gibt.

Der besondere Tipp

- **Beim Brennen der Fliesen kann es zu Farb- und Oberflächenunterschieden kommen. Deshalb eine Fliesenreihe mit Fliesen aus verschiedenen Paketen legen, also die Fliesen mischen.**

- **Achten Sie bei den Übergängen zu anderen Bodenbelägen auf den Türanschlag. Bedenken Sie genau, ob die Tür zur gefliesten Fläche hin oder in den angrenzenden Raum hinein geöffnet wird. Danach richtet sich, ob die Fläche zwischen dem Türrahmen mitgefliest oder mit dem anderen Bodenbelag bedeckt werden muss. Die geflieste Fläche muss mit der geschlossenen Tür abschließen. Andernfalls ergibt sich bei geschlossener Tür ein sehr unprofessionelles Bild.**

- **Sockelfliesen sind relativ teuer. Preiswerter ist es zumeist, sie aus ganzen Fliesen selbst zuzuschneiden. Verwenden Sie für ein einheitliches Kantenbild bei zerteilten Fliesen immer nur die Rand- und keine Mittelstücke.**

Werkzeuge zum Verfliesen

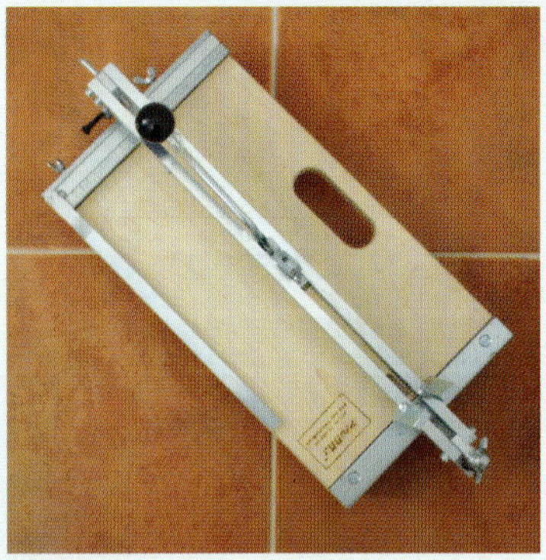

Ein Papageienschnabel (o.) und ein Fliesenschneider (m.) sind beim Verfliesen unverzichtbar. Zum Verfugen bietet der Handel verschiedene Schwammbretter an (u.).

Ob Fliesenschneider oder Schwammbrett: Für das Verlegen und Verfugen von Fliesen sind eine ganze Reihe von Spezialwerkzeugen erforderlich.

Fliesen beschneiden

Wichtigstes Werkzeug ist ein Fliesenschneider. Dabei ist die Bezeichnung eigentlich irreführend, denn mit dem Gerät wird nicht geschnitten. Vielmehr ritzt man die Glasur auf der Fliese an und bricht diese dann auf eine spezielle Art und Weise durch.

Der richtige Umgang mit dem Gerät ist zwar nicht kompliziert, will aber geübt sein. Der Handel führt die Maschinen in verschiedenen Ausführungen. Gerade beim Heimwerken fällt die Arbeit mit einem möglichst professionellen Fliesenschneider wesentlich leichter als mit einem Billiggerät. Die teureren Schneider können Sie sich zumeist dort ausleihen, wo Sie die Fliesen kaufen.

Gute Fliesenschneider haben zunächst einen frei einstellbaren Anschlag, eine Art Führung, die es erleichtert, mehrere Fliesen gleich groß zuzuschneiden. Der Anschlag wird entsprechend der gewünschten Größe eingestellt und dann die Fliese mit der Glasurseite nach oben eingelegt.

Angeritzt wird sie mit der Laufschiene, an der sich unten ein Diamantschneiderad, ein kleines, rundes Schneideblatt, befindet. Man schiebt die Laufschiene mit festem Druck einmal vom Körper weg über die Fliese und ritzt sie so an.

Für kleine Fliesen befindet sich vorn an der Laufschiene ein so genannter Brecher. Man schiebt den Laufschieber nach ganz vorn und schiebt die Fliese senkrecht in den Brecher. Dabei muss man darauf achten, dass der Brecher genau auf der angeritzten Schnittfläche sitzt. Durch einmaliges, kräftiges, beherztes Niederdrücken der Laufschiene bricht die Fliese in zwei Hälften.

Je größer und härter die Fliesen sind, desto schwieriger ist es, sie mit dem Brecher in zwei Hälften zu teilen. Dann benutzt man einen Fliesenhammer, ein spezielles Mini-Hämmerchen. Auch hier wird die Fliese zunächst mit der Schneidemaschine angeritzt und dann die Fliese durch gefühlvolles Klopfen mit dem Hammer auf der Rückseite gebrochen (siehe folgende Arbeitsanleitung).

Bei besonders dicken Fliesen wie z. B. Naturstein oder Cotto-Fliesen kommt man mit diesen Methoden allerdings nicht mehr klar. Diese Fliesen werden entweder mit einer professionellen Nassschneidemaschine, einer Art Kreissäge für Fliesen, oder mit der „Flex", einem Winkelschleifer, durchtrennt. Vor allem der Umgang mit dem Winkelschleifer ist nicht ganz ungefährlich. Deshalb sollte man diese Arbeiten Profis überlassen. Kleine Überstände an der Fliese – z. B. nach dem Brechen – werden mit einer Art Kneifzange „abgeknabbert". Das Werkzeug heißt Fliesenlochzange, die aufgrund ihrer Form auch „Papageienschnabel" genannt wird. Um Löcher und Rundungen in die Fliese zu schneiden, gibt es mehrere Spezialwerkzeuge. Welches Werkzeug dabei für Ihr Fliesenvorhaben am geeignetsten ist, sollten Sie beim Fliesenkauf erfragen.

Zahnspachtelgrößen

Fliesenlänge	Zahnung
bis 10 cm	6 mm
10 – 20 cm	8 mm
20 – 30 cm	10 mm
ab 30 cm	› 10 mm

Auch der Fugenkleber wird angerührt (r.o.). Sowohl beim Verkleben als auch beim Verfugen ist ein Eimer Wasser zum Händewaschen zwischendurch sinnvoll (r.u.).

Den Fliesenkleber rührt man mit einer Bohrmaschine und Quirlaufsatz (l.) so an, dass eine cremige Masse (o.) entsteht.

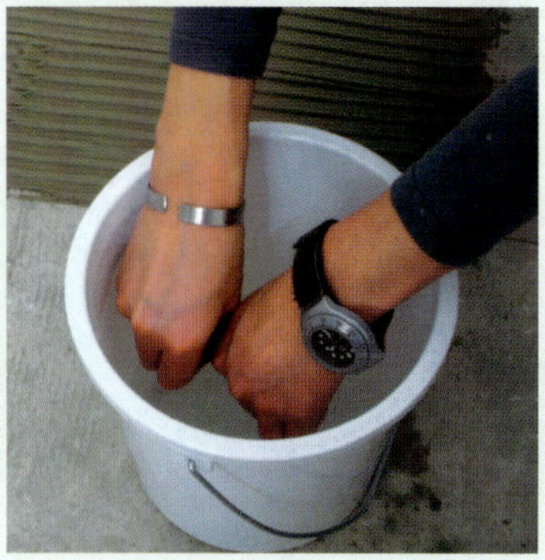

Fliesen ausrichten

Für das Ausrichten der Fliesen sind ein rechtwinkliger Anschlag und eine Schnur unerlässlich. Damit man die Schnur an den Fliesen befestigen kann, benutzt man Fliesenlegerecken. Besonders leicht geht es mit einer „Fliesenhexe“, bei der zwischen den Ecken eine stark dehnbare Gummischnur eingespannt ist. Des Weiteren vereinfachen Fugenkreuze und -keile, kleine Plastikteile, die zwischen einzelne Fliesen oder Fliesen und die Wand gesteckt werden, die Arbeit. Sie sorgen für gleichmäßige Abstände.

Die Fugenkreuze gibt es in allen gängigen Fugenbreiten von 2–8 mm. Unverzichtbar sind zudem Standardwerkzeuge wie Wasserwaage, Maßband, Zollstock und Bleistift. Der Fliesenkleber – und auch das Fugenmaterial – müssen angemischt werden. Dazu benötigt man eine Bohrmaschine mit Quirlaufsatz. Die meisten Kleber werden mit einer großen, breiten Kelle, einer so genannten Glättkelle, zunächst gleichmäßig auf dem Boden oder der Wand verteilt; es gibt aber auch Spezialkleber, die einfach nur auf dem Boden ausgeschüttet werden. Dann durchkämmt man den Kleber mit einem Zahnspachtel, einem dünnen Stahlblech, das an der Seite gezahnt ist. Die Zähne gibt es in verschiedenen Größen. Je nach Fliesengröße sind unterschiedliche Zahnspachtel erforderlich (siehe Tabelle).

Beim Verfugen wird Fugenmaterial zunächst auf die Fliesen aufgebracht und durch Wischbewegungen so verteilt, dass es die Fugen vollständig füllt. Überschüssiges Material wird anschließend abgewischt. Am einfachsten geht das Verteilen mit einem Fliesen-Fugbrett.

Das Abwaschen erleichtert ein Fliesenwaschset. Es besteht aus einem Waschbrett – quasi einem breiten Schwamm mit Griff – und einer Plastikwanne, an der oben eine Rolle aufgesetzt ist. Über dieser wird der Schwamm abgezogen und so gereinigt. Bei größeren Bodenflächen wird das Fugenmaterial ausgeschüttet und mit einem Gummiwischer in die Fugen eingearbeitet. Anschließend reinigt man den Boden mit einem Fliesenlegerschwamm, aber auch ein Haushaltsschwamm ist ausreichend.

Das Verfliesen des Bodens ist mit viel Rutscherei auf den Knien verbunden, was besonders unangenehm sein kann, wenn man aus Versehen in den Kleber gerät. Etwas angenehmer gestaltet es sich, wenn man Knieschoner aus Gummi überstreift, die man im Baumarkt erhält. Preiswerter ist ein längliches, etwas breiteres Stück Styropor als Knieunterlage. Beim Verfliesen sollten Sie immer einen kleinen Eimer Wasser neben sich stehen haben, um Kleber an den Händen sofort abwaschen zu können. Beim Verfugen tragen Sie am besten Handschuhe, weil das Fugenmaterial Zementanteile enthält und die Hände dadurch sehr schnell austrocknen.

Boden verfliesen

Vor dem eigentlichen Verfliesen sollten Sie einen genauen Verlegeplan erstellen. Messen Sie zuvor den Raum genau aus, legen Sie Fliesen probeweise aus und richten Sie sie mit Winkelanschlag und Fliesenecken exakt aus.

Verschnitt ist unvermeidlich. Wenn Sie das erste Mal mit einer Fliesenschneidemaschine arbeiten und teurere Fliesen bearbeiten möchten, empfiehlt es sich, das Durchtrennen der Fliesen an billigen Musterstücken zu üben. Auch das „Abknabbern“ von Ecken und Kanten mit einem Papageienschnabel (Fliesenlochzange) sollte man zuvor einmal ausprobieren.

Werkzeug & Material

- **Maßband oder Zollstock**
- **Bleistift**
- **Bohrmaschine mit Quirlvorsatz**
- **Eimer**
- **Zahnspachtel**
- **Gummihammer**
- **Fliesenschneidemaschine**
- **Fliesenhammer**
- **Gummiwischer**
- **Schwamm**

- **Fliesenkleber**
- **Fliesenkreuze**
- **Fliesenkeile**
- **Fugenmaterial**

Das ist wirklich nicht ganz einfach

Inkl. Trockenzeit mindestens 2 Tage

Fliesenpakete sind ziemlich schwer

Vor dem Verfliesen muss der Boden gereinigt und mit Tiefgrund grundiert werden.

1 Den Fliesenkleber nach Herstellerangaben anmischen und mit einem Spachtel auf den Boden werfen. Immer Kleber für mindestens 4 Fliesen aufbringen.

2 Dann den Kleber gleichmäßig mit einer Zahnkelle durchkämmen. Fliesen können 30 Min. lang in den Kleber gesetzt werden; Korrekturen sind auch noch nach einer weiteren halben Stunde möglich.

3 Fliesen in den Kleber setzen. Nach Möglichkeit in einer Ecke beginnen.

4 Mindestens vier Fliesen auslegen und ausrichten. Rechtwinkligen Sitz mit dem Winkelanschlag überprüfen. Fliesensitz eventuell durch Schlagen mit der flachen Hand korrigieren.

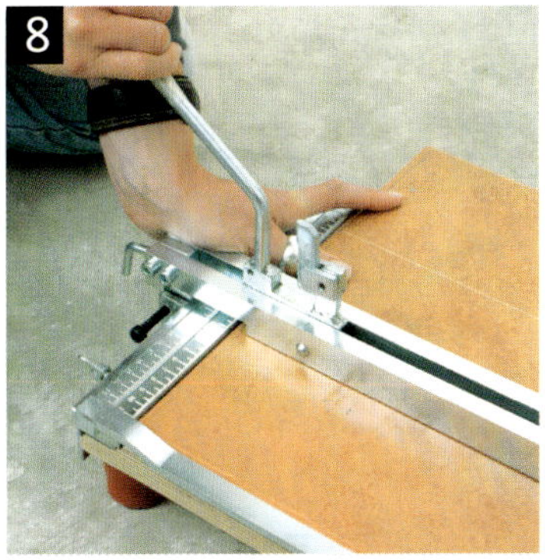

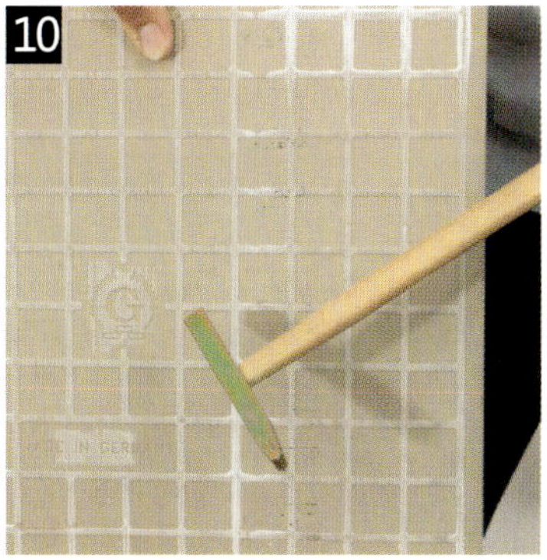

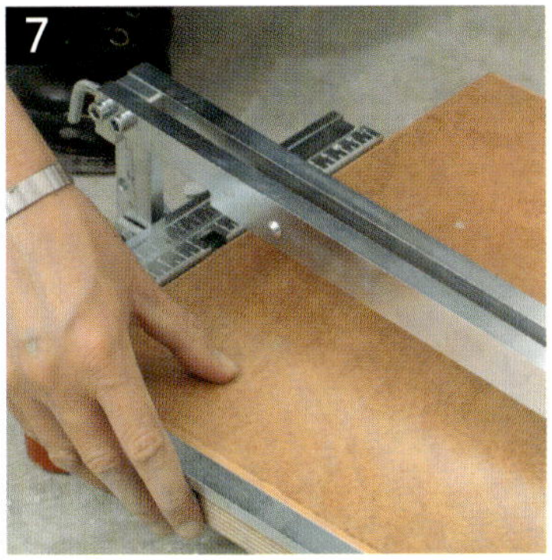

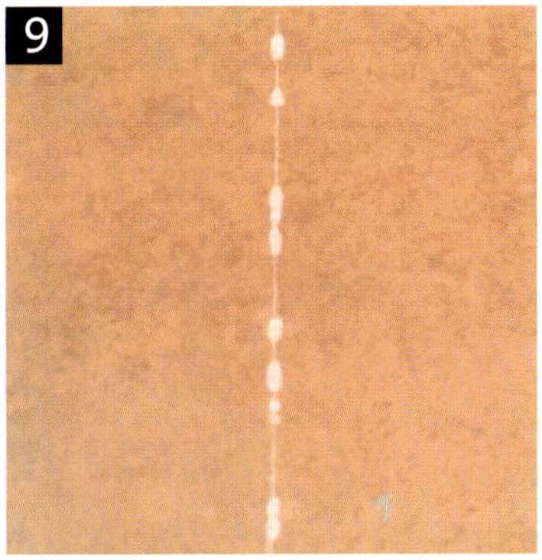

5 Nach dem Legen der letzten ganzen Fliese den Abstand zur Wand messen. Dabei einen Fugenrand zur Wand berücksichtigen, also etwas mehr als eine Fugenbreite vom gemessenen Abstand abziehen. Die zugeschnittenen Stücke sollten so eng wie möglich an der Wand anliegen, nach Möglichkeit nicht mehr als 5 mm von ihr entfernt.

6 Das errechnete Maß mit dem Anschlag an der Fliesenschneidemaschine einstellen. Am Anschlag befindet sich dazu eine mm-genaue Skala.

7 Fliese mit der glasierten Seite nach oben unterhalb der Laufschiene bündig an die Skala schieben.

8-**9** Schieber zu sich heranziehen und mit der linken Hand fest auf die Schiene drücken. Dann mit der rechten Hand von oben kräftig auf den Schieber drücken und mit einer durchgehenden Bewegung den Schieber über die Glasur schieben. Immer vom Körper wegschieben und nicht mehrmals ritzen. Nach dem Anritzen ist eine deutliche Ritze auf der Fliese zu erkennen.

10 Größere, stabilere Fliesen wie diese Steinzeugfliese mit dem Fliesenhammer durchtrennen. Dazu wird die Fliese auf beide Füße gestellt und mit der linken Hand festgehalten. Die Schnittkante muss senkrecht verlaufen. Mit der rechten Hand die breite Seite des Fliesenhammers ganz leicht auf die Rückseite der Fliese klopfen und zwar möglichst exakt auf die Ritze. Die kann man allerdings nicht sehen, weil man ja auf die Rückseite klopft. Dabei von oben nach unten klopfen. Nach ein paar Klopfern bricht die Fliese.

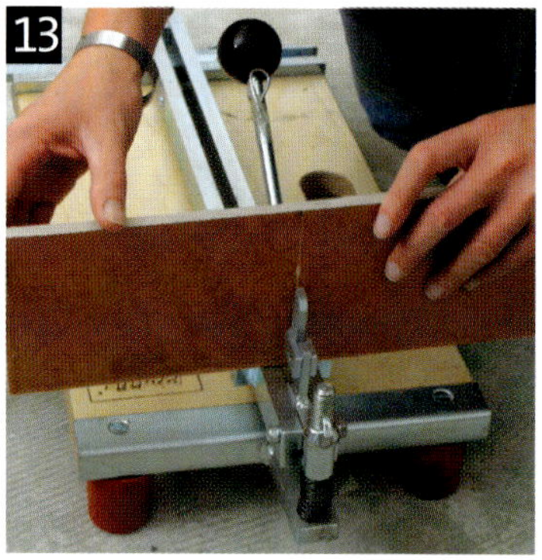

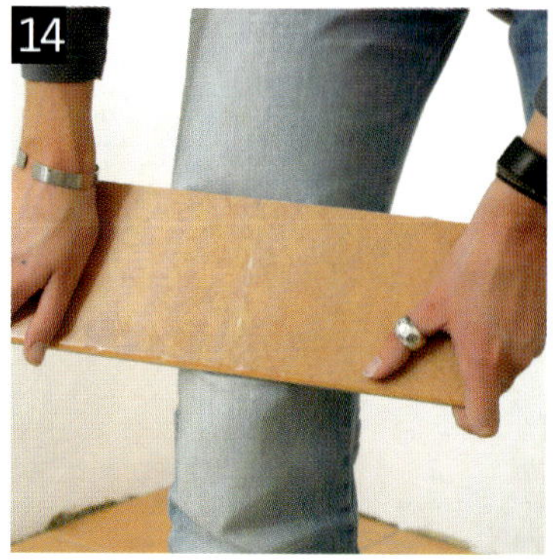

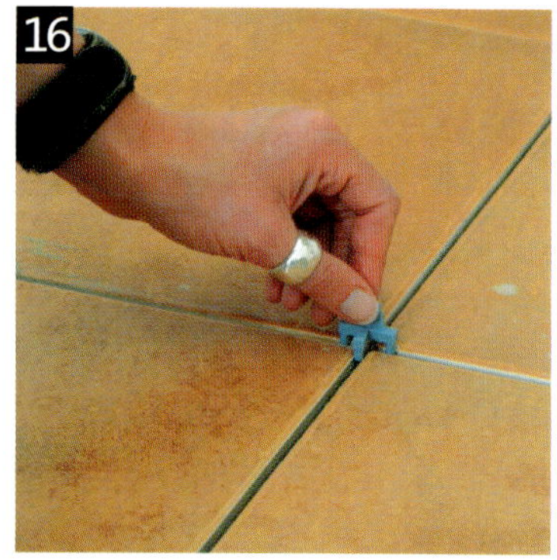

11 Statt zu messen kann man die benötigte Breite des Zuschnitts auch direkt auf der Fliese anzeichnen, wie hier an einer Nische. Dazu die Fliese vor die Wand legen und Schnittlinie anzeichnen.

12 An der Fliesenmaschine kann man jetzt nicht mit der Messskala des Anschlags arbeiten. Deshalb Laufschiene nach oben klappen und Fliese an der deutlich erkennbaren Ritzelnut ausrichten. Schiene herunterklappen und wie beschrieben anritzen.

13 Zum Brechen der Fliese mit dem Brecher Laufwagen nach ganz hinten fahren. Dann Fliese von oben einstecken und darauf achten, dass die Ritze sich genau in der Mitte des Brechers befindet. Hinten beherzt auf den Schieber drücken, bis die Fliese bricht.

14 Statt mit dem Brecher zu arbeiten, lässt sich die Fliese auch über dem Knie zerteilen.

15 Hat man zwei Reihen ausgelegt, überprüft man mit der Wasserwaage, ob die Fläche eben ist. Zu hoch stehende Fliesen werden mit dem Gummihammer etwas abgesenkt. Liegt eine Fliese zu tief, wird sie herausgenommen, der Kleber auf der Unterseite abgeschabt, neuer Kleber mit dem Zahnspachtel auf dem Boden verteilt und die Fliese erneut eingelegt.

16 Fugenkreuze können das Ausrichten der Fliesen erleichtern.

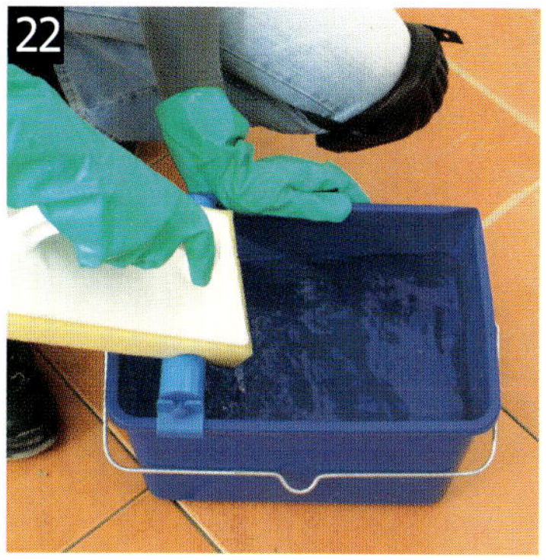

17 Bei Sockelfliesen wird der Kleber nicht auf die Wand, sondern mit der Kelle auf die Fliese aufgebracht. Dazu Kleber wie beim Brotaufstrich auf der Unterseite der Fliese etwas dicker und halbhoch mit der Kelle aufziehen.

18 Fliese dann einfach an die Wand drücken. Eventuell oben oder an der Seite ausquellenden Kleber abwischen. Dabei darauf achten, dass die Sockelfliese dem Fugenbild des Bodens entspricht.

19 Die Sockelfliese liegt jetzt unten auf der Bodenfliese auf. Um hier zu einer gleichmäßigen Fuge zu kommen, werden pro Sockelfliese mindestens zwei Fugenkeile unter die Sockelfliese geschoben. Je weiter man sie eindrückt, desto breiter wird die Fuge.

20 Zum Verfugen Fugenmaterial nach Herstellerangaben zu einer cremigen Masse anmischen. Fugenmaterial dann mit der Kelle auf die Fliesen werfen.

21 Das Material dann in S-förmigen Bewegungen mit dem Fugbrett verteilen. Dann überschüssiges Fugenmaterial möglichst diagonal zum Fugenverlauf abziehen.

22 Abschließend Fliesen und Fugen in zwei Arbeitsgängen abwaschen. Waschbrett in den Waschbehälter tauchen und über der Rolle abziehen.

23 Zunächst ganz leicht über die Fliesen wischen und so Fugenrestmaterial von den Fliesen aufnehmen. Zwischendurch immer wieder Schwammbrett auswaschen. Dann in einem zweiten Arbeitsgang Fliesen regelrecht wischen. Verbleibende Schleier später durch normales Wischen entfernen.

Platten – wie hier mit einer Holzoberfläche – sind eine schöne Alternative zu verkachelten Fliesenspiegeln.

Fliesenspiegel umgestalten

Als Fliesenspiegel bezeichnet man in der Küche die Wandfläche zwischen den Ober- und Unterschränken einer Küchenzeile.

Normalerweise ist diese mit Wandfliesen belegt. Das ist praktisch, weil so die Wand hinter der Arbeitsplatte perfekt gegen Feuchtigkeit geschützt ist und sich die Fläche leicht abwaschen lässt. In Mietwohnungen hat das ganze allerdings oft einen kleinen Schönheitsfehler: Nur selten passen die vorhandenen Fliesen zur eigenen Küche. Und: Bei Altbauten ist das Design der Fliesen häufig völlig überholt. Was einst der letzte Schrei war, findet man heute oft nur noch zum Schreien. Ein Abschlagen der Fliesen kommt allerdings nur selten in Frage – und ist auch nicht notwendig: Es gibt verschiedene und zum Teil auch sehr einfache Wege zu einer zeitgerechten Gestaltung des Spiegels.

Wer auf die Optik einer verfliesten Wand – und die damit verbundenen Vorteile – nicht verzichten möchte, kann die alten Fliesen entweder überlackieren (siehe S. 207) oder aber neue Fliesen überkleben. Die Arbeitsschritte entsprechen denen beim Bodenfliesen (siehe S. 85); nur, dass nicht in der Horizontalen, sondern in der Vertikalen gearbeitet wird.

Das Neuverfliesen ist mit erheblichem Aufwand verbunden. Viel einfacher ist es, die Fläche mit anderen Materialien zu überdecken. In Frage kommen vor allem passend zugeschnittene Platten speziell für diesen Zweck. Sie gibt es abgestimmt auf viele Küchenarbeitsplatten. Stattdessen kann man auch Standard-Pressspanplatten einsetzen, wobei diese nicht so feuchtigkeits- und scheuerresistent sind. Die Pressspanplatten lassen sich ganz individuell gestalten: Platte mit feinem Schleifpapier anrauen, grundieren und in der Wunschfarbe lackieren (siehe auch S. 132 ff.). Die Platten gibt es in verschiedenen Stärken; 10 mm sind für den Zweck vollkommen ausreichend. Wenn man die Fläche auf diese Art verkleidet, kommt es besonders darauf an, dass von der Arbeitsplatte aus keine Feuchtigkeit eindringen kann. Deshalb muss man die neuen Platten hier mit speziellen Dichtungsleisten für Küchenarbeitsplatten abdichten.

Für den Erfolg ist es wichtig, den Fliesenspiegel exakt auszumessen. Achten Sie vor allem darauf, ob an der linken und rechten Seite jeweils der gleiche Abstand zwischen Unterkante Oberschrank und Arbeitsplatte besteht. Ist dies nicht der Fall, sind Arbeitsplatte oder Unterschränke nicht exakt waagerecht aufgehängt. Dann lässt man die Platte für den Fliesenspiegel im Baumarkt auf das kürzere Maß zuschneiden. Das Einsetzen der Platte erleichtert man sich, wenn man sie in der Höhe 3 bis 5 mm kürzer zuschneiden lässt. Die dabei entstehenden Fugen spritzt man nach dem Einsetzen mit Silikon oder Acryl aus (siehe S. 92).

Bleibt eine Seitenkante der Platte sichtbar, sollte sie mit Kantenumleimer optisch perfekt abgedeckt werden (siehe auch S. 238). Um die Platte sicher auf den Fliesen zu befestigen, verklebt man sie mit Silikon aus der Kartusche (siehe S. 92). Das Silikon wird S-förmig auf der Rückseite der Platte aufgetragen und dann die Platte gegen die Fliesen gedrückt.

Gestaltungsalternativen

Statt einer Pressspanplatte kann man selbstverständlich auch ganz andere Materialien für das Abdecken der alten Fliesen wählen. Einen besonders reizvollen Effekt hat es, wenn man die Bezeichnung „Spiegel" wörtlich nimmt und sich vom Glaser einen echten Spiegel in der entsprechenden Größe zuschneiden lässt. Der vergrößert optisch die Arbeitsplatte und den Küchenraum erheblich. Das Einsetzen des Spiegels ist nicht schwierig; er wird mit Spiegelkleber auf den alten Fliesen befestigt (Arbeitsanleitung siehe S. 213). Nachteilig ist, dass er oft geputzt werden muss. Teuer, aber nicht minder attraktiv ist es, eine Natursteinplatte vor die Fliesen zu setzen.

Eine weitere Möglichkeit – vor allem zwischen Herd und Dunstabzugshaube zu empfehlen – ist, bei einem Stahlbauer eine dünne Edelstahlplatte anfertigen zu lassen.

Wenn die Wand hinter dem Herd mit einer Glasplatte geschützt werden soll, muss diese besonders hitzebeständig sein (o.). Natursteinplatten wirken besonders edel (u.).

Schönheitskur für die Fliesen: mit Marker (l.) oder Farbe (u.).

Fugen auffrischen

Küchendunst, Staub und Schimmel setzen mit den Jahren jeder Fuge zu. Da Schmutz- und Grauschleier nicht nur die Optik stören, sondern auch unhygienisch sind, wird es Zeit für eine Schönheitskur.

Bevor man diese den Fugen angedeihen lässt, müssen sie erst einmal gründlich gereinigt werden. Dazu bietet der Handel spezielle Produkte an, die zuerst aufgesprüht und dann abgewaschen werden. Sie beseitigen zwar Fettablagerungen und Schmutz, nicht aber Schimmel. Leichtem Befall rückt man zusätzlich mit Essigwasser und festem Schwamm zu Leibe. Haben die schwarzen Flecken bereits überhand genommen, kommt man mit dem Hausmittel allerdings nicht mehr allzu weit. Dann hilft nur der Griff zum Schimmelentferner. Da diese Chemikalie nicht ganz ungefährlich ist, sollte man unbedingt die Anwendungshinweise des Herstellers beachten und in der Küche vor allem dafür Sorge tragen, dass kein Kontakt mit Lebensmitteln möglich ist. Vor dem Fugenauffrischen müssen die Flächen trocken und staubfrei sein.

Zwei Alternativen stehen beim Fliesen-Make-up zur Wahl: Entweder man zeichnet die Fugen mit einem speziellen weißen Marker nach, oder man trägt eine Spezialfarbe mit dem Schwamm auf.

Die Anwendung des Markers, den man im Baumarkt erhält, ist denkbar einfach: Erst kräftig schütteln, dann durch Druck auf die Stiftspitze Farbe in diese pumpen und nun die Fugen wie mit einem normalen Stift nachzeichnen. Der Stift ist dabei für Fugenbreiten von 2–4 mm geeignet; bei breiteren Fugen muss er mehrfach durch die Fuge gezogen werden. Der Farbe ist ein Anti-Pilzmittel beigemengt, das zwar Pilzbefall nicht verhindert, aber zumindest hinauszögert. Hat sich die Spitze des Markers abgenutzt, kann man sie durch eine der zugehörigen Ersatzspitzen ersetzen. Nachteilig ist, dass es den Marker nur mit weißer Farbe gibt.

Dies ist bei Fugenfarbe anders; es gibt sie in mehreren Tönungen. Die Farbe ist für jede Fugenbreite geeignet und leicht zu verarbeiten. Nach dem Auffrischen lassen sich die Fugen wie gewohnt reinigen; sie sind wasser- und wischbeständig. Die Farbe hemmt – wie der Marker – den Befall durch Pilze und Bakterien.

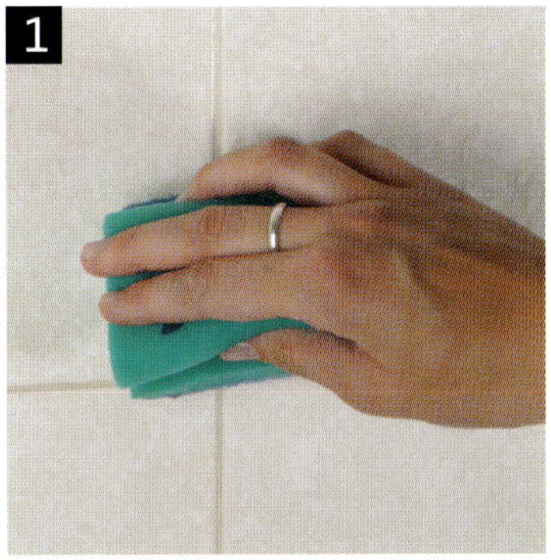

1 Zunächst die Fugen gründlich reinigen. Dazu einen Spezialreiniger verwenden. Nach dem Aufsprühen lässt man ihn einwirken und wäscht ihn dann mit Wasser ab.

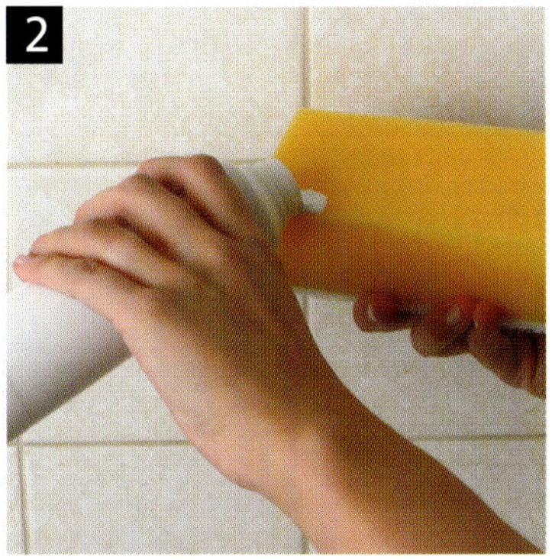

2 Das Fläschchen mit der Fugenfarbe kräftig schütteln. Dann die Farbe auf die weiche Seite des zugehörigen Schwamms schütten.

3 Jetzt mit dem Schwamm die Farbe über die Fugen wischen. Alternativ kann man die Farbe auch mit einem kleinen Pinsel in den Fugen verstreichen. Nach dem Auftragen muss die Farbe eine halbe Stunde trocknen.

4 Die Restfarbe auf den Fliesen reibt man abschließend mit der harten Seite des Spezialschwamms ab. Dazu den Schwamm mit Wasser befeuchten.

Arbeitsplatte abdichten

Um zu verhindern, dass Feuchtigkeit in Möbel eindringt oder sich hinter ihnen sammelt, müssen die Fugen der Arbeitsplatte abgedichtet werden.

Dort, wo abgedichtet wird, muss man damit rechnen, dass das Material arbeitet, sich also durch Wärme- und Feuchtigkeitsdifferenzen ausdehnt oder schrumpft. Besonders, wenn unterschiedliche Materialien wie z.B. Arbeitsplatten aus Holz und keramische Fliesen aneinander grenzen, macht sich der Effekt bemerkbar. Die Fugen müssen also elastisch sein, um bei Materialbewegungen nicht zu reißen.

Zum Abdichten von Fugen in Küche, Bad oder anderen Feuchträumen kommen deshalb nur zwei Materialien in Frage, die besonders elastisch sind: Silikon oder Acryl. Silikon verwendet man auf porenfreien Untergründen, wie z.B. Fliesen oder Glas. Acryl ist bei anderen Untergründen erste Wahl. Dort, wo porenfreie auf offenporige Materialien treffen, muss mit einem so genannten Primer zunächst grundiert werden.

Silikon gibt es in vielen Farbtönen und auch transparent. Acryl hingegen nur in weiß, braun, grau oder schwarz. Dafür hat allerdings Acryl den Vorteil, dass es im Gegensatz zu Silikon überstrichen werden kann.

Zum Verfugen benutzt man in der Regel Silikon oder Acryl aus der Kartusche. Zum Auspressen des Dichtmaterials benötigt man dann eine Kartuschenpresse, auch Kartuschenpistole genannt. Wichtig ist, dass diese leichtgängig ist und man den Druck, mit dem das Dichtmaterial vorn aus der Spitze gedrückt wird, fein dosieren kann. Statt in Kartuschen bietet der Handel Silikon und Acryl auch in einer Art Spraydose an. Die Anwendung ist einfach und praktisch, das Produkt allerdings teuer.

Der besondere Tipp

- **Halten Sie beim Umgang mit Silikon oder Acryl immer Haushaltstücher parat, um überschüssiges Material schnell und sauber abwischen zu können. Wenn Silikon oder Acryl erst einmal angetrocknet sind, fällt das Entfernen schwer. Am besten benutzt man dann speziellen Silikonentferner, der auch für überschüssiges Acryl geeignet ist.**
- **Wenn die Kartusche nicht aufgebraucht ist, steckt man vorn in die Kartuschenspitze einen langen Nagel, um das Austrocknen hinauszuzögern.**
- **Sorgen Sie beim Abdichten für gute Durchlüftung, da das Material ausdünstet.**

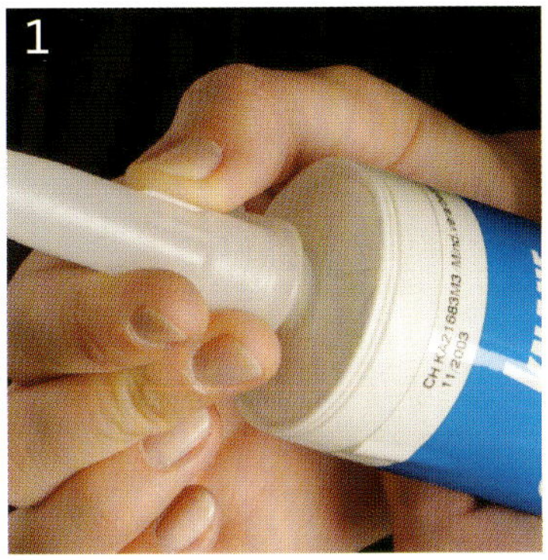

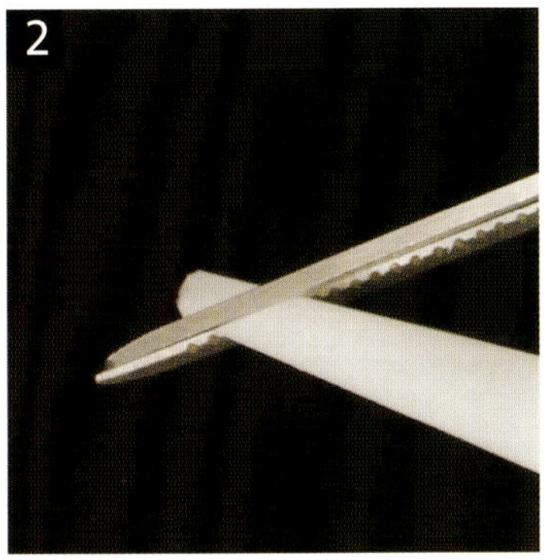

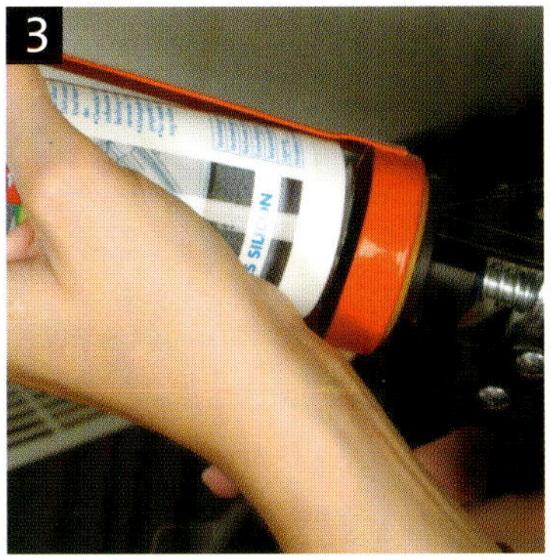

1 Vor dem Einsetzen der Kartusche in die Presse wird zunächst der Verschluss der Kartusche aufgeschnitten. Dabei nicht am Rand der Kartusche ansetzen, sondern ausreichend Gewinde für das Aufdrehen der Kartuschenspitze belassen.

2 Die Kartuschenspitze muss ebenfalls angeschnitten werden. Sie wird nicht gerade durchtrennt, sondern schräg. Das vereinfacht das Ansetzen und Abziehen der Kartusche in der abzudichtenden Fuge.

3 Die Kartusche wird nun in die Kartuschenpresse eingesetzt. Dazu den Druckteller der Presse ganz nach hinten fahren. Jetzt kann die Kartusche eingesetzt werden. Man pumpt so lange am Hebel, bis sich vorne die Kartuschenspitze mit Silikon gefüllt hat.

4 Die Fugen müssen vor dem Ausspritzen exakt abgeklebt werden. Nur so entsteht eine saubere Optik.

5 Das Silikon wird nun möglichst gleichmäßig in die Fuge gepresst. Dabei drückt man den Hebel der Kartuschenpresse langsam durch und zieht gleichzeitig mit der Spitze die Fuge entlang.

6 Bei längeren Fugen wie hier bei der Arbeitsplatte wird es nicht gelingen, das Silikon gleichmäßig aufzutragen. Die Fugen müssen also glattgezogen und überschüssiges Silikon entfernt werden. Zum Glattziehen kann man einen speziellen Glätter benutzen; es geht aber genauso gut mit dem Finger. Der sollte vorher in Spülmittelwasser getaucht werden, damit das Silikon nicht an den Fingern haftet.

7 Abschließend Klebeband entfernen.

Küchenschrank aufhängen

Einen kleinen Oberschrank in der Küche aufzuhängen ist relativ einfach, braucht aber seine Zeit, weil präzise gearbeitet werden muss. Schließlich sollen die Teller ja nicht aus dem Schrank rutschen.

Man benötigt lediglich etwas Kraft, um den Schrank selbst an den zuvor eingedrehten Schrauben aufzuhängen. Hier arbeitet man am besten zu zweit – das gilt auch für das Ausrichten des Schranks. Erforderlich sind nur Standardwerkzeuge.

Werden mehrere Schränke nebeneinander aufgehängt, beginnt man mit einem der Außenschränke, vorzugsweise in einer Raumecke. Der zuerst aufgehängte Küchenschrank dient dann als Maß zum Ausrichten aller anderen Schränke.

Werkzeug & Material

- **Bohrmaschine**
- **8 oder 10 mm Steinbohrer**
- **Schraubendreher**

- **Dübel**
- **Schrauben**
- **Küchenschrank**
- **Befestigungsmaterial**

Eine helfende Hand ist hier sinnvoll!

Arbeiten Sie in Ruhe

Trainierte Oberarme schaden nicht!

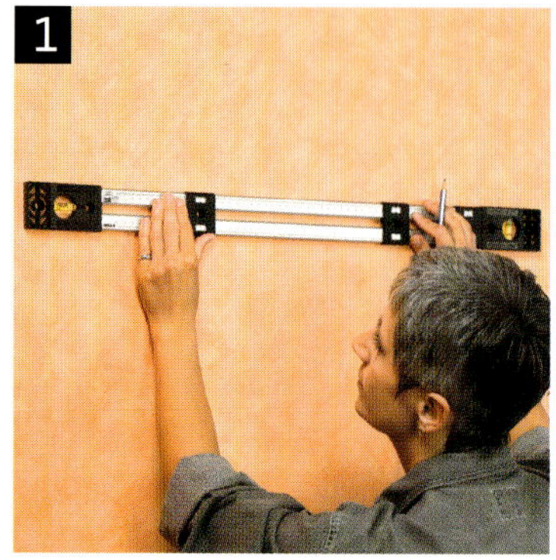

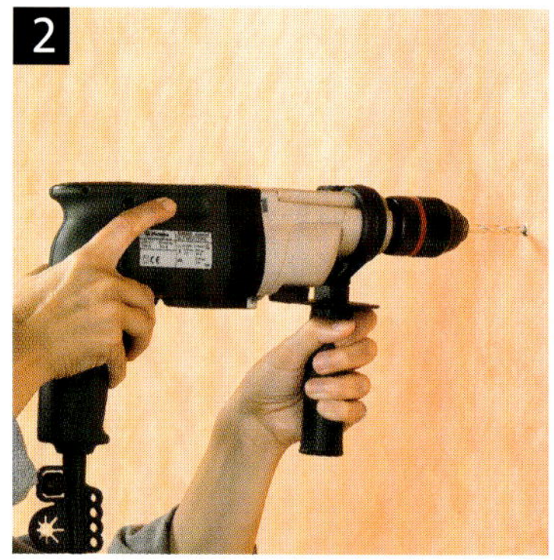

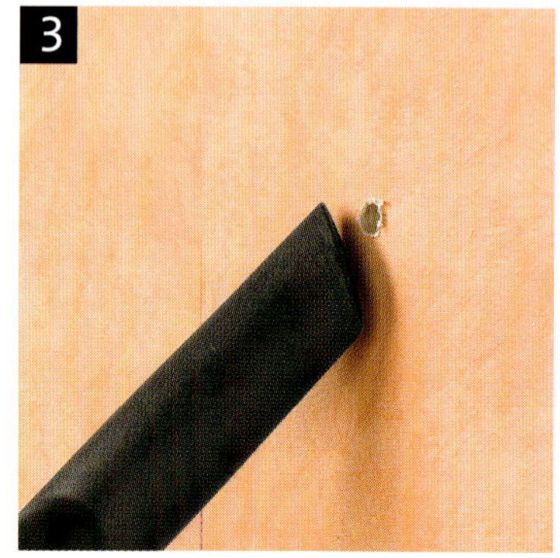

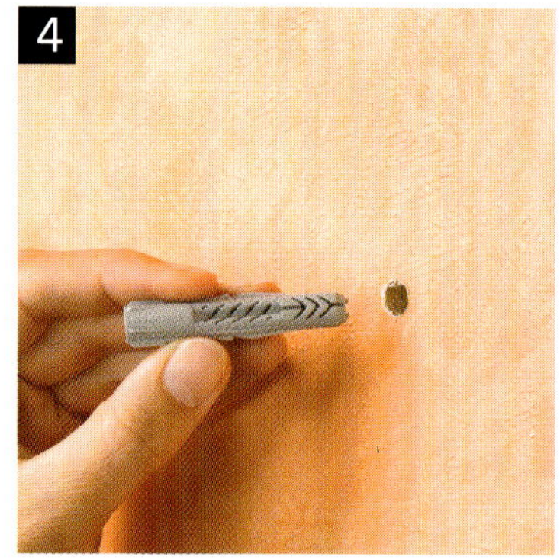

1 Schränke werden meistens mit zwei Schrauben aufgehängt, die vor allem in exaktem Abstand in der Wand befestigt werden müssen. Genaues Ausmessen und Anzeichnen an der Wand ist unerlässlich.

2 Die Schränke haben hohes Gewicht. Deshalb werden Sie mit Dübeln und Schrauben mit mindestens 8, besser 10 mm Durchmesser aufgehängt.

3 Nach dem Bohren wird das Bohrloch mit dem Staubsauger gereinigt; um Schmutz zu vermeiden, kann auch während des Bohrens direkt unterhalb des Bohrlochs gesaugt werden.

4 Der Dübel sollte exakt zur Wand passen (siehe auch S. 120). Hier wird ein Universaldübel verwendet.

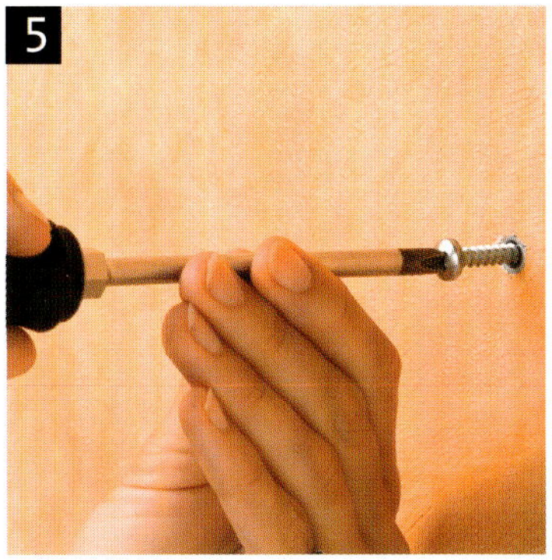

5 Die Halteschrauben für den Schrank werden nicht ganz eingedreht, sondern sollten fast 1 cm aus der Wand herausragen.

6 Jetzt den Schrank aufhängen. Dazu befinden sich in der Rückwand entsprechende Aussparungen. Nach dem Aufhängen ist der Schrank noch nicht sicher an der Wand befestigt, sondern hängt locker an den Schrauben. Von innen wird der Schrank nun sicher befestigt.

7 Dazu werden spezielle Beschläge, so genannte Schrankaufhänger, montiert. Die Systeme sind unterschiedlich. Hier wird zunächst eine kleine Halteplatte auf die vorstehende Schraube aufgesteckt. Dann richtet man den Schrank mit der Wasserwaage aus und dreht mit der Schraube die Halteplatte fest. Sie rastet im Gegenstück, das sich an der Rückwand des Schranks befindet, ein. Zum Schluss wird eine Plastikabdeckung aufgesetzt.

8 Den exakten Sitz des Schranks kann man anschließend mit der Wasserwaage noch einmal überprüfen und gegebenenfalls die Aufhängung noch einmal nachjustieren.

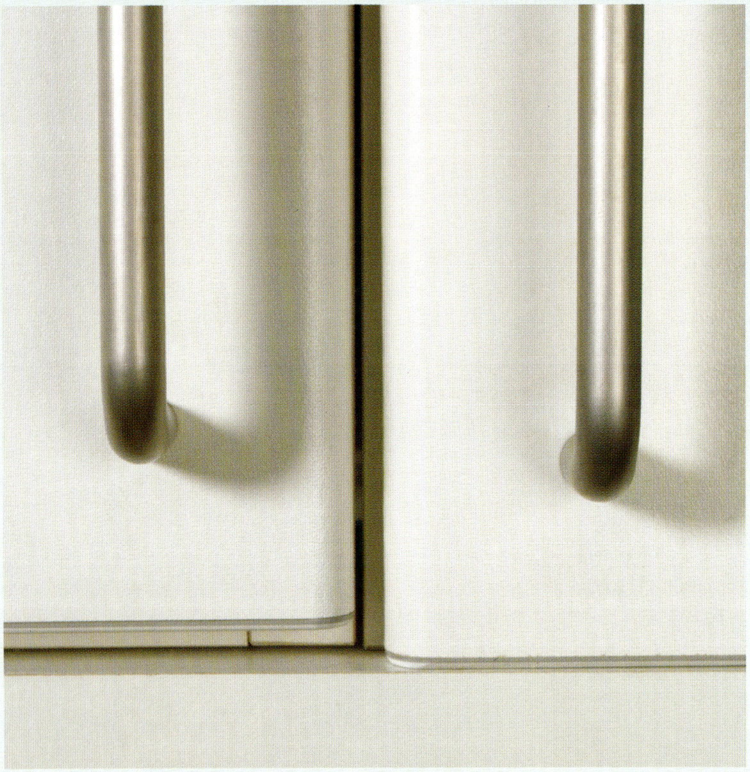

Schiefe Schranktüren lassen sich mit einem Schraubendreher schnell und leicht wieder zurechtrücken.

Küchenschranktüren richten

Wenn man nach einigen Jahren die einst so perfekt wirkende Küche genau betrachtet, fällt oft auf, dass die Schranktüren nicht mehr so gerade sitzen wie zu Beginn. Doch durch ein paar Drehungen mit dem Schraubendreher ist solch ein Schiefstand schnell behoben.

Die Scharniere, mit denen die Küchenschranktüren gehalten werden, besitzen meistens drei Einstellmöglichkeiten: Die Türen können in der Regel in der Höhe verändert werden (Höhenverstellung), immer aber in der Waagerechten (Auflagenverstellung) und in dem Winkel, mit denen sie am Korpus des Schrankes anschlagen (Tiefenverstellung). Bei einigen Scharnieren kann darüber hinaus die Federkraft reguliert werden, also die Kraft, mit der die Türen zuschlagen. Alle Einstellungen nimmt man mit dem Schraubendreher vor. Eingestellt wird die Tür im eingehängten Zustand; Sie müssen die Tür also nicht ausbauen. Das Befestigungssystem – der Fachmann spricht vom Beschlag – besteht aus zwei Teilen: dem eigentlichen Scharnier, das in der Tür montiert ist, und der Montageplatte, die sich in der Schrankwand befindet. Standard-Küchenschranktüren werden von zwei Beschlägen gehalten; nur in größeren Schränken befinden sich mehrere Beschläge.

Die Scharniere sind nicht alle gleich, doch das Grundprinzip, wie sie eingestellt werden, ähnelt sich jeweils. Durch das Eigengewicht der Tür senkt sie sich oft ein wenig zu einer Seite – vom Scharnier weg – ab. Deshalb reicht es normalerweise aus, die Auflagenverstellung nachzuregulieren. Bei den meisten Scharnieren befindet sich die Einstellschraube etwas links von der Mitte des Scharniers. Bei einigen Scharnieren wird die Einstellschraube von einem Metallplättchen abgedeckt, das man mit einem Schraubendreher ganz einfach abwinkeln kann.

Mit der Auflagenverstellung beginnt man oben und dreht dort die Schraube etwas nach rechts: Der Spalt zwischen Schrankkorpus und Tür – die so genannte Türauflage – wird oben nun kleiner. Dann dreht man am unteren Scharnier etwas nach links, so dass die Türauflage dort größer wird. Eine halbe Umdrehung reicht oft schon aus. Orientieren Sie sich beim Ausrichten an den Spalten links und rechts zur Schrankwand. Wenn die Tür an beiden Seiten jeweils oben und unten denselben Abstand zum Schrankkorpus hat,

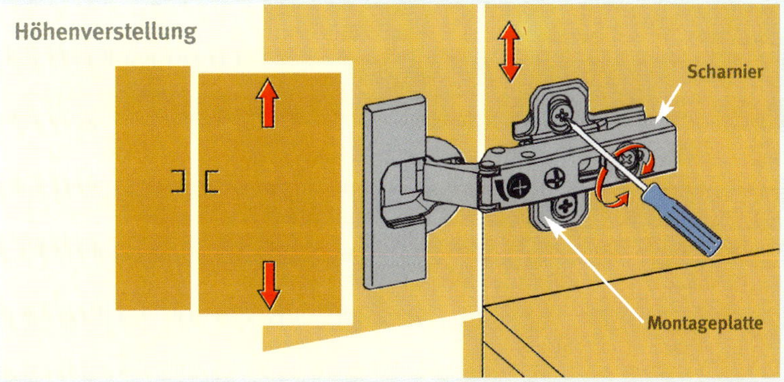

Höhenverstellung

Auflagenverstellung

Tiefenverstellung

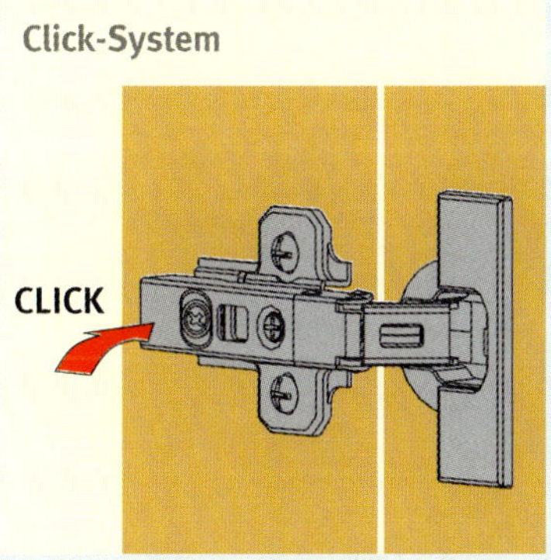

Click-System

ist sie richtig eingestellt. Probieren geht dabei über Studieren: Sie können nichts beschädigen; durch falsches Drehen verstellen Sie höchstens die Tür noch mehr.

Bei stark abgesenkten Türen kann es erforderlich werden, die gesamte Tür etwas anzuheben. Bei Standardscharnieren nimmt man die Höhenverstellung an der Befestigung der Montageplatte vor. Diese ist mit zwei Schrauben in der Schrankwand fixiert. Diese Schrauben haben in der Vertikalen etwas „Spiel“, also Bewegungsraum. Durch Anlösen der zwei Schrauben kann man deshalb die Schranktür in der Höhe verstellen. Zum Ausrichten der Höhe müssen immer die Schrauben von beiden Montageplatten gelöst werden. Bei einigen Scharnieren ist allerdings das Lösen der Montageplatte nicht erforderlich. An dem Beschlag befindet sich dann eine so genannte Exzenterschraube, bei der man durch einfaches Drehen – wie bei der Auflagenverstellung auch – die Tür in der Höhe justieren kann.

Sollte sich die Tür oben oder unten nach vorn neigen, wird schließlich noch die Tiefe verändert. Die entsprechende Schraube befindet sich ganz hinten am Scharnier in der Schrankwand. Aber Achtung: Mit dieser Schraube wird ein Standardscharnier auch auf der Montageplatte gehalten. Wenn man die Schraube an beiden Scharnieren weitestgehend löst (ein Herausdrehen ist nicht erforderlich), kann man die Tür aushängen. Die ganze Tür wird ein wenig nach vorn gezogen und springt dann heraus. Zum Einsetzen schiebt man die Tür wieder oben und unten auf die Montageplatten und dreht die Schrauben soweit an, dass die Tiefenverstellung oben und unten gleich ist.

Bei Scharnieren mit Click-System dient die Schraube allein der Tiefenverstellung. Bei einem solchen Scharnier demontiert man die Tür, in dem man von hinten gegen das Scharnier drückt. Dann springt das Scharnier von der Montageplatte. Zur Montage führt man das Scharnier vorn vor die Montageplatte und drückt dann auf das Scharnier, bis es deutlich spürbar einrastet.

Ausgebrochene Tür reparieren

Bei älteren Küchen können die Befestigungen der Scharniere in den Küchentüren durch die jahrelange Beanspruchung ausbrechen. Deshalb muss allerdings noch lange keine neue Küche her.

Die Reparatur ist eigentlich sehr einfach: In das ausgebrochene Loch in der Schrankwand steckt man einen Holzdübel, in dem eine neue Schraube wieder Halt finden kann. Damit der Dübel seinerseits in der Schrankwand hält, muss ein wenig ausgebohrt werden. Bei Außenschränken einer Küchenzeile ist dabei etwas Vorsicht geboten: Hier muss man darauf achten, dass man die Schrankwand nicht durchbohrt. Wenn Schränke aneinander grenzen, ist das Ausbohren unproblematisch. Die Tür wird von einer breiten Schraube gehalten. Diese kann nicht wiederverwendet werden; man benötigt eine neue, ca. 2 cm lange und spitze Holzschraube mit breitem Kopf.

Werkzeug & Material

- Schraubendreher
- Akkubohrer oder Bohrmaschine
- Holzbohrer
- Feinsäge

- Holzdübel
- Leim
- spitze 20 mm Schraube mit breitem Kopf

Das schaffen Sie mit links

Schneller gemacht als gedacht

Wirklich leicht

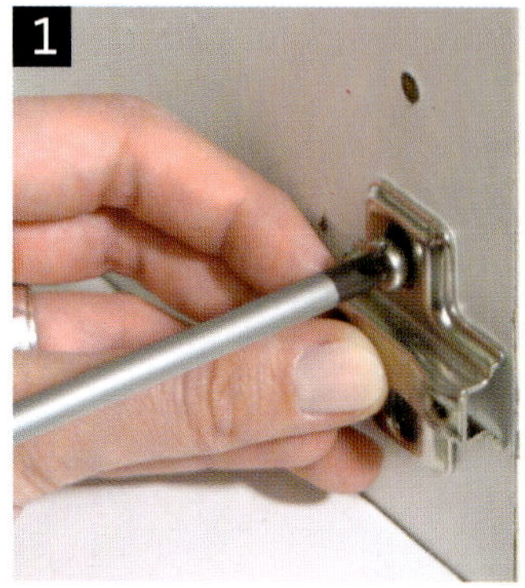

1 Zunächst wird die Küchentür ausgebaut. Dazu werden die Halteschrauben, mit denen die Scharniere an den Halteplatten in der Schrankwand befestigt sind, gelöst. Die Schrauben befinden sich zumeist in der Mitte der Scharniere. Nach dem Lösen kann die Tür aus der Halteplatte herausgezogen werden. Jetzt wird die Montageplatte mit der ausgebrochenen Befestigung abgeschraubt.

2 Einen zum Dübel passenden Holzbohrer benutzen. Zum Bestimmen der Größe, Holzbohrer und Dübel gegeneinanderhalten und Größe überprüfen.

3 Dann das ausgebrochene Loch fast 2 cm ausbohren. Bohrmaschine dabei gerade halten. Ausprobieren, ob der Dübel sich ausreichend weit in die Wand einschieben lässt und dabei auch ohne Leim schon relativ fest sitzt.

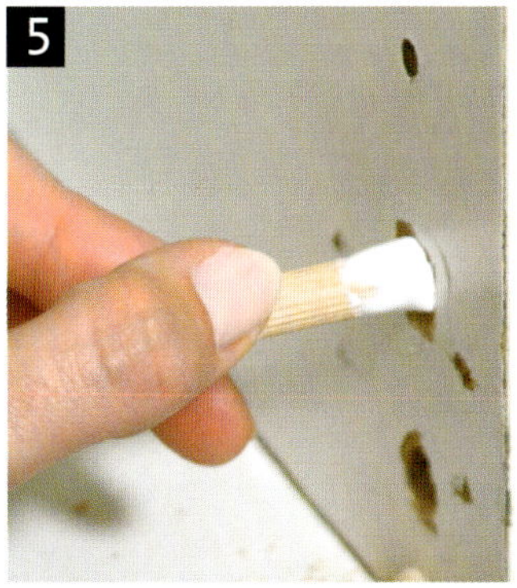

4 Holzdübel in Leim tauchen oder mit Leim einstreichen.

5 Dann den Dübel in das ausgebohrte Loch stecken und Leim trocknen lassen. Sie sollten mindestens eine halbe Stunde warten, bevor sie weiterarbeiten.

6 Jetzt mit einer Feinsäge den Dübel absägen. Die Schrankwand dabei als Führung zum Sägen benutzen.

7 Um das Einschrauben der neuen Schraube zu erleichtern, wird mit einem kleinen Bohrer vorgebohrt. Bei diesem Minibohrer kann man auch einen Metallbohrer benutzen. Angesetzt wird in der Mitte des Dübels und rund 15 mm tief gebohrt.

8 Die alten Schrauben können nicht wieder verwendet werden. Stattdessen setzen Sie eine neue Holzsschraube ein. Die alte Schraube aus der Montageplatte entfernen und diese mit einer neuen Schraube an der Schrankwand befestigen. Abschließend Tür wieder einsetzen.

Hängeleuchten rücken Esstische perfekt ins Licht (l.). Für die Beleuchtung von Arbeitsflächen in der Küche hingegen setzt man am besten spezielle Unterbauleuchten ein (r.).

Küche und Esstische beleuchten

Nichts ist in der Küche so wichtig wie Funktionslicht. Aber vor allem in Küchen mit Sitzgelegenheit und in offenen Küchen trägt es zu einer entspannenden Stimmung bei, wenn sich der Raum auch atmosphärisch beleuchten lässt.

Funktionslicht in der Küche: Das ist nahezu gleichzusetzen mit hellem Licht direkt über Arbeitsplatte, Spüle und Elektrogeräten. Die Flächen müssen so beleuchtet sein, dass man z.B. Obst und Gemüse sehr gut sehen und vor allem auch gefahrlos mit Messer, Gabel & Co. arbeiten kann.

Das Problem besteht oft darin, dass Leuchten, die sich unter der Decke befinden, kein ausreichendes Licht auf die Arbeitsflächen werfen und dies aus zwei Gründen: Zum einen verschatten in den meisten Küchen Oberschränke die Arbeitsflächen, zum anderen nimmt man sich selbst das Licht, wenn man vor der Arbeitsplatte steht. Deshalb kommt für die Beleuchtung eigentlich nur Licht von Unter- bzw. Einbauleuchten in den Oberschränken in Frage, oder aber Licht, das von der Wand auf die Arbeitsfläche fällt.

Für diese Beleuchtungsaufgabe haben unterschiedliche Hersteller spezielle Lösungen entwickelt. So gibt es eine Reihe von Küchenherstellern, die Funktionsleuchten in ihre Möbel integriert haben.

In einigen Küchen befinden sich an der Unterseite der Oberschränke Leuchtleisten. In anderen sind in die Schränke Halogenstrahler eingelassen. Darüber hinaus gibt es spezielle, schmale Regale, die auf der Arbeitsplatte zur Wand hin aufgestellt werden. Dort sind dann Leuchten integriert, die auf die Arbeitsfläche strahlen.

Neben den Küchenherstellern bieten auch eine ganze Reihe von Leuchtenfirmen Lichtlösungen für die Unterschrankmontage an. Auch hier ist das Angebot groß: Es reicht von kleinen Strahlern, die einzeln aufgehängt werden, über Schienensysteme mit verstellbaren Leuchten bis hin zu maßgefertigten Lichtleisten.

Wie viele solcher Leuchten benötigt werden, ist von der Küche abhängig. Über Arbeitsplatten gilt: Es sollte mindestens alle 80 cm eine Lampe die Fläche beleuchten. Bei Leuchten, die unter Oberschränke montiert sind

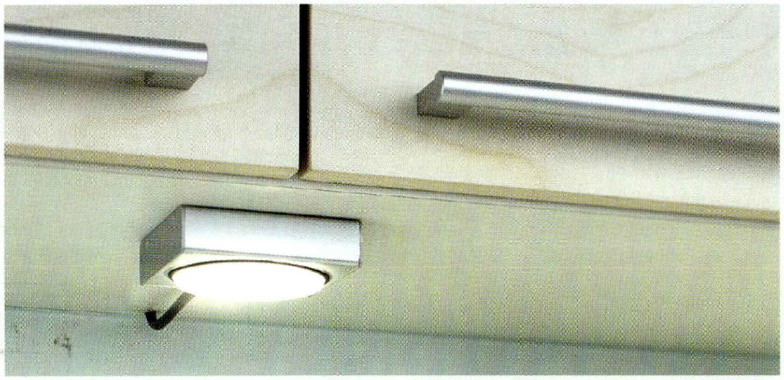

und sich unmittelbar über der Arbeitsfläche befinden, ist nur eine Leistung von 20 W erforderlich. Die Beleuchtung der Arbeitsflächen allein reicht allerdings für das Funktionslicht nicht aus. Vor allem auch der Boden sollte gut beleuchtet sein, z.B. um ihn gründlich abfegen zu können. Gut geeignet sind hierfür Halogenleuchtensysteme (siehe auch S. 124).

Befinden sich in der Küche Tisch- oder Barflächen, sollten auch diese zum Arbeiten hell erleuchtet werden können. Am besten eignen sich Hängeleuchten, die entweder ein flächiges Licht ausstrahlen oder aber den Tisch beziehungsweise die Bar mit einem gezielten Lichtkegel ausleuchten.

Atmosphärisches Licht

Für eine gemütliche Beleuchtung der Küche gelten die gleichen Grundsätze wie für das atmosphärische Licht in anderen Räumen (siehe auch S. 56), allen voran, dass das Licht möglichst abwechslungsreich sein und aus verschiedenen Lichtquellen stammen sollte.

Grundvoraussetzung für eine atmosphärische Beleuchtung ist, dass sich das zum Kochen erforderliche Funktionslicht dimmen oder getrennt vom atmosphärischen Licht schalten lässt. Das bedeutet nicht zwangsläufig, dass man alle Funktionsleuchten abstellen muss, wenn das Licht in der Küche etwas wohnlicher sein soll. So können z.B. die Leuchten über der Arbeitsplatte zu einer angenehmen Lichtstimmung beitragen, vor allem dann, wenn sie so typische Küchendetails wie einen gefüllten Obstkorb oder andere Dekorationen anstrahlen.

Das spezifische Ambiente in der Küche unterstreichen Einbauleuchten in Oberschränken mit Glastüren. Sie rücken nicht nur Gläser und schönes Porzellan ins Blickfeld. Sie strahlen aus den Schränken heraus auf andere Raumelemente und erzeugen dabei interessante Schattenbilder.

Unterbauleuchte anbringen

Bei der Montage von Leuchten über Arbeitsplatten müssen Sie sich zwar ziemlich verbiegen, die Arbeit selbst ist aber nicht so schwer.

Besonders einfach ist der Unterbau von Leuchten, die mit 230 Volt Spannung arbeiten, an eine Steckdose angeschlossen werden und über einen separaten An- und Ausschalter verfügen. Schwieriger wird es, wenn Sie die Leuchten an einen Wand- oder Deckenauslass anschließen möchten, der über einen Lichtschalter bedient wird.

Hier wird die Montage einer speziellen Küchenleuchte gezeigt, die mit einer Leuchtstofflampe arbeitet. Die Kabelzuführung kann bei Bedarf gekürzt werden (grundlegende Informationen siehe S. 58 ff.).

Werkzeug & Material

- Zollstock oder Maßband
- Bleistift
- Blatt Papier
- Schraubendreher
- kleiner Hammer

- Leuchte inkl. Stecker
- Holzschrauben
- Kabelschellen

Das ist nicht schwer

Nehmen Sie sich ein bisschen Zeit

Babyleicht

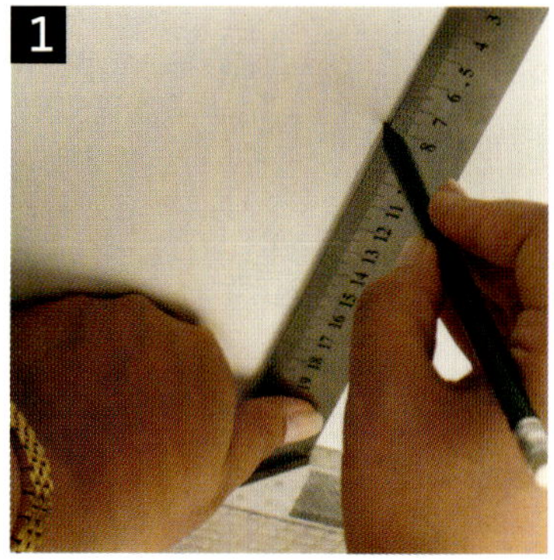

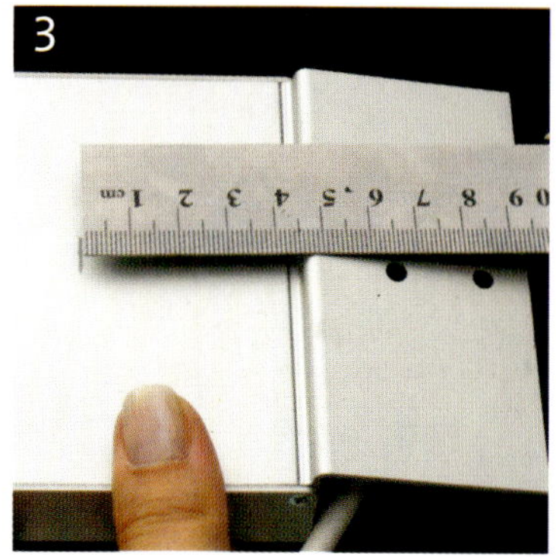

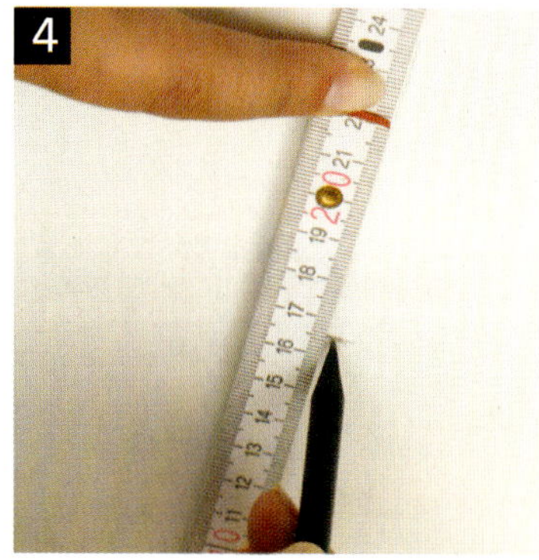

1 Zunächst bestimmen Sie, wo die Leuchte über der Arbeitsplatte montiert werden soll. Die Position auf der Unterseite des Oberschranks grob anzeichnen. Dann Anschlagwinkel dort an der Wand anlegen und eine dünne Bleistiftlinie auf die Schrankunterseite zeichnen.

2 Gesamtlängen von Schranktiefe und Leuchte (ohne Montageplatte) ausmessen und notieren.

3 Die Mitte der Längen sowohl am Schrank als auch auf der Leuchtenrückseite anzeichnen.

4 Abstand auf der Leuchtenrückseite von angezeichneter Leuchtenmitte bis zum ersten Bohrloch der Halteplatte ermitteln. Ermittelten Abstand von der Mitte der Schrankunterseite zur Wand hin anzeichnen.

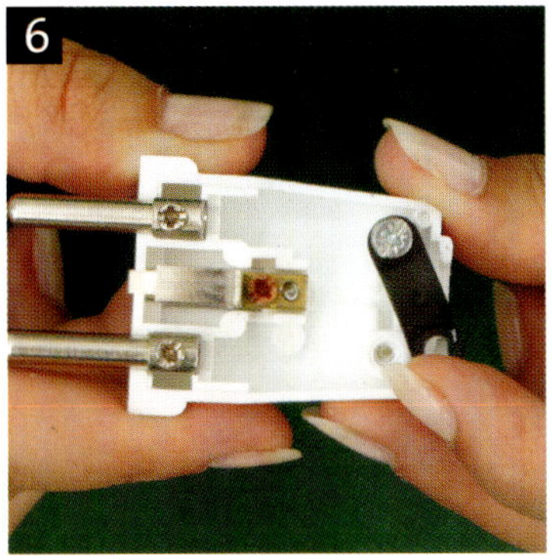

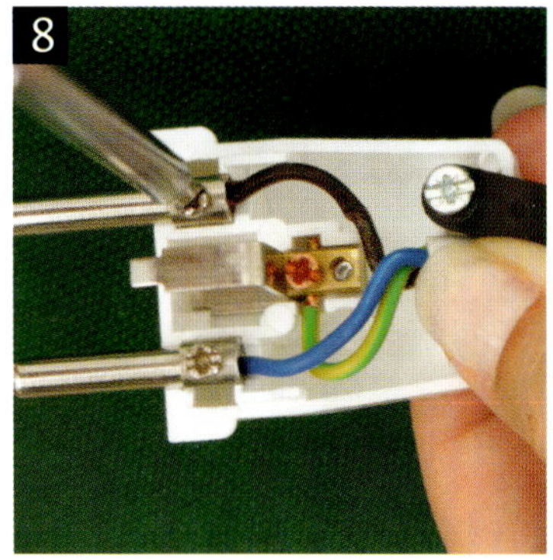

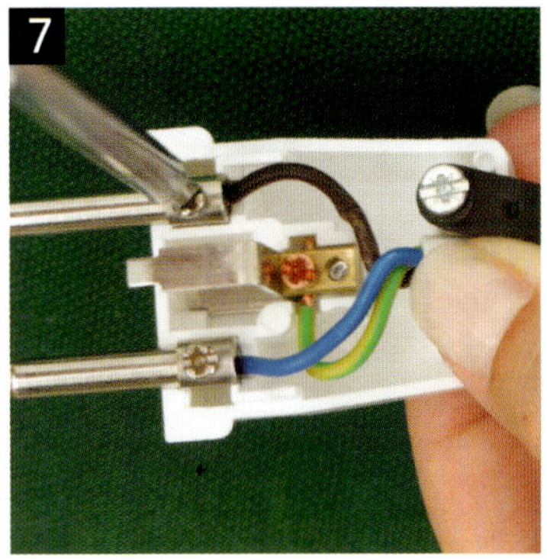

5 Die Leuchte mit einer Holzschraube an der ermittelten Position durch das erste Bohrloch hindurch festschrauben. Die Leuchte lässt sich noch bewegen. Sie jetzt so ausrichten, dass sich das zweite Bohrloch exakt mittig über der angezeichneten Linie befindet. Mit einer zweiten Schraube die Leuchte jetzt endgültig festschrauben.

6 Die Leuchte kann sowohl an einen eventuell vorhandenen Wandauslass als auch an eine Steckdose angeschlossen werden. Deshalb ist am Kabelende noch kein Stecker montiert. Zum Anschluss an eine Steckdose jetzt zunächst den zum Lieferumfang gehörenden Stecker montieren. Stecker dazu aufschrauben. Eine Schraube der Zugsicherung abschrauben und Bügel zur Seite drehen.

7 Kabeladern an die Anschlüsse anlegen: Das grün-weiße Massekabel wird in der Mitte montiert (unbedingt beachten!), die schwarze Phase und der blaue Nullleiter an den beiden Anschlüssen, mit denen der Stecker später in die Steckdose gesteckt wird. Schrauben der Adernanschlüsse weitgehend lösen (nicht völlig herausdrehen). Adern so weit einstecken, dass kein Kupfer mehr zu sehen ist und Schrauben wieder fest anziehen. Durch Ziehen an den Adern sicherstellen, dass die Kabel fest sitzen.

8 Das weiße Kabel in die Aussparung der Zugsicherung legen und Bügel zurückdrehen. Zugsicherung fest schrauben und Stecker wieder zusammenschrauben. Abschließend Leuchtmittel einsetzen. Um die Kabel sauber an der Schrankunterseite entlang zu führen, befestigt man sie dort mit Kabelschellen oder verklebt sie mit einer Heißklebepistole (siehe auch S. 196). Stecker einstecken und Funktionsprüfung vornehmen.

Hängeleuchte montieren

Ob Tisch oder Theke: Hängeleuchten bringen in der Küche und am Essplatz Licht genau dorthin, wo man es benötigt.

Sie zu montieren, ist keine Kunst: Haken in die Decke und Leuchte aufhängen. Damit allerdings ist es oft nicht getan, denn nur selten befindet sich der Deckenauslass mit dem Stromkabel genau dort, wo man die Leuchte hinhängen möchte. In den meisten Fällen muss das Stromkabel verlängert werden. Dazu benötigt man ein flexibles 230-V-Kabel, das man in vielen Baumärkten auf Maß von der Rolle bekommt, Lüsterklemmen (siehe S. 58 ff.) sowie eine Abdeckung für den Deckenauslass. Die Abdeckung wird fachgerecht als „Abzweig-Baldachin“ bezeichnet.

Werkzeug & Material

- Seitenschneider
- Messer
- Entisolierzange
- Bohrmaschine, 6er und 8er Bohrer
- Schraubendreher

- Haken
- Leuchte
- Abdeckdose
- Lüsterklemmen
- evtl. flexibles Stromkabel

Das kriegen Sie schon hin!

Dauert nicht allzu lang

Mit wenig Kraft zu schaffen

1

2
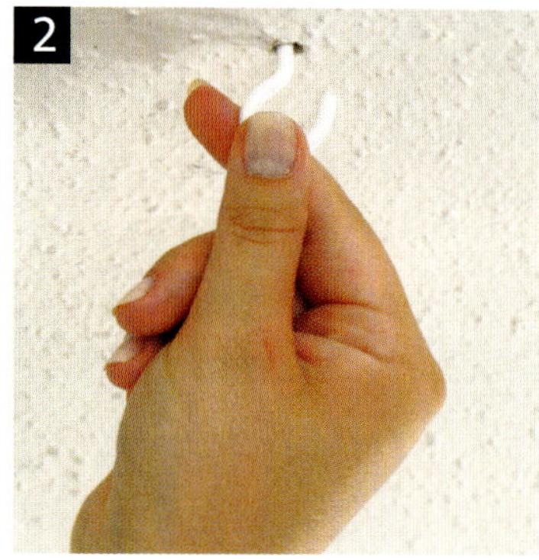

Vor Beginn der Arbeiten auf jeden Fall die entsprechende Sicherung abschalten und mit einem Spannungsprüfer sicherstellen, dass kein Strom mehr fließt.

1 Zunächst die exakte Position, an der die Leuchte aufgehängt werden soll, ermitteln. Dazu Leuchte provisorisch an der Decke anhalten und Montageposition anzeichnen.

2 Mit dem Elektrobohrer ein Loch für einen 8er Dübel in die Decke bohren. Dübel einsetzen und Haken anschrauben.

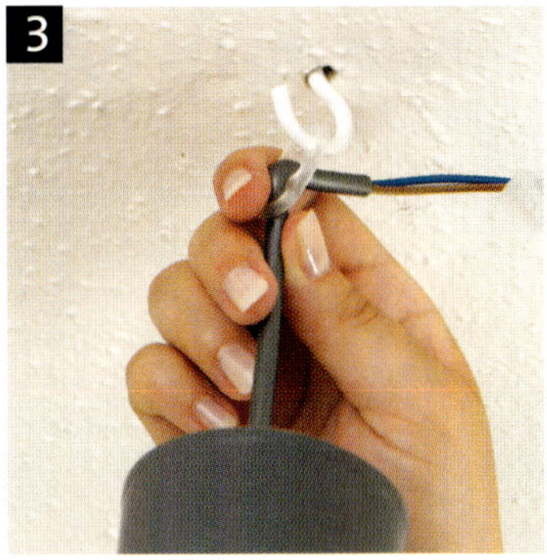

3 Abdeckkappe der Leuchte über das Kabel ziehen und mit der zugehörigen Plastikbefestigung das Kabel auf die richtige Länge bringen. Dann die Befestigung an den Haken in der Decke einhängen.

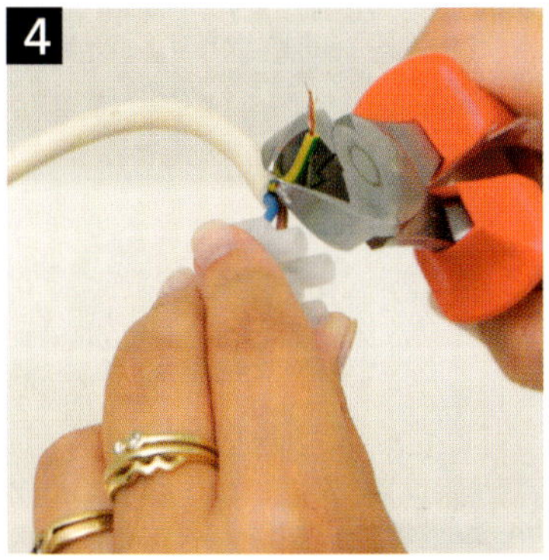

4 Prüfen, ob die verbleibende Kabellänge ausreicht, um das Stromkabel bis zum Deckenauslass weiterzuführen. Andernfalls Kabel verlängern. Dazu Stromkabel der Leuchte am Haken bis auf 5 cm Reststück mit dem Seitenschneider kürzen. Die Kabelenden entisolieren. Verlängerungskabel auf die benötigte Länge zuzüglich 10 cm zurechtschneiden und Adern des Kabels an beiden Enden entisolieren. Mit Lüsterklemmen Kabel der Leuchte mit Verlängerungskabel verbinden. Muss an die Leuchte kein Schutzleiter angelegt werden, diesen mit dem Seitenschneider an den Kabelenden abschneiden.

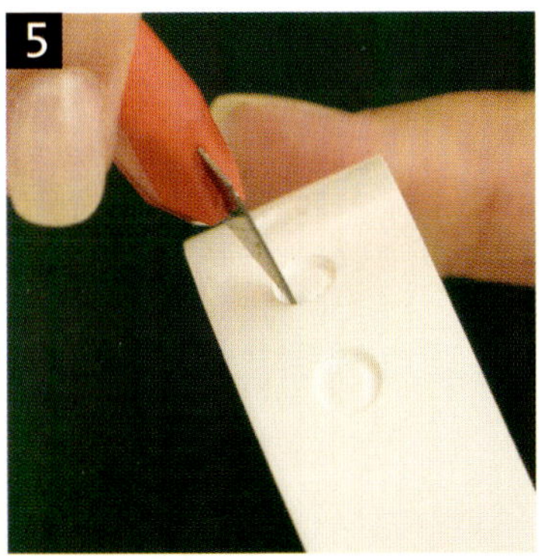

5 Eine Kabeldurchführung an der Abdeckdose mit Hilfe eines Cuttermessers ausschneiden. Dann die Abdeckdose an der Decke montieren. In der Regel muss gedübelt werden. Die Dose dazu mittig unter dem Deckenauslass so anhalten, dass die ausgebrochene Kabeldurchführung in Richtung der Leuchte zeigt. Bohrpositionen einzeichnen, Bohrungen ausführen, Dübel einstecken und Dose festschrauben.

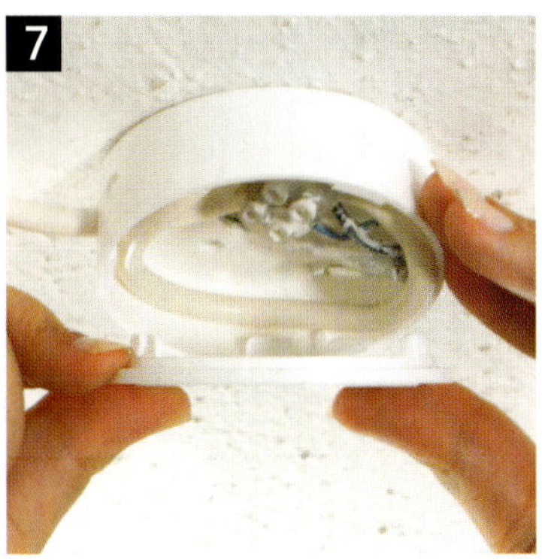

6 Kabelzuführung durch das Loch in der Abdeckdose führen. Kabel dann am Deckenauslass mit Lüsterklemmen anlegen. Funktionsprüfung durchführen.

7 Abschließend Abdeckung der Leuchte am Leuchtenkabel hochziehen und Kabeldose mit der Abdeckung verschließen.

106

Eingangsbereich

„Zu viele Klamotten? Niemals! Nur zu wenig Haken – und die mach' ich jetzt dran."

Er ist die Visitenkarte des Hauses: der Eingangsbereich. Gestaltungsstil und Einrichtung vermitteln Besuchern den ersten, prägenden Eindruck und werfen ein Schlaglicht auf die Persönlichkeit der Bewohner. Zugleich aber muss der Eingangsbereich praktisch sein: Jacken, Mäntel und auch Schuhe benötigen ausreichend Platz, und der Boden muss genauso strapazierfähig wie pflegeleicht sein. Keinesfalls darf der große Spiegel fehlen, in dem man sich auch abends im richtigen Licht betrachten kann. Die Technikschwerpunkte dieses Kapitels liegen auf der Gestaltung von strukturierten Wänden, der richtigen Befestigung mit Dübel und Schraube sowie auf dem Umgang mit Lacken und Lasuren zur Holzbearbeitung.

Gestaltung

Bei der Grundgestaltung des Eingangsbereichs kommt es in erster Linie auf Praxistauglichkeit an: eine ausreichend große Garderobe, einen pflegeleichten Boden und eine helle Beleuchtung.

Das bedeutet aber noch lange nicht, dass man die Diele wie einen langweiligen Funktionsraum betrachten und betont sachlich einrichten muss. Ganz im Gegenteil: Mit behaglichen Materialien wie z. B. Holz oder schönen Farben trägt ein auf den gesamten Einrichtungsstil angepasster Eingangsbereich entscheidend zum Wohlgefühl bei. Er prägt nicht nur den ersten Eindruck, den Gäste vom Wohnumfeld bekommen, sondern kann auch die eigene Lust auf Entspannen und Ruhe beim Nachhausekommen wecken. Eine durchdachte, atmosphärische Gestaltung wirkt so nicht nur nach außen, sondern vor allem auch nach innen.

Bei der Wand- und Deckengestaltung gilt es hier besonders, auf die Raumwirkung der Farben zu achten (siehe S. 16), denn Eingangsbereiche sind meist entweder sehr klein oder ungünstig proportioniert. Viele gehen so beispielsweise in schlauchartige Flure über, die man z. B. durch bewusste Farbkontraste breiter erscheinen lassen kann.

Die Garderobe

Das wichtigste Möbelstück in der Diele ist die Garderobe – und die Erfahrung zeigt, dass diese eigentlich nie groß genug sein kann. Ganz gleich also, ob man sich für

Der besondere Tipp

- **Wenn der Anrufbeantworter in der Diele steht, sieht man beim Nachhausekommen sofort, ob neue Nachrichten eingegangen sind. Auch die Ladestation für das Handy ist hier optimal platziert.**
- **Wird der Boden in Eigenheimen neu gestaltet, bietet es sich an, direkt innen vor der Haustür eine entsprechend große Öffnung für die Fußmatte auszusparen. Im Baumarkt sind dazu auch spezielle Rahmen zum Einlassen in den Boden erhältlich.**
- **Sicherheitsketten für die Haus- oder Wohnungstür kann man auch selbst montieren; der Fachhandel führt entsprechende Montagesets.**
- **In mehrgeschossigen Häusern sollte man in der Diele unbedingt einen Rauchmelder installieren, der bei starker Rauchentwicklung im Treppenhaus rechtzeitig warnt.**

Der Wohnwert der Diele lebt von kleinen Details wie der beleuchteten Garderobe oben. Aber auch die Funktionalität darf nicht zu kurz kommen. Schuhschränke sind besonders praktisch.

Wandhaken, Stangen oder größere Garderobenmöbel zum Aufhängen der Kleidungsstücke entscheidet – je mehr Platz diese bieten, desto besser. Und: In jedem Fall ist eine stabile Befestigung erforderlich, denn vor allem viele Mäntel bringen ein erhebliches Gewicht zusammen.

Viel Platz zum Aufhängen von Jacke, Mantel & Co. bietet eine Garderobenstange, die in Garderobennischen von einer Wand zur anderen reicht. Preiswert und leicht zu montieren sind runde Gardinenstangen aus Holz, die man hier ein wenig zweckentfremdet. Sie lassen sich leicht auf die benötigte Breite zusägen und dank der passend erhältlichen Wandhalter auch leicht aufhängen. Wichtig ist, dass die Stange ausreichend stabil ist; empfehlenswert sind 3 cm Durchmesser. Bei der Längenbestimmung der Stange gilt es, die Breite des Halters zu berücksichtigen; zum Sägen benutzt man eine Stichsäge. Da die Stange hohen Gewichten ausgesetzt ist, müssen die Halter besonders fest in der Wand verankert werden. Zum Festschrauben setzt man deshalb besser größere Dübel und längere Schrauben (8-mm-Dübel mit passenden Schrauben) ein, als die dem Halter beigelegten kleinen 6-mm-Dübel und -Schrauben.

Der Spiegel

Nichts ist wohl so wichtig wie ein vernünftiger Spiegel. Je größer dieser ist, desto besser. Optimal ist ein Spiegel, der vom Boden bis zur Decke reicht, denn das hat gleich mehrere Vorteile: Menschen aller Größen können sich gleichermaßen gut sehen; man kann das eigene Outfit vom Scheitel bis zur Sohle selbstkritisch begutachten, und die zumeist kleinen Flure wirken gleich ein bisschen größer. Sich beim Glaser einen exakt auf die Raumverhältnisse zugeschnittenen Spiegel zuschneiden zu lassen ist dabei nicht teurer als einen gerahmten Markenspiegel aus dem Einrichtungshaus zu kaufen. Besonders elegant wirkt es, wenn der Spiegel eine gesamte Wand komplett bedeckt; das hat außerdem den Vorteil, dass man diese weder tapezieren noch streichen muss. Bei der Planung ist allerdings zu berücksichtigen, ob und wie man den Spiegel durch die Haustür bekommt (Arbeitsanleitung „Spiegel verkleben" siehe S. 212 f.).

Das richtige Licht

Bei der Beleuchtung ist helles Funktionslicht gefragt: Ob beim Begrüßen von Gästen, beim Blick in den Spiegel oder beim Griff zum Schlüsselbund – alles sollte auch abends gut zu sehen und zu erkennen sein. Optimal ist deshalb eine möglichst flächige Beleuchtung von oben, die wenig Schatten wirft. Hier kommen die Vorteile von Halogen-Strahlerleisten oder – in längeren Fluren – auch von Halogenschienen oder -seilsystemen besonders gut zur Geltung. Besonders praktisch ist, wenn ein heller Strahler direkt auf die Garderobenstange leuchtet. Dunkle Jacken und Mäntel lassen sich nämlich bei schummriger Beleuchtung nur schwer auseinanderhalten – zumal man oft beim Davorstehen die Fläche selbst noch verschattet.

Befindet sich die Garderobe in einer Nische mit separatem Lichtschalter, kann man anstatt dieses Lichtschalters auch einen Bewegungsmelder installieren. Der sorgt dann automatisch dafür, dass bei der Mantelsuche das Licht an und nach dem Verlassen der Nische auch wieder energiesparend ausgeht. Diese Bewegungsmelder, die es in Baumärkten und Fachgeschäften gibt, werden genauso installiert wie ein Dimmer (siehe auch S. 60).

Der Bodenbelag

Der Bodenbelag sollte widerstandfähig und leicht zu pflegen sein, weil man den Raum immer wieder mit nassen oder verschmutzten Schuhen betritt. Dabei kommen eigentlich nur zwei Materialien infrage: Fliesen oder Holz, wobei Fliesen in Bezug auf Widerstandsfähigkeit die Nase vorn haben, Holzböden hingegen wohnlicher und wärmer wirken.

Eine kleine Ablage darf in keiner Diele fehlen.

Ablagen und Schuhschränke

Im Alltag erweisen sich Ablagen in Türnähe als unverzichtbar. Hilfreich sind vor allem Schlüsselkästen oder -halter sowie ein Regalbrett als Ablage. Beides lässt sich leicht selbst montieren (siehe S. 178).

Schuhschränke sind praktisch und platzsparend, allen voran die beliebten Klappschränke. Da es beim Aufklappen der schmalen Möbelstücke zu einer unglücklichen Gewichtsverteilung kommt – die Schränke können nach vorn kippen – sollten Sie diese unbedingt an der Wand befestigen. Am besten werden sie mit Dübel und Schraube fest verankert. Bei niedrigen oder halbhohen Schuhschränken kann man die schmale Möbeloberseite auch gut als Ablage benutzen.

Um die Ablagefläche etwas zu vergrößern, bietet es sich an, auf der Schrankoberseite ein Regalbrett aufzulegen, das vorn und an den Seiten etwas breiter (ca. 3 cm) als der Schrank ist. Ein entsprechendes Brett mit zum Einrichtungsstil passender Dekoroberfläche kann man sich in guten Baumärkten auf Maß zuschneiden lassen. Eventuell müssen die Kanten umleimt werden (Arbeitsanleitung siehe S. 238). Ist der Schrank an der Wand verschraubt, reicht es aus, das Brett mit doppelseitigem Klebeband zu befestigen (vollflächig auf der Schrankoberseite verkleben).

Treppenhäuser gestalten

Längliche Bilder greifen in kleinen Treppenhäusern die Raumproportionen perfekt auf.

Treppenhäuser scheinen kaum Gestaltungsalternativen zu eröffnen. Jedoch lässt sich durch eine geschickte Auswahl von Bildern und Tapeten das Raumgefühl positiv beeinflussen.

Keine Wandgestaltung ist so eng an die Raumproportionen gebunden wie die im Treppenhaus. Besonders deutlich wird dies bei der Auswahl von Bildern: In hohen, relativ schmalen Treppenhäusern wirken ebenso gestaltete Künstlerarbeiten oder Fotos am besten. Eine ähnliche Wirkung entfalten kleinere, querformatige Bilder, die eng übereinander gehängt werden. Größere, breitere Bilder eignen sich hingegen besonders in breiteren Aufgängen. Hier würden schmale, hochformatige Arbeiten die Großzügigkeit einer breiten Treppe eher zurücknehmen als unterstreichen.

An klassischen Vorbildern orientiert sich eine Sockelgestaltung mit Prägetapete und Bordüre. Die Wandbeläge werden ca. 1 m hochgezogen und unterteilen die Fläche in zwei Teile. Da der obere, größere Wandteil auf den schmaleren Sockel zu drücken scheint, wirkt das Treppenhaus nicht mehr so hoch.

Die Beleuchtung dient in erster Linie der Sicherheit auf der Treppe. Stimmig wirken vor allem Leuchten, die Bilder an den Wänden anleuchten und dabei gleichzeitig die Stufen ausreichend erhellen. Geeignet sind hier vor allem Wandleuchten und Strahlerleisten. Effektvoll sind darüber hinaus große Leuchten oder Leuchtensysteme, die sich mittig über mehrere Stockwerke erstrecken.

Bordüren eignen sich als Gestaltungselemente für fast jede Wand. Im Eingangsbereich harmonisieren sie besonders mit Sockeltapeten.

Bordüren kleben

Bordüren aus Tapete lockern Wände auf, rahmen Fenster und Türen, Bilder und Spiegel oder sorgen für einen sauberen Abschluss bei Sockeln.

Das Angebot ist groß: Es unterteilt sich dabei in Bordüren, die speziell auf bestimmte Tapeten abgestimmt sind, und solche, die universell eingesetzt werden können. Ein Großteil von ihnen greift dabei beliebte Motive auf, die gerne für die Gestaltung von bestimmten Räumen eingesetzt werden, wie z. B. Zeichentrickfiguren für Kinderzimmer.

Wie bei den Tapeten lassen sich die Bordüren nach dem Trägermaterial unterscheiden: Standardbordüren sind auf Papier aufgedruckt. Relativ neu am Markt sind Vliesbordüren, die genauso einfach verarbeitet werden können wie Vliestapeten (siehe auch S. 153 ff.). Zum Verkleben von Papierbordüren bieten sich zwei Alternativen an: Entweder man bringt sie klassisch mit Kleister auf die Wand oder man benutzt speziellen Bordürenkleber, der das Hantieren mit dem Kleister erübrigt. Selbstklebende Bordüren runden das Angebot ab (siehe auch S. 208).

Auf einfarbig gestrichenen Wänden setzt man Bordüren in der Regel in 1,80 bis 2,00 m Höhe an. Die Wand wirkt dann nicht mehr so hoch. Aber auch andere Gestaltungsideen entfalten ihre Wirkung, wie z. B. die Bordüre als Wandabschluss über einer Fußbodenleiste. In Dielen und Treppenhäusern nutzt man Bordüren gerne, um einen Übergang von einem Wandbelag zum andern hervorzuheben. Die Gestaltung orientiert sich dabei an alten Treppenhäusern, die im unteren Bereich gefliest waren und in gut 1 m Höhe mit einer Keramikbordüre abgeschlossen wurden. In Wohnungen greift man diese Sockelgestaltung auf, indem man im unteren Bereich mit einer gemusterten Tapete tapeziert und oberhalb einen unifarbenen Wandbelag wählt. Für die Gestaltung des Sockels bietet der Handel sogar spezielle Sockeltapeten an. Den Übergang gestaltet man dann mit der Tapetenbordüre.

Ein kleiner Fallstrick lauert beim Verkleben von Bordüren in Räumen mit Dachschrägen. Auf der geraden Wand wirkt die Bordüre höher als an der Schräge – die Bordüre „springt“. Dies lässt sich nicht umgehen. Nur selten wirkt hier eine Gestaltung mit Bordüren stimmig und professionell.

1

2

1 Die Höhe, in der die Bordüre geklebt werden soll, misst man aus und zieht dann einen Markierungsstrich auf der Wand. Bei waagerechten Bordüren in Zimmerdeckennähe misst man vom Deckenrand und überprüft mit der Wasserwaage, ob der Linienverlauf gerade ist. Wenn man wie hier ein Treppenhaus bekleben möchte, dient der Winkel, in dem die Treppe ansteigt, als Grundmaß. Zum Messen orientiert man sich an den Stufen.

2 Hier wird eine Vliesbordüre als Abschluss eines tapezierten Sockelbereichs genutzt. Die Tapete ist sauber bis zur Markierung hochgezogen und abgeschnitten worden. So kann die Bordüre Stoß auf Stoß an die Tapete angeschlossen werden.

3

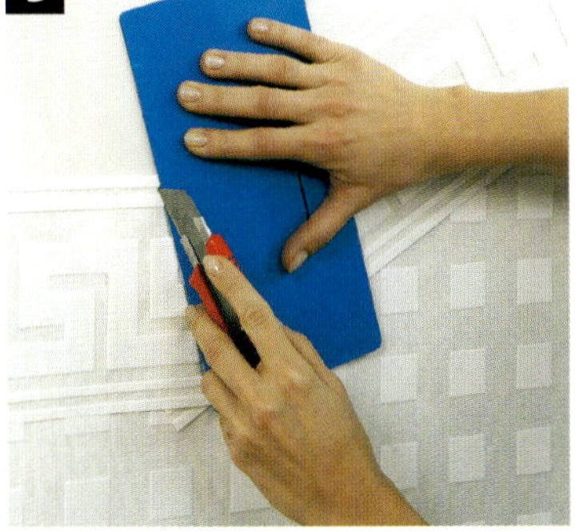

3 Beim Übergang von einer Schrägen zu einer Geraden setzt man einen Doppelnahtschnitt ein, d. h., man verklebt von beiden Richtungen aus überlappend und durchtrennt dann mit einem sauberen Schnitt beide Bordüren. Die überschüssigen Bordürenenden dann entfernen. Als Schnitthilfe dient hier ein Kunststoffspachtel, man kann aber auch ein Stahllineal benutzen.

4

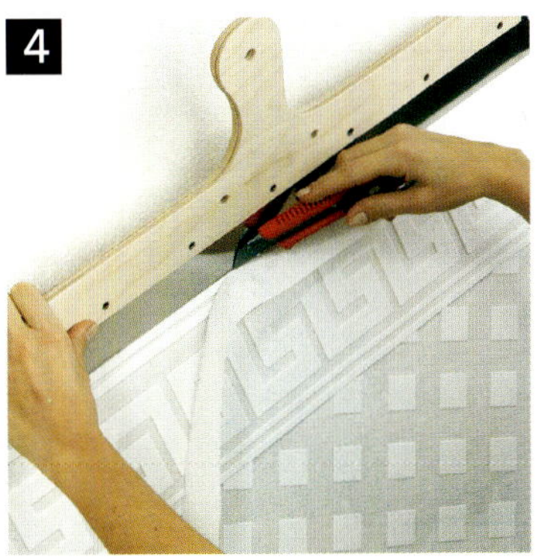

4 Sind die Vliesbordüren breiter als gewünscht, kann man sie auch leicht mit einem Kantenschnitt- oder Stahllineal auf die gewünschte Breite kürzen.

Mit Strukturfarbe gestaltete Wände bieten die Optik eines ganz feinen Putzes. Die Farben können kreativ gemischt werden, z. B. auch mit Farblackzusätzen mit Aluglanz (o.r.).

Wände strukturieren

Immer nur Tapeten an den Wänden? Warum nicht auch einmal etwas Abwechslung bei der Wandgestaltung wagen? Die neuen Strukturfarben und Rollputze bieten vielseitige, faszinierende Alternativen.

Musste man früher schon über erhebliche Erfahrung verfügen, wollte man eine Wand in Putzoptik gestalten, ist diese heute nicht mehr notwendig. Die Farben- und Bauchemiehersteller bieten eine ganze Reihe zum Teil sehr unterschiedlicher Produkte an, mit denen Sie ganz einfach individuell strukturierte und abwechslungsreich gestaltete Wände selbst realisieren können. Das Spektrum reicht von dicken Farben, die mit der Rolle aufgetragen werden, bis hin zu Putzen, die man mit Kellen in Form bringt.

Das Grundprinzip ist bei allen Herstellern gleich: Es werden stets ganze Systeme zur Gestaltung angeboten. Basis ist eine verarbeitungsfertige Grundsubstanz, die meistens weiß ist. Sie kann man mit speziellen Zusatzfarben eintönen; einige Produkte gibt es auch schon verarbeitungsfertig eingefärbt. Diese Produkte werden dann auf die Wand aufgebracht und können in der Regel noch einmal individuell – z.B. mit einer Bürste oder auch einem Spachtel – verändert werden. Bei einigen Produkten kann man auch die Farben auf der Wand noch einmal verändern.

Struktur- und Effektfarben

Am einfachsten ist die Verarbeitung von so genannter Struktur- oder Effektfarbe. In die Farbe sind körnige Elemente eingearbeitet, die sich – wie die Pigmente – beim Verstreichen der Farbe auf der Wand gleichmäßig verteilen. Es entsteht eine sehr feine, putzartige Struktur. Die Farben gibt es als weiße Grundfarbe, die dann mit speziellen Farbzusätzen abgetönt werden kann, oder bereits vorgemischt. Zusätzliche Effekte lassen sich durch das Einmischen von speziellen Metallic-Konzentraten z.B. in Aluoptik erzielen. Die Konzentrate auf Lackfarbenbasis schillern durch die Abtönfarbe hindurch und lassen die Wand leicht glitzernd erscheinen.

Für das Verarbeiten der Strukturfarben muss die Wand glatt und trocken sein. Die Farbe kann wie normale Dispersionsfarbe mit der Rolle aufgetragen werden. Das erzeugt eine sehr gleichmäßige Struktur. Interessanter

1 Strukturfarbe mit der Rolle aufzunehmen und zu verstreichen ist die einfachste Methode, eine Wand zu strukturieren. Die Arbeiten gleichen denen beim Streichen mit Dispersionsfarbe (siehe auch S. 30).

2 Solange die Farbe noch feucht ist, können die Strukturen noch verändert werden. Der Effekt tritt allerdings nicht ganz so deutlich zu Tage wie bei einem Strukturputz. Ein klassischer Putzeffekt lässt sich mit einem breiten Spachtel nachempfinden, der immer wieder in verschiedenen Richtungen abgezogen wird.

3 Ein dynamischer Wandeindruck entsteht, wenn man die Farbe nicht mit einer Rolle aufträgt, sondern mit einem breiten Pinsel. Die Pinselstriche bleiben dabei sichtbar. Empfehlenswert ist, die Farbe im Kreuzstrich aufzubringen. Statt einem Pinsel kann man auch einen Quast benutzen.

4 Auch ein nachträgliches Gestalten mit dem Pinsel ist möglich. Dazu zunächst den Wandbelag mit der Rolle auftragen und dann sofort mit dem Pinsel bearbeiten.

wirken die Flächen, wenn die Farbe mit einem breiten Pinsel kreuz und quer aufgetragen wird. Zudem ist es möglich, die Oberflächen anders zu strukturieren, z.B. mit einem Spachtel. Die Strukturen treten dabei allerdings nicht allzu deutlich hervor – dafür ist die Körnung in den Farben zu gering.

Der Vorteil dieser Farben liegt in der einfachen Verarbeitung und der Farbvielfalt, so dass leicht professionell wirkende Ergebnisse erzielt werden können. Nachteilig ist hingegen, dass man bei der Strukturierung der Oberfläche eingeschränkt ist.

Rollputz

Dies ist bei Rollputz anders. Hier lässt sich der Wandauftrag individuell strukturieren. Bei den Produkten handelt es sich um atmungsaktiven, mineralischen Putz mit einer geringen Körnung (1 mm). Diese ermöglicht, das verarbeitungsfähige Gemisch mit dem Farbroller auf die Wand aufstreichen zu können. Nun belässt man den Putz mit seiner gleichmäßigen Kornstruktur entweder so, wie er ist, oder gestaltet ihn nach individuellen Vorlieben. Es eröffnen sich dabei die gleichen Optiken und Verarbeitungsvarianten wie bei einem klassischen Putz: Das Spektrum reicht vom einheitlich, körnigen Reibeputz bis hin zur individuellen Gestaltungsform. Je nachdem, was man für Werkzeuge einsetzt, ergeben sich ganz unterschiedliche Möglichkeiten: Zum Strukturieren eignen sich Schwamm und Japanspachtel genauso wie Maurer-Werkzeuge – z. B. Traufel oder Schwammbrett. Besonders einfach geht das Arbeiten mit Strukturrollen von der Hand.

Auch für den an sich weißen Rollputz gibt es Abtönfarben – die Palette ist allerdings bei weitem nicht so vielseitig wie bei den Strukturfarben. Vor dem Aufbringen des Rollputzes muss die Wand mit einem speziellen Putzgrund grundiert werden. Dann den Putz aufstreichen.

Spachtelcreme

Mit diesen gebrauchsfertigen Spachtelmassen lassen sich prägnante, unebene Strukturen auf der Wand aufbringen – zum Beispiel in der Optik alter Häuser rund um das Mittelmeer. Ganz auf diesen aktuellen, mediterranen Look sind farblich die zum System gehörigen Wachs-Lasuren abgestimmt.

Die verarbeitungsfähige Masse wird mit einem Spachtel auf die Wand aufgezogen und kann hier ganz individuell bearbeitet werden. Zur besseren Haftung wird zuvor eine spezielle Grundierung aufgestrichen. Wenn Spachtelcreme und Lasur in der Küche eingesetzt werden, empfiehlt es sich, ein Klarschutzprodukt überzustreichen, durch das die Wand strapazierfähiger und abwaschbar wird. Um die Optik zu komplettieren, bietet der Handel zudem auch noch ein Effektset für Holz an, z. B. zum Angleichen von Fußbodenleisten.

Mit Spachtelcreme lassen sich ganz individuelle, unregelmäßige Oberflächen gestalten, z. B. in Anlehnung an mediterrane Gestaltungs- und Farbwelten.

1 Der Rollputz wird gebrauchsfertig ausgeliefert. Vor dem Verarbeiten sollte er allerdings mit Bohrmaschine und Quirlvorsatz durchgerührt werden. Zur besseren Haftung auf der Wand diese zunächst mit einer speziellen Grundierung behandeln. Dann den Putz mit der Farbrolle auf der Wand aufbringen. Jetzt kann dieser ca. 45 Minuten lang strukturiert werden.

2 Am einfachsten fällt die Oberflächengestaltung mit einer Strukturrolle. Diese gibt es in verschiedenen Ausführungen für feine bis grobe Strukturen.

3 Gerollt wird senkrecht und bahnenweise. Gearbeitet wird nass in nass, also in einem Arbeitsgang ohne größere Pausen.

4 Mit dem Spachtel oder aber mit der Traufel (rechteckiges Maurerwerkzeug) lassen sich besondere Strukturen erzielen. Das Werkzeug wird leicht verkantet in den Putz gedrückt und dann in einer dynamischen Bewegung immer wieder in eine andere Richtung abgezogen.

5 Ein besonders rustikaler Effekt lässt sich mit einem breiten Pinsel erreichen. Er wird in den frischen Putz gedrückt und gedreht. Je stärker man ihn anpresst, desto deutlicher wird die Struktur. Die so entstehenden Kreise sollten eng, aber etwas unregelmäßig auf der Wand verteilt werden.

Ein Metalldetektor zeigt an, ob in der Wand Kabel oder Leitungen verlaufen. Rechts vom Wandauslass kann hier gebohrt werden, oberhalb allerdings verläuft ein Stromkabel.

Beim Bohren kommt es auf die richtige Haltung und einen sicheren Stand an: Am besten auf Brusthöhe bohren und mit dem Körpergewicht gegen die Bohrmaschine drücken.

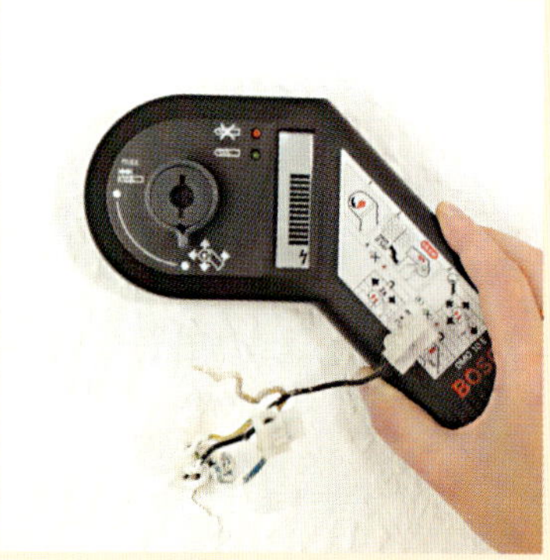

Richtig bohren

Angst vor'm Bohren ist nur beim Zahnarzt berechtigt: Der Umgang mit der Bohrmaschine zu Hause ist eigentlich ganz einfach und es geht meistens leichter als man denkt.

Es gibt sehr unterschiedliche Bohrmaschinen (siehe S. 253 ff.). In vielen Fällen reicht ein leistungsstarker Akkubohrer aus, so z. B. beim Bohren in Gipskarton und Porenbeton. Nur bei härteren Materialien ist eine leistungsstärkere Bohrmaschine erforderlich.

Ganz gleich, welche Bohrmaschine Sie verwenden: Ohne den richtigen Bohrer geht nichts. Diese werden nach dem Material unterschieden, in das gebohrt werden soll. Es gibt Holzbohrer (schwarz-silber, zu erkennen an der Spitze vorn), Steinbohrer (silberfarben) und Stahlbohrer (ganz schwarz). Achten Sie darauf, dass Sie immer den richtigen Typ verwenden – andernfalls wird's schwierig. Die Stärke des Bohrers richtet sich nach den Dübeln, die eingesetzt werden sollen (siehe nachfolgende Seiten). Standard sind 6 mm für geringere Lasten, 8 mm für mittlere und 10 mm für größere Lasten. Nur bei ganz schweren Gegenständen sind noch größere Dübel und Schrauben notwendig.

Der Bohrer wird vorn in das Bohrfutter gesteckt. Man unterscheidet dabei Zahnkranz- von Schnellspannbohrfuttern. Um den Bohrer fest in der Bohrmaschine zu verankern, benötigt man bei Zahnkranzfuttern ein kleines Werkzeug, den Bohrfutterschlüssel. Bei Schnellspannfuttern ist dieser nicht erforder-

Der besondere Tipp

- **Bohren geht am einfachsten, wenn man die Maschine auf Brusthöhe halten kann. Muss höher gebohrt werden, stellt man sich auf eine kleine Leiter.**
- **Für die Bohrmaschine gibt es zahlreiche Vorsätze, so zum Beispiel Drahtbürsten, mit denen sich verrostete Stellen an Eisenteilen leicht entfernen lassen.**
- **Achten Sie beim Kauf der Bohrmaschine auch auf das Gewicht. Sehr leistungsstarke Maschinen sind immer etwas größer und schwerer. Für die meisten Aufgaben im Haushalt und beim Renovieren reicht eine kleine Bohrmaschine vollkommen aus. Nur bei Betonwänden benötigen Sie eine starke Maschine.**

Die Bohrer steckt man vorn in das Bohrfutter (l.) und zieht sie durch Drehen fest an (u.).

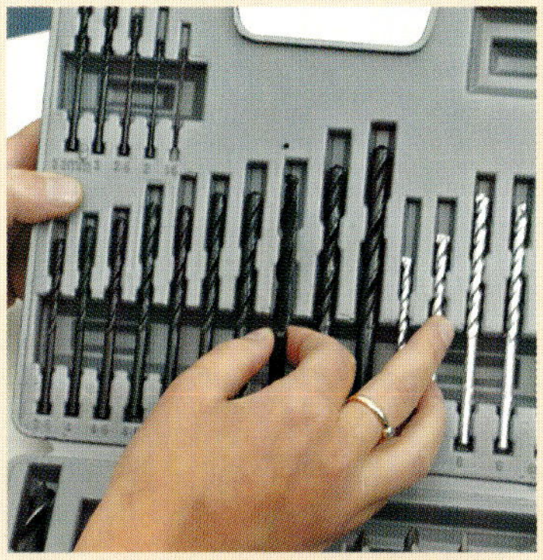

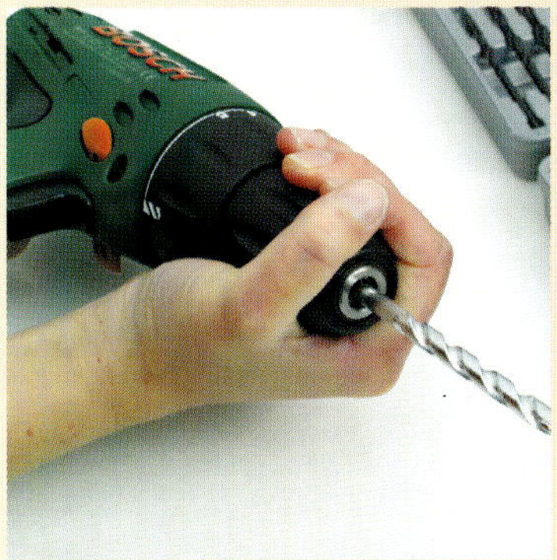

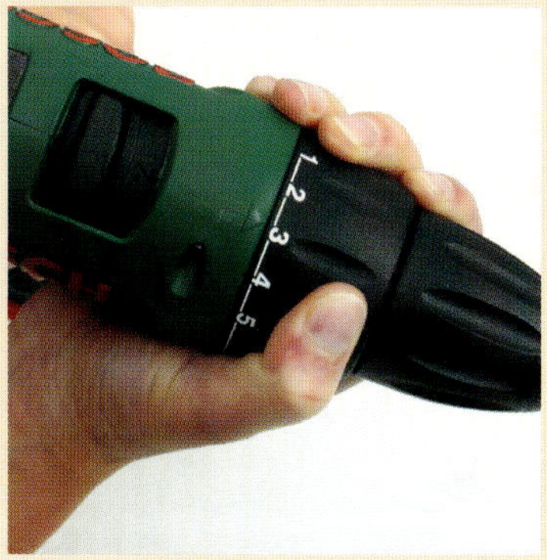

Vorn an der Maschine wird das Drehmoment eingestellt (o.), am Griff der Rechts-/Linkslauf, (u.).

lich – man steckt den Bohrer ein und zieht ihn dann durch Drehen des Bohrfutters mit der Hand nach rechts fest an. Fast alle Akkubohrer sind heute mit einem solchen Schnellspannbohrfutter ausgestattet.

Vor dem Bohren gilt es noch das Drehmoment richtig einzustellen; dazu dreht man den Einstellring vorne am Bohrfutter auf die höchste Stufe (mit einem Bohrersymbol gekennzeichnet). Schließlich muss man noch darauf achten, dass die Maschine richtig herum dreht. Man kann von Links- auf Rechtslauf umstellen – z.B. um eine Schraube festziehen und auch wieder lösen zu können. Zum Bohren muss Rechtslauf eingestellt sein. Damit man keine Stromkabel oder Wasserleitungen anbohrt, prüft man mit einem speziellen Metalldetektor die Wand. Er zeigt genau an, wo man bohren kann und wo nicht. Die Geräte gibt es in unterschiedlichen Ausführungen; besser ausgestattete zeigen z.B. an, wie tief Kabel oder Leitungen in der Wand liegen und ob sie Stromspannung führen.

Beim Bohren selbst kommt es auf die richtige Körperhaltung an: Stellen Sie sich in leichter Schrittstellung vor die Wand. Die linke Hand führt die Maschine; mit der rechten Hand drückt man von hinten gegen die Bohrmaschine, so dass vorn auf dem Bohrer Druck entsteht. Bohren kann, muss aber nicht schwer gehen. Um möglichst wenig Kraft aufwenden zu müssen, hält man die Maschine am besten in Brusthöhe – hier wirken die Druckkräfte des eigenen Körpers optimal. Wenn die Kraft der Arme zum Bohren nicht ausreicht, kann man so sein gesamtes Körpergewicht einsetzen und gegen die Maschine drücken.

In einer festen Wand dehnt sich ein Dübel durch das Eindrehen der Schraube aus (u.). Ein für Hohlräume geeigneter Dübel hingegen verformt sich (r.).

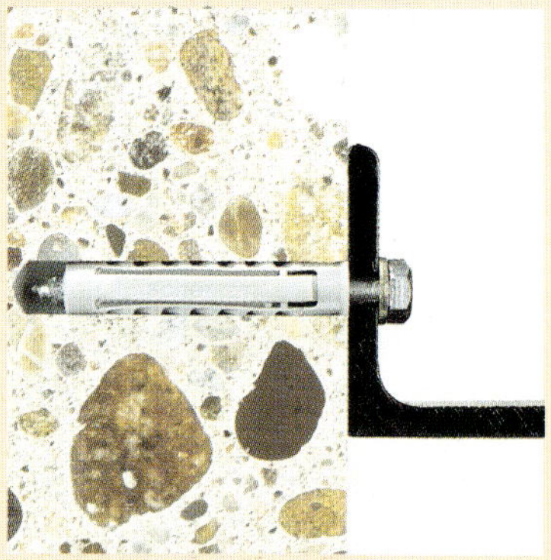

Schraube und Dübel

Sie sind das Königspaar unter den Befestigungstechniken: Nichts hält in der Wand so sicher wie Schraube und Dübel.

Das gilt allerdings nur, wenn für die Wand der richtige Dübel mit der passenden Schraube verwendet wird. Bei der Auswahl des Dübels gilt es, zwei Kategorien von Baustoffen zu unterscheiden: Beton, Voll- und Hohlraumsteine auf der einen und Plattenbaustoffe für Hohlwände wie z.B. Gipskartonplatten auf der anderen Seite.

Bei verputzten Wänden kann man nur schwer beurteilen, woraus sie aufgebaut sind. Einen wichtigen Aufschluss gibt der Klopftest: Man klopft mit dem Finger gegen die Wand; wenn das Klopfgeräusch einen Hohlraum vermuten lässt, handelt es sich wahrscheinlich um einen Plattenbaustoff. Endgültigen Aufschluss gibt das Bohren: Bei einem Plattenbaustoff lässt sich der Bohrer nach rund 2 cm einfach in die Wand drücken, da kein Widerstand mehr vorhanden ist.

In einem Hohlraum kann ein Standarddübel nicht so greifen wie in festem Material – hier greift man also zu einem speziellen Dübel, einem so genannten Hohlraum- oder Plattendübel. In allen anderen Fällen reicht ein Universal- oder Allrounddübel aus. Auch der hält in Platten – allerdings lange nicht so fest und sicher wie sein spezialisierter Kollege. Neben diesen beiden Dübelarten gibt es noch eine ganze Reihe von Spezialdübeln für bestimmte Verwendungszwecke, so z.B. für das Anmontieren von Sanitärobjekten oder für die Elektroinstallation.

Schrauben unterscheidet man anhand des Kopfs in Schlitz- und Kreuzschlitzschrauben. Grundsätzlich sollten Sie immer Kreuzschlitzschrauben einsetzen: Hier greift der Schraubendreher einfach besser und das Schrauben geht leichter von der Hand. Schraubenzieher ist übrigens ein veraltetes, umgangssprachliches Wort für Schraubendreher.

Auch bei den Schrauben gibt es erhebliche Qualitätsunterschiede. Empfehlenswert sind vor allem Markenschrauben, weil sie nicht so schnell rosten und der Dreher sicher in den Schraubenkopf greift. Da man als Laie die Qualität nicht erkennen kann, sollten Sie sich beim Kauf beraten lassen.

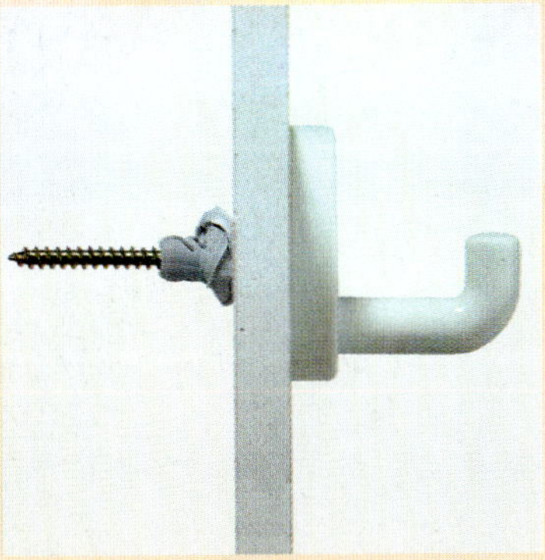

Bits bietet der Handel in unterschiedlichen Qualitäten an. Empfehlenswert sind Sets mit verschiedenen Kreuz- und Schlitzbits, die es in praktischen Halterungen gibt.

Der Bit sollte exakt zum Schraubenkopf passen (l.u). Werden zu große Bits (r.u.) eingesetzt, zerstören Sie den Kopf der Schraube, zu kleine greifen nicht richtig.

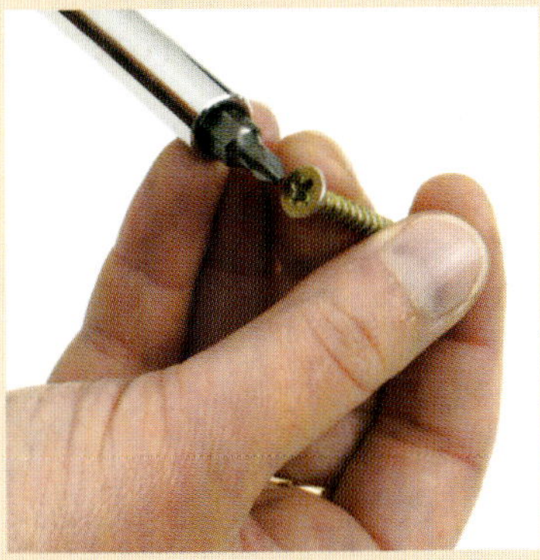

Beim Verschrauben ist es wichtig, dass die Spitze des Drehers genau in den Kopf passt, also weder zu groß noch zu klein ist. Setzt man die falsche Art oder Größe ein, zerstört man leicht den Schraubenkopf. Die Einsätze für Akkuschrauber und -dreher sowie für Bohrmaschinen bezeichnet man als Bits. Sinnvoll ist, immer ein Sortiment verschiedener Bits griffbereit zu haben.

Die Schraube sollte immer etwas länger sein als der Dübel (mindestens 5 bis 10 mm). Welche Größe die richtige ist, hängt nicht nur vom Gewicht des zu befestigenden Gegenstands ab, sondern auch vom Aufbau der Wand. Bei tiefem, weichem, porösem Putz setzt man z.B. besser größere Dübel und längere Schrauben ein, als es bei einer Betonwand erforderlich ist.

Am besten greift man zu Sets mit Dübeln und Schrauben. Hier kann man sicher sein, dass die Produkte optimal zueinander passen und sicheren Halt bieten. Sets mit 6er und 8er Universaldübeln und Schrauben sollten zur Heimwerker-Grundausstattung gehören.

Der besondere Tipp

- **Bits gibt es in unterschiedlichen Qualitäten und Preislagen. Kaufen Sie keine billigen Produkte; sie halten nicht lange und erschweren die Arbeit.**
- **Auf den Dübelverpackungen von Markenherstellern ist genau angegeben, wofür sich der Dübel eignet.**
- **Es gibt nicht nur Sets mit Dübeln und Schrauben, sondern z.B. auch solche mit Dübeln und Hakenschrauben zum Aufhängen von Gegenständen.**
- **Bei größeren Bauvorhaben ist es preiswerter, Dübel und Schrauben in größeren Kartons getrennt zu kaufen.**

Garderobe anbringen

Viele Jacken und Mäntel sind schwer. Deshalb sind Garderoben immer besonders sicher in der Wand zu verankern.

Achten Sie darauf, dass Sie die für die Wand richtigen Dübel einsetzen. Wenn Sie den Eindruck haben, dass der Dübel nicht richtig in der Wand hält, sollten Sie den Dübel wieder entfernen und mit Injektionsmörtel arbeiten (siehe S. 157).

Garderoben bietet der Handel in unterschiedlichsten Ausführungen an. Die meisten von ihnen werden aber ähnlich wie hier gezeigt montiert. Beachten Sie aber immer die vom Hersteller beigelegten Montagehinweise.

Werkzeug & Material

- Zollstock oder Maßband
- Wasserwaage
- Bleistift
- Bohrmaschine
- 8 mm oder 10 mm Steinbohrer

- Garderobe
- 8er oder 10er Dübel und Schrauben

Leicht

Geringer Zeitaufwand

Geringer Kraftaufwand

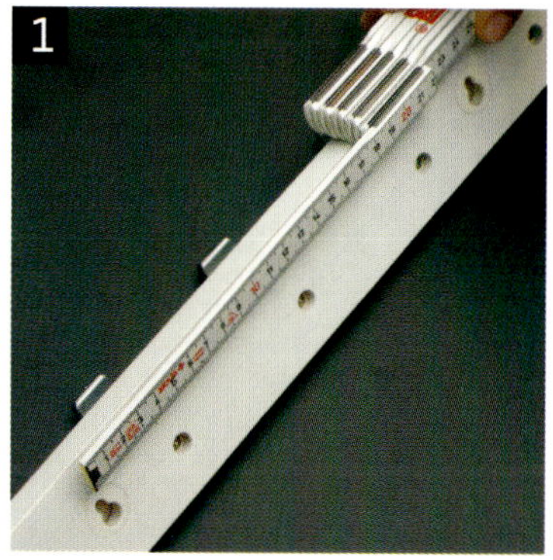

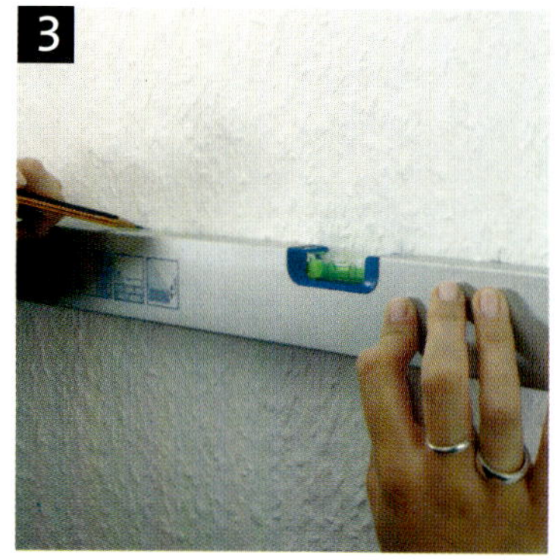

1 Zunächst wird der erforderliche Lochabstand auf der Rückseite der Garderobe ermittelt.

2 Dann die Bohrpositionen auf der Wand markieren. Zunächst eine Bohrposition auf der Wand im richtigen Abstand zu Zimmerdecke und Wandecke anzeichnen. Den richtigen Abstand der zweiten Bohrposition grob mit einem senkrechten Strich anzeichnen.

3 Dann mit der Wasserwaage die richtige Höhe der zweiten Bohrposition ermitteln und mit einem waagerechten Strich markieren, so dass ein Kreuz entsteht.

4 Jetzt mit der Bohrmaschine die Löcher für die Dübel bohren. Dabei darauf achten, dass die Maschine waagerecht gehalten wird und keine schiefen Löcher entstehen.

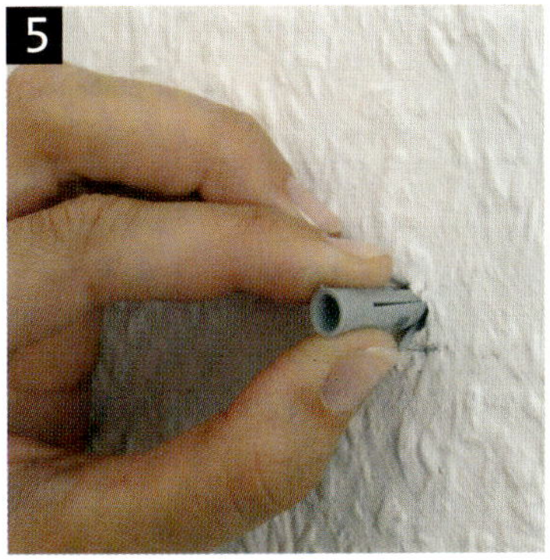

5 Die Dübel einstecken und mit dem Daumen so weit in die Wand drücken, dass der Dübel ganz in der Wand versenkt ist.

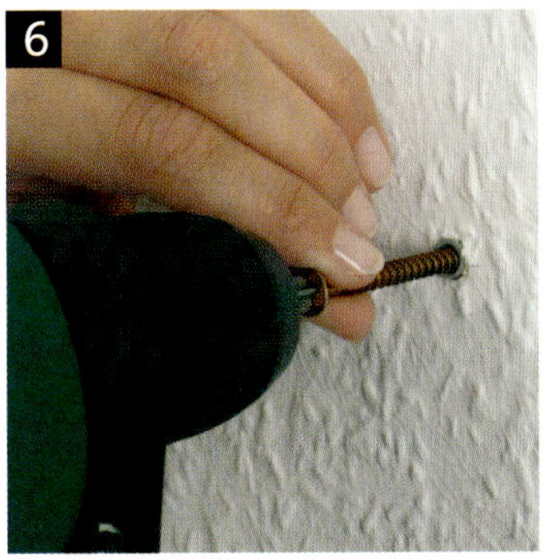

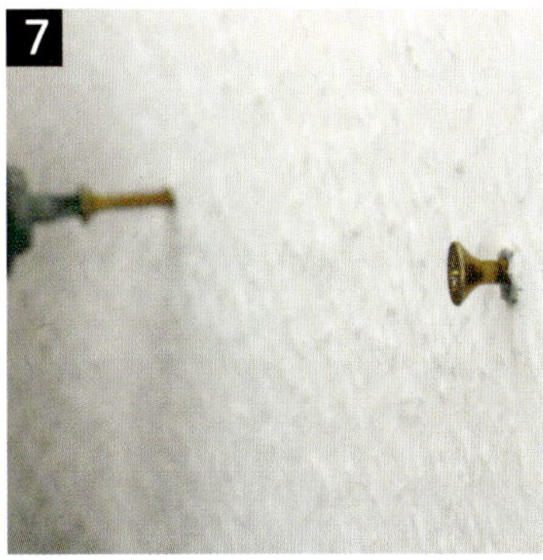

6-**7** Dann die Schrauben eindrehen. Die Garderobe wird eingehängt. Deshalb die Schrauben nicht ganz in der Wand versenken, sondern sie rund 3 mm herausstehen lassen.

8 Abschließend die Garderobe einhängen. Sollte sie nicht richtig plan an der Wand hängen, müssen die Schrauben noch eine bisschen weiter in die Wand eingeschraubt werden; lässt sie sich gar nicht einhängen, die Schrauben etwas lockern.

Bei Seil- und Stangensystemen werden die Halogenleuchten über zwei optisch voneinander getrennte Leitungen mit Niedervolt-Spannung versorgt.

Halogen-Leuchtensysteme

Ein Halogen-Leuchtensystem ermöglicht es, selbst größere Räume punktgenau oder auch flächig auszuleuchten. Das Licht lässt sich dabei durch verschiedene Leuchten flexibel und vielseitig nutzen.

Diese Systeme arbeiten mit Halogenlicht, das mehrere Vorteile vereint. Die Leuchtmittel sind sehr klein, was die Konstruktion von ebenfalls kleinen, filigranen oder unauffälligen Leuchten ermöglicht. Halogenlampen verbrauchen dabei weitaus weniger Energie als Glühlampen. Sie geben ein weißes, sehr hell erscheinendes Licht ab, das sehr gut als Funktionslicht geeignet ist. Werden die Lampen gedimmt, verändert sich die Lichtfarbe; sie wird wärmer und gemütlicher. Einer der wenigen Nachteile ist, dass die Leuchtmittel sehr heiß werden.

Die Halogenlampen arbeiten mit Niedervolt-Spannung. Sie werden also nicht direkt an das 230-V-Hausstromnetz angeschlossen, sondern mit weitgehend ungefährlichem 12-V-Strom versorgt. Das Berühren der spannungsführenden Adern löst hier keinen lebensgefährlichen Stromschlag aus; allerdings können Träger von Herzschrittmachern gefährdet sein.

Die Transformatoren

Für die Umwandlung des 230-V-Stroms in Niedervolt sorgen Transformatoren. Sie unterscheidet man anhand der Bauweise in Ringkerntransformatoren und elektronische Transformatoren. Ringkerntransformatoren sind relativ groß, rund und schwer. Elektronische Transformatoren hingegen sind klein, flach und leicht. Sie können deshalb sehr unauffällig angebracht werden. Die aufwändige Technik, die hinter dieser Miniaturisierung steckt, muss jedoch bezahlt werden: Elektronische Transformatoren sind wesentlich teurer als Ringkerntrafos.

Neben der Bauweise unterscheiden sich Transformatoren in der Leistung, die in Volt Ampere (VA) angegeben wird. Die VA-Leistung entspricht dabei in etwa der Leistungsaufnahme der Leuchtmittel, die in Watt angegeben wird. Es gibt so z.B. Trafos mit 60, 150 oder 300 VA. Die Leistung bestimmt, wie viele Halogenleuchten mit welcher Helligkeit angeschlossen werden dürfen. Dazu ein Beispiel: Vier Leuchten mit 35 W nehmen zusammen 140 W Leistung auf. Da der Trans-

formator immer etwas mehr Leistung bringen sollte als alle angeschlossenen Lampen zusammen aufnehmen, wäre hier also ein 150-VA-Trafo genau richtig.

Seil-, Stangen- und Schienensysteme

Bei den Leuchtensystemen unterscheidet man Seilspann- von Stangen- und Schienensystemen. Viele Jahre hatten die Seilspannsysteme die Nase vorn. Bei ihnen werden zwei Seile quer durch den Raum gespannt und zwischen die Seile verschiedene Leuchten eingehängt. Ein solches System ist relativ aufwändig zu montieren, vor allem, wenn es um Ecken geführt werden soll. Zudem bieten die Systeme oft keine hohe Betriebssicherheit und lassen sich nur sehr schlecht reinigen. Deshalb haben sich Stangensysteme immer mehr durchgesetzt. Statt des Seils schraubt man mit Trägern dünne, relativ unauffällige Metallröhren an Wand oder Decke. Die Stangen lassen sich wesentlich leichter montieren als Seile, weil sie nicht gespannt werden müssen. Noch einfacher anzubringen, aber dafür teurer, sind Einzelschienen, die es in ovaler oder rechteckiger Form gibt.

Stangen und Schienen sind vor allem deshalb so einfach zu installieren, weil sie lediglich mit Verbindern zusammengesteckt werden. Diese Verbinder gibt es in gerader, aber auch in winkliger oder flexibler Form, so dass man die Schienen auch um Ecken führen kann. Runde Schienen, T- und Kreuzverbinder erweitern zudem die Anwendungsmöglichkeiten.

Leuchten

Das Spektrum an Leuchten für die Systeme ist enorm groß: Es reicht von Strahlern über Fluter bis hin zu Hängeleuchten, die über spezielle Adapter an die Systeme angeschlossen werden. Reizvoll sind überdies Designvarianten wie z. B. Leuchten in Vogelform. Für die Beleuchtung von Laufflächen eignen sich Leuchten, die ihr Licht direkt nach unten abgeben. Flexible Strahler hingegen setzen vor allem Bilder und Einrichtungsdetails ins richtige Licht. Sie arbeiten zumeist mit Halogen-Kaltlichtreflektoren, den halbrunden Standard-Leuchtmitteln. Diese gibt es in zwei Varianten, nämlich als „Spot" für zielgerichtete Ausleuchtung und als „Flood" für flächigeres Licht.

Schienensysteme lassen sich besonders einfach unter der Decke montieren (o.). Zum Teil bieten die Hersteller im Design abgestimmte Stehleuchten an (u. l.).

Schienensystem anbringen

Ein Schienensystem anzubringen ist kein leichtes Unterfangen, aber eine Aufgabe, die auch Ungeübte bewältigen können.

Beachten Sie unbedingt alle Sicherheitsregeln im Umgang mit Strom (siehe S. 59). Das hier gezeigte System wird mit kurzen Trägern direkt unter der Decke montiert. Für die Stromschiene gibt es aber auch abhängbare Befestigungen – deren Montage ist allerdings aufwändig.

Montieren Sie ein solches System immer nur zu zweit, besonders wenn wie hier ein Ringkerntransformator unter der Decke befestigt werden muss. Der ist sehr schwer; ihn alleine zu halten und gleichzeitig zu schrauben ist äußerst schwierig und kraftaufwändig. Sie benötigen eine zweite Leiter für die Helferin oder den Helfer.

Werkzeug & Material

- Leiter
- Spannungsprüfer
- Maßband oder Zollstock
- Bleistift
- Bohrmaschine
- 6er und 8er Steinbohrer
- Schraubendreher
- evtl. Gehrungssäge
- Schienensystem inklusive Transformator und Befestigungsmaterial

Schwierig, aber mit Frauenpower kein Problem

Das dauert laaaange

Mittlerer Kraftaufwand

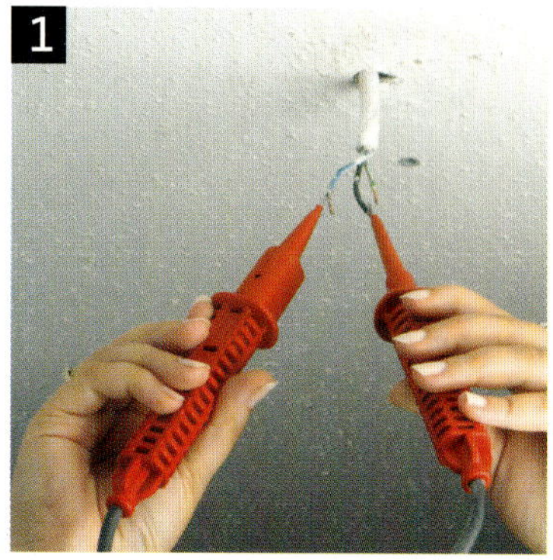

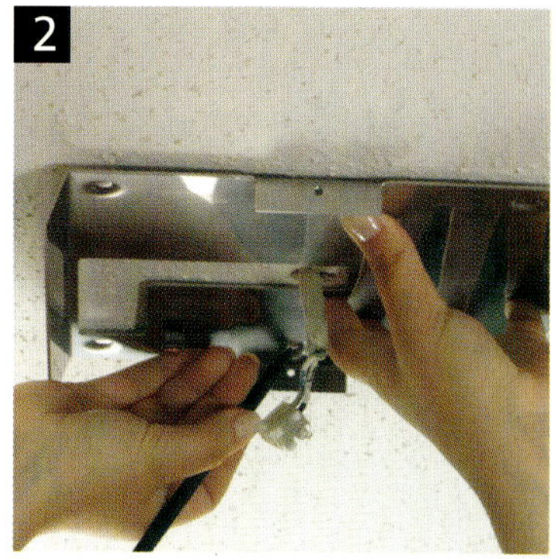

1 Vor Beginn der Arbeit die entsprechende Sicherung herausnehmen. Mit dem Spannungsprüfer sicherstellen, dass wirklich kein Strom mehr fließt. Dazu die Spitzen des Spannungsprüfers an die schwarze und an die blaue Ader des Decken- oder Wandauslasses anhalten. Es darf keine Leuchtdiode leuchten.

2 Der Transformator wird von einer Halterung oder Montageplatte an Decke oder Wand gehalten, die als erstes am Auslass installiert wird. Beachten Sie, dass der Transformator nur in einer Position in der Halterung befestigt werden kann. Dabei gibt er die Grundrichtung des Schienenverlaufs vor. Überlegen Sie also genau, wie herum die Halterung positioniert werden muss.

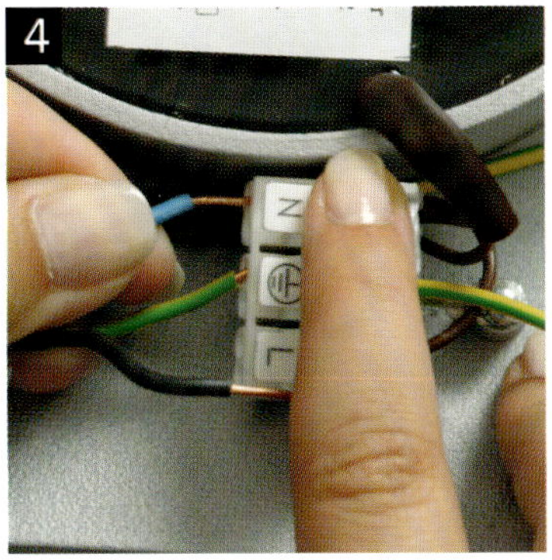

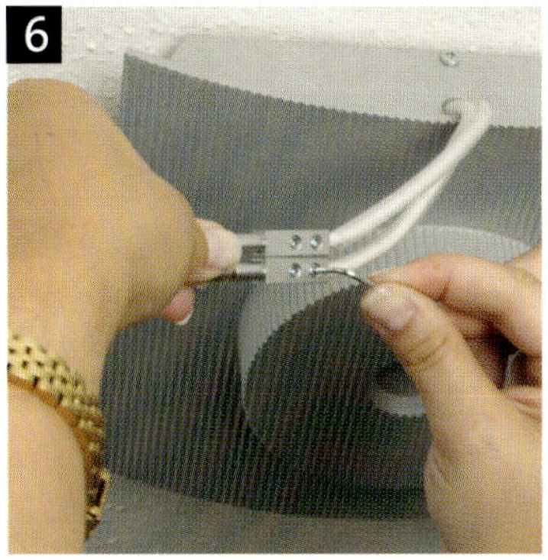

3 Schrauben Sie nun den Halter unter die Decke. Wichtig sind ausreichend große Schrauben und Dübel (8er oder 10er).

4 Nach der Montage des Halters wird der Transformator an die Stromleitung angelegt. Die Farben der Adern erleichtern den Anschluss. Diese Arbeit sollten Sie zu zweit ausführen; während einer den Trafo unter der Decke festhält, schließt der andere die Leitung an.

5 Dann den Transformator mit den zugehörigen Schrauben in der Halterung befestigen.

6 Jetzt die Kabeleinspeisung für die Stromschiene an den Transformator anschließen. Es müssen zwei Adern an die Einspeisung angelegt werden; dabei ist es gleichgültig, wie herum Sie die Adern anschließen. Hier werden die Adern mit einem beigelegten, kleinen Inbusschlüssel befestigt.

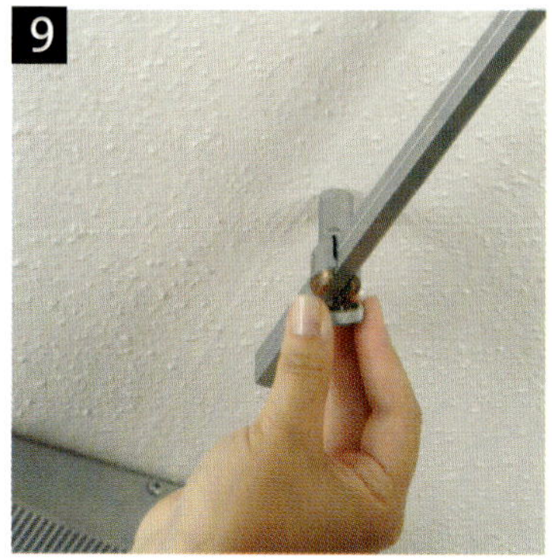

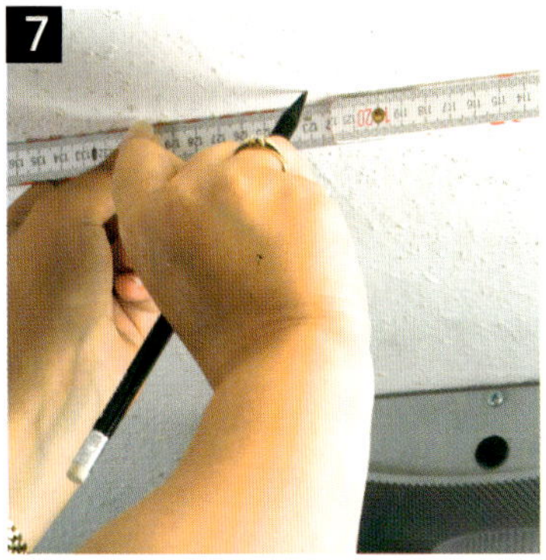

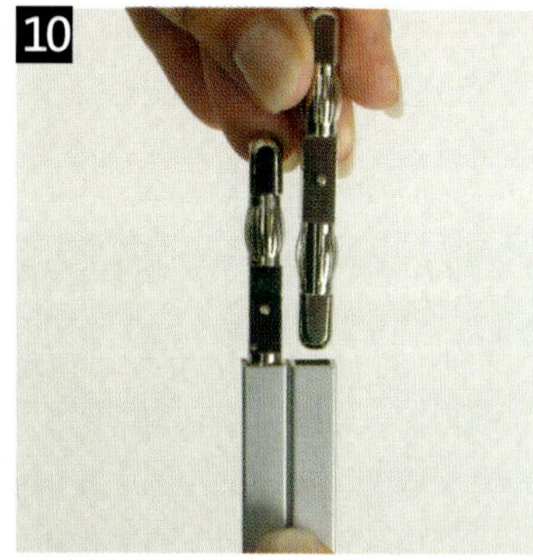

7 Die Stromschienen werden durch Träger an der Decke befestigt. Die Montageorte der Träger bestimmen den Schienenverlauf. Deshalb müssen sie sorgfältig ausgemessen und angezeichnet werden. Der erste Träger wird unmittelbar neben dem Transformator befestigt, alle 80 cm wird ein weiterer Träger benötigt. Bei der Ausrichtung der Schienen richtet man sich am einfachsten nach dem Wandverlauf. Die Träger werden jeweils im gleichen Abstand zur Wand montiert, damit die Schienen parallel zu ihr verlaufen.

8 Auch bei der Trägermontage wird zunächst ein Halter unter die Decke gesetzt. 6er Loch bohren, Dübel einsetzen und Halter festschrauben. Die Halter aller Träger montieren.

Dann Träger in den Halter einschrauben.

9 Zum Befestigen der Schiene an den Trägern die unten befindliche Schraube lösen. Die Schiene in den Träger einführen und die Halteschraube wieder fest anziehen. Auch beim Befestigen der Schiene arbeiten Sie am besten zu zweit.

10 Sollen mehrere Schienen miteinander verbunden werden, steckt man sie einfach zusammen. Dafür sind Steckverbinder erforderlich, die zunächst in eine Schiene eingesteckt werden. Dann die zweite Schiene ebenfalls auf den Verbinder schieben.

Soll das System um eine Ecke geführt werden, setzt man entweder starre oder flexible Eckverbinder ein. Darüber hinaus gibt es T-Verbinder für den Abzweig einer weiteren Schiene sowie Kreuzverbinder.

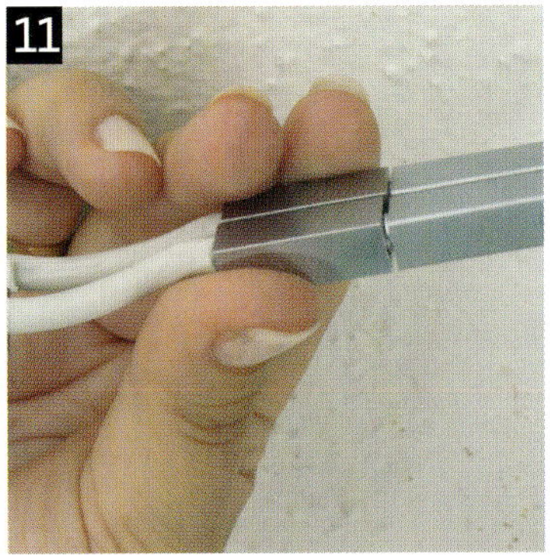

11 An das Ende der Schiene, das sich am Transformator befindet, wird nun die Einspeisung eingesteckt.

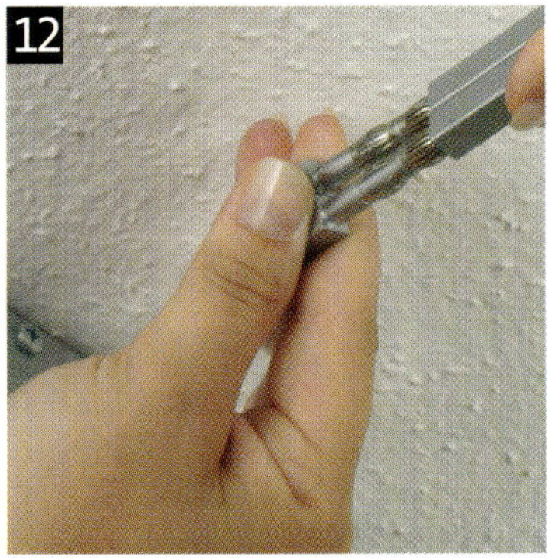

12 Am anderen Ende des Schienensystems steckt man Abschlusskappen auf und sorgt so für eine schöne Optik.

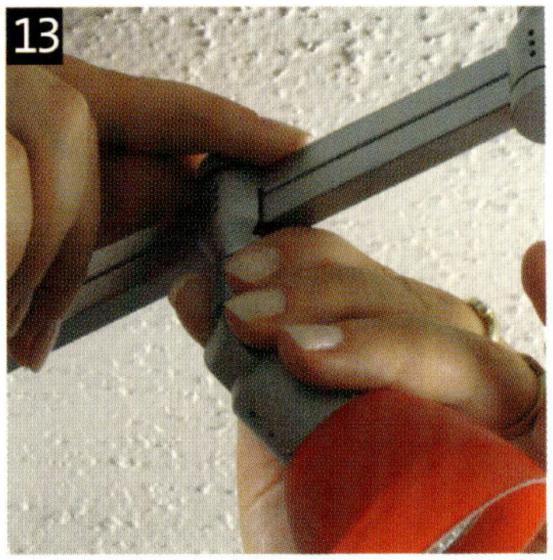

13 Dann die Leuchtmittel in die Strahler einsetzen und diese an der Stromschiene befestigen. Dazu wird eine Halteschraube gelöst und die Leuchte an der Schiene angedockt. Abschließend die Halteschraube wieder anziehen. Sie muss sicher und fest sitzen, weil sie nur so gewährleistet, dass die Leuchte richtig mit Spannung versorgt wird. Sitzt sie locker, hat die Leuchte keinen ausreichenden Kontakt zur Schiene, und es kann zu Funktionsstörungen kommen.

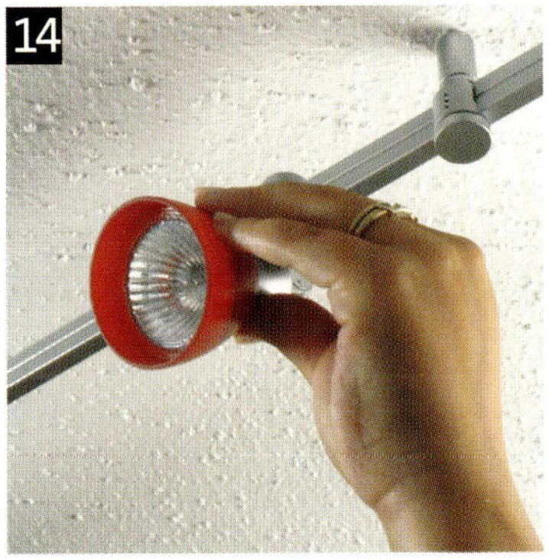

14 Abschließend die Strahler ausrichten. Dann die Sicherung wieder einschalten und Funktionstest durchführen. Sollten die Strahler nachjustiert werden müssen, darauf achten, dass man das Leuchtmittel nicht berührt. In Betrieb entwickeln die Lampen hohe Temperaturen. Deshalb besteht Verbrennungsgefahr beim Berühren!

Rauchmelder installieren

Wenn es brennt, lauert die größte Gefahr nicht durch Feuer, sondern durch Rauch. Doch der Erstickungsgefahr kann man mit einem Rauchmelder leicht und effektiv vorbeugen.

Bei den Geräten unterscheidet man solche, die mit 230 V Spannung versorgt werden, von batteriebetriebenen Geräten. Letztere lassen sich besonders einfach installieren. Ihre Betriebsbereitschaft sichert eine Blockbatterie, die mindestens ein ganzes Jahr lang hält. Wenn deren Leistung zur Neige geht, warnt das Gerät durch Pieptöne und/oder Leuchtdioden. Auf Dauer jedoch ist es umweltentlastender und preiswerter, wenn man Rauchmelder mit 230 V einsetzt. Diese Geräte verfügen über eine Notstromschaltung, die den Melder auch bei Stromausfall bis zu 72 Stunden alarmbereit hält. Nachteilig ist, dass die Installation wesentlich aufwändiger ist. Für die Wirksamkeit eines Rauchmelders ist der Montageort von entscheidender Bedeutung. Das Gerät muss so angebracht sein, dass es Alarm gibt, bevor Fluchtwege unpassierbar sind. Außerdem muss es schlafende Personen wecken können. Rauch steigt nach oben; deshalb montiert man den Rauchmelder im oberen Raumbereich wie z.B. unter der Decke. Sinnvoll ist ein Rauchmelder vor allem in Treppenhäusern und/oder in Auf- und Zugängen zu Schlafräumen. Brandschutzexperten empfehlen darüber hinaus die Montage eines Rauchmelders in der Küche. Besonders wichtig ist ein solches Gerät in ausgebauten Dachböden, da sich hier Brände in der Regel sehr schnell ausbreiten. Bei größeren Häusern mit mehr als zwei Etagen ist es zudem empfehlenswert, mehrere Rauchmelder über die Stockwerke zu verteilen.

Werkzeug & Material

- **Bleistift**
- **Bohrmaschine**
- **6 mm Steinbohrer**
- **Schraubendreher**
- **Rauchmelder**
- **6er Universaldübel**
- **Schrauben**

Leicht

Schnell gemacht

Geringer Kraftaufwand

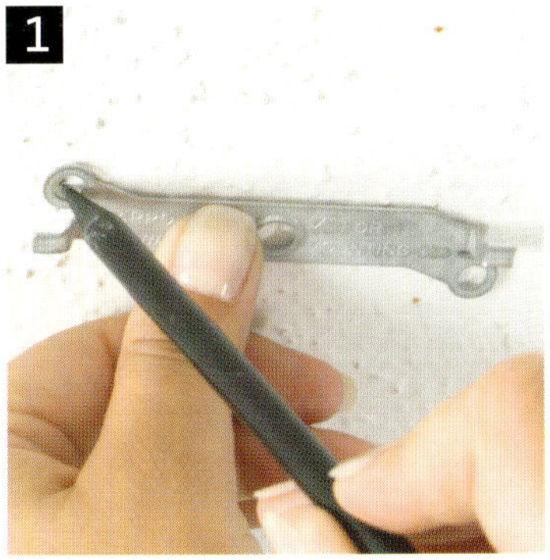

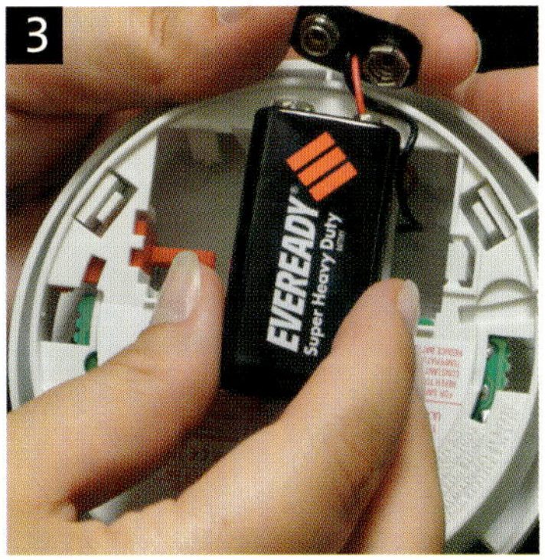

1 Rauchmelder werden von einer Montageplatte oder einem Montagebügel an der Decke gehalten. Diese befestigt man mit Dübeln und Schrauben, die in der Regel zum Lieferumfang gehören.

Die Platte an der gewünschten Einbauposition an die Decke halten und durch die Montagelöcher hindurch die Bohrpositionen anzeichnen.

2 Der Melder hat ein geringes Gewicht. Deshalb reichen 6 mm Schrauben und die entsprechenden Dübel vollkommen aus, um die Montageplatte zu befestigen. Löcher bohren, Dübel einstecken und Platte anschrauben. Wird der Melder auf Holz montiert – z.B. an einem Dachbalken – muss nicht gedübelt werden. Man schraubt den Halter direkt mit Holzschrauben fest.

3 Die Blockbatterie wird auf der Rückseite des Melders eingesetzt. Dazu die entsprechende Abdeckung aufhebeln, Batterie anschließen und einsetzen sowie Abdeckung wieder aufdrücken.

4 Der Rauchmelder wird auf die Montageplatte aufgedreht. Dazu den Melder an den markierten Positionen auf die Platte setzen und nach links drehen. Bei einem Batteriewechsel wird der Melder dementsprechend bis zum Anschlag nach rechts gedreht und kann dann abgezogen werden.

Alte Möbelstücke bringt Antikwachs effektvoll zur Wirkung. Wachs lässt sich dabei einfach verarbeiten: Es wird mit Pinsel oder Tuch in das Holz eingerieben und dann poliert.

Holz aufarbeiten

Ob alte Möbelstücke, Fenster und Türen oder aber neue Einrichtungsgegenstände aus unbehandeltem Holz: Bei kaum einer Einrichtung oder Renovierung kommt man um das Aufarbeiten von Holz herum.

Je nach Wunsch und Einrichtungsstil lassen sich die Hölzer ganz unterschiedlich gestalten. So kann man beispielsweise durch Lasuren die natürliche Maserung des Holzes hervorheben oder aber auch mit deckenden Lacken eine undurchsichtige Farbschicht auftragen. Alle damit verbundenen Arbeiten lassen sich in Eigenleistung erledigen – Zeit, Muße und Geduld vorausgesetzt. Denn um ein perfektes Ergebnis zu erzielen, müssen Sie sorgfältig und meist über mehrere Tage hinweg arbeiten.

Beizen

Durch das Beizen tönt man Hölzer und verleiht ihnen so z. B. eine besonders edle oder antik wirkende Optik. Eine Schutzfunktion erfüllt Beize allerdings nicht – die bearbeiteten Hölzer müssen anschließend gewachst oder mit Klarlack überzogen werden.
Beizen hat übrigens nichts mit Abbeizen zu tun (siehe S. 131).

Vor dem Tönen mit Beize muss das Holz fein geschliffen und gründlich gesäubert sein. Die Beize wird dann mit einem speziellen Beizpinsel aufgetragen. Dabei arbeitet man „nass in nass“, beizt also das Möbelstück in einem Arbeitsgang. Dadurch wird vermieden, dass Ränder oder Streifen wesentlich schneller antrocknen als andere.

Wachsen

Dies ist die einfachste und schnellste Art, rohes Holz zu schützen. Wachs gibt es in unterschiedlichen Konsistenzen – es wird entweder mit einem Pinsel aufgestrichen oder mit einem Tuch in das Holz eingerieben. Dabei in Richtung der Maserung arbeiten. Wachs verleiht dem Holz eine leicht glänzende, warme Tönung. Zum Aufarbeiten alter Möbelstücke bietet der Handel speziellen Antik-Wachs für verschiedene Holzarten an.

Vor dem Wachsen muss das Holz fein geschliffen und gründlich entstaubt werden. Soll eine Wachsbeschichtung aufgearbeitet werden, reicht es aus, sie mit feiner Stahlwolle abzureiben und neu einzuwachsen.

Holz vorarbeiten

Ganz gleich, ob Sie Holz wachsen, lasieren oder lackieren möchten: Ein perfektes Ergebnis erzielt man immer nur dann, wenn das Material gründlich vorbehandelt wurde.

Hölzer reinigen

Bislang unbehandeltes Holz wird gründlich gereinigt. Am besten wäscht man das rohe Holz mit heißem Wasser ab; bei starken Verunreinigungen setzt man dem Wasser Kernseife zu und reibt die Oberfläche mit einer Bürste gründlich ab. Auch alte Beize kann man auf diese Art entfernen. Das Abwaschen hat dabei nicht nur reinigende Wirkung: Durch das Wasser quellen die Oberflächenfasern auf – manch kleine Unebenheit in der Oberfläche gleicht sich dabei von selbst wieder aus. Zudem nimmt das Holz später Beizen oder Grundierungen besser auf. Vor jeder weiteren Behandlung muss abgewaschenes Holz komplett austrocknen.

Alte Schutzanstriche lassen sich aber nicht so einfach entfernen – sie müssen gründlich abgeschliffen werden. Bei lackierten Hölzern vereinfacht man sich die Arbeit, indem man zunächst versucht, den Lack abzubeizen. Dazu bietet der Fachhandel Abbeizer an, der aufgestrichen wird. Abbeizen ist aber nicht bei allen Lacken möglich. Eine weitere Möglichkeit ist dann, den Lack mit einem Heißluftgebläse (siehe S.253) anzuschmelzen, wobei kräftig gelüftet werden muss, weil unangenehme Dämpfe freigesetzt werden. Die zähflüssige Lackschicht nimmt man dann mit einem Spachtel auf.

Lasieren

Lasuren erzeugen eine leicht glänzende, durchgängige Schicht auf der Oberfläche des Holzes und schützen so weitaus besser als Wachs. Die Lasuren lassen dabei – im Gegensatz zu den Lacken – die Maserung des Holzes durchscheinen. Die sehr dünnflüssigen Produkte für die Bearbeitung von Holz im Innenbereich gibt es in zahlreichen Farben und Holztönen – durch das Lasieren schützt und tönt man also in einem Arbeitsgang. Je öfter man die Lasur aufträgt, desto deutlicher tritt die Tönung zu Tage und um so dunkler wird sie. Lasuren werden dabei meistens in zwei oder drei Schichten auf die fein geschliffene, staubfreie Oberfläche aufgetragen. Die erste Schicht dient gleichzeitig als Grundierung – sie sollte 24 Stunden durchtrocknen und dann erneut leicht mit feinem Schleifpapier angeraut werden. Wenn man eine besonders helle Tönung erzielen möchte, trägt man zum Grundieren farblose, und erst im zweiten Arbeitsgang dann die getönte Lasur auf.

Lackieren

Beim Lackieren wird die Oberfläche des Holzes mit einer sehr strapazierfähigen, matten oder glänzenden Schutzschicht versehen. Lacke gibt es in vielen Farbtönen sowie als farblosen Klarlack. Auch beim Lackieren ist zunächst eine gründliche Vorbehandlung des Holzes erforderlich. Ein perfektes Ergebnis erzielt man nur, wenn man die Oberfläche vor dem Lackieren grundiert. Der Lack wird in einer deckenden Schicht aufgetragen.

Schleifen

Das Schleifen ist die wichtigste Vorarbeit. Hier entscheidet sich, wie eben die Oberfläche am Ende wirkt, und wie gut vor allem Lacke und Lasuren haften. Geschliffen wird mit Schleifpapier, das man anhand der Körnung unterscheidet: Je größer die Mengenangabe der Körnung ist, desto feiner sind die Schleifergebnisse.

Holz wird grundsätzlich dreimal abgeschliffen: Zunächst wird mit einem groben Schleifpapier (100er oder 120er Körnung) vorgeschliffen und dann mit 180er bis 200er Körnung nachgearbeitet. Für den abschließenden Feinschliff setzt man Papier mit einer Körnung von 240 bis 280 ein.

Kleinere Flächen, Ecken, Kanten und Rundungen schleift man mit der Hand. Dazu setzt man einen Schleifklotz ein, damit eine ebene Fläche entsteht. Das Schleifpapier mit der Schere auf Schleifklotzbreite zuschneiden, um den Schleifklotz wickeln und oben eventuell mit Heftzwecken befestigen.

Bei größeren Flächen erleichtern elektrische Schleifmaschinen die Arbeit, allen voran Exzenter-, Schwing- und Deltaschleifer (siehe auch S. 135). Exzenterschleifer haben eine runde Schleiffläche, Schwingschleifer eine rechteckige und Deltaschleifer eine dreieckige. Alle Schleifmaschinen eignen sich gleichermaßen gut für die Holzbearbeitung und entfalten nur bei besonderen Aufgaben ihre speziellen Stärken. So lassen sich beispielsweise mit einem Deltaschleifer besonders gut Ecken und Winkel bearbeiten. Für alle drei Maschinen bietet der Handel spezielle, abgestimmte Schleifpapiere an.

Schadstellen ausspachteln

Tiefe Kratzer oder kleinere ausgebrochene Stellen werden mit spezieller Holzspachtelmasse geglättet. Diese gibt es verarbeitungsfähig in verschiedenen Holztönen oder aber als Universalspachtel zum Überlackieren. Die Spachtelmasse nimmt man mit einem handelsüblichen Spachtel auf (siehe auch S. 135), setzt diesen leicht schräg auf der Holzoberfläche an und zieht dann in einem Zug die Spachtelmasse über dem Holz ab. Das geht bei ebenen Flächen sehr einfach – schwieriger wird es, wenn Bögen oder Rundungen nachmodelliert werden müssen.

Die Spachtelmasse kann nach dem Austrocknen geschliffen werden – das vereinfacht erheblich das Nachempfinden von Formen. Da das Schleifen arbeitsaufwändig ist, sollte man nicht zu viel Spachtelmasse auftragen – im Zweifelsfall lieber zweimal mit wenig Spachtelmasse arbeiten als einmal mit zu viel.

Der besondere Tipp

- **Für das Behandeln von Holzmöbeln oder Spielzeugen für Kinder sollten nur Holzschutzprodukte eingesetzt werden, die als „speichel- und schweißecht nach DIN 533160“ gekennzeichnet sind.**
- **Für den Holzschutz im Außenbereich bietet der Handel spezielle Produkte an, die auch nur hier verwendet werden sollten.**
- **Lack-Spraydosen eignen sich hervorragend, um kleinere Flächen sauber zu lackieren.**
- **Eine ganze Reihe von Produkten für die Holzbearbeitung trägt den blauen Umweltengel als Zeichen für besondere Umweltverträglichkeit und sind deshalb besonders zu empfehlen.**

Lacke und Lasuren trägt man mit Pinsel oder Lackrolle auf. Das Ergebnis steht und fällt mit den Vorarbeiten: Es muss sauber abgeschliffen und grundiert werden.

Lacke und Lasuren

Bei Lacken und Lasuren gibt es erhebliche Qualitätsunterschiede, die vor allem die Festigkeit der Oberfläche, die so genannte Stoß- und Schlagfestigkeit, sowie die Umweltverträglichkeit betreffen.

Die Produkte bestehen im Wesentlichen aus den drei Grundsubstanzen Lösemittel, Bindemittel und Pigmente, denen unterschiedliche Zusatzstoffe beigemengt werden. Beim Austrocknen verdunstet das Lösemittel und sorgt so dafür, dass Bindemittel und Pigmente eine durchgängige, harte Schicht bilden. Bei konventionellen Lacken auf Kunstharzbasis (Alkydharz-Lacke) werden dabei in großen Mengen organische Lösemittel freigesetzt, die die Atmosphäre belasten. Das Einatmen dieser Stoffe in großer Konzentration ist außerdem gesundheitsgefährdend.

Deshalb hat man Lacke auf Wasserbasis entwickelt (Acryl-Lacke), bei denen weitgehend auf organische Lösemittel verzichtet werden kann. Allerdings haben diese Lacke einige Nachteile, vor allem bei der Verarbeitung: Sie verlaufen nicht so gut wie die Alkydharz-Lacke und ihre Oberfläche ist lange nicht so widerstandsfähig, stoß- und schlagfest. Deshalb sind die lösemittelhaltigen Kunstharzprodukte weiterhin am Markt, wobei der Anteil der organischen Lösungsmittel in den letzten Jahren auch bei diesen Produkten deutlich reduziert wurde.

Beim Kauf von Lacken und Lasuren gilt es deshalb sorgfältig abzuwägen, auf welche Materialeigenschaften es ankommt. So sind Treppen und Holzböden beispielsweise ganz anderen Beanspruchungen ausgesetzt als Türen oder Möbelstücke. Hier empfehlen sich also trotz der Lösungsmittel Kunstharzprodukte. Wo es möglich ist, sollte man immer zu den umweltschonenderen Produkten greifen. Eine wesentliche Orientierungshilfe bietet das Zeichen des „Blauen Umweltengels“, das besonders umweltverträgliche Lacke und Lasuren ausweist.

Lacke und Lasuren dünsten beim Verarbeiten aus. Sie sollten während der Arbeit deshalb immer für eine gute Durchlüftung sorgen. Öffnen Sie Fenster und Türen. Arbeiten unter freiem Himmel allerdings sind weniger empfehlenswert, weil hier die Oberfläche schnell verunreinigt – sei es, dass Insekten auf den klebrigen Oberflächen hängen bleiben oder leichter Wind Staub, Blütenpollen und andere Schmutzpartikel heranweht.

Neuer Glanz für alte Türen mit Lack und Spachtelmasse zum Ausbessern von tiefen Kratzern.

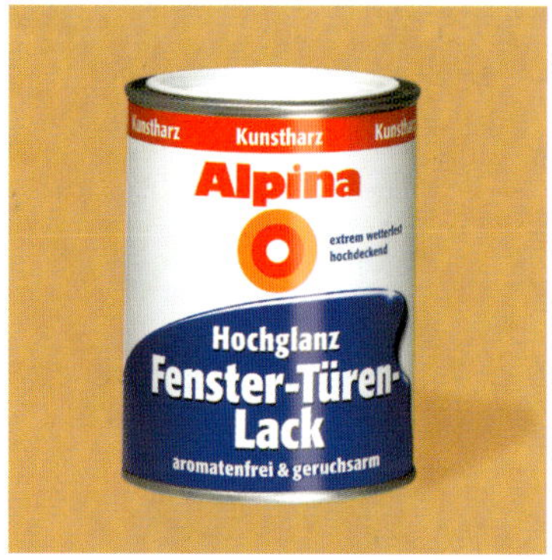

Türen lackieren

Alte Vollholztüren sind wertvoll und erhaltungswürdig. Der Aufwand bei der Renovierung ist zwar hoch und zeitintensiv – bei sorgfältigem Arbeiten allerdings lohnt er sich allemal.

Nicht jede Tür ist zum Aufarbeiten gleichermaßen geeignet. Neben Vollholztüren lassen sich vor allem Türen mit Echtholzfurnier gut bearbeiten. Bei billigen Türen mit Kunststoffoberfläche gilt es abzuwägen, ob sich die Arbeit überhaupt lohnt. Die Türen sind sehr preiswert – Arbeits- und Materialaufwand bei der Renovierung stehen hier in keinem Verhältnis zum Neupreis.

Zum Bearbeiten hängt man die Türen aus. Dazu die Tür ganz öffnen und dann anheben. Die Türen sind unhandlich und schwer – deshalb Türen am besten immer zu zweit ausheben. Dann legt man sie waagerecht auf Böcke. Als Alternative bieten sich auch andere, breite, halbhohe Unterlagen, wie z. B. ein alter Tisch, an.

Altanstriche müssen grundlegend abgeschliffen und rückstandsfrei entfernt werden (siehe S. 132). Zum Grundieren und Lackieren benutzt man spezielle Lackpinsel und -rollen; Pinsel und Rollen für Dispersionsfarben sind hier ungeeignet. Bei den Pinseln sollten Sie auf gute Qualität achten; es kommt vor allem darauf an, dass sie nicht aushaaren. Bei kürzeren Arbeitsunterbrechungen kann der Pinsel ungereinigt in eine Plastikfolie gewickelt oder komplett in Wasser eingetaucht werden. Zum Reinigen benutzt man Terpentin oder Verdünnung.

Werkzeug & Material

- Bürste
- Schleifpapier in den drei Körnungen 100–120, 180-220, 240-280
- Schleifklotz
- Elektroschleifer
- Pinsel
- Lackrolle
- Lackwanne passend zur Rollenbreite
- evtl. Spachtel zum Ausbessern von tiefen Kratzern
- Heißes Wasser
- Kernseife
- Grundierung
- Lack
- evtl. Holzspachtelmasse zum Ausspachteln

Leicht, fordert etwas Geduld

Nehmen Sie sich einige Zeit

Mittlerer Kraftaufwand

1 Die Tür zusammen mit einem Helfer aushängen. Sie dazu weitgehend öffnen und anheben. Zum Bearbeiten legt man sie am besten waagerecht auf Böcke auf, damit die Farbe beim Streichen keine Tropfnasen bildet.
Die Tür dann komplett abschleifen (siehe auch S. 132). Für gerade Flächen ist ein Schwingschleifer am besten geeignet, für Ecken und Kanten ein Deltaschleifer. Gearbeitet wird mit mittelfeinem Papier (150er Körnung).

2 Tiefe Kratzer in der Tür gleicht man mit Holzspachtel aus. Die Schadstelle anschleifen und mit Holzgrundierung einstreichen. Die Spachtelmasse, die es in Tuben oder Dosen gibt, mit einem Spachtel aufnehmen, glatt über der Schadstelle abziehen, aushärten lassen und abschließend mit feinem Schleifpapier (240er Körnung) nachschleifen.

3 Jetzt die Tür grundieren. Dazu eine auf den Türlack abgestimmte Grundierung wählen, nach Möglichkeit sogar desselben Herstellers. Zuerst Ecken und Kanten mit der Grundierung dünn ausstreichen.

4 Größere Flächen grundiert man dann mit einer Lackwalze. Nach dem Trocknen der Grundierung die Tür erneut fein abschleifen. Dazu Schleifpapier mit 280er Körnung verwenden.

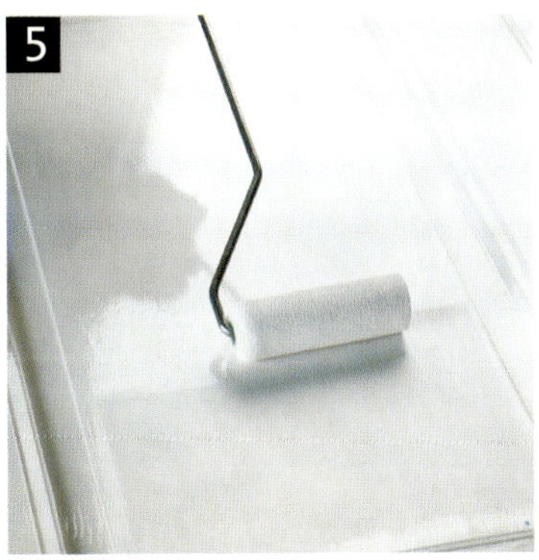

5 Jetzt wird die Tür lackiert. Dabei verfährt man wie beim Grundieren: Erst die Ecken und Kanten mit dem Pinsel ausstreichen und dann die großen Flächen mit der Walze streichen. Dabei „nass in nass" arbeiten und die Tür in einem Arbeitsgang lackieren. Die Farbe nach Möglichkeit gleichmäßig verteilen.

Nach dem Streichen mit speziellem Lack wirken alte Heizkörper wie neu.

Heizkörper streichen

Alte, unansehnliche oder angerostete Heizkörper wirken wie Fremdkörper in renovierten Räumen. Nach einer Schönheitskur mit speziellem Heizkörperlack wirken sie aber wie neu.

Dieser Lack ist besonders temperaturbeständig und speziell für diesen Einsatzzweck konzipiert. Es gibt ihn sowohl auf wasserverdünnbarer Acryl- als auch auf Kunstharzbasis. Der Lack auf Acrylbasis ist umweltfreundlicher, der auf Kunstharzbasis hingegen stoß- und schlagfester. Standardlacke können ebenfalls verwendet werden; helle Lacke aber vergilben dann schnell.

Das Streichen der Heizkörper ist nicht ganz einfach, weil man viele Stellen nur schwer erreicht. Am besten setzt man einen abgewinkelten Pinsel mit langem Holzstil ein, der auch unter dem Begriff „Heizkörperpinsel" im Handel geführt wird. Flache Heizkörper wie z. B. Nachtspeicheröfen lassen sich auch mit einer Lackrolle streichen. Das geht relativ schnell und leicht von der Hand.

Die Arbeiten kann man nicht an einem Tag erledigen, vor allem dann nicht, wenn man Acryllack einsetzt. Bei diesem Lack wird nämlich der Heizkörper vor dem eigentlichen Lackieren grundiert und muss dann erst austrocknen.

Bei Beginn der Arbeiten muss der Heizkörper kalt sein; der Lack selbst zieht bei Zimmertemperatur zwischen 18 und 22 °C besonders gut an. Wichtig ist, den Boden unter dem Heizkörper bei allen Pinselarbeiten gut abzudecken, am besten mit einer Plastikfolie. Es ist nämlich fast unvermeidlich, dass Lack vom Pinsel tropft. Und ist dieser erst einmal eingetrocknet, lässt er sich nur noch schwer entfernen.

Man lackiert eine Rippe nach der anderen und arbeitet dabei von oben nach unten. Beim Lackieren wird der Lack auch immer wieder am Heizkörper entlang laufen und Tropfnasen bilden. Diese werden nach Möglichkeit sofort verstrichen.

Grundsätzlich sollte der komplette Heizkörper in einem Arbeitsgang gestrichen werden, denn nur wenn „nass in nass" gearbeitet wird, kann sich der Lack zu einer durchgehenden Oberfläche verbinden, die optisch perfekt wirkt.

1 Vor dem Lackieren muss der Heizkörper gründlich abgeschliffen werden. Dort, wo lediglich der Lack aufgefrischt werden soll, reicht es aus, den Heizkörper mit Schmirgelpapier anzurauen. Roststellen hingegen sollten möglichst bis auf das blanke Metall abgeschliffen werden. Diese Arbeit erleichtert ein Stahlbürstenvorsatz für Bohrmaschinen. Nach dem Abschleifen Heizkörper entstauben.

2 Plane, bis aufs blanke Metall abgeschliffene Stellen werden mit einem Rostschutzmittel für Eisen und Stahl vorlackiert. Dieses verhindert, dass sich neue Korrosion bildet. Dabei die Einwirk- und Trockenzeit des Rostschutzmittels beachten.

3 Bei wasserverdünnbaren Lacken ist eine Grundierung unerlässlich. Wichtig: Die Grundierung sollte exakt zum Lack passen – am besten aufeinander abgestimmte Produkte eines Herstellers verwenden. Auch die Grundierung muss gründlich austrocknen.

4 Abschließend wird der Heizkörperlack aufgetragen. Dabei möglichst eine einheitliche Fläche erzeugen. Der Lack wird verhältnismäßig dick aufgetragen. Der Lack sollte komplett austrocknen, bevor die Heizung wieder angestellt wird.

Schlafzimmer

„Schlafzimmer – dass Männer alles immer so wörtlich nehmen müssen!“

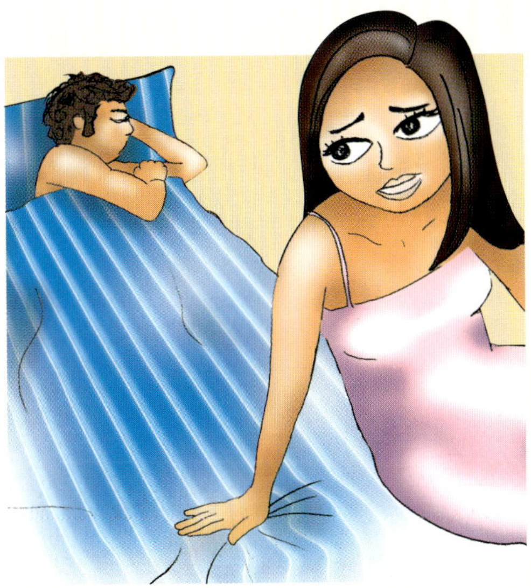

Ein Sonntag im Bett ist gemütlich und nett ..., aber nur, wenn das Schlafzimmer auch als Relax-Oase gestaltet ist: mit schönem Blick vom Bett aus auf bewusst gestaltete Wohnaccessoires und Wände. Mit Vorhängen, die neugierige Nachbarsblicke fernhalten. Und mit einem flauschigen Teppichboden, der barfuß laufen zum Vergnügen werden lässt. Ein Schwerpunkt liegt so auf der Gestaltung mit Teppichböden. Dieses Kapitel zeigt ausführlich auf, welche unterschiedlichen Teppichböden es gibt, welche Verlegearten sich für welche Räume eignen und wie man solche Böden fixiert. Ausführlich demonstrieren wir auch, wie man auch ohne Einkleistern von Bahnen die zeitgerechten Vliestapeten ganz einfach auf der Wand verklebt. Schließlich dreht sich ein weiterer Technikschwerpunkt um die Montage von Vorhangstangen und Spannseilsystemen, so dass Sie anschließend ganz ungestört Ihre neue Relaxoase genießen können.

Relax-Oasen gestalten

Ein Reich zum Träumen, zum Entspannen, zum Genießen: Das Schlafzimmer ist schlechthin der Raum für das ganz persönliche Wohlbefinden.

Vorbei sind die Zeiten, in denen Schlafzimmer im Prinzip nicht mehr waren als überdimensionale Kleiderkammern mit einem großen Bett in der Mitte. Ins Schlafzimmer von heute zieht man sich nicht nur nachts zum Schlafen zurück: Es verführt, hier auch tagsüber zu entspannen oder am Wochenende einmal den Vormittag im Bett zu genießen. Die kleine Kunst bei einer solchen Raumgestaltung besteht darin, dem Schlafzimmer durch Accessoires und weitere Möbelstücke seinen Funktionscharakter zu nehmen und es wohnlich und gemütlich erscheinen zu lassen.

Das Raumgefühl entfaltet sich wesentlich vom Bett aus. Ganz entscheidend ist deshalb, worauf man vom Kopfende des Bettes aus schaut. Der Blick auf die massive Front eines Kleiderschranks ist meist wenig attraktiv. Zum einen verkleinert er die Wirkung des Raums unnötig. Zum anderen betont der Schrank die Funktionalität des Raums, nicht aber den Wohncharakter.

Viel mehr Atmosphäre entwickelt sich, wenn der Schrank seitlich zum Bett steht und man auf schöne, nicht zu wuchtige Raumaccessoires schaut wie z.B. eine formschöne Kommode oder einen hübschen Schminktisch. Vor allem kleine Zimmer gewinnen, wenn die Möbelstücke nicht zu hoch sind; ab über einem Meter Höhe wirken sie vom Bett aus gesehen schon sehr wuchtig.

Besser sind niedrigere Möbel, die Abstellflächen für liebevoll arrangierte Details wie Erinnerungsstücke, Kerzenhalter oder Blumenvasen bieten. Zudem verbleibt Blickraum auf stimmungsvolle Bilder an der Wand.

Eine Abstellfläche direkt am Bett darf nicht fehlen. Ein klassischer Nachttisch aber muss es dennoch nicht sein. Ein kleines Regalbrett aus einem edlem Material tut genauso seine Dienste, ist aber unauffälliger und wirkt bei weitem nicht so konventionell (Montageanleitung siehe S. 178).

Bei Betten mit hohem, geschlossenem Kopfteil bietet es sich an, das Bett nicht direkt vor die Wand zu stellen, sondern auf Höhe der Oberkante des Kopfteils auf die ganze Breite des Bettes ein Regalbrett an die Wand

Ein schönes Schlafzimmer lädt auch tagsüber zum Entspannen ein.

Ablageflächen direkt neben dem Bett sind praktisch. Sie bieten genauso Platz für Wecker und Bücher wie für Sektglas oder Kaffeetasse.

zu schrauben. Das Bett wird dann direkt vor das Regal gestellt. Das hat gleich mehrere Vorteile: Es bietet eine Ablagefläche, auf der auch Gestaltungsdetails Platz finden. Unterhalb des Regalbretts entsteht Stauraum für Sperriges wie z.B. Koffer und ähnliche Dinge, die ansonsten nur schwer unterzubringen sind. Auf dem Regal lässt sich auch eine Tischleuchte so aufstellen, dass das Licht beim Lesen im Bett direkt von hinten absolut blendfrei auf die Lektüre fällt.

Durchdachtes Licht

Apropos Licht: Besonders im Schlafzimmer kommt es auf eine durchdachte Lichtplanung an: Auf der einen Seite ist helles Funktionslicht gefragt – z.B. für der Blick in den Kleiderschrank –, zum anderen atmosphärische Beleuchtung. Wichtig dabei: Das Licht darf vom Bett aus nicht blenden.

Besonders empfehlenswert ist eine U-förmige Grundbeleuchtung der Laufflächen um das Bett herum mit Strahlern in der Decke, die sich verstellen lassen. So kann man sie auf die Raumumgebungsflächen oder auf den Kleiderschrank richten. Vom Bett aus gesehen blenden so ausgerichtete Leuchten nicht. Perfekt geeignet ist ein Halogen-Schienensystem (siehe S. 124), dessen Licht sich dimmen lässt (siehe S. 60). Bei Neubauten ist es preiswerter, wenn man von vornherein entsprechende Downlights in der Decke vorsieht.

Lichtquellen mitten im Raum sind unpraktisch, weil man sich selbst bei der Kleiderwahl das Schrankinnere verschattet. Deshalb sind Schrankleuchten empfehlenswert, die optimal beim Öffnen der Türen automatisch angehen und die Kleidungsstücke direkt beleuchten. Unverzichtbar ist Licht direkt am Bett. Perfekt geeignet sind Leuchten mit Schirm, die ihr Licht sanft verteilen, oder solche, die ihr Licht indirekt abgeben. Achten Sie darauf, dass solche Leuchten ausreichend hell sind. Von Leuchten, über den Radiowecker, bis hin zur kleinen Stereoanlage, suchen Elektrogeräte Anschluss. Vor dem Aufstellen des Kleiderschranks gilt es zu überlegen, ob man nicht später unerreichbare Steckdosen mit einem Verlängerungskabel nutzbar machen sollte.

Teppichböden

Teppichböden sind bei der Gestaltung des Bodens erste Wahl. Und das nicht nur, weil sie bei entsprechender Komfortqualität (siehe S. 145) ein besonders angenehmes Gehgefühl vermitteln, das besonders barfuß deutlich zu spüren ist. Teppichböden beeinflussen das subjektive Temperaturgefühl: Sie lassen den Raum bis zu 2 °C wärmer erscheinen, als er in Wirklichkeit ist. Zudem halten sie die Wärme länger im Raum als andere Bodenbeläge. Weiterhin erhöhen sie die Sicherheit: Teppichböden mindern die Rutschgefahr erheblich.

Schließlich schlucken sie Schall und können die Trittschallbelästigung um bis zu 90 % reduzieren – ein großer Vorteil, wenn man sich zu zweit ein Schlafzimmer teilt und zu unterschiedlichen Zeiten ins Bett geht oder aufsteht.

Bei anderen Bodenbelägen bietet es sich an, den Gehkomfort mit einem Teppich zu steigern. Wichtig dabei: Er darf nicht rutschen. Einen wirkungsvollen Schutz bieten Anti-Rutsch-Gittermatten speziell für Teppiche, die man im Fachhandel erhält.

Teppichböden richtig auswählen

Sie vermitteln ein angenehmes Gehgefühl, sind fußwarm und hemmen den Trittschall: Teppichböden sind deshalb vor allem in Schlafzimmern erste Wahl unter den Bodenbelägen.

Ein Teppichboden besteht in der Regel aus drei Schichten: der sichtbaren Nutzfläche, der Trägerschicht und dem Rücken.

Die Nutzschicht

Grundsätzlich unterscheidet man zwei Herstellungsverfahren: die klassische zeit- und materialaufwändige Webtechnik und das moderne Tuftingverfahren. Das Wort leitet sich vom englischen Begriff „to tuft", „sticken" ab. Hierbei wird Garn mit zahlreichen parallel angeordneten Nadeln in ein Trägermaterial eingenadelt. Je nachdem, wie genadelt und welches Garn dabei auf was für einem Trägermaterial verwendet wird, unterscheidet man:

- Schlingenflor / Schlingenware (Bouclé), dessen geschlossene Schlingen an der Oberseite des Teppichs eine grobe Struktur und ein etwas rustikales Bild erzeugen,

- Schnittvelours / Velours, bei dem die Schlingen aufgeschnitten sind und so eine sehr samtige, elegante Oberfläche entsteht, sowie

- Schnittschlinge / Reliefware (Cut Loop), bei dem Schnitt- und Schlingenflor zum Teil sogar in unterschiedlichen Höhen kombiniert sind und reliefartige Strukturen entstehen.

Über 90 Prozent aller Teppichböden werden dabei aus strapazierfähigen und pflegeleichten Synthetikfasern hergestellt, allen voran aus Nylon und Perlon. Als Naturfaser kommt vor allem Wolle zum Einsatz, aber auch Ziegenhaar, Kokos und Sisal finden Verwendung. Die Naturfaserböden sind teurer, wirken sich aber auch besonders positiv auf das Raumklima aus.

Trägerschicht

Beim Tuftingverfahren wird die Nutzschicht mittels Kleber in der Trägerschicht – meist einem Kunststoffgewebe – fixiert. Beim Kauf sollte man darauf achten, dass weder Polyethylen noch PVC als Kleber eingesetzt wurden – beide können schädliche Stoffe ausgasen.

Die Europäische Teppichgemeinschaft (ETG) vergibt ein Gütesiegel, das alle wichtigen Informationen über die Eigenschaften des Teppichbodens eindeutig ausweist.

Rücken

Bei den meisten Teppichböden erhöht ein Zusatzrücken auf der Unterseite des Teppichbodens Trittkomfort und Lebensdauer. Er besteht entweder aus Gewebe oder aus kompakterem Schaum. Der Vorteil eines Schaumrückens liegt in der guten Schalldämmung und dem hohen Gehkomfort. Dennoch sind Textilrücken besonders zu empfehlen, weil sie keine oder erheblich weniger Schad- oder Geruchsstoffe freisetzen.

Qualitätsmerkmale

Konkreten Aufschluss über die Qualitätseigenschaften von Teppichböden gibt das Qualitätszertifikat der Europäischen Teppich-Gemeinschaft e.V. (ETG) „Certificate of Quality", zu erkennen an dem roten „t". Es enthält alle wichtigen Informationen über den Teppichboden und attestiert ein von neutralen Instituten geprüftes Qualitäts-Produkt. Der TÜV Rheinland/Berlin-Brandenburg überwacht dabei die Prüfmethoden und die Zertifizierung.

Die Gesamtbewertung eines Teppichbodens und damit die Wertigkeit des Produktes, wird mit Sternen zum Ausdruck gebracht, wie sie auch bei der Qualifizierung von Hotels und Restaurants üblich sind. Ein Stern ist die unterste Kategorie – fünf Sterne weisen Spitzenprodukte aus. Darüber hinaus gibt Ihnen das Qualitätszertifikat weitere Detailinformationen über den Teppichboden, beispielsweise über die Beanspruchbarkeit und die Zusatzeignungen.

Es liegt auf der Hand, dass z.B. ein Teppichboden in einem Kaufhaus ganz anderen Beanspruchungen ausgesetzt ist als in einem Schlafzimmer. Deshalb zeigen Piktogramme an, ob der Teppichboden für die Verlegung im Wohnbereich oder im Geschäftsbereich geeignet ist. Die Anzahl der abgebildeten Personen symbolisiert die Beanspruchbarkeit. Natürlich kann ein Teppichboden, der die Eignung für den Geschäftsbereich hat, auch in privaten Räumen verlegt werden.

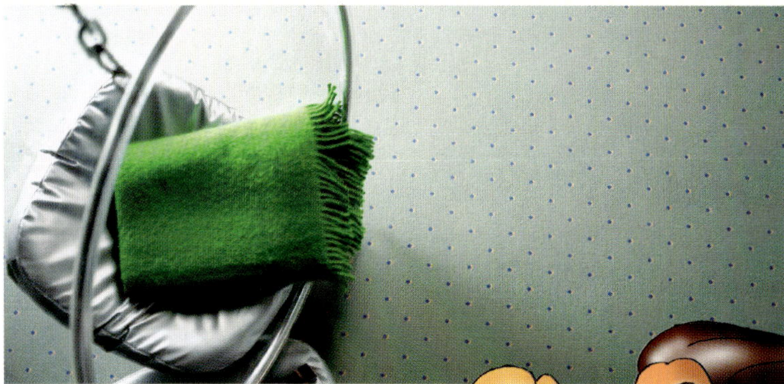

„Teppichverlegen – das geht ja wie im Flug!“

Der besondere Tipp

- **Die „Gemeinschaft umweltfreundlicher Teppichboden“ (GuT) vergibt ein Gütesiegel, das besonders umweltverträgliche Böden auszeichnet. Gleiches gilt für Teppichböden mit dem „Greenline-Zeichen“.**
- **Kleber können schädliche Stoffe ausdünsten und Allergien hervorrufen. Allergiker sollten deshalb den Boden vernageln oder verkletten lassen.**
- **Rugmark e.V. ist eine Initiative gegen illegale Kinderarbeit und Ausbeutung. Teppichböden kommen meistens aus Staaten der Europäischen Gemeinschaft. Bei Teppichen hingegen ist dies anders. Hier garantiert das „Rugmark-Siegel“, dass die Beläge nicht von Kindern unter 14 Jahren hergestellt wurden.**

Die Zusatzeignungen geben Auskunft über besondere Qualifikationen des Teppichbodens. Es sind dies:

- die Stuhlrolleneignung, besonders wichtig, wenn der Teppichboden in einem Arbeitszimmer oder einem geschäftlich genutzten Büro verlegt werden soll,
- die Treppeneignung, wenn der Teppichboden auf eine Treppe gelegt werden soll,
- die Eignung für Fußbodenheizung,
- die Antistatik des Teppichbodens, besonders wichtig, wenn der Teppichboden in EDV-Räume gelegt werden soll.

Jedes Produkt erhält eine individuelle Zertifikats-Nummer, mit der bei der Europäischen Teppich-Gemeinschaft e.V. die individuellen Prüfergebnisse angefordert werden können.

Darüber hinaus werden Produkte mit dem „Certificate of Quality“ auch den Umweltbelangen gerecht. Für die Vergabe des Zertifikates wird das Umwelt-Signet der Gemeinschaft umweltfreundlicher Teppichboden (GuT) oder einer anderen, gleichwertigen, anerkannten Organisation vorausgesetzt.

Antischmutz-Ausrüstung

Damit ein umgekipptes Glas keine dauerhaften Flecken verursacht, versehen die Hersteller Synthetikfasern in der Nutzschicht mit einer so genannten Antischmutz-Ausrüstung. Die Fasern des Bodens werden bei der Herstellung chemisch ummantelt. Je nachdem, welche Versiegelung eingesetzt wird, sind die Böden unterschiedlich gut geschützt. Der Schutzgrad macht sich beim Preis bemerkbar. Naturfasern verfügen normalerweise über eine Fettschicht, die Verschmutzung auf natürliche Weise verhindert.

Die Verlegearten

Teppichböden können auf verschiedene Arten verlegt werden. Hier die wichtigsten Methoden, mit denen man auch selbst Teppichböden verlegen kann, im Überblick:

Verkleben

Auf dem Boden wird vollflächig ein spezieller Fußbodenkleber verteilt, in den dann der Teppichboden eingelegt wird. Der Handel führt verschiedene Kleber für die unterschiedlichen Teppichbodenarten. Nach dem Austrocknen des Klebers haftet der Teppichboden extrem fest auf dem Untergrund, sodass selbst große Belastungen ihn nicht vom Fleck bewegen können. Der Nachteil des Verfahrens: Das Entsorgen von altem Teppichboden ist sehr arbeitsaufwändig.

Fixieren

Statt des Klebers wird ein Fixierer auf den Untergrund aufgetragen: Auch er gibt dem Boden guten Halt, ermöglicht aber im Gegensatz zum Kleber, den Teppichboden wieder relativ unaufwändig zu lösen. Das Fixieren ist deshalb für Privatwohnungen besonders empfehlenswert.

Haften

Auf den Untergrund wird zunächst ein Haftgitter oder Haftvlies ausgelegt, über den dann der Teppichboden ausgerollt wird. Das auf beiden Seiten gut haftende Gitter kann sich allerdings bei dünnen Belägen durchdrücken. Eine Wiederaufnahme des Bodens ist möglich.

Doppelseitiges Klebeband

Der Boden wird ausgerollt und an den Seiten bzw. den Nahtstellen mit doppelseitigem Klebeband fixiert. Diese Verlegeart ist nur für Räume mit bis zu 25 m^2 Fläche sowie mit geringer Beanspruchung zu empfehlen.

Lose Verlegung

Der Boden wird nicht fixiert, sondern nur ausgerollt. Das Verfahren ist letztlich nicht zu empfehlen. Besser: Mit doppelseitigem Klebeband fixieren.

Weitere Verfahren

Profis spannen den Teppichboden mit Nagelleisten. Der Bodenbelag wird dabei über eine Unterlage aus Filz oder Schaum gespannt und an den Rändern festgenagelt. Das schont den Teppich und er hält länger. Außerdem kann er bei einem Umzug problemlos herausgenommen werden. Dies ist auch beim so genannten Verkletten möglich. Der Boden wird dabei mit speziellem Klettband fixiert. Beide Verlegearten sind nicht für Do-it-yourself geeignet.

Fixieren hat im Gegensatz zu Verkleben den Vorteil, dass sich der Teppichboden später leichter wieder ablösen lässt.

In kleineren, weniger genutzten Räumen reicht es aus, den Teppichboden mit Teppichklebeband zu fixieren.

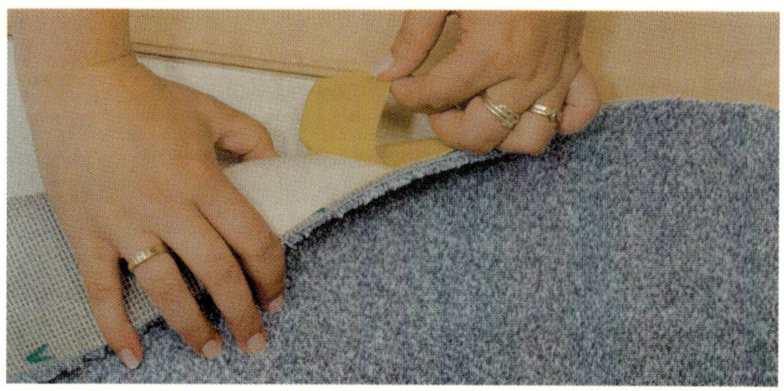

Teppichboden verlegen

Einen Teppichboden auszulegen ist keine Kunst – wenn der Raum klein und rechtwinklig ist. Bei größeren oder verwinkelten Räumen allerdings wird das Verlegen wesentlich komplizierter.

Ob und inwieweit man sich das Teppichbodenverlegen zutrauen kann, ist also wesentlich vom Raum abhängig. Für das Einschätzen der Arbeitsleistung gelten folgende Gesichtspunkte:

- Je größer der Raum ist, desto kraftaufwändiger wird das Verlegen. Der Teppichboden ist schwer und lässt sich kaum noch bewegen.

- Je mehr Ecken, Winkel und Kanten ein Raum hat, desto schwieriger und zeitintensiver wird der Zuschnitt.

- Mitten im Raum stehende Pfosten – z.B. eines Holzständerwerks im ausgebauten Dachboden – stellen eine besondere Schwierigkeit dar, da der Boden bis zum Pfosten aufgeschlitzt und rund um ihn herum exakt ausgeschnitten werden muss. Das ist eine Arbeit für erfahrene Teppichbodenverleger.

Ungeübten ist deshalb nur das Auslegen von Teppichböden in kleineren Räumen zu empfehlen, zumal hier der Boden noch nicht einmal verklebt werden muss. Meistens reicht es völlig aus, ihn mit doppelseitigem Teppichbodenband an den Rändern zu fixieren. Im Türbereich sollten mehrere Klebestreifen eingesetzt werden, weil der Boden hier besonders beansprucht wird.

An Nahtstellen, an denen Teppichbodenbahnen aneinanderstoßen, werden diese sorgfältig verklebt, z.B. mit Spezialkleber aus der Tube.

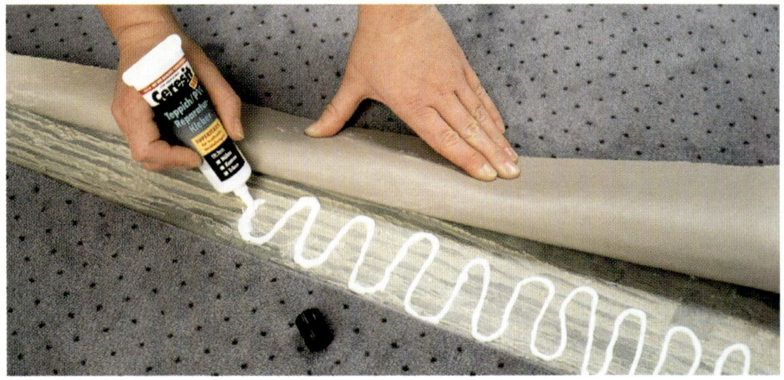

Materialberechnung

Teppichböden werden in Standard-Rollenbreiten von 2, 4 und 5 m verkauft. Bei der Materialberechnung geht man von der Raumbreite aus, die dem Maß am ehesten entspricht. Ist ein Raum beispielsweise 3,8 x 4,3 m groß, wählt man eine 4-m-Rolle mit 4,3 m Länge. Sie sollten den Bedarf so berechnen, dass möglichst wenig gestückelt werden muss.

Man kann den Boden immer nur in eine Richtung verlegen – also keine Längsstücke an eine Breitseite des Teppichbodens oder umgekehrt anlegen, weil man dies an changierenden Farben oder falsch anschließenden Mustern sehen würde. Solche Nahtstellen wirken sehr unprofessionell. Man sollte sie also nach Möglichkeit vermeiden, was allerdings häufig mit relativ hohem Verschnitt verbunden ist. Dieser lässt sich grundsätzlich nicht vermeiden; einen Teil der Reste kann man für Teppichbodenleisten verwenden.

Werkzeug und Material

Zum Schneiden des Teppichbodens setzt man ein Cuttermesser mit Hakenklingen ein. Diese ermöglichen allerdings nur dann ein sauberes Durchtrennen des Bodens, wenn sie scharf sind. Man sollte deshalb immer ausreichend Ersatzklingen zur Verfügung haben. Ein Stahllineal kann hilfreich sein, ist aber nicht zwingend erforderlich.

Wird verklebt oder fixiert, verteilt man die Masse mit einem Zahnspachtel mit grober Zähnung. Je breiter der Spachtel ist, desto schneller lassen sich Flächen abarbeiten.

Bei Kleber oder Fixierung gilt: Sie müssen exakt zum Teppichboden passen. Beratung ist hier beim Kauf unerlässlich. Bei Nahtstellen setzt man entweder doppelseitiges Klebeband (Teppichbodenband) oder aber speziellen Kleber aus der Tube ein. Dieser wird in S-Bögen mit geringem Abstand auf die Unterseite aufgetragen.

1 Zunächst wird die Teppichbahn auf die benötigte Länge und Breite zugeschnitten. Den Teppichboden im Zimmer ausrollen und zurechtrücken. Überstehende Kanten mit einem Teppichmesser abschneiden.

2 Zum Verkleben wird der Teppichboden bis zur Hälfte des Raums zurückgeschlagen und dann der Kleber auf dem Boden dünn ausgeschüttet. Dabei immer nur soviel Kleber auf den Boden aufbringen, dass man ihn mit der Hand noch gut erreichen kann.

3 Der Kleber wird dann mit einem Zahnspachtel verteilt. Man arbeitet immer zum Körper hin und verteilt überschüssigen Kleber auf bislang unbearbeitete Flächen.

4 Abschließend den Teppich wieder langsam zurückschlagen. Dabei darauf achten, dass sich keine Beulen bzw. Luftblasen bilden. Dann die andere Teppichbodenhälfte zurückschlagen und so wie die erste Hälfte verkleben.

Fußleisten bietet der Handel in allen erdenklichen Farben und Formen, vor allem aber auch in unterschiedlichen Materialien an.

Fußleisten befestigen

Fußleisten sorgen für einen sauberen Abschluss zur Wand – und das nicht nur bei Teppichböden, sondern bei allen Bodenbelägen.

Die Auswahl an Leisten ist enorm groß: Es gibt sie aus den unterschiedlichsten Materialien wie Holz und Kunststoff, in verschiedenen Höhen und Breiten sowie in den verschiedensten Farben und Formgebungen. Bei der Auswahl sollte aber nicht nur der persönliche Geschmack im Vordergrund stehen, sondern auch die Verarbeitungsweise.

Besonders empfehlenswert sind Fußleisten, die mit Halteklammern befestigt werden. Dabei montiert man mehrere Klammern im Abstand von rund 50 cm an der Wand. Die Fußleiste wird abschließend einfach gegen die Klammern gedrückt und rastet dadurch fest ein. Die Methode hat gleich zwei Vorteile: Zum einen bleibt die Befestigung unsichtbar. Zum anderen wird es so auch möglich, die Fußbodenleiste in der Wand zu verdübeln. Standardleisten lassen sich meistens nur aufnageln oder mit einem Tacker befestigen. Für besonders harte Untergründe wie z.B. Beton sind diese Befestigungsarten aber ungeeignet. Bei Teppichböden bieten sich preiswerte Teppichbodenleisten an, in die ein 5 cm breiter Teppichbodenstreifen eingeklebt wird. Der Vorteil: Die Fußbodenleiste ist weich und gibt z.B. nach, wenn man mit dem Staubsauger gegen sie stößt.

Fußleisten an geraden Wänden zu befestigen, stellt kein Problem dar. Schwierig ist allein, die Leisten in oder um Ecken herumzuführen. Perfekt sieht das Ganze nur aus, wenn die Leisten in einem 45°-Winkel aneinander stoßen, also auf „Gehrung“ sitzen, wie der Fachmann sagt. Zum Zuschnitt benötigt man deshalb eine spezielle Gehrungssäge oder -lade (siehe auch S. 252). Vor dem Sägen muss genau gemessen werden und die Schnitte sind präzise auszuführen. Dies ist nicht ganz leicht, weil man bei Innen- und Außenecken genau überlegen muss, wo und wie man die Leisten anzusetzen hat, damit der Winkel stimmt.

Einfacher ist die Montage mit Systemen, bei denen Zierblenden über die Ecken gesetzt werden. Diese kaschieren unsaubere Verbindungen. Allerdings ist die Optik nicht ganz so überzeugend wie bei einem sauber ausgeführten Gehrungsschnitt.

1 Bei Fußbodenleisten mit Montageklammern werden zunächst die Montageklammern an der Wand befestigt. Wichtig ist, dass sich alle Klammern auf derselben Höhe befinden, ansonsten lässt sich die Schiene nicht einhaken. Zunächst die Montagehöhe ausmessen. Dann im Abstand von 50 cm die Winkel befestigen. Die sicherste Montage ist, die Winkel mit Schraube und Dübel zu befestigen.

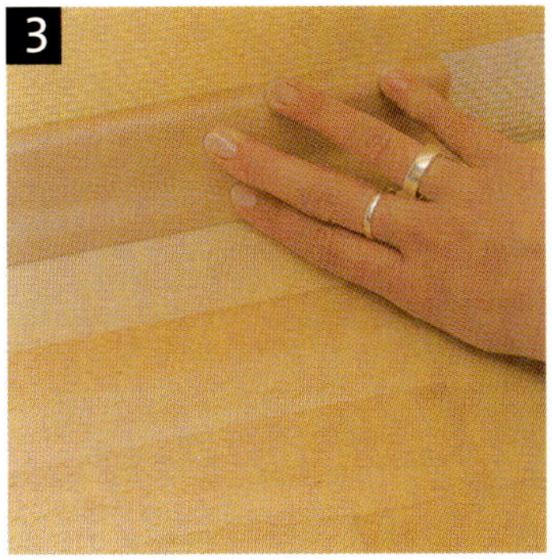

2-3 Dann die Fußleiste fest gegen die Montagehaken drücken. Die Leiste klickt deutlich spürbar ein.

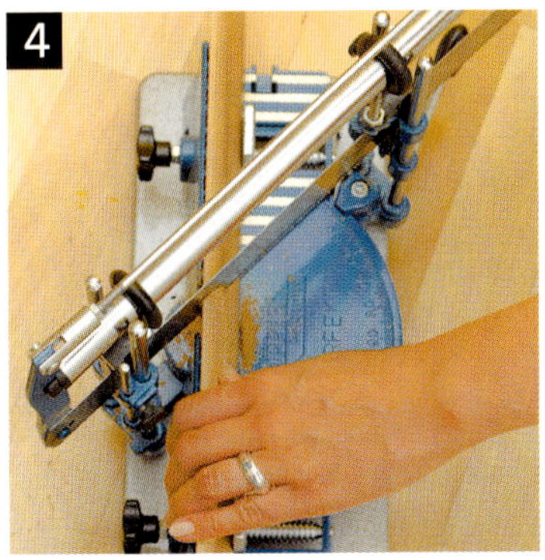

4 In oder um Ecken herum muss die Fußleiste auf Gehrung zugeschnitten werden. Damit keine Spalten sichtbar bleiben, gilt es, exakt zu messen und anzuzeichnen. Dazu die Gehrungssäge auf einen Winkel von 45° einstellen und die Fußleiste langsam und sorgfältig zusägen. Auf ein scharfes Sägeblatt achten.

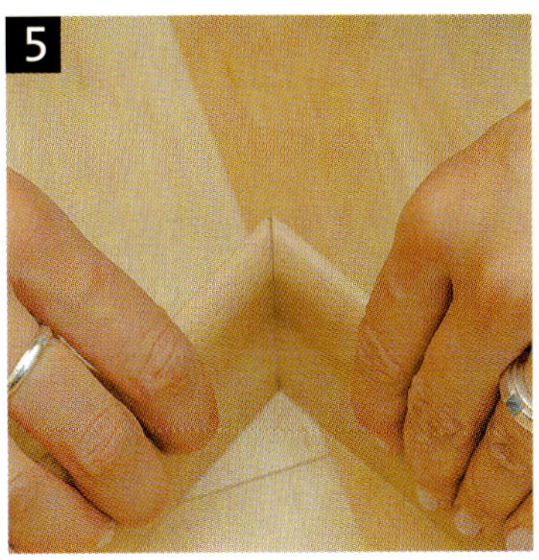

5-6 Bei Innenecken muss anders zugeschnitten werden als bei Außenecken. Einmal muss die Schnittkante nach innen zeigen, einmal nach außen. Überlegen Sie sorgfältig, wie herum Sie die Leiste in die Gehrungssäge einlegen müssen und in welcher Richtung der 45°-Winkel gesägt werden muss.

Vliestapeten

Tapeten einfach auf die Wand kleben ohne Vorkleistern und Einweichen: Mit Vliestapeten geht das Tapezieren einfacher als je zuvor.

Zum Verkleben von Vliestapeten bietet der Handel speziellen Kleister an. Er wird genauso angerührt wie der Kleister für Papiertapeten (siehe S. 40).

Normalerweise streicht man den Kleister mit Quast oder Rolle auf die Wand auf. Stattdessen kann man ihn aber auch auf die Rückseite der Vliestapete aufbringen. Dies kann unter Umständen die Arbeit erleichtern, so z. B. beim Verkleben der Tapete unter der Decke. Hier spart man sich das doch anstrengende „Über-Kopf-Einkleistern“. Besonders einfach geht es, wenn man über eine Kleistermaschine verfügt. Hier sollte man allerdings nicht den normalen Vliestapetenkleister, sondern solchen mit dem Zusatzkürzel „TG“ einsetzen. Er ist speziell für Kleistermaschinen entwickelt und gewährleistet, dass sich beim Durchziehen der Bahnen der Kleister optimal auf der Tapetenrückseite verteilt.

Vliestapeten eignen sich auch, auf alten Tapeten verklebt zu werden und so z. B. eine mit Glasfaser-Tapete gestaltete Wand zu renovieren. Dafür ist es allerdings erforderlich, den Untergrund aufwändig vorzubehandeln. Die unebene Struktur der Wand gleicht man mit einer Spachtelmasse und einer speziellen Untertapete aus. Diese verhindert das Aufplatzen von Tapetennähten und dient als Spannungsausgleich zwischen Untergrund und Tapete. Schließlich sorgt sie für einen gleichmäßig hellen Untergrund.

Als Spachtelmasse dient handelsüblicher Dispersionskleber. Dieser wird mit einem Zahnspachtel auf die Wand aufgezogen. In den frischen Kleber drückt man dann mit einem Kunststoffspachtel die Untertapete, die aus Vlies besteht. Abschließend zieht man die Fläche mit dem Kunststoffspachtel glatt. Sobald der Kleber ausgetrocknet ist (Herstellerangaben beachten), kann die Wand mit Vliestapeten tapeziert werden.

Auch beim Kauf von Vliestapeten gilt es, auf die Anfertigungsnummer zu achten, möchte man späteren Ärger vermeiden. Nur bei gleicher Nummer ist gewährleistet, dass Muster und Farbe exakt übereinstimmen.

Vliestapeten verkleben

Bis auf die Tatsache, dass die Tapeten nicht eingeweicht werden müssen, gleichen dabei die Arbeitsschritte im Wesentlichen denen beim Tapezieren mit Papiertapete (siehe auch S. 42 ff.). Allerdings geht das Arbeiten leichter und schneller von der Hand.

Am besten tapeziert man bei Zimmertemperatur (um 20°C). Übermäßiges Heizen oder Durchlüften kann die Haftungseigenschaften der Tapete auf der Wand beeinträchtigen. Gleiches gilt auch für Vlies-Bordüren, die es passend zu vielen Vliestapeten gibt (siehe auch S. 112).

Werkzeug & Material

- Lot oder Wasserwaage
- Maßband oder Zollstock
- Cuttermesser
- Tapezierschere

- Rolle für Dispersionsfarbe oder Quast
- Stahllineal oder Kunststoffspachtel
- Andrückrolle
- Tapeziertisch

- Vliestapete
- angerührter Tapetenkleister für Vliestapeten

Einfach ist das nicht, aber Sie schaffen das schon

Nehmen Sie sich Zeit. Das kann etwas dauern!

Überkopfarbeiten gehen ganz schön in die Arme

1 Man beginnt auch beim Verkleben von Vliestapeten direkt am Fenster. Wichtig ist, dass die Bahn exakt lotrecht hängt. Als Markierungshilfe kann man entweder mit einer Wasserwaage eine exakt senkrechte Linie auf der Wand anzeichnen oder ein Lot aufhängen (siehe auch S. 45).

2-3 Die Wand kann sowohl mit einem Quast als auch mit einer Farbrolle eingekleistert werden. Der Kleister wird Bahn für Bahn ganzflächig und dick aufgetragen. Bei beiden Techniken lässt es sich nicht vermeiden, dass Kleister auf den Boden spritzt. Deshalb den Boden mit Plastikfolie oder alten Zeitungen abdecken, besser noch abkleben. Kleisterspritzer auf Raumflächen oder Gegenständen wischt man am besten sofort mit einem feuchten Schwammtuch ab.

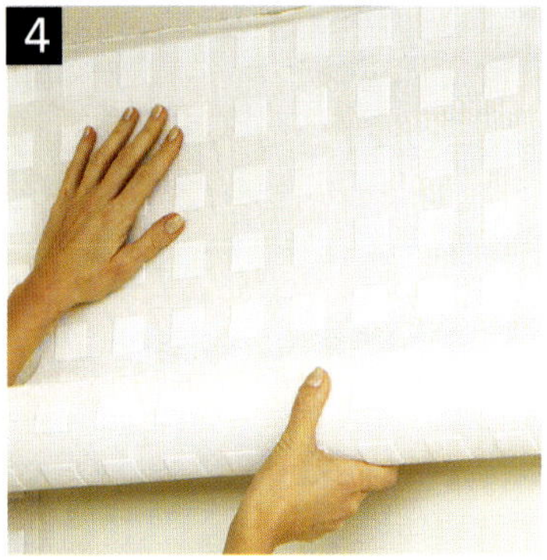

4 Die erste Bahn wird unmittelbar neben dem Fenster entlang der lotrechten Markierung in den feuchten Kleister gedrückt. Dabei oben zur Decke hin ein paar Zentimeter überstehen lassen.

5 Jetzt oben an der Fensterlaibung die Tapete waagerecht mit einem Cuttermesser einschneiden. Die Fensterlaibung dient dabei als Führung. Dann Tapete umschlagen und in die Fensterlaibung drücken.

6 Die überschüssige Tapete mit dem Cuttermesser abschneiden. Ein Plastikspachtel dient dabei als Schnitthilfe.

7 In der senkrechten Verlängerung der Fensterlaibung oben die Tapete einschneiden. Ein ausreichend langes Stahllineal dient als Schnitthilfe. Die überschüssige Tapete oberhalb der Laibung abziehen.

8 Ein entsprechend kurzes Tapetenstück von der Decke aus oben um die Fensterlaibung andrücken, ausrichten und anschließend wie an der senkrechten Fensterlaibung beschneiden.

9 Die Tapetenbahnen werden Stoß an Stoß verklebt, wobei hier eventuell der Rapport, das ist die Musterwiederholung, zu beachten ist. Leichter geht es, wenn man sich für Tapeten ohne Muster und damit auch ohne Rapport entscheidet.

10 Nach dem Aufkleben der Bahn wird mit einem Roller die Tapete fest auf den Untergrund gedrückt.

11 Bei Innenecken wird die Tapete nicht um die Ecke gezogen. Stattdessen die eine Wand zu Ende kleben und die letzte Bahn so beschneiden, dass sie ca. 2 cm um die Ecke lappt. An der neuen Wand mit einer ganzen Bahn beginnen. Dabei auf lotrechten Sitz der Tapete achten.

12 Unmittelbar nach dem Verkleben wird die Bahn oben und unten auf die richtige Länge gekürzt. Hierzu oben ein Lineal oder einen Kunststoffspachtel in die Deckenkante drücken und Tapete mit dem Cuttermesser beschneiden. Unten die Tapete knapp über dem Boden abschneiden.

13 Bei Türzargen verfährt man wie bei Fensterlaibungen: Eine ganze Bahn verkleben und dann den Türrahmen ausschneiden.

14 In Heizungsnischen wird die Tapete nicht hinter den Heizkörper geklebt, sondern nur ein Stück in die Nische hineingezogen.

15 Beim Tapezieren einer Dachschräge wird die Tapete im Knick mit einem so genannten Doppelschnitt durchtrennt. Zuerst die Schräge tapezieren. Dabei die Tapete etwas über den Knick hinaus an die gerade Wand kleben. Dann auch die Tapete unten so aufkleben, dass sie überlappt.

16 Jetzt im Knick mit Hilfe eines Lineals beide Bahnen durchtrennen. Die untere Tapete zurückklappen, Reststücke entfernen und unteres Stück wieder zurückklappen.

Beim Befestigen mit Injektionsmörtel breitet sich dieser rund um den Dübel in der Wand aus und sorgt so dafür, dass eine extrem belastbare Halterung entsteht.

Vorhänge

Vorhänge schützen vor neugierigen Blicken und verwandeln abends dunkle Fensterlöcher in attraktive Flächen. Als Alternative zu Omas guter alter Gardinenstange bieten sich heute zwei Befestigungsarten an:

Vorhangstangen

Vorhangstangen sind die einfachste Art, sich durch Stoffe gegen neugierige Blicke abzuschotten. Die Stangen werden dabei auf Haken oder Rosetten aufgelegt, die sich mit ein oder zwei Schrauben leicht selbst befestigen lassen. Bei Rolladenkästen muss dazu noch nicht einmal gedübelt werden; die Schrauben lassen sich hier direkt im Holz versenken.

Spannseilsystem

Vorhänge an einem Seilspannsystem aufzuhängen, ist eine besonders elegante Lösung, weil die Aufhängung sehr filigran ist und deshalb kaum ins Auge springt.

Damit das Seil nicht durchhängt, muss es straff gespannt werden – und genau hier liegt das Problem: Die Halterungen sind sehr großen Kräften ausgesetzt und müssen deshalb sehr stabil in den Wänden befestigt werden. Mit Standarddübeln ist dies meist nicht zu bewerkstelligen.

Empfehlenswert ist deshalb, keinen klassischen Dübel einzusetzen, sondern Injektionsmörtel. Das klingt sehr kompliziert, ist es aber nicht. Dank ausgereifter Spritzsysteme, für die man nicht einmal besondere Werkzeuge benötigt, können dies selbst unerfahrene Heimwerker.

Spannseilsysteme für Vorhänge gibt es in verschiedensten Ausführungen. Das Grundsystem ist dabei stets gleich: Man schneidet ein Seil mit einem Seitenschneider auf die benötigte Länge und schraubt es nach Anleitung des Spannsystemherstellers in Befestigungshaken ein. Auf einer Seite dieser Haken befindet sich ein Seilspanner, mit dem man durch Drehen das Seil auf Zug bringt. In der Regel muss das Seil nach ein paar Tagen nachgespannt werden. Wenn der Vorhang gewaschen werden soll, löst man den Seilspanner und nimmt das Seil von der Wand. Jetzt kann man den Vorhang abnehmen und auch wieder aufziehen.

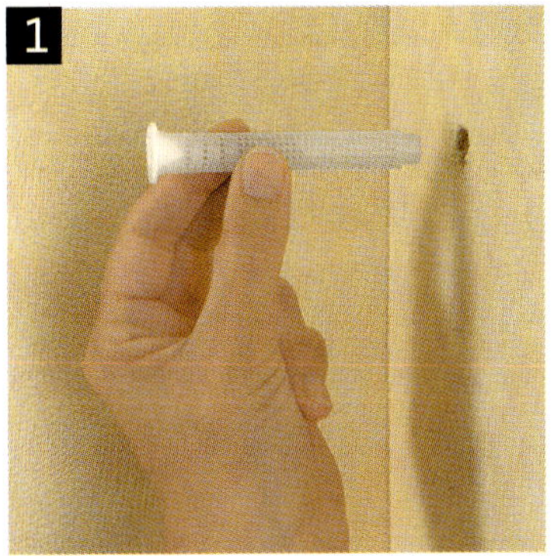

1 Um den hohen Kräften, die durch das Spannen des Seils entstehen, standhalten zu können, empfiehlt es sich, bei Spannseilsystemen vor allem im Mauerwerk mit Injektionsmörtel zu arbeiten. Wie bei Standardbefestigungen wird zunächst ein Loch in die Wand gebohrt, in das dann allerdings kein Dübel, sondern eine so genannte Ankerhülse gesteckt wird. Das Bohrloch muss sauber ausgesaugt sein, damit der Dübel wirklich gut halten kann.

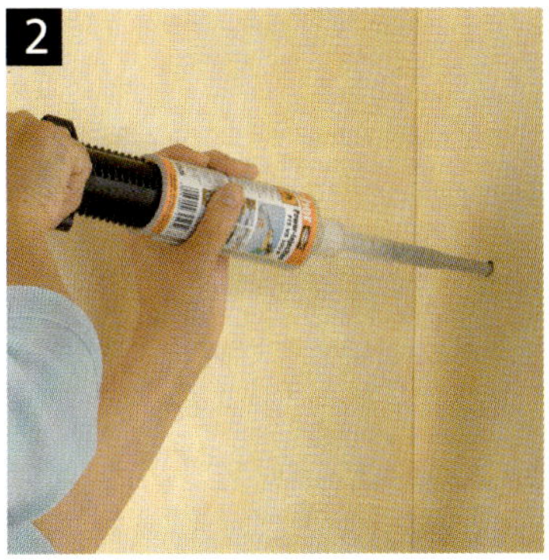

2 In die Öffnung der Ankerhülse wird nun mit Hilfe einer speziellen Kartusche Injektionsmörtel ausgepresst, der sich im Mauerwerk durch das feinmaschige Netz der Ankerhülse verteilt.

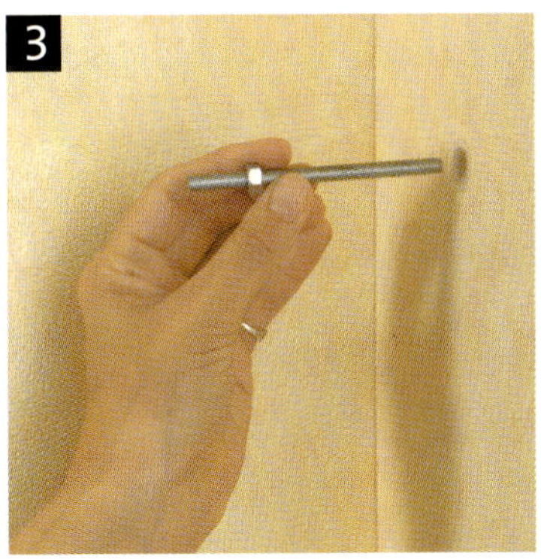

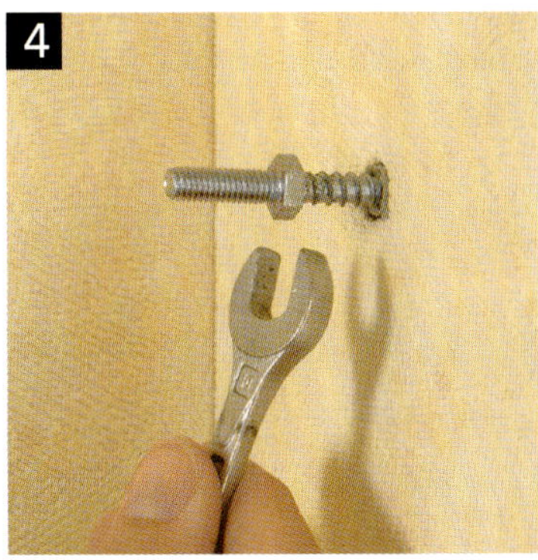

3 In die zähflüssige Masse wird nun die so genannte Ankerstange eingedreht. Wenn der Mörtel ausgehärtet ist (Herstellerangaben beachten), ist er so fest wie Beton. So entsteht eine extrem belastbare Befestigung.

4 Zum Befestigen benötigt man einen „Schlüssel" für Sechskant-Muttern und -Schraubenköpfe. Diese Schlüssel gibt es in unterschiedlicher Größe. Standard sind 8er, 10er, 11er und 13er Schlüssel für entsprechend große Köpfe und Muttern (siehe auch S. 251).

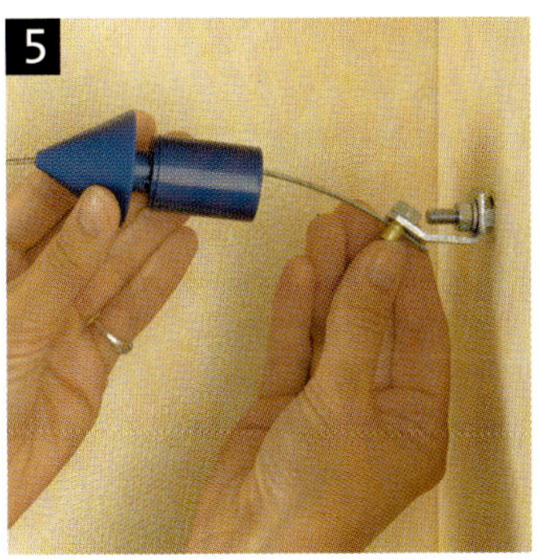

5 Das Seil wird auf die benötigte Länge gekürzt und auf einer Seite – wie im Bild zu sehen – anhand der Einbauanleitung an der Gewindestange befestigt. Das Zierelement wird abschließend einfach über die Befestigung geschoben. Auf der anderen Seite befindet sich ein Seilspanner, mit dem man durch Drehen das Seil spannt.

Vorhangstange befestigen

Die Stangen gibt es sowohl aus dünnem Stahl sowie aus Holz. Standarddurchmesser sind 2 oder 3 cm. Bei Stangen, die über 1,6 m lang sind, empfiehlt es sich, genau in der Mitte der Stange einen Zwischenträger anzubringen; sonst besteht die Gefahr, dass sich die Stange durchbiegt. Es kann nur ein einziger Zwischenträger montiert werden, weil man andernfalls die Gardine nicht mehr ganz auf- bzw. zuziehen kann.

Die Stangen gibt es sowohl in festen Längen von 1,20 m bis 2,40 m, als auch als Teleskopstangen. Diese lassen sich sehr flexibel einsetzen. Durch verschiedene dekorative Endkappen z.B. aus Holz, Glas oder Metall kann man seinen persönlichen Dekorationsstil aufgreifen und unterstreichen.

Werkzeug & Material

- Maßband oder Zollstock
- Akkubohrer
- Schraubendreher
- evtl. Holz- oder Eisensäge

- Winkelträger oder Rosetten
- 6er Schrauben und evtl. auch Dübel
- Stange
- Endkappen

Das kriegen Sie schon hin

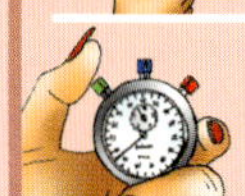

Schneller als Ihr Mann erlaubt

Das geht Ihnen leicht von der Hand

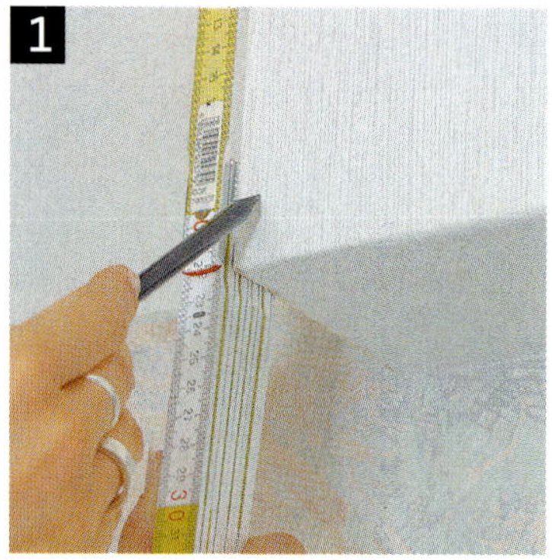

1 Vorhangstangen werden entweder unmittelbar über dem Fenster oder unter der Decke befestigt. Der Abstand sollte ca. 5 bis 7 cm betragen. Die Befestigungsposition links und rechts ausmessen und anzeichnen. Bei Rollladenkästen befestigt man die Haken unmittelbar an den Rändern, weil hier die Schrauben den besten Halt haben.

2 Winkelträger werden auf der Wand verschraubt. In Rollladenkästen kann man kurze Schrauben direkt einschrauben. Bei Wänden muss zuvor gedübelt werden (siehe S. 120).

3 **Soll die Vorhangstange zwischen zwei Wänden aufgehängt werden, setzt man Wandrosetten ein. Der Teller der Rosette wird auf beiden Wänden mit je einer Schraube befestigt. Dabei darauf achten, dass beide Rosetten je denselben Abstand zu Wand und Decke aufweisen.**

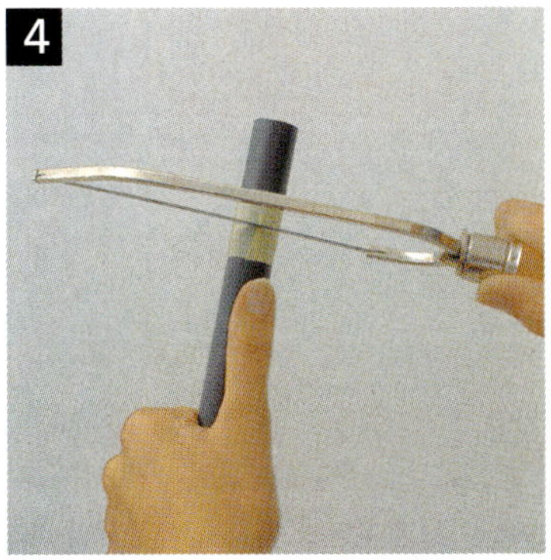

4 **Wenn die Stange zwischen zwei Wänden aufgehängt werden soll, muss man sie auf die exakt richtige Länge kürzen. Dazu den exakten Abstand zwischen den beiden Rosetten genau messen. Am einfachsten ist es, erst die gesamte Breite an der Decke auszumessen und von diesem Maß dann die Breite der Rosetten wieder abzuziehen. Zum Durchtrennen benutzt man eine Handsäge mit passendem Sägeblatt (Holz oder Eisen).**

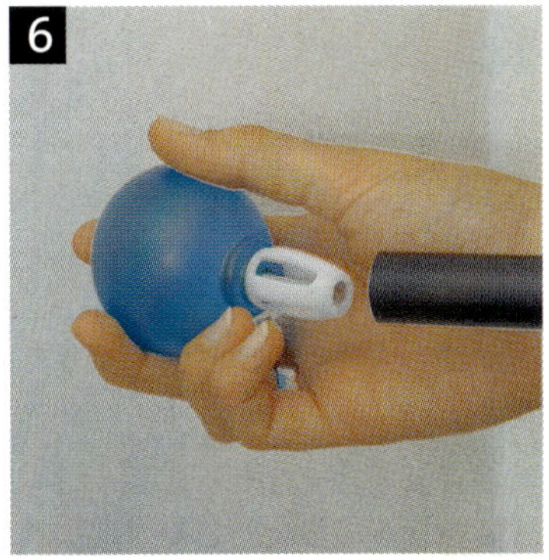

5 **Dann den Vorhang auf die Stange aufziehen. Dazu stehen verschiedene Alternativen zur Wahl: Entweder zieht man wie hier einen Vorhang mit Schlaufen auf oder man benutzt Ringe. Diese gibt es mit Faltenlegehaken, Ösen oder Klammern.**

6 **Bei der Montage mit Winkelträgern an den Stangenenden dekorative Endkappen aufstecken.**

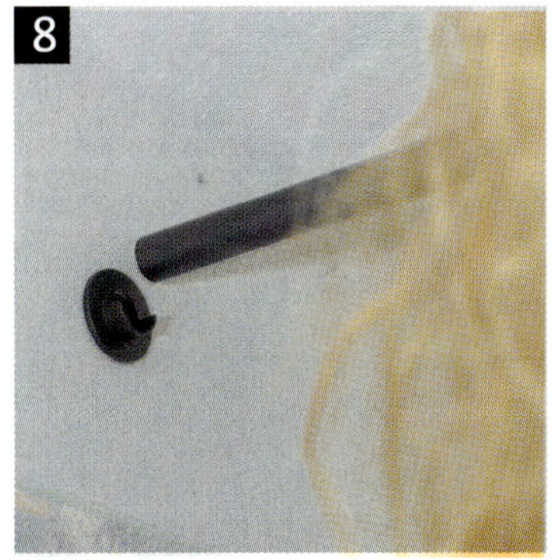

7-8 **Abschließend die Stange mit dem aufgezogenen Vorhang auf die Träger oder Rosetten auflegen. Bei den Trägern wird die Stange mit einer kleineren Schraube gesichert. Die Schraube befindet sich hinter dem Haken. Sie wird so fest angedreht, dass sich die Stange nicht mehr im Träger bewegt.**

MONTANA
6·67539
TEXAS
KGV·524
MICHIGAN
BAD

Kinderzimmer

„Wieso nicht einfach mal wieder Kind sein?!“

Kein Raum wandelt sich im Laufe der Zeit so sehr wie das Kinderzimmer: Vom Wickeltisch über Puppenstube und Carrera-Bahn bis hin zum Kuschelsofa – das Kinderzimmer ist ein steter Ort der Veränderung. Farben und Beläge, Einrichtung und Accessoires wechseln mit den Bedürfnissen und Altersstufen des Nachwuchses. Beim Umgestalten sind so Kreativität und Qualität gefragt, denn viele Materialien sind hohen Belastungen ausgesetzt, besonders der Bodenbelag. Deshalb liegen die Schwerpunkte dieses Kapitels auf dem Verlegen von Laminat und Fertigparkett sowie auf dem schnellen Renovieren von Wänden und Decken mit fester Farbe.

Hochwertigere Fertigparkett- und Laminatböden eignen sich besonders für Kinderzimmer, weil sie hygienisch und widerstandsfähig sind.

Kinderparadiese gestalten

Das Kinderzimmer als ein kleines Paradies zum Spielen und Lernen, zum Entfalten und Entwickeln der eigenen Persönlichkeit – das steht bei der Gestaltung an oberster Stelle.

Flexibilität ist Trumpf, und dies in vielerlei Hinsicht: Vor allem muss die Einrichtung mit der Entwicklung der Kinder Schritt halten können, so z.B. der Schreibtisch: Er sollte höhenverstellbar sein, damit die Kinder in jeder Wachstumsphase ergonomisch richtig sitzen können.

Keine Villa könnte groß genug sein, um den tausend verschiedenen Spielideen und Bedürfnissen der Kinder einen eigenen Raum zur Verfügung zu stellen. Ausreichend niedriger Stauraum für die unweigerlichen Massen an Spielsachen, die sich im Laufe eines Kinderlebens ansammeln, ist unverzichtbar. Besonders geeignet sind kleinere und größere Kisten, die sich flexibel nutzen lassen. Kinder gestalten sich ihre Welt gerne nach ihren Gefühlslagen. Ob Budebauen oder Ummöblieren: Als ideal empfinden sie mobile Möbel, die sie selbst verschieben oder umstellen können. Leichte Möbelstücke oder Rollwagen erleichtern dies.

Nichts ist für den Nachwuchs so wichtig wie Freiraum, um sein Leben zu gestalten. Und das darf man bei der Gestaltung des Kinderzimmers ruhig wörtlich nehmen: Eine möglichst große Freifläche in der Mitte des Raumes sollte nicht fehlen. Hier muss Platz sein zum Toben mit anderen Kindern, zum Spielen mit Playmobil oder Lego, zum Aufbauen von Eisenbahnen oder Puppenstuben. Fehlt der Freiraum im Kinderzimmer, sollte nach alternativen Freiflächen in der Wohnung gesucht werden, die der Nachwuchs nutzen kann – sonst sucht er sich selbst einen Platz, wie z. B. das Wohnzimmer – und das geht garantiert zu Lasten des elterlichen Nervenkostüms.

Genauso wichtig wie der Spielplatz ist die Kuschelzone. Sie sollte dazu einladen, sich zu entspannen, zu lesen, Musik oder Kassetten zu hören oder einfach nur zu träumen. Ideal ist ein kleines Klappsofa, auf dem z.B. auch andere Kinder übernachten können. Ist hierfür kein Platz, wird unweigerlich das Bett genutzt. Sein Wert als Relax-Oase lässt sich mit vielen Kissen und einer Sofadecke beträchtlich steigern. Ideal ist,

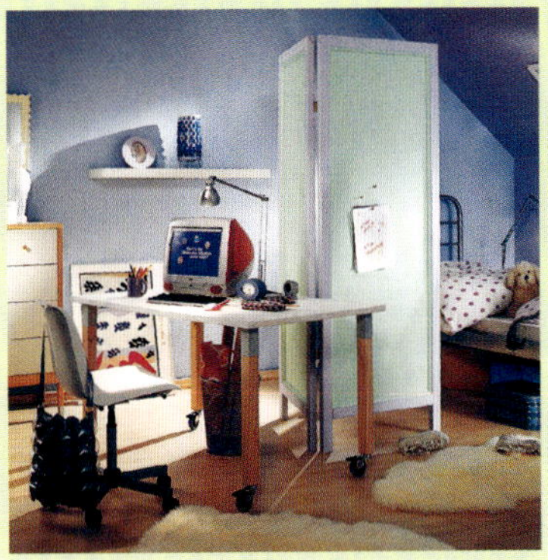

Der besondere Tipp

- **Wenn Sie selbst Möbel- oder Holzstücke bunt anstreichen möchten, sollten Sie darauf achten, dass die Farben kindgerecht sind und den so genannten Speicheltest bestanden haben. Dies ist auf den Produkten ausgewiesen.**
- **Teilen sich zwei oder mehrere Kinder ein Zimmer, empfiehlt es sich, bei der Einrichtung jedem Kind ein – wenn auch noch so winziges – Eckchen Platz ganz für sich allein zu schaffen.**
- **Hochbetten helfen in kleinen Zimmern Platz sparen; der Raum unter dem Bett bietet wertvollen Platz zum Spielen – mit Stoffen verhängt kann so eine geheimnisvolle Spielhöhle oder eine gemütliche Kuschelecke entstehen.**
- **Für das Jugendzimmer empfehlen sich Telefone mit sogenannter Kontoeinrichtung. Hier kann man den Telefonhunger auf eine frei wählbare Anzahl von Einheiten begrenzen. Wenn das Guthaben verbraucht ist, kann der Nachwuchs nur noch angerufen werden, selbst aber nicht mehr von diesem Telefon aus Kosten verursachen.**

wenn das Bettzeug tagsüber in einem Bettkasten verschwinden kann. Unverzichtbar ist schließlich ein Schreibtisch – im Vorschulalter zum Malen und Basteln, später für das Erledigen der Hausaufgaben. Für die Positionierung gelten die gleichen Grundregeln wie für den Schreibtisch im Arbeitszimmer (siehe auch S. 180 ff.).

Boden- und Wandbeläge

Kinderzimmer sind Orte des Leidens für Wand- und Bodenflächen: Nirgendwo werden sie so stark beansprucht wie hier. Strapazierfähige Materialien sind also gefragt. Für den Boden bieten sich vor allem Kork und Holz als Material an, weil sie relativ weich sind, was Verletzungen vorbeugt, und sich leicht pflegen lassen. Außerdem bieten sie den auf dem Boden spielenden Kindern Wärmeschutz. Teppichböden haben den Nachteil, dass sich Flecken wie vom umgekippten Kakaoglas nur schwer entfernen lassen.

Hochwertige und teure Tapeten leiden schnell unter aufgeklebten Postern oder auch aufgemalten Kleinkunstwerken. Empfehlenswert sind vor allem Vliestapeten, weil diese sich beim Renovieren relativ problemlos wieder ablösen lassen (Arbeitsanleitung siehe Seite 152 ff.), oder Raufaser, die sich leicht überstreichen lässt. Beim Streichen sind vor allem scheuerbeständige Latexfarben zu empfehlen.

Bunte Farben regen die Fantasie an und wirken sich positiv auf die Entwicklung aus. Helle, freundliche Töne sind dabei wesentlich vorteilhafter als dunkle, gedeckte Töne. Ein buntes Kinderzimmer mit vielen visuellen Anregungen entspricht so nicht nur den Vorstellungen der Kinder selbst, sondern auch denen der Entwicklungspsychologen. Deshalb gilt: Bringen Sie im Kinderzimmer Farbe ins Spiel. Streichen Sie die Wände in hellen, freundlichen Tönen wie z. B. in Sonnengelb. Möbel in kontrastierenden Farben wie z. B. mit knallroten Türen oder Schubladen beleben zusätzlich. Allzu wild muss man es allerdings nicht treiben – die vielen bunten Spielsachen der Kinder bringen auch unabhängig von der Raumgestaltung farbenfrohes Leben in die Spielstube.

Kindgerechte Möblierung

Bei der Möblierung kommt es vor allem bei unter 10-Jährigen auf kindgerechte Verarbeitung an: Verletzungen beugen hier Möbel mit abgerundeten Ecken und Kanten vor.

Besonders kleine Kinder reagieren viel unmittelbarer auf visuelle Impulse als Erwachsene. Offene Regale, in denen Spielsachen, Bücher oder Kuscheltiere die Kinder anlachen, animieren sie weitaus mehr, sich mit ihnen zu beschäftigen, als wenn sie hinter geschlossenen Schranktüren aufbewahrt werden. Kinder sind naturgemäß klein. Für die Möblierung bedeutet dies, dass für sie Dinge nur bis zu einer gewissen Höhe erreichbar sind. Die wichtigsten Spielzeuge sollten deshalb in kindgerechter Griffhöhe, also in bodennahen Regalen oder Kommoden untergebracht werden.

Technik bedenken

Die technischen Anforderungen an das Kinderzimmer sind in den letzten Jahren enorm gestiegen. So wünschen sich heute schon Vorschulkinder einen eigenen Kassettenrekorder, um ihre Bibi-Blocksberg- und Benjamin-Blümchen-Kassetten hören zu können. Und spätestens im Grundschulalter stehen dann eine kleine Musikanlage für die aktuelle Pop-Musik und ein Computer zum Spielen und Lernen ganz oben auf der Wunschliste.

Entsprechende Ablageflächen wie z.B. ein kleines Regal für Stereoanlage und CDs und natürlich ausreichende Stromanschlüsse gilt es auch bei der Planung des Kinderzimmers zu berücksichtigen. Optimal ist es, wenn man bei einem Neubau auch gleich Telefon- und Antennenanschluss für das spätere Jugendzimmer vorsieht.

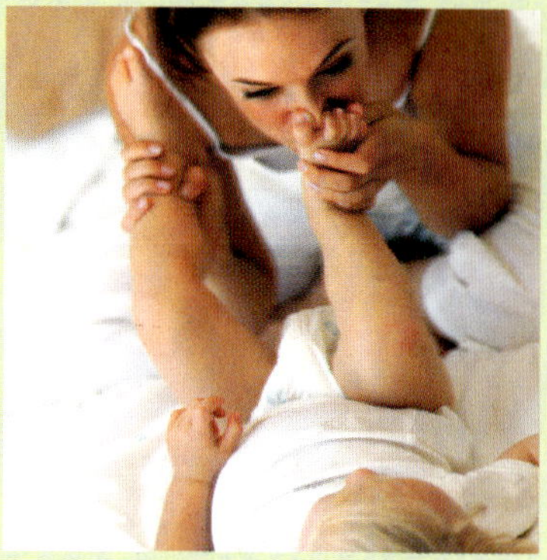

„Dann doch lieber seine Socken in die Waschmaschine stecken!“

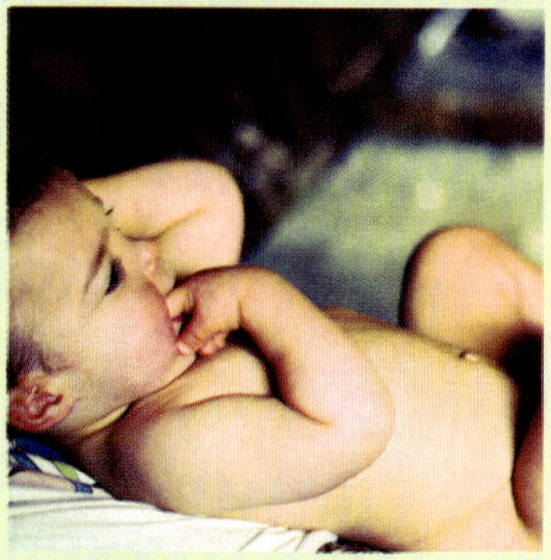

Wickel-Werkstatt Babyzimmer

So hart es klingt: Ein Zimmer für den ganz kleinen Nachwuchs muss weniger den Ansprüchen der Babys genügen als vielmehr denen der Eltern.

Liebevolle Dekorationen und abgestimmte Möbel wie Wiege und Wickelkommode vergrößern zwar den Spaß der Eltern – die ganz Kleinen haben davon nichts. Entweder sie schlafen oder sie befinden sich immer dort, wo sie beaufsichtigt werden können.

In den ersten zwei Lebensjahren des Kindes vereinfacht man sich das Leben, wenn man das Kinderzimmer als ergonomischen Arbeitsplatz sieht: Die Wickelauflage sollte sich in einer der eigenen Körpergröße entsprechenden Höhe befinden. Das schont die Wirbelsäule und vereinfacht den Umgang mit dem Kind. Als Richtmaß gelten hier die für die jeweilige Körpergröße empfohlenen Arbeitshöhen für Küchenarbeitsflächen (Siehe Tabelle S. 73).

Wickelkommoden aus dem Einrichtungshaus entsprechen dabei nur selten der richtigen Höhe. Viel sinnvoller und preiswerter ist es vor allem für größere Menschen, eine 80 x 80 cm große Platte in der richtigen Höhe mit großen, stabilen Regalträgern an der Wand zu befestigen und vorn eventuell mit auf Maß zugeschnittenen Tischbeinen abzufangen. Alternativ zu den Regalträgern kann man die Arbeitsplatte auch mit einem Küchenschrank unterbauen.

Viel praktischer als tief liegende Schubladen der Wickelkommode, zu denen man sich häufig herunterbücken muss, sind Regalbretter direkt über der Wickelkommode (Arbeitsanleitung siehe S. 178). Hier hat man mit einem Griff Wickel- und Anziehsachen zur Hand, ohne das Baby auch nur eine Sekunde aus den Augen lassen zu müssen. Direkt neben der Kommode darf ein geruchsdicht verschließbarer Abfalleimer für Windel, Feuchttuch & Co. nicht fehlen.

Während der Stillzeit ist ein bequemes Sofa oder ein großer Sessel direkt neben der Wiege ein Luxus für unausgeschlafene Mütter, die das Schreien des Kindes wieder einmal aus dem Schlaf gerissen hat. Eine dimmbare Stehlampe direkt daneben und eine griffbereit liegende Decke machen die Nachtschichten darüber hinaus wesentlich erträglicher.

Holzböden

Der natürliche, wohnliche Charakter verbunden mit der Schönheit der Holzfarbe und der Maserung macht Holzböden so beliebt. Neben der Optik sprechen dabei eine ganze Reihe weiterer Gründe für diesen Bodenbelag, der sich auch besonders für das Kinderzimmer, aber auch für alle anderen Wohnräume eignet.

Diese Böden sind ökologisch und gesundheitlich empfehlenswert, weil hier z. B. Hausstaubmilben so gut wie keine Chance haben. Bei einer guten Versiegelung lassen sie sich außerdem gut pflegen.

Holz vermittelt dabei hohen Wohnkomfort, nicht zuletzt auch, weil die Böden fußwarm und trittelastisch sind. Schließlich halten Holzböden bei pfleglichem Umgang ein Leben lang.

Echtholzböden

Holzboden ist dabei allerdings lange nicht gleich Holzboden: Die Klassiker unter ihnen sind Massivholzdielen und Parkett. Die massiven Bodenbeläge werden fest verklebt und müssen nach dem Verlegen geschliffen und mit speziellen Schutzanstrichen versiegelt werden.

Fertigparkett

Das ist bei Fertigparkett anders: Hier ist die Oberfläche bereits versiegelt. Neben dem teuren, massiven Fertigparkett gibt es Fertigparkettstäbe, bei denen nur die Deckschicht aus massivem Holz besteht – und das drückt den Preis.

Laminat

Noch preiswerter hingegen ist Laminat: Auch diese Bodenart besteht nicht aus Vollholz, sondern ist mehrschichtig aufgebaut. Die sichtbare, oberste Schicht (Deckschicht) besteht dabei allerdings nicht aus einer Echtholzauflage, sondern aus einem mittels Kunstharzen aufkaschierten Dekormaterial. Der Unterschied zu Echtholz ist dabei kaum zu erkennen. Weniger verbreitet sind Laminatböden mit anderen Dekoren wie z. B. buntem Holz oder Steinnachbildungen. Bei guter Verarbeitung und hochwertigen Materialien steht Laminat nicht nur in Bezug auf die Optik Echtholzböden in nichts nach: Es ist sogar abriebfester, stoßunempfindlicher und fleckenresistenter. Beim Kauf gilt es deshalb, nicht nur auf die Optik des Laminats zu achten. Besonders wichtig ist die Qualität des Bodens. Die Unterschiede sind dabei mit bloßem Auge nicht zu erkennen. Aufschluss über die Qualität geben Gütesiegel, allen voran die so genannte „Beanspruchungsklasse". Empfehlenswert sind die Klassen 23 bis 31 für intensive wohnliche oder geringe gewerbliche Nutzung. Zu achten gilt es auch auf eine mehrjährige Garantie.

Hölzer und Holzfarben

Holz hat viele Gesichter – welches zu Ihnen und Ihrer Wohnung passt, ist ganz vom persönlichen Stil abhängig.

Ganz grob kann man die Hölzer nach ihrer Optik in helle, mittelhelle und dunkle Arten einteilen. Helle Hölzer wie z. B. Ahorn oder Buche passen zu einem freundlichen, jungen Einrichtungsstil und dem Kinderzimmer. Mittelhelle Hölzer wie Eiche und Kiefer hingegen unterstreichen ein gediegenes, wertbewusstes Ambiente. Dunkle Hölzer wie Merbau oder Teak schließlich wirken extravagant und besonders edel.

Die Optik des Holzes wird aber nicht allein durch die Grundfarbe bestimmt: Genauso wichtig ist die Maserung. Je stärker sie zu Tage tritt, desto rustikaler wirkt der Boden. Die Fläche gewinnt an Spannung und Dynamik. Eine nur sehr dezente Maserung hingegen wirkt weitaus ruhiger und sachlicher. Die Hersteller sortieren die Hölzer und bieten immer mehrere Bodenvarianten einer Holzart mit unterschiedlich starker Maserung an. Für kleinere Räume und Kinderzimmer sind grundsätzlich hellere, ruhigere Böden zu empfehlen, nicht zuletzt auch, weil eine deutliche Maserung den Boden stärker ins Auge springen lässt und dominanter wirkt.

Ein letztes Unterscheidungsmerkmal betrifft Breite und Länge der Hölzer. Von einem Schiffsboden spricht man, wenn kleinere, längliche Holzstücke zu einer Fläche zusammengefügt werden. Von Dielen hingegen spricht man bei einer durchgehenden, nicht gestückelten Holzfläche. Für welche Variante man sich entscheidet, ist wiederum reine Geschmackssache, wobei besonders die Dielen die Großzügigkeit eines Raumes unterstreichen. Mit Schiffsböden lassen sich vor allem Räume mit Schrägen und vielen Ecken optisch harmonisch gestalten. Der Begriff Diele wird auch noch in einem anderen Zusammenhang verwendet: Er bezeichnet die zum Verlegen verarbeiteten Holz- oder Laminatplanken aller Art.

Der besondere Tipp

- **Stimmen Sie beim Renovieren die Holzwahl des Bodens besonders auf die Türen ab. Beide sollten eine harmonische Einheit bilden und in Helligkeit und Ausstrahlung zueinander passen. Helle, rustikale Kieferntüren wirken so beispielsweise in Räumen mit dunklen, eleganten Bodenhölzern deplatziert, zu ihnen passen besonders gut rustikale Landhausdielen.**
- **Um die Wirkung des Bodens besser beurteilen zu können, kann man sich im Fachhandel Muster ausleihen.**
- **Die Verlegerichtung beeinflusst die Raumwirkung. So erscheinen längliche Räume breiter, wenn die Böden quer zum Raum verlegt werden; kurze Räume gewinnen durch eine Verlegung längs zum Raum optisch an Tiefe.**
- **Diagonales Verlegen ist nicht anzuraten – der natürliche Eindruck des Holzes geht verloren.**

Parkett und Laminat lassen sich an Hand ihrer Farbe in helle (Buche, u.), mittelhelle (Eiche, o.) und dunkle (Merbau, r.) Böden unterteilen.

Fertigparkett und Laminatböden selbst verlegen

Zu den wichtigsten Vorteilen dieser Böden zählt nicht nur, dass die Böden im Vergleich zu Vollholz sehr preiswert sind, sondern dass sie vor allem in Eigenleistung verlegt werden können.

Bezüglich des Aufwands, der mit dem Verlegen verbunden ist, gibt es erhebliche Unterschiede zwischen den verschiedenen Böden. Früher mussten die einzelnen Dielen, genau wie bei Massivholzböden, miteinander verleimt werden. Das ist heute aber nicht mehr zwingend notwendig. Bei den neuen so genannten Click-Böden werden die einzelnen Dielen nämlich nur noch zusammengesteckt. Das macht nicht nur das Verlegen einfacher, es ermöglicht auch, den Boden später wieder aufzunehmen und so z. B. bei einem Mietwohnungswechsel den Boden mitzunehmen. Das ist dann allerdings immer mit etwas Verlust verbunden, weil sich der Boden bei unterschiedlichen Raumgrößen nicht eins zu eins umlegen lässt; wer einen solchen Umzug von vornherein mit einplant, sollte deshalb immer auch die Reststücke aufbewahren.

Die schwimmende Verlegung

Fertigparkett und Laminatböden müssen immer schwimmend verlegt werden. Das bedeutet: Der Belag bildet eine einheitliche Fläche, die aber weder auf dem Untergrund noch an anderen Bauteilen fest verankert ist. Bei einer schwimmenden Verlegung wird der Boden also nicht mehr auf dem Untergrund festgeklebt oder -geschraubt. Das vereinfacht nicht nur das Verlegen, sondern verbessert vor allem auch die Trittschalldämmung. Voraussetzung ist allerdings, dass der Boden auf schalldämmendes Material gelegt wird. Dies verhindert, dass der so genannte Körperschall, der durch das Laufen auf dem Holzboden entsteht, über Wände und Decken hindurch auch in andere Räume übertragen wird. Dieser Schallschutz ist besonders in Kinderzimmern wichtig, da das Toben ansonsten im ganzen Haus zu hören ist. Der Handel bietet ein breites Sortiment verschiedener Dämmmatten an. Diese werden vor dem Verlegen auf dem Boden ausgerollt.

Eine solche gesonderte Trittschalldämmung ist aber nicht in jedem Fall erforderlich. Markenhersteller bieten auch Dielen mit integrierter Trittschalldämmung an.

Während die Deckschicht von Fertigparkett und Laminat so versiegelt ist, dass keine Feuchtigkeit in den Boden eindringen kann, ist die Unterseite nicht geschützt. Es gilt also zu verhindern, dass Feuchtigkeit von unten in den Boden aufsteigen kann. Deshalb deckt man den Untergrund vor Beginn des Verlegens mit einer Plastikfolie ab; der Fachmann spricht vom Einziehen einer Dampfsperre.

Der mehrschichtige Aufbau – Dampfsperre, Trittschalldämmung und Fertigparkett bzw. Laminat – kann bei Renovierungen zu Problemen mit Türen führen. Die lassen sich gelegentlich aufgrund der gestiegenen Bodenhöhe nicht mehr öffnen oder schließen bzw. gar nicht erst richtig einhängen. In solchen Fällen muss die Tür unten gekürzt werden – am besten lässt man die erforderlichen Millimeter von einem Schreinerbetrieb abhobeln. Dies ist allerdings nur bei Holz- oder Kunststofftüren möglich, nicht aber bei Glastüren. Hier hilft dann nur, die Türzarge auszubauen, neu auszurichten und sie dann wieder einzubauen. Vor der Kaufentscheidung sollten Sie deshalb prüfen, ob Probleme mit Türen auftreten können.

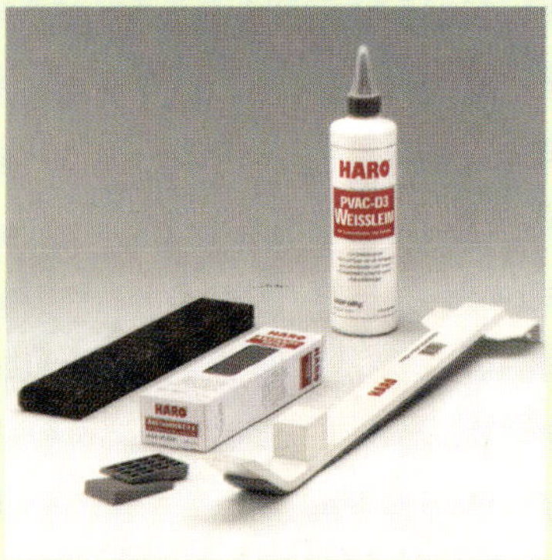

Dämmfolien (u.) bietet der Handel in verschiedenen Materialien und Stärken an.

Zum Verlegen von Laminat oder Parkett greift man am besten zu einem kompletten Set (o.) mit Schlagholz und -eisen, Keilen sowie eventuell mit Leim.

Werkzeug und Material

Das wichtigste Werkzeug für das Verlegen von Fertigparkett und Laminatböden sind Sägen, denn die langen Dielen müssen auf die richtige Länge gekürzt und im Bereich von Heizungsrohren oder Wandvorsprüngen auch ausgesägt werden.

Grundsätzlich ist für diese Arbeit eine Stichsäge vollkommen ausreichend. Sie ist preiswert, lässt sich leicht handhaben und ermöglicht es, nicht nur gerade zu sägen, sondern auch Rundungen auszuführen, wie es z. B. beim Aussparen von Heizungsrohren notwendig ist. In eine Stichsäge kann man verschiedene Sägeblätter einspannen. Diese gibt es zum Schneiden von Holz und Metall mit unterschiedlich feinen Zahnungen. Ein kurzes Holzsägeblatt für feine Schnitte ist ausreichend. Ein Ersatzblatt sollte immer griffbereit sein. Besonders einfach geht das Kürzen von Dielen mit einer so genannten Kappsäge, eine Kreissäge, die speziell für diese oder ähnliche Aufgaben konstruiert ist. Anders als bei der Stichsäge wird der Schnitt hier auf jeden Fall rechtwinklig und gerade; außerdem geht das Sägen schneller von der Hand. Das relativ teure Gerät kann man sich in einigen Baumärkten auch ausleihen. Dabei muss man darauf achten, dass die Schnittbreite der Säge größer ist als die Dielenbreite. Ansonsten kann die Diele nicht in einem Sägevorgang durchtrennt werden. Beim Kauf aller anderen Werkzeuge, die man speziell für das Verlegen von Laminat benötigt, empfiehlt sich ein spezielles Laminatset. Dieses umfasst ein Schlageisen (Zugeisen), mit dem die Dielen in Längsrichtung zusammengefügt werden, und einen Schlagholz für das Verfestigen in Querrichtung. Außerdem gehören Kunststoffkeile zu dem Set, mit denen man leicht die wichtige Dehnungsfuge an den Wänden ausführt. Achten Sie beim Kauf auf Qualität: Minderwertige Schlageisen verbiegen nach ein paar kräftigen Schlägen und das Schlagholz verformt sich.

Nicht zum Lieferumfang gehört ein mittelschwerer Hammer, er sollte ein Gewicht zwischen 600 g und 800 g haben. Für das Verlegen der Dampfsperre (Kunststofffolie) und eventuell auch der Trittschalldämmung benötigen Sie schließlich eine Haushaltsschere und/oder ein Cutter-Messer.

Materialbedarf berechnen

Die Dielen werden je nach Hersteller in unterschiedlichen Längen verkauft; Standard bei Laminat sind ca. 1,2 m, Fertigparkett gibt es in größeren Längen. Beim Verlegen muss die letzte Diele einer Reihe gekürzt werden. Mit dem Reststück beginnt man die nächste Reihe. So hält sich der Verschnitt beim Verlegen in Grenzen. Dabei muss man noch nicht einmal besonders sauber sägen, weil die Schnittstellen immer an der Wand liegen und später von einer Fußleiste verdeckt werden. Bei kleineren, verwinkelten Räumen ist der Verschnitt prozentual größer als bei großen, rechtwinkligen Flächen. Für den Einkauf berechnet man die Raumgröße und gibt dann rund 5–10 % für den Verschnitt zu.

Für die Dampfsperre setzt man am besten eine Baufolie ein; sie ist 4 m breit und wird beim Kauf auf die benötigte Länge zugeschnitten. Wenn die Breite nicht ausreicht, legt man mehrere Folienbahnen aus. Die Folien sollten dabei mindestens 20 cm überlappen. Natürlich können Sie auch andere Folien einbringen; zu beachten ist dabei allerdings, dass nicht jede Kunststofffolie automatisch dampfsperrend ist.

Trittschalldämmungen werden als Rollenware in 1 m Breite verkauft. Die einzelnen Bahnen dürfen nicht überlappen; sie müssen Stoß an Stoß verlegt werden. Die Raumgröße ist also auch hier für den Einkauf maßgebend, wobei man 5–10 % für den Verschnitt hinzurechnet.

Sockel- und Anschlussleisten

Weiter zu berücksichtigen ist der Bedarf an Sockelleisten (siehe S. 150), die den Boden optisch attraktiv zur Wand hin abgrenzen: Hier misst man die Wände genau ab und gibt dann ebenfalls noch etwas Reserve zu. 5–10 % sind bei sauberem Zersägen der langen Leisten auch hier ausreichend. Nicht zu vergessen sind zu guter Letzt Anschluss- und Übergangsleisten. Sie sind überall dort erforderlich, wo das Fertigparkett oder der Laminatboden an andere Bodenbeläge wie Fliesen oder Teppichböden angrenzt. Es gibt sehr verschiedene Leisten (Profile) aus Stahl oder Holz, die für unterschiedliche Einsatzzwecke gedacht sind. Mit Übergangsprofilen kaschieren Sie nicht nur den Stoß, sondern gleichen auch Höhenunterschiede aus. Abschlussprofile sind dort erforderlich, wo keine Sockelleiste zur Wand angebracht werden kann oder soll, wie z. B. an Rändern zur Treppe hin.

Fertigparkett und Laminatböden „arbeiten". Das bedeutet: Durch Wärme und Feuchtigkeitsdifferenzen dehnt sich im Laufe der Jahreszeiten das Material immer ein bisschen aus und schrumpft dann wieder etwas. Je größer die Fläche ist, die der Boden bedeckt, desto stärker ist der Effekt, und: Echtholzböden arbeiten stärker als Laminat. Damit sich der Boden beim Ausdehnen nicht wölbt, sieht man eine so genannte Dehnungs- oder Bewegungsfuge vor. Dies ist ein Spalt von mindestens 6 bis 8 Millimetern Breite rings um den Boden herum. Bei größeren Parkettflächen sollte die Fuge 1–2 cm breit sein.

Eine Dehnungsfuge ist nicht nur zur Wand hin erforderlich, sondern auch bei Türen oder Übergängen zu anderen Bodenflächen. Deshalb wird Fertigparkett oder Laminat nicht durchgängig in allen Räumen verlegt. Dort, wo größere Flächen aneinander stoßen, lässt man eine Dehnungsfuge, die mit einem so genannten Übergangsprofil kaschiert wird. Eine solche Fuge ist spätestens alle 10 m erforderlich. Je größer die aneinander angrenzenden Bodenflächen sind, desto breiter muss auch die Dehnungsfuge sein.

Das Montageprinzip ist bei allen Profilen gleich: Zunächst wird eine Halteschiene im Boden mit kleinen Dübeln und Schrauben verankert. Die Bodenbeläge werden an beiden Seiten an die Schiene herangeführt. Abschließend wird von oben ein Abdeckprofil aufgesetzt und festgeschraubt. Im Bereich von Türen verankert man die Halteschiene direkt unterhalb der geschlossenen Tür. So ist sie nur bei geöffneter Tür sichtbar.

Weitere Materialien

Für das Fixieren der Dampfsperre und der Trittschalldämmung benötigt man normales Klebeband – am besten geeignet ist 5 cm breites Packpapier-Klebeband. Dies lässt sich am leichtesten mit einem entsprechenden Abroller auf die Folie aufkleben.

Für Dehnungsfugen und Übergänge zu anderen Bodenbelägen wie Teppichboden oder Fliesen gibt es spezielle Übergangsleisten.

Click-Böden selbst verlegen

Fertigparkett oder Laminat selbst in einem größeren Raum mit bis zu 30 m² auszulegen, schafft man gut an einem Tag – vor allem dann, wenn man zu zweit arbeitet.

Je mehr Ecken und Winkel der Raum hat, desto aufwändiger und damit zeitintensiver wird das Arbeiten. Nicht zu unterschätzen ist das Anbringen der Sockelleisten – hierfür müssen Sie bei einem 20 m² großen Raum noch einmal einen halben Tag kalkulieren. Grundvoraussetzung ist ein ebener, trockener Boden. Böden von Neubauten sollten mindestens 8 Wochen durchgetrocknet sein. Vorhandene Bodenbeläge müssen nur bei Fußbodenheizungen in jedem Fall entfernt werden; ansonsten kann man die Click-Böden auch auf PVC, Kork und selbst auf Teppichböden verlegen, wenn deren Flor nicht länger als 5 mm ist. Das Zusammenschlagen der Böden ist kraftaufwändig. Am leichtesten fällt die Arbeit, wenn man sie zu zweit ausführt.

Werkzeug & Material

- Cutter und/oder Schere
- Klebestreifenabroller
- Stichsäge (evtl. Kappsäge)
- Ersatzsägeblätter
- Stahllineal
- 2 kleine Schraubzwingen
- Schlageisen
- Schlagholz
- Keile
- mittelschwerer Hammer
- Anschlagwinkel
- Bleistift
- Maßband
- dampfsperrende Kunststofffolie
- Trittschalldämmung
- Klebestreifen
- Click-Boden
- Profile

Mit Hilfe Ihrer Freundin klappt das schon

Das kann lange dauern!

Mittlerer Kraftaufwand, also etwas besser frühstücken!

1 Um das Holz von unten gegen Feuchtigkeit zu schützen – vor allem bei mineralischen Böden – verlegt man zur Sicherheit dampfsperrende Folie (PE-Folie), hier eine Baufolie in 4 m Breite. Diese wird zunächst grob ausgebreitet.

2 Liegt die Folie flächig aus, wird sie an den Wänden passend beschnitten.

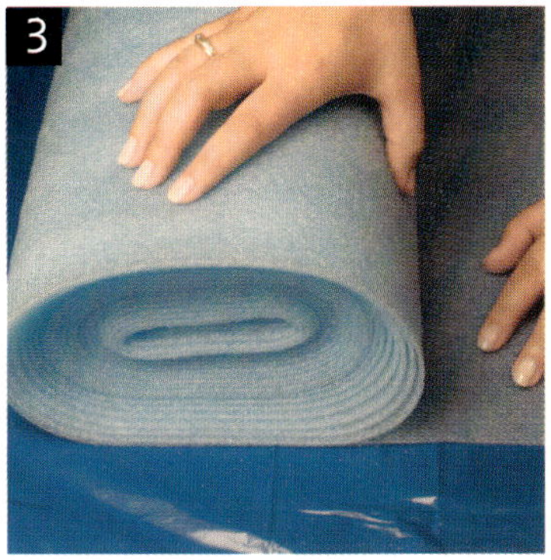

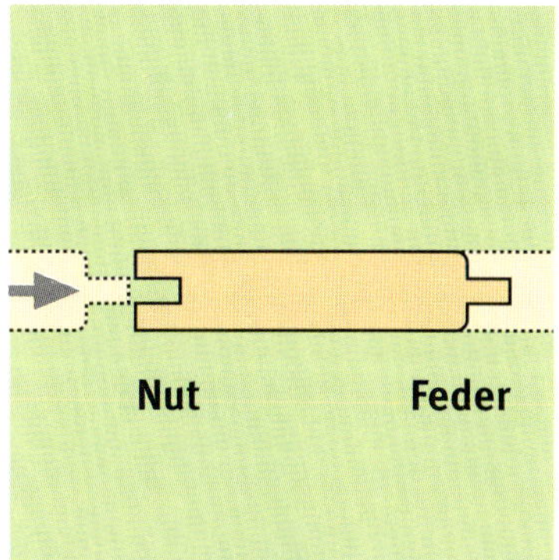

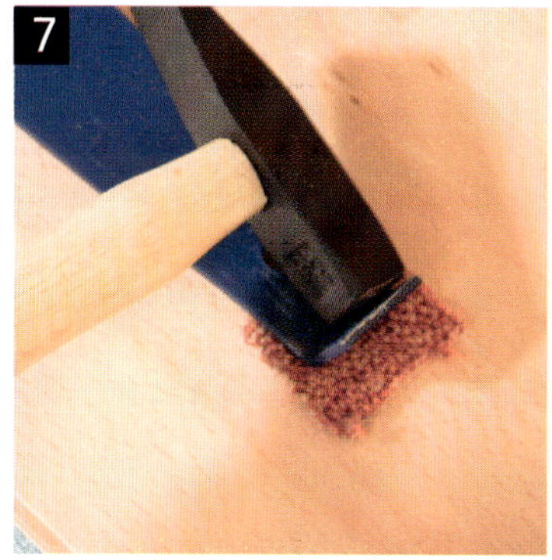

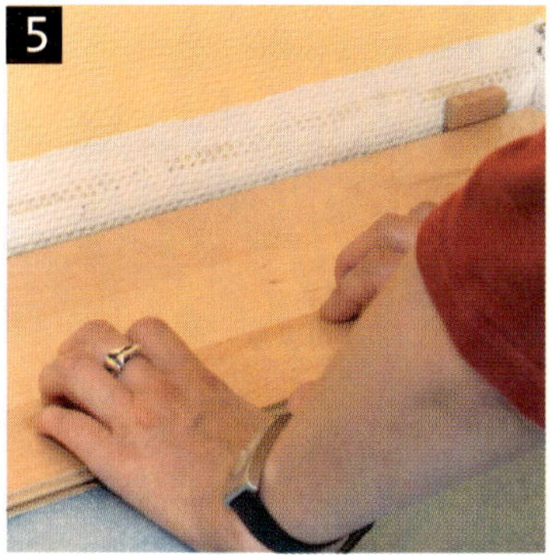

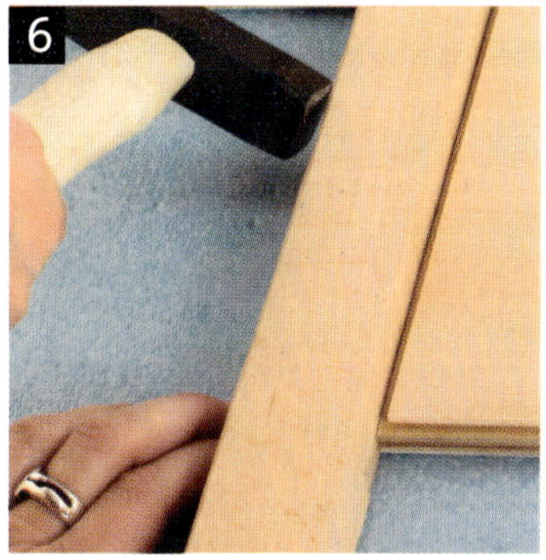

3 Jetzt wird der trittschalldämmende Untergrund aufgebracht. Dies ist nur notwendig, wenn der Boden selbst über keine Trittschallschicht verfügt. Das Material wird parallel zur Verlegerichtung des Bodens ausgelegt. Empfehlenswert ist zunächst nur eine Bahn auszulegen und erst später weitere Bahnen anzuschließen. So verhindert man, dass die Trittschalldämmung beim Verlegen verrutscht oder unnötig beschädigt wird.

4 Beim Verlegen beginnt man am besten in der rechten hinteren Raumecke. Die erste Diele verlegt man mit der Federseite zur Wand. Sowohl an der Stirnseite als auch zur Längswand hin die Keile für die Bewegungsfuge einsetzen.

5 Stellen Sie durch Drücken gegen die Diele sicher, dass die Keile richtig sitzen und die Diele nicht mehr verrutschen kann.

6 Die zweite Diele mit der Stirnseite an die erste Diele anschließen. Mit dem Schlagholz oder dem Schlageisen die Dielen zusammenklicken. Dazu vor der Nut ansetzen und mit leichten Hammerschlägen die Dielen fugenfrei zusammenfügen.

7 Damit durch das Schlagen gegen das Schlageisen keine Kratzer oder Dellen auf dem Boden entstehen, empfiehlt es sich, das Schlageisen vorne weich zu unterlegen – z. B. mit einem Stück Teppichboden.

8 Die letzte Diele der ersten Reihe muss passend zugeschnitten werden. Dazu diese Diele mit der Unterseite nach oben legen und um 180° drehen. Die Seite, die später (rechts) an die bereits verlegte Diele angeschlossen wird, zeigt also jetzt zur Wand. Die Stirnseite der Diele – unter Berücksichtigung des entsprechenden Fugenabstands – vor die Wand legen und parallel zur verlegten Diele ausrichten. Nun die Schnittkante mit einem Anschlagwinkel auf der Dielenunterseite anzeichnen.

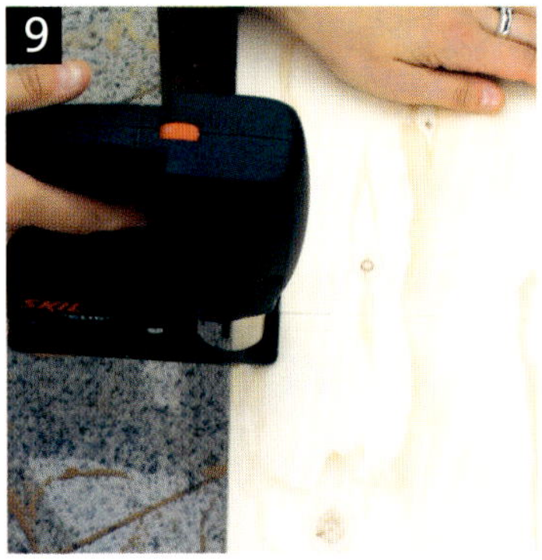

9 Beim Zurechtschneiden – hier mit einer Stichsäge – wird die Dekorseite nach unten gelegt. Wählen Sie ein feines Holzsägeblatt und stellen Sie die Säge auf eine höhere Geschwindigkeit ein. Die Diele wird auf beiden Seiten gleich hoch auf Böcken aufgelegt. Stehen solche nicht zur Verfügung, kann man auch Stühle verwenden, wobei die Dielen immer mit Schraubzwingen gesichert werden sollten. Empfehlenswert ist es, in einem gesonderten Raum zu sägen, um den Verlegebereich sauber zu halten.

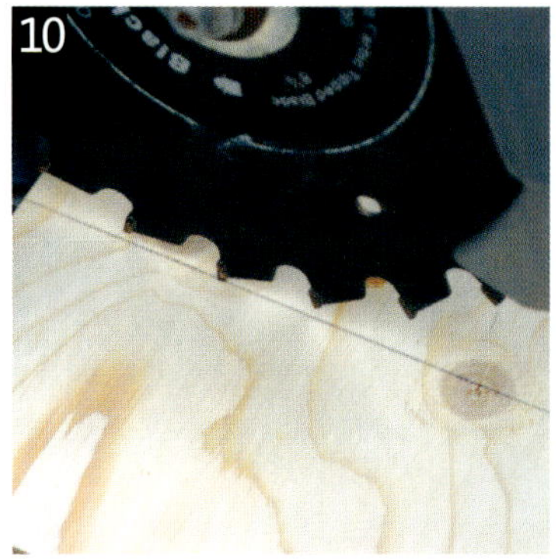

10 Einfacher geht das Zusägen mit einer ausreichend großen Kappsäge. Beim Anlegen die markierte Schnittkante nicht exakt mittig unter das Sägeblatt legen, sondern um die Sägeblattstärke versetzt. Die Schnittkante würde andernfalls um 1–2 mm breiter ausfallen und die Diele entsprechend kürzer sein.

11 Das zurechtgesägte Stück an seine Position legen und mit dem Schlageisen fixieren. Das Werkzeug an der Wandseite ansetzen und mit Hammerschlägen in Richtung der Dielen einklicken.

12

12 Bevor Sie jetzt mit der zweiten Reihe beginnen, überprüfen Sie, ob die Keile nicht verrutscht sind. Besonders wichtig ist, dass sich genau hinter den nahtfeinen Fugen, an denen die Dielen aneinander geklickt sind, ein Keil befindet. Ansonsten verrutscht die erste Reihe leicht beim Anschlagen der zweiten.

13

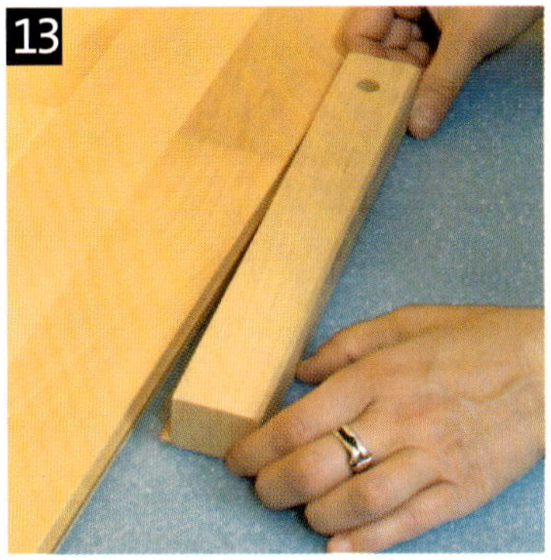

13 Die zweite Reihe beginnt man mit dem Reststück der ersten. Bei diesem Click-Parkett wird die neue Diele vor die verlegte Diele gelegt und mit Schlagholz und Hammer in die Nut der vorhergehenden Reihe eingeklickt. Bei anderen Clickböden wird die zweite Diele zunächst in einem 45°-Winkel in die Feder der ersten Reihe und dann nach unten gedrückt. Erst dann wird mit Schlagholz und Hammer verdichtet. Das Schlagholz hat unten eine Feder; diese wird in die Nut des Bodens eingeschoben. Achten Sie darauf, dass das Schlagholz bündig anliegt.

14

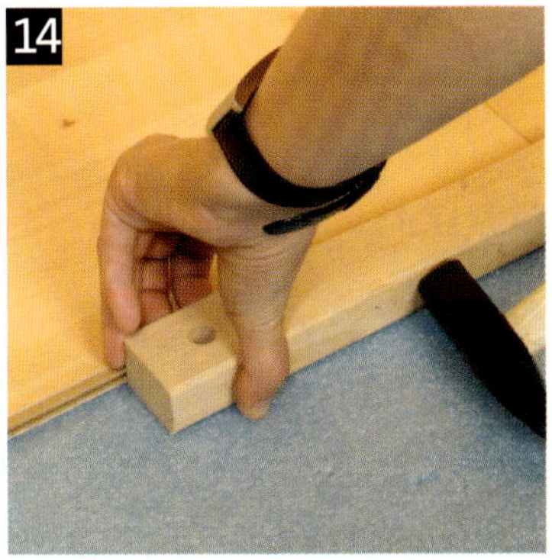

14 Beim Schlagen mit dem Hammer muss bei diesem Boden weit ausgeholt werden, damit der Schlag die notwendige Kraft entwickelt, um die Dielen miteinander zu verklicken. Das Schlagen erfordert ein wenig Übung. Am Anfang ist das Einklicken nicht so einfach, vor allem auch deshalb, weil erst eine Reihe liegt und die beiden Dielen noch locker auf dem Boden liegen. Nach mehreren Reihen geht das Einklicken spürbar leichter von der Hand.

15

15 Ist die erste Diele der zweiten Reihe verklickt, klickt man die zweite Diele dieser Reihe zunächst am kurzen Stück ein. Dann wird die neue Diele auf der ganzen Breite an die erste Dielenreihe angeklickt. Am Ende der zweiten Reihe so verfahren wie am Ende der ersten Reihe. Auf diese Art und Weise den ganzen Boden verlegen.

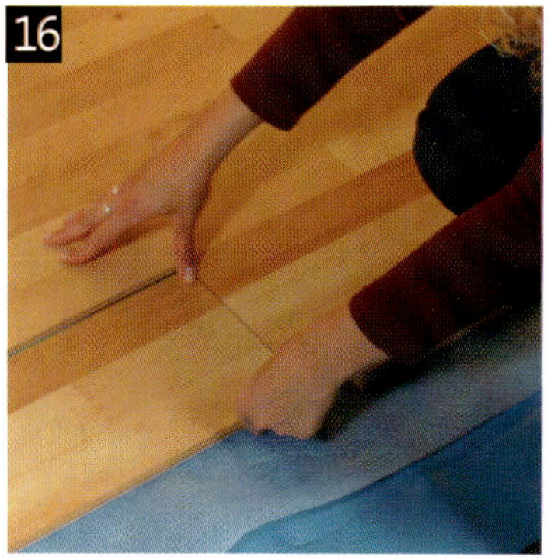

16 Einige kleine Tricks vereinfachen die Arbeit. So kann man beim Auslegen der Diele diese gleich in die Nut der bereits verklickten Diele einschieben. Beim Schlagen kann es hilfreich sein, wenn ein Helfer mit der flachen Hand auf die beiden Dielen drückt und so eventuell vorhandene Niveauunterschiede ausgleicht. Vor dem Verklicken immer überprüfen, ob Nut und Feder intakt sind. Eine eingedrückte Nut kann man mit einem Messer wieder etwas weiten.

17 Hat man einige Reihen verlegt, wird es notwendig, eine neue Bahn Trittschalldämmung auszurollen. Die Bahnen werden Stoß an Stoß gelegt und an einigen Stellen mit Paketband fixiert.

18 Die letzte Reihe wird nicht in der vollen Breite passen und muss dementsprechend zugesägt werden. Dabei die Dehnungsfuge berücksichtigen. Diese Reihe kann nicht mit dem Schlagholz an der vorletzten Reihe angeklickt werden. Stattdessen benutzt man das Schlageisen.

19 Dort wo Heizkörperrohre aus dem Boden kommen, muss der Boden entsprechend ausgespart werden. Dazu die Dielenreihe zunächst so zusägen, als ob keine Lücke gelassen werden müsste.

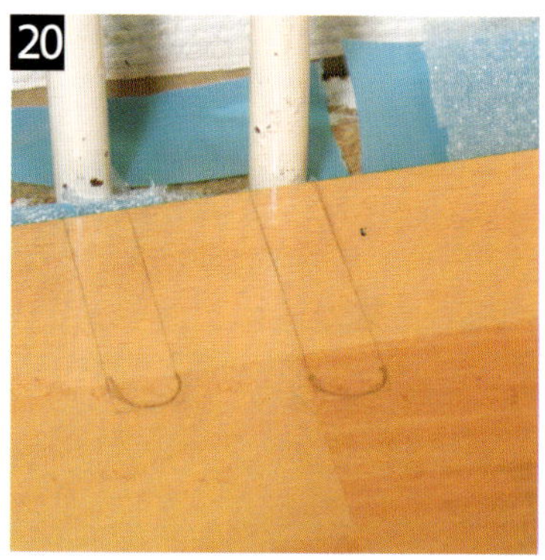

20 Dann das Dielenendstück, das ausgespart werden muss, anlegen und die Breite des Rohres mit feinen Strichen auf der Diele markieren. Den Abstand des Rohres zur Wand hin messen, auf die Diele übertragen und die Kreisform des Rohres anzeichnen.

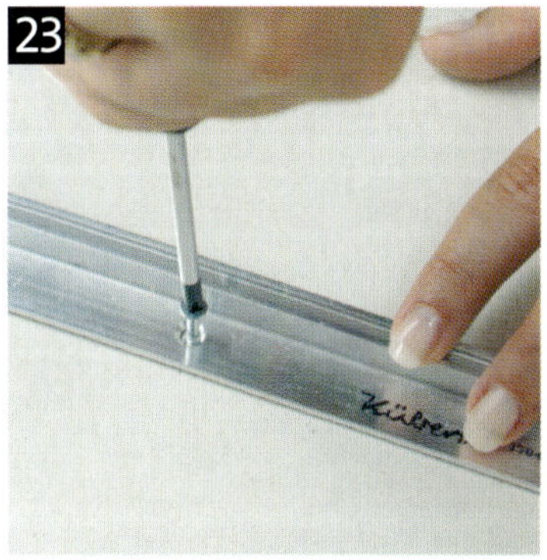

21 Beim Aussägen ergibt sich die Schwierigkeit, die Rundung der Heizungsrohre sauber zu sägen. Bei dünnen Heizungsrohren geht dies nur mit einem kleinen, feinen Sägeblatt. Im Bereich der Rundung die Maschine kräftig drehen. Am besten probiert man das Sägen zunächst an einem kleinen Reststück aus.

22 Im Bereich von Türzargen gibt es zwei Verfahrensweisen. Möglichkeit eins ist die Diele entsprechend auszusparen, also die Zargenproportionen auszumessen, auf der Diele anzuzeichnen und entsprechend auszusägen. Alternativ kann man die Zarge unten kürzen. Dazu ein nicht benötigtes Dielenreststück vor die Zarge als Sägehilfe legen. Dann mit einer Handsäge die Zarge kürzen.

23 Bei Übergängen zu anderen Bodenbelägen oder anderen Räumen muss ein entsprechendes Profil montiert werden. Dies wird zunächst mit der Stichsäge auf die richtige Länge gekürzt. Bei Stahlprofilen benötigt man dazu ein feines Stahlsägeblatt. Die Halteschiene des Profils wird an die richtige Position gelegt. Durch die Bohrlöcher hindurch werden die Bohrpositionen mit dem Bleistift auf dem Boden angezeichnet. Profil beiseite nehmen, Bohrungen ausführen, Dübel einstecken, Profil wieder richtig auflegen und mit Schrauben festdrehen.

24 Dann von beiden Seiten aus die Bodenbeläge heranführen und Abdeckleiste des Profils mit den zugehörigen Schrauben fixieren.

Mit fester Farbe streichen

Feste Farbe ermöglicht es schnell und unaufwändig zur renovieren, da sie bei richtiger Anwendung weder tropft noch spritzt. Damit ist die sehr teure Farbe auch bestens geeignet, Kinderzimmer schnell umzugestalten oder aber kleine Schadstellen auszubessern.

Die Verarbeitung von fester Farbe unterscheidet sich in folgenden Punkten vom Streichen mit Flüssigdispersion:

- Die Farbe wird vor dem Verarbeiten nicht umgerührt.
- Man kann sie nicht verdünnen oder mit Abtönfarbe mischen.
- Für das Verarbeiten benutzt man keine Standardrolle, sondern eine kurzflorige Spezialrolle.

Bei den Pinseln hingegen kann man zu Standardprodukten greifen.

Ganz so simpel, wie es die Werbung verspricht, ist das Streichen mit fester Farbe allerdings nicht. Das Anstrichmittel hält nur auf geeigneten Untergründen. Diese müssen fest, trocken und staubfrei sein. Für eine optimale Haftung sollte man bei einem Erstanstrich mit fester Farbe den Untergrund mit einem lösemittelfreien Tiefgrund vorbehandeln. Er wird mit Quast oder Rolle aufgestrichen. Dabei spritzt und tropft es leider. Bei einem Renovierungsanstrich ist dies allerdings dann nicht mehr erforderlich; hier kann also sofort gestrichen werden. Wichtig ist vor allem, dass man die Farbe langsam auf Wand und Decke aufbringt. Wer es gewohnt ist, mit der Rolle schnell und kräftig über Flächen zu streichen, muss sich umgewöhnen. Bei allzu hektischen oder viel zu schnellen Bewegungen spritzt nämlich auch feste Farbe. Gearbeitet wird nass in nass; größere Flächen sollten also in einem Arbeitsgang gestrichen werden. Verarbeitet wird die Farbe bei Zimmertemperatur, wobei immer wieder kräftig gelüftet werden sollte.

Wenn nur eine Wand oder die Decke gestrichen werden soll, empfiehlt es sich, die Anschlussflächen in den Kanten abzukleben (siehe S. 26). Diese werden vor dem Rollen mit dem Pinsel dünn vorgestrichen.

Pinsel und Rolle reinigt man unmittelbar nach dem Streichen mit Wasser und Seife. Für die Entsorgung gelten die gleichen Grundregeln wie für Flüssigdispersion: Nur ausgetrocknete Farbeimer und Werkzeuge dürfen in den Restmüll; flüssige Restfarbe muss speziell entsorgt werden.

Werkzeug & Material

- **Pinsel**
- **kurzflorige Rolle**
- **evtl. Abstreifgitter**

- **Feste Farbe**
- **evtl. lösemittelfreier Tiefgrund**
- **Abklebeband**

Das ist aber einfach!

Schnell wie Schumi!

Geringer Kraftaufwand!

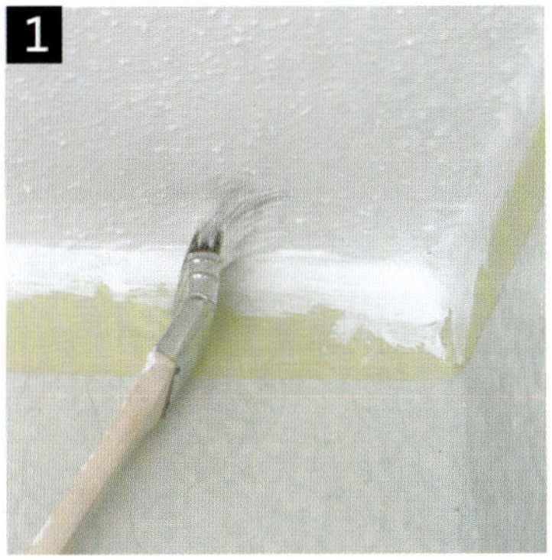

1 Kanten zu anderen Wandbereichen oder zur Decke hin streicht man mit einem Pinsel dünn vor. Dafür eignet sich ein dünner, abgewinkelter, so genannter Heizkörperpinsel. Werden angrenzende Flächen nicht mitgestrichen, ist es empfehlenswert, diese abzukleben.

2 Die Farbe wird ohne umzurühren direkt aus dem Farbbehälter heraus verarbeitet. Die Rolle nur mit ganz wenig Druck über die Farbe rollen und nicht zu viel Farbe aufnehmen. Überschüssige Farbe – wie bei Standardwandfarben – mit Hilfe eines Abstreifgitters entfernen.

3 Die Farbe wird zunächst dünn in leicht schrägen Bahnen auf die Fläche gerollt.

4 Zum gleichmäßigen Verteilen der Farbe rollt man nun in einer Richtung über die zuvor aufgebrachte Farbe. Dabei langsam und gleichmäßig arbeiten, damit es wirklich nicht spritzt.

Regal an Hohlraumwand aufhängen

Beim Anbringen von Regalen kommt es darauf an, dass man die Schienen sicher und fest in der Wand verankert.

Entscheidend hierfür ist, dass man die richtigen Dübel verwendet. Im Bildbeispiel wird das Aufhängen eines Regals in einer Gipskartonwand mit einem Plattendübel gezeigt. Hinter dem Gipskasten befindet sich kein festes Material, in dem der Dübel greifen könnte, ein so genannter Hohlraum. Bei gemauerten Wänden benutzt man Standarddübel; die Arbeitsschritte sind gleich.

Der Handel führt ein breites Sortiment an unterschiedlichen Schienen. Diese werden alle nach dem gleichen, hier dargestellten Prinzip angebracht. Träger für größere und damit schwerere Regalbretter befestigt man allerdings nicht nur mit einer, sondern mit mehreren Schrauben.

Werkzeug & Material

- Wasserwaage
- Bohrmaschine
- Hammer
- Schraubendreher

- Regalträger
- Dübel
- Schrauben
- Regalbrett

Das ist aber einfach!

Wenig Zeitaufwand

Geringer Kraftaufwand!

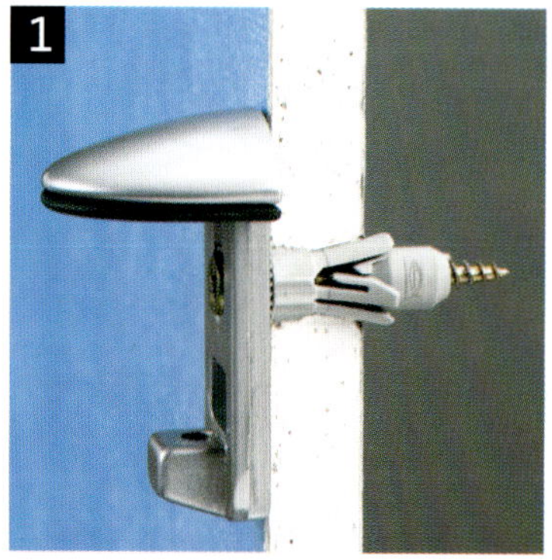

1 Bei dünnen Wänden halten Befestigungen nur, wenn sie in Hohlraumdübel eingeschraubt werden. Diese verformen sich beim Einschrauben in der Wand, so dass eine stabile Halterung entsteht. Das Foto zeigt die Verformung bei einem speziellen Plattendübel für Gipskartonplatten.

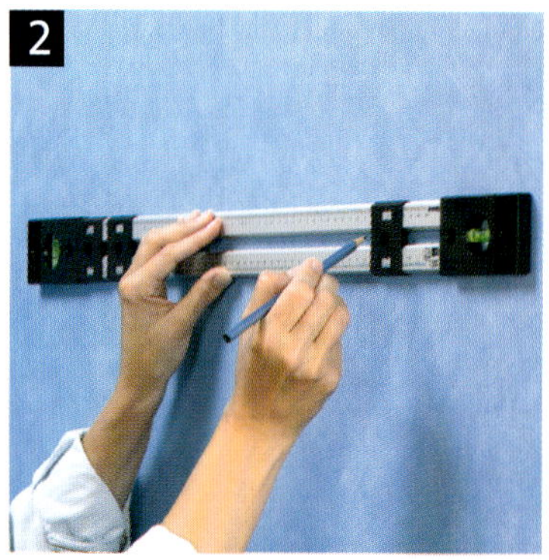

2 Bei der Aufhängung eines Regalbrettes kommt es darauf an, dass die Träger exakt auf der gleichen Höhe angeschraubt werden. Für das Anzeichnen der Bohrpositionen ist deshalb eine Wasserwaage unerlässlich.

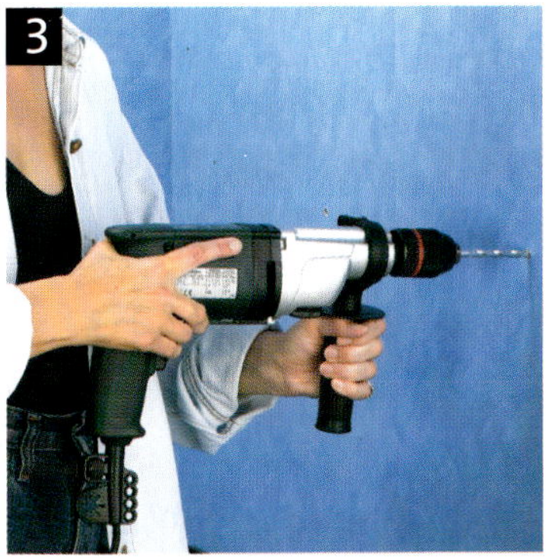

3

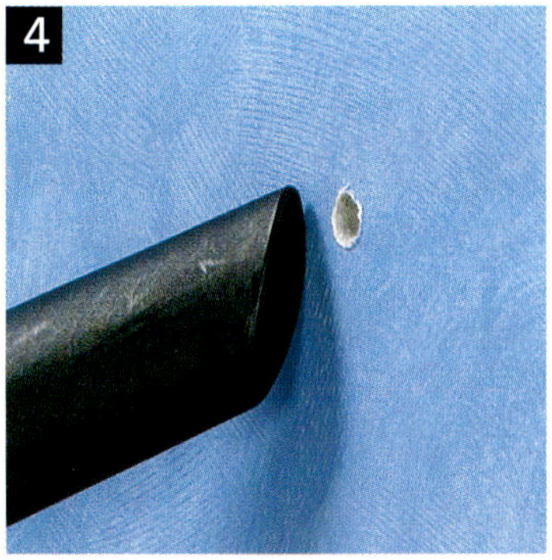

4

3 Zum Bohren Steinbohrer verwenden. Beim Bohren mit der Bohrmaschine nicht allzu viel Druck ausüben. Wenn der Bohrer durch den Gipskarton hindurch ist, rutscht er schnell in den Hohlraum, weil ihm kein Widerstand mehr entgegengebracht wird. Bei zu festem Drücken besteht die Gefahr, dass man nicht mehr rechtzeitig den Druck wegnehmen kann und mit dem Kopf der Bohrmaschine die Wand beschädigt.

4 Bohrloch anschließend aussaugen.

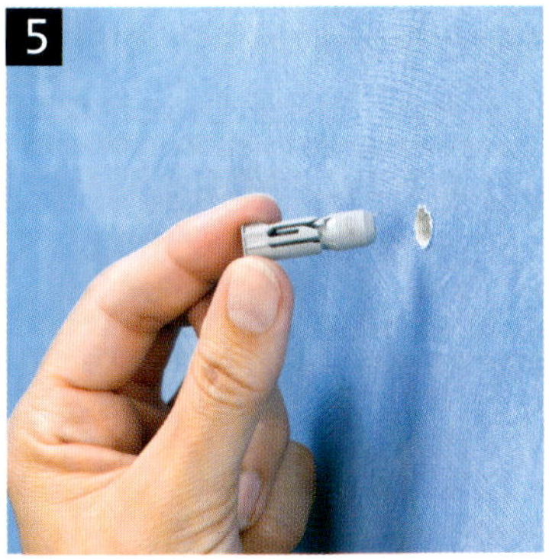

5

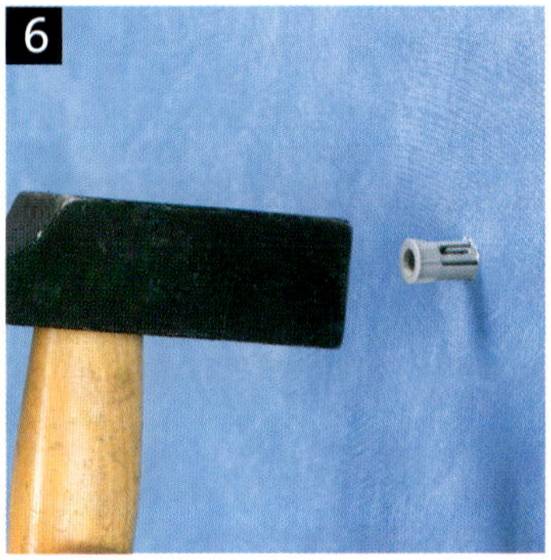

6

5 Der Dübel wird wie ein Standarddübel in das Loch gesteckt.

6 Weil er sich nicht einfach einstecken lässt, versenkt man ihn mit leichten Hammerschlägen.

7

7 Jetzt den Regalhalter anschrauben. Dabei die Schraube fest anziehen. Wenn man sie nur ein wenig eindreht, verformt sich der Dübel in der Wand nicht, und das geht zu Lasten der Stabilität.

8

8 Abschließend das Regalbrett auf den Halter legen oder wie hier den Boden in den Träger an der Wand einschieben.

Arbeitszimmer

„Neue Homepage? Wie wär's mit ‚Frauen-können-alles.de'?"

Ein lieber Geburtstagsgruß an Myriam, eine Mail an Antonie, ein kurzer Chat mit Franziska. Oder einfach mal ein bisschen Surfen und Spielen. Es gibt viele gute Gründe für einen kleinen Arbeitsplatz zu Hause. Schön, wenn der dann auch zum Arbeiten einlädt, ein bisschen Gemütlichkeit ausstrahlt und gut organisiert ist. Das Kapitel zeigt, wie man ein Arbeitszimmer sinnvoll gestaltet, Büromöbel zusammenbaut und Glasfasertapeten verklebt. Und selbst den Computer richtig anzuschließen, ist dann kein Problem mehr.

Gutes Licht kommt am Schreibtisch von links, damit man sich beim Schreiben nicht selbst mit dem Arm die Arbeitsfläche verschattet.

Arbeitszimmer gestalten

Bei der Einrichtung des Arbeitszimmers gilt es, einen kleinen Spagat hinzulegen: Auf der einen Seite sollte der Look hell und sachlich sein, damit eine echte Arbeitsatmosphäre entsteht. Auf der anderen Seite darf beim Arbeiten zu Hause das Wohlbefinden keinesfalls zu kurz kommen.

Damit das Arbeiten in möglichst guter Stimmung von der Hand geht, ist die gesamte Atmosphäre im Raum wichtig. Einheitliche, große, helle Flächen wirken beruhigend und leistungsfördernd zugleich. Dementsprechend gilt es, die Wände nicht zu bunt zu gestalten – vor allem leuchtende Farben sind fehl am Platz. Gut geeignet sind Wände in sanften, leicht abgetönten Farben oder Tapeten mit unaufdringlichen Mustern.

Die Privatatmosphäre unterstreicht man dabei am besten mit schönen Bildern – ganz gleich, ob sie von Künstlerhand gestaltet oder im Urlaub selbst fotografiert wurden. Den idealen Untergrund dafür bilden ganz leicht strukturierte Tapeten wie z.B. Glasfasertapeten.

Für den eigentlichen Arbeitsplatz gilt: Er sollte praktisch und ergonomisch sein, also zügiges und gesundes Arbeiten ermöglichen. Entscheidende Bedeutung kommt dabei dem Licht zu, denn die Augen werden sowohl beim Schreiben und Lesen als auch beim Umgang mit dem Computer besonders stark strapaziert.

Beim Licht kommt es auf Blendfreiheit und Funktionalität an. Es sollte die Arbeitsfläche auf dem Schreibtisch möglichst gleichmäßig und hell ausleuchten. Wichtig ist, dass die eigene Hand die Arbeitsfläche beim Schreiben nicht verschattet: Bei Rechtshändern sollte deshalb das Licht von links, bei Linkshändern von rechts kommen – und dies nicht nur abends beim Licht einer Schreibtischleuchte, sondern nach Möglichkeit auch bei Tageslicht.

Der Schreibtisch steht deshalb am besten quer zum Fenster. Ihn direkt vor das Fenster zu setzen, ist vor allem beim Arbeiten mit dem Computer nachteilig: Tagsüber schaut man nämlich beim Blick auf den Monitor ins Gegenlicht, und das strengt die Augen an. Mit dem Rücken zum Fenster verschattet man sich tagsüber selbst die Schreibtischfläche – Unterlagen und Tastatur liegen weitaus mehr im Dunkeln, als sie es müssten.

Ein kleiner Arbeitsplatz lässt sich in jeder Wohnung unterbringen – wie z.B. hier hinter einem Schiebetürsystem.

Den Schreibtisch rechtwinklig zum Fenster zu stellen, hat viele praktische Vorteile, nicht zuletzt auch, weil man so den Raum gut ausnutzt. Allerdings wirkt diese Anordnung meist ein bisschen statisch und langweilig. Wenn man den Schreibtisch hingegen ein wenig schräg stellt, wirkt der Raum gleich aufgelockerter, ohne dass die praktischen Vorteile verloren gehen.

Schreibtischleuchten mit Halogen- oder Leuchtstofflampen bieten das beste Funktionslicht (siehe auch S. 56). Als Ergänzung dazu sorgt eine angenehme Rundumbeleuchtung für eine entspannte Atmosphäre. Dimmbare Fluter oder Wandleuchten, die Bilder anstrahlen, sind genau das Richtige.

Computerarbeitsplatz

Ein Computer ist vom Schreibtisch nicht wegzudenken. Um Kreuz- und Gelenkschäden vorzubeugen, sollte man möglichst gerade vor dem Monitor sitzen können und sich nicht „verdrehen" müssen. Deshalb steht der Monitor am besten mittig und in einer geraden Linie zum Schreibtischstuhl. Damit man hier die für die Augen wichtigen 60 cm Abstand einhalten kann, sollte der Schreibtisch eine ausreichende Tiefe haben – bei Röhrenmonitoren bedeutet dies, dass die Arbeitsfläche mindestens 80, besser 100 cm tief sein sollte. Bei Flachbildmonitoren kommt man hingegen mit einer geringeren Tiefe aus.

Regale und Schränke, in denen man wichtige Unterlagen und Schreibgeräte aufbewahrt, befinden sich optimal in direkter Reichweite des Schreibtisches – so z.B. an der Fensterwand oder in einem Rollcontainer. Besonders leicht lassen sie sich mit einem Schreibtischstuhl auf Rollen erreichen. Die aber strapazieren den Boden – vor allem bei Teppichen und Laminatböden greift man deshalb am besten zu Ware, die für Rollen ausgewiesen ist. Alternativ kann man empfindliche Böden durch eine spezielle, durchsichtige Kunststoffunterlage schützen.

Vor Beginn der Arbeiten gilt es die Aufbauanleitung sorgfältig zu lesen und die mitgelieferten Befestigungsmaterialien auf Vollständigkeit hin zu überprüfen.

Büromöbel zusammenbauen

Ob Regal, kleiner Schrank oder Rollcontainer – Büromöbel lassen sich leicht selbst montieren – das Grundprinzip ist bei allen Möbeln gleich.

Die Möbel bestehen normalerweise aus beschichteten Pressspanplatten, die durch Holzdübel und Verschraubungen miteinander verbunden sind. Bei der Montage steckt man die Möbel zunächst zusammen und verschraubt sie dann.

Der Unterschied zwischen Schränken und Regalen besteht eigentlich nur darin, dass bei Schränken zum Schluss noch Türen anmontiert werden. Diese werden dabei von ähnlichen Beschlägen gehalten, wie sie auch bei Küchenschränken Verwendung finden (siehe S. 96).

Werkzeug & Material

- Hammer
- Mittlerer Schraubendreher
- Inbusschlüssel

- Büromöbelbausatz

Das stellt Sie vor keine größeren Probleme

In einer guten Stunde erledigt

Ein voller Topf mit Nudeln ist wesentlich schwerer

Der besondere Tipp

- Büromöbel sollten Sie nicht „blind“ aus dem Katalog kaufen – Verarbeitungsqualität und Wertigkeit kann man nur an einem Schaustück beurteilen.
- Systemmöbel kann man untereinander verbinden. So stehen die Möbel exakt gerade zueinander.
- Preiswerter als jeder Schreibtisch ist es, eine nach den eigenen Bedürfnissen zugeschnittene, mindestens 2, besser 3 cm starke Platte (Kantenumleimen siehe S. 238), sowie 4 Tischbeine zur Selbstmontage zu kaufen. Die Beine werden einfach unter die Platte geschraubt.

1 Schränke zum Selbstaufbau werden in geschlossenen Pappkartons ausgeliefert. Beim Öffnen gilt es, vor allem im Umgang mit Cuttern Vorsicht walten zu lassen. Schneiden Sie die Kartons immer nur an der Seite auf und nicht quer über die Verpackung hinweg. Sonst besteht die Gefahr, dass man mit dem Messer Oberflächen ankratzt oder verletzt.

2 Im ersten Arbeitsschritt werden die Unter- und Oberteile, evtl. auch stabilisierende Zwischenböden zur Montage vorbereitet. Zur Grundbefestigung setzt man Holzdübel ein. Sie werden in die in der Aufbauanleitung angegebenen Löcher eingesteckt.

3 Die Dübel mit leichten Hammerschlägen bis zur Hälfte in der Seitenwand versenken.

4 Dann die erste Seitenwand auf den Boden legen und die vorbereiteten Ober- und Unterseiten – und auch den Zwischenboden – in die entsprechenden Löcher einstecken. Wer auf besondere Stabilität Wert legt, kann die Dübel zusätzlich verleimen. Dazu vor dem Ineinanderstecken etwas Holzleim in die Löcher tröpfeln; nach dem Zusammenstecken muss eventuell herausquellender Leim sofort abgewischt werden.

5 Dann die weiteren Böden ebenfalls in die Seitenwand einstecken. Dabei darauf achten, dass die eingesteckten Teile möglichst waagerecht stehen und nicht umkippen – sonst können die Holzdübel ausbrechen.

6 Jetzt oben die zweite Seitenwand aufstecken. Dabei darauf achten, dass alle Dübel in die entsprechenden Löcher greifen.

7 Sitzt die Wand, wird die gesamte Konstruktion durch leichte Schläge mit der flachen Hand auf die obere Seitenwand stabilisiert.

8 Jetzt wird das Möbelstück verschraubt. Dazu legen Sie es auf die Seite. Zunächst steckt man spezielle Rundmuttern in das Ober- oder das Unterteil und führt dann von oben die mitgelieferten Schrauben ein.

9 Vor dem Verschrauben richtet man die Muttern mit einem Schraubendreher senkrecht aus.

Als Werkzeug zum Verschrauben dient oft ein Inbusschlüssel, der meist zum Lieferumfang gehört.

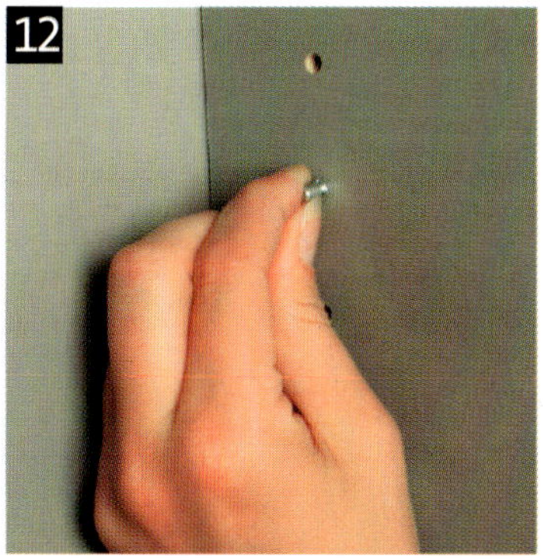

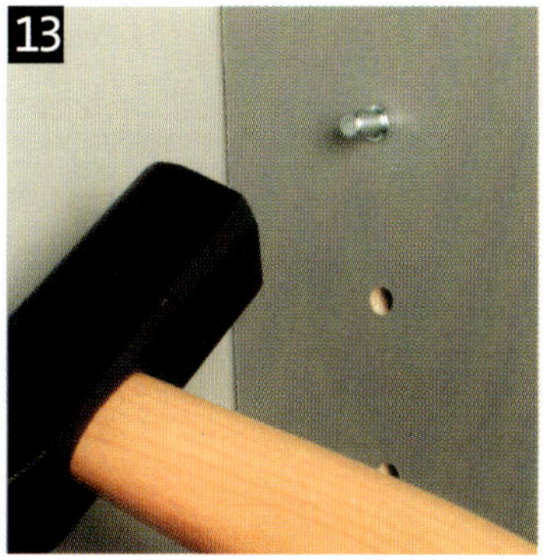

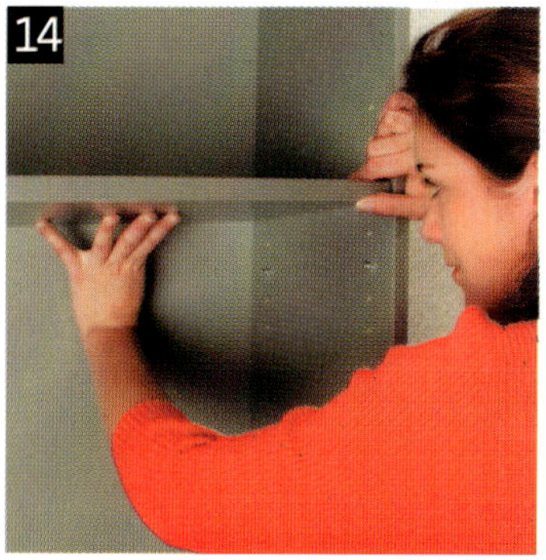

10 Dann die Rückwand montieren. Den Korpus auf den „Bauch“ legen und nun von unten die Rückwand in die Schlitze der Seitenteile einführen. Die dünne Platte bis zum Oberteil durchziehen.

11 Die Rückwand wird unten an der Kante des unteren Bodens mit Stiftnägeln festgenagelt. Mindestens alle 20 cm wird ein Nagel eingeschlagen.

12 Abschließend geht es an die Montage der Zwischenböden. Dazu jeweils vier Bodenhalter auf der gewünschten Ebene einstecken.

13 Wenn sich die Halter nicht von Hand einstecken lassen, werden sie mit leichten Hammerschlägen in den Seitenwänden versenkt.

14 Jetzt das Regal an seine vorgesehene Position schieben und die Regalbretter einlegen.

Glasfasertapeten glänzen mit einer edlen Optik, die gut zu einem modernen Arbeitszimmer passt. Da die Tapete nur verklebt wird, ist das Verarbeiten relativ einfach.

Glasfasertapete verkleben

Hochwertig, langlebig und leicht zu verkleben: Das sind die Vorteile von Glasfasertapeten. Aufgrund der edlen Optik passen sie besonders gut in den Arbeitsbereich.

Der große Vorteil für Do-it-Yourselferinnen ist, dass die Glasfasertapete nicht eingekleistert werden muss, sondern mit einem Spezialkleber recht einfach und sauber direkt auf die Wand aufgebracht werden kann. Vor allem der Zuschnitt in Ecken und Kanten stellt sich wesentlich einfacher dar, als bei eingekleisterten Tapeten. Zudem ist das Material leichter und formstabiler.

Das Arbeiten geht insgesamt zügiger voran, weil Weichzeiten entfallen und auch kein Kleister angerührt werden muss.

Mit der Glasfaser geht man allerdings einen Bund fürs Leben ein: Sie lässt sich – anders als Papier- oder Vliestapeten – nicht wieder von der Wand lösen. Dafür sind Glasfasertapeten sehr stabil und man kann sie mehrfach überstreichen. Besonders geeignet ist spezielle Wandfarbe für Glasfasertapeten; man kann aber auch andere Dispersionen auftragen. Da die Tapete sich nicht ablösen lässt, ist sie am ehesten für Eigenheime oder Eigentumswohnungen zu empfehlen; in Mietwohnungen kann es beim Auszug Ärger geben, wenn Vermieter oder Nachmieter die Wände mit anderen Materialien gestalten wollen. Wer dennoch ein paar Jahre später eine andere Wandoptik wünscht, kann mit spezieller, besonders dicker Makulatur die Wand behandeln. Anschließend lässt sich die Wand dann auch mit anderen Tapeten oder Wandbelägen neu gestalten. Alternativ kann man mit spezieller Spachtelmasse die Wand auch wieder glatt abziehen. So wird es möglich, sie beispielsweise auch wieder zu verputzen. Beide Verfahren sind allerdings aufwändig. Glasfaser wird aus den natürlichen Stoffen Quarzsand, Soda und Kalk hergestellt, ist atmungsaktiv und frei von toxischen Bestandteilen. Dennoch juckt vielen Menschen beim Verarbeiten die Haut, die sich zudem auch röten kann. Dabei handelt es sich nicht um allergische Reaktionen: Vielmehr reizen Mikrometer große Bruchstücke der Mineralfaser die Haut. Sie sind allerdings nicht so klein, dass man sie einatmen könnte – eine Lungengefährdung besteht nicht. Wer empfindliche Haut hat, trägt beim Verarbeiten am besten Handschuhe oder schützt sie mit einer Hautschutzsalbe.

Glasfaser verarbeiten

Da die Tapete nicht eingekleistert werden muss, benötigt man nicht zwingend einen Tapeziertisch. Zudem liegt die Tapete zwischen 100 und 120 cm breit und überschreitet damit die Breite herkömmlicher Tapeziertische. Dennoch kann ein solcher Tisch sinnvoll sein, um Bahnen vernünftig ausrollen, abmessen und zuschneiden zu können. Für gerade Schnittkanten ist ein Winkelanschlag unerlässlich. Die Schnitte werden jeweils entlang eines Stahllineals mit einem scharfen Cuttermesser sauber ausgeführt. Der Spezialkleber spritzt beim Auftrag mit der Rolle. Böden und Möbel sind deshalb sorgfältig abzudecken, am besten klebt man sie ab (siehe auch S. 26).

Werkzeug & Material

- Cuttermesser
- Schere
- Stahllineal
- Lot
- Glasgewebe-Andrückspachtel
- Farbroller, wie zum Streichen von Dispersionsfarben
- Pinsel
- Leiter

- Glasfasertapete
- Glasgewebe-Spezialkleber
- Abdeckfolie

Zwischendurch müssen Sie Ihr Köpfchen anstrengen

Nehmen Sie sich ruhig viel Zeit

Langes Arbeiten strengt an

1

2

1 Zunächst wird die Tapetenbahn auf die benötigte Länge und Breite zugeschnitten. Oben und unten gibt man ein paar Zentimeter zu, um später saubere Kantenschnitte ausführen zu können. Gerade Kanten schneidet man mit einem Cuttermesser an einem Stahllineal oder – wie hier – entlang eines Kunststoffspachtels zu.

2 Dann streicht man den Spezialkleber auf die Wand. Er lässt sich wie Flüssigdispersion aufrollen (siehe S. 30). Ecken und Kanten streicht man mit dem Pinsel ein. Die Rollen sind 100 bis 120 cm breit – der Kleber wird für jede Bahn einzeln aufgetragen – also immer in entsprechender Breite von gut 100 bzw. 120 cm.

3 Jetzt drückt man die Glasfaser in den Kleber auf die Wand. Dabei beginnt man – wie beim normalen Tapezieren – oben und lässt dabei zur Decke hin ein paar Zentimeter überstehen. So kann man später eine der Deckenkante entsprechende, saubere Schnittkante erstellen. Zum exakten, senkrechten Ausrichten empfiehlt sich der Einsatz eines Lots (siehe S. 43 ff.). Die Tapete wird trocken so verarbeitet, wie sie von der Rolle kommt; Weichzeiten sind nicht erforderlich.

4 Anders als beim Tapezieren mit Papier- oder Vliestapeten wird die Glasfaser jetzt nicht mit einer Bürste an der Wand fixiert, sondern mit einem speziellen Andrückspachtel. Mit ihm kann man auch überschüssigen Klebstoff aufnehmen und auf anderen Wandpartien zur Weiterverarbeitung nutzen.

5 Die nächste Bahn wird – ebenso wie beim normalen Tapezieren – ansatzfrei an die bereits auf der Wand befindliche Bahn geklebt.

6 Den Überstand oben und unten an der Wand schneidet man ganz einfach mit dem Cuttermesser ab. Der Kunststoffspachtel kann dabei genauso zur Schnittführung verwendet werden wie ein Stahllineal.

7 Glasfasertapete wird nicht um die Innenecken geklebt, sondern grundsätzlich passend geschnitten.

8 Bei Außenecken zieht man hingegen die Glasfasertapete um die Ecke.

9 Sind Wände nicht lotrecht, verläuft die an einer Außenecke umgeschlagene Bahn möglicherweise nicht genau senkrecht. Hier gilt es, einen so genannten Doppelnahtschnitt auszuführen. Kleben Sie die zweite Bahn lotrecht auf die erste, so dass sie 4–6 cm überlappt. Schneiden Sie dann mit Cuttermesser und Andrückspachtel von oben nach unten senkrecht über die Mitte der Überlappungsfläche.

10 Danach die abgeschnittenen Glasgewebestreifen entfernen und die Naht mit dem Andrückspachtel blasenfrei andrücken.

11 Für Glasfasertapeten bietet der Handel spezielle Farbe an. Diese kann 24 Stunden nach dem Tapezieren aufgetragen werden. Bei farbigen Anstrichen empfiehlt sich ein Voranstrich, bei dem die Farbe mit 5–10 % Wasser verdünnt wird. Dieser Grundanstrich ist nach ca. 6 Stunden ausgetrocknet – dann kann der Schlussanstrich mit unverdünnter Farbe folgen.

Anhand der Stecker kann man Analog- und Digitaltechnik unterscheiden: links der kleine Stecker eines ISDN-Geräts, rechts der große eines herkömmlichen Telefons.

Telefoninstallation

Die Welt der Telekommunikation ist vielseitig und multimedial. Entsprechend schwer erscheint die Verkabelung von Telefon, Fax und Co. Doch wer unterschiedliche Stecker und zwei verschiedenfarbige Adern auseinander halten kann, hat die Grundqualifikation zum Telekommunikationstechniker schon geschafft.

Die Arbeit ist insofern einfach, weil alle Geräte mit genormten Kabeln miteinander verbunden werden. Sie sind zwar mit verschiedenen Steckern versehen; diese passen aber nur in bestimmte Dosen und Buchsen. Allzu viel verkehrt machen kann man also beim Anschluss der Geräte nicht. Hinzu kommt, dass die gesamte Technik auf zwei Adern basiert, durch die nur sehr schwacher Strom fließt. Das Berühren der Adern ist absolut ungefährlich – lediglich Träger von Herzschrittmachern sollten sich ein wenig vorsehen. Mit diesen Adern kommt man allerdings nur dann in Berührung, wenn man Leitungen unter Putz verlegen oder Dosen montieren möchte.

Etwas anders sieht es bei all den Geräten aus, die nicht nur an die Telefonleitung, sondern auch an das 230-V-Stromnetz des Hauses angeschlossen werden. Hier gilt: Erst die Telefoninstallation komplett abschließen und ganz zum Schluss den Netzstecker des Gerätes in die Steckdose stecken. Besonders wichtig ist diese Grundregel beim Verkabeln von Telefonanlagen, die zum Teil geöffnet werden müssen, um bestimmte Telefonadern anzulegen.

Der Telefonanschluss

Grundvoraussetzung fürs Telefonieren, Surfen und Faxen ist der Telefonanschluss, den man bei der Telefongesellschaft beantragt. Dabei gilt es, analoge und digitale Telefonanschlüsse zu unterscheiden. Mit der Digitaltechnik – kurz ISDN (Integrated Services Digital Network) genannt – kann man zwei Telefongespräche gleichzeitig führen oder gleichzeitig telefonieren und im Internet surfen. Außerdem geht das Surfen und Mailen mit der Digitaltechnik schneller.

Für den ISDN-Anschluss gibt es spezielle Endgeräte – so lautet der Sammelbegriff für Telefon, Anrufbeantworter, Fax und Modem. Analoge und digitale Endgeräte kann man am Telefonstecker unterscheiden: Der Stecker

Analoge Codierungen

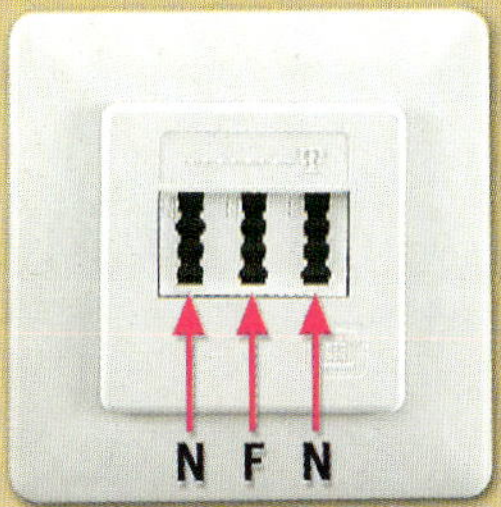

Eine analoge Telefondose weist drei Buchsen auf. Nur in der Mitte kann man ein Telefon anstecken, die Buchsen links und rechts sind für Fax und Anrufbeantworter.

Bei der Inbetriebnahme von analogen Schnurlostelefonen wird das Verbindungskabel zum Netzteil mit einem Stecker an der Basisstation eingestöpselt.

für analoge Endgeräte ist schwarz und länglich, der für digitale durchsichtig und breit. Dementsprechend gibt es zwei Arten von Telefondosen: Die sogenannte TAE-Dose für analoge Geräte und die ISDN-Dose für digitale Geräte. TAE steht für „Telekommunikations-Anschluss-Einheit" und bezeichnet die gesamte Grundtechnik der analogen Verkabelung.

Ganz gleich, ob Sie einen analogen oder einen digitalen Telefonanschluss haben: Der Telefonanschluss, den der Telefonanbieter in der Wohnung installiert, ist immer eine TAE-Dose. Bei einem analogen Telefonanschluss können hier direkt analoge Endgeräte eingesteckt werden – bei einem ISDN-Anschluss muss zunächst Zusatztechnik eingestöpselt werden.

Diese vom Telefonbetreiber installierte TAE-Dose ist also immer der Ausgangspunkt für die Telefoninstallation in den eigenen vier Wänden.

Analoge Telefongeräte anschließen

Ob ein normales Telefon, ein schnurloses Telefon oder ein Kombitelefon mit integriertem Anrufbeantworter und/oder Faxfunktion: Alle analogen Telefone werden auf dieselbe Art und Weise angeschlossen – nämlich einfach mit dem mitgelieferten Kabel in die Standardtelefondose, die so genannte TAE-Dose des Telefonanbieters eingestöpselt.

Diese TAE-Dose hat drei Steckbuchsen, die nebeneinander angeordnet sind. Auch wenn diese Buchsen auf den ersten Blick identisch erscheinen, sind sie es dennoch nicht: Es gibt nämlich Buchsen für den Anschluss von Fernsprechern (F) – also Telefonen – und solche für den Anschluss von Nicht-Fernsprechern (N) wie separatem Anrufbeantworter, Faxgerät oder Modem. Der Fachmann spricht von F-codierten Buchsen für Telefone und N-codierten Buchsen für alle anderen Telekommunikationsgeräte.

Die Telefongesellschaft installiert stets Dreierdosen für den Anschluss von einem Telefon und zwei Nicht-Fernsprechern. Der Anschluss für das Telefon befindet sich immer in der Mitte – und nur hier kann es eingesteckt werden. Links und rechts davon befinden sich die Anschlussmöglichkeiten für Anrufbeantworter und Fax. Schnurlose Telefone und solche mit Anrufbeantworter benötigen zusätzlich einen Stromanschluss. Separate Anrufbeantworter und/oder Fax können nur an N-codierte Buchsen angesteckt werden.

Dabei ist es allerdings nicht gleich, wo die Geräte eingesteckt werden: Der Anrufbeantworter wird links außen eingestöpselt – Fax oder Modem rechts. Wenn der Anrufbeantworter links eingesteckt wird, funktioniert er zwar – aber man kann die Aufzeichnung eines Gespräches nicht durch Abnehmen des Telefonhörers unterbrechen und so das Gespräch vom Anrufbeantworter übernehmen.

Auf ISDN umstellen

Ein digitaler Anschluss muss bei der Telefongesellschaft beantragt werden. Diese stellt dann zu einem bestimmten Datum den Anschluss von Analog- auf Digitaltechnik um. Dazu erhält man von der Telefongesellschaft ein spezielles Anschlussgerät – den so genannten NTBA (Network Termination Basic Access).

Er funktioniert wie ein Zwischenstecker: Nach der Umstellung wird der NTBA ans Stromnetz angeschlossen und mit dem mitgelieferten Kabel in die vorhandene Telefonsteckdose gesteckt. Am NTBA befinden sich wiederum Anschlussmöglichkeiten für digitale Endgeräte. Diese stöpselt man am NTBA ein – und damit ist die Grundinstallation abgeschlossen.

Einen Haken hat das Ganze allerdings: Vorhandene, analoge Telefone, Anrufbeantworter oder Faxgeräte kann man nicht direkt am NTBA anschließen – das geht nur mit ISDN-Geräten, die einen anderen Stecker haben.

Um mit DSL-Highspeed ins Internet zu gehen, benötigt man einen so genannten Splitter und ein DSL-Modem. Beides bekommt man beim Telefonanbieter.

Wenn man die alten Geräte behalten möchte, benötigt man einen weiteren Adapter: eine ISDN-Telefonanlage, auch digitale Nebenstellenanlage genannt. Diese gibt es in verschiedensten Ausführungen, z.B. zum Anschluss von vier, sechs oder acht analogen Endgeräten. Bei den meisten digitalen Telefonanlagen ist zudem ein ISDN-Modem für den Anschluss an den Computer integriert.

Die Telefonanlage muss man gesondert kaufen – sie gibt es z.B. bei der Telefongesellschaft oder im Elektrofachhandel. Am besten entscheidet man sich für eine Telefonanlage, die vorne Anschlussbuchsen wie eine herkömmliche TAE-Telefonsteckdose hat. Dort stöpselt man dann das alte Telefon und/oder weitere Geräte wie den Anrufbeantworter ein. Die Telefonanlage selbst wird dann noch über das mitgelieferte Kabel am NTBA eingesteckt – außerdem ist eine normale Steckdose für das Stromkabel der Telefonanlage erforderlich.

Abschließend muss die Telefonanlage noch programmiert werden. Das geht mit einem angeschlossenen Telefon oder per Computer. Wie es genau funktioniert, steht in der Installationsanleitung der Telefonanlage. Diese Bedienungsanleitungen sind übrigens viel besser als ihr Ruf – die einzelnen Schritte sind in der Regel sehr anschaulich dargestellt.

An fast allen Telefonanlagen kann man nicht nur analoge Endgeräte mit ihrem Anschlusskabel direkt verbinden, sondern auch ein Telefonkabel, das zu einer Telefonsteckdose in einem anderen Raum führt. Auch das ist nicht allzu schwer – es funktioniert so, wie beim Verlängern eines normalen Telefonkabels (siehe folgende Seite).

DSL-Highspeed Internet

DSL (Digital Subscriber Line) ist eine neue Technik, mit der man noch schneller im Internet surfen kann. Dafür sind ein ISDN-Anschluss und ein Netzwerkanschluss am Computer Grundvoraussetzung. Die Verkabelung ist nicht allzu schwierig: Zwischen die TAE-Dose des Telefonanbieters und den NTBA wird ein spezielles Gerät, der Splitter, zwischengeschaltet. Er besitzt einen Anschluss für ein DSL-Modem, das dann schließlich mit der Netzwerkkarte des Computers verbunden wird.

Mit dem ISDN-Anschluss bekommt man ein NTBA-Gerät. Dieses wird in die Telefondose eingesteckt. An den NTBA wiederum schließt man die ISDN-Geräte an.

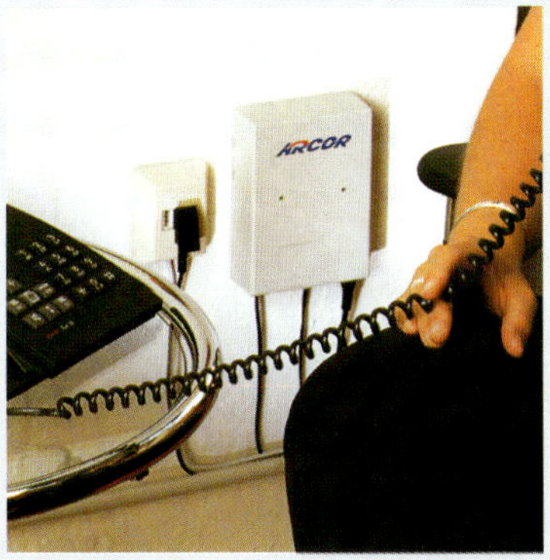

Am NTBA gibt es zwei Anschlüsse für ISDN-Geräte wie ISDN-Telefon oder ISDN-Modem. Die Anschlüsse befinden sich auf der Unterseite des Gerätes.

Telefonnetz erweitern

Sie wollen Telefonleitungen verlängern oder ein zweites Telefon in einem anderen Zimmer installieren? Nichts leichter als das!

Für TAE- und ISDN-Telefone gibt es Verlängerungskabel, die einfach zwischen Telefondose und Gerätekabel zwischengesteckt werden. Wie ein zweites Telefon in Betrieb genommen wird, ist bei analoger und digitaler Technik unterschiedlich.

Für analoge Geräte gibt es einen Zwischenstecker, einen so genannten Umschalter, der statt des Telefons in die F-codierte Buchse der Telefondose gesteckt wird. An diesen Adapter kann man nun zwei Telefone und ein Nicht-Fernsprechgerät anschließen und deren Kabel – wenn gewünscht – auch verlängern. Bei einem ankommenden Anruf klingeln beide Telefone. Wenn ein Telefon benutzt wird, ist das andere stummgeschaltet; ein Vermitteln von Gesprächen ist nicht möglich. Wer auf diesen Komfort Wert legt, benötigt eine analoge Nebenstellenanlage. Sie muss relativ aufwändig installiert werden und ist teuer. Es gilt zu überlegen, ob die Investition in die alte analoge Technik wirklich noch lohnt oder ob man nicht doch besser gleich auf ISDN umsteigt.

Bei ISDN stehen verschiedene Alternativen zur Wahl: Am NTBA kann direkt ein zweites ISDN-Telefon eingesteckt werden. Ist dieser zweite Anschluss bereits belegt – z.B. durch ein ISDN-Modem – gibt es auch hier einen Mehrfachadapter, der einfach zwischengesteckt wird und der bis zu 8 ISDN-Endgeräten Anschluss bietet. Zum Betrieb von mehreren analogen Telefonen benötigt man eine entsprechende Telefonanlage (siehe nebenstehende Seite).

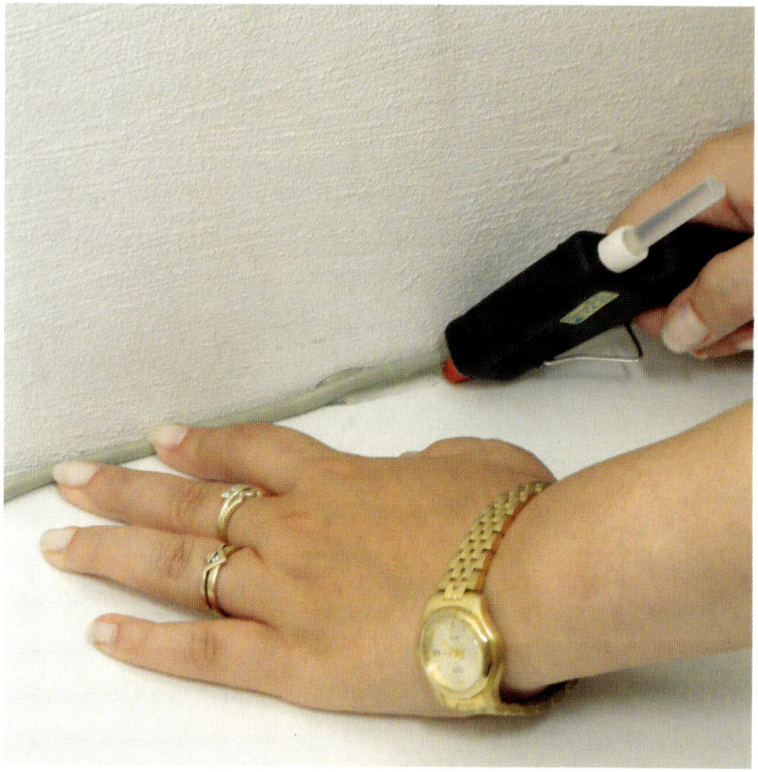

Kabel verlegen

Ob Telefon- oder Stromkabel, Boxen- oder Antennenkabel, Computeranschluss- oder Chinch-Kabel: Immer wieder gilt es, Kabel möglichst unauffällig an Wänden entlangzuführen.

Besonders einfach gelingt dies bei dünnen Kabeln, die an Teppichbodenleisten entlanggelegt werden sollen. Sie kann man mit einem flachen, stumpfen Gegenstand – wie z. B. einem hölzernen Pfannenwender – in die Ritze zwischen Teppichboden und Fußbodenleiste drücken. Ist so eine unauffällige Verlegung nicht möglich, stehen verschiedene Alternativen zur Wahl.

Relativ einfach und preiswert lassen sich Kabel mit Nagelschellen sauber auf Wänden führen und befestigen. Die Schellen gibt es in verschiedenen Größen, z. B. genau abgestimmt auf Telefon- oder Stromkabel. Das Kabel wird in die Schelle gedrückt, die man dann mit einem Nagel an der Wand befestigt. Dabei schlägt man ca. alle 25 cm eine Schelle ein. Für härtere Untergründe bietet der Handel die Schellen auch zum Einschrauben in Dübel an. Nachteilig ist allerdings, dass das Kabel sichtbar bleibt. Dies ist auch der Fall, wenn man das Kabel mit Hilfe einer Heißklebepistole an Kanten und in Ecken fixiert. Der Vorteil hierbei: Der Kleber trocknet fast unsichtbar aus und die Befestigung fällt somit kaum ins Auge. Dies ist bei Kabelkanälen nicht der Fall. Die Kanäle gibt es in verschiedenen Breiten und Höhen sowie in Weiß und in Braun. So wirken die schlichten und vor allem auf weißen Wänden relativ unauffälligen Kunststoffkanäle auf weißen Wänden oder vor dunklen Hölzern relativ unauffällig. Je kleiner der Kanal ist, desto weniger springt er ins Auge. Größere Kanäle haben vor allem den Vorteil, dass man durch sie mehrere Kabel führen kann und zudem jederzeit Kabel wechseln, entfernen und hinzufügen kann. Die Grundmontage ist einfach (Anleitung siehe rechts); die Kanäle kann man mit einem Cuttermesser oder einer Säge beliebig kürzen und mehrere Kanalstücke zu einem langen aneinander reihen.

Die eleganteste Möglichkeit der Kabelführung ist schließlich, spezielle Boden-Sockelleisten zu montieren, in deren Innerem Kabelschächte verborgen sind. Grundprinzip und Montage gleichen denen von Kabelkanälen. Anders als diese gibt es die Sockelleisten in den unterschiedlichsten Designs.

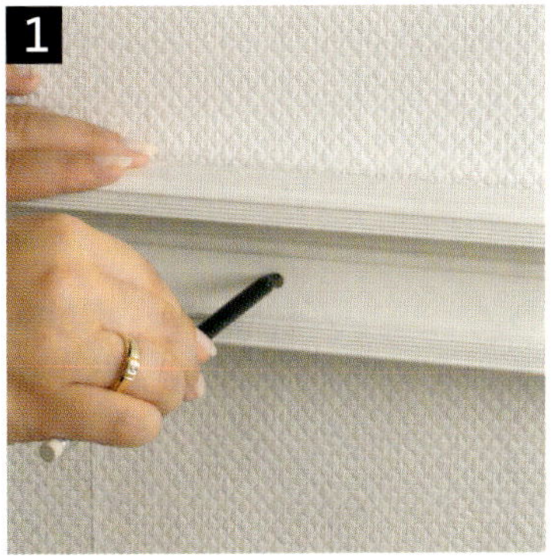

1 Kabelkanäle sind eine einfache, unauffällige und flexible Lösung zum Verlegen von Kabeln auf Wänden. Der eigentliche Kanal wird direkt auf der Wand befestigt. Dazu den Kabelkanal an die Wand drücken, Bohrpositionen anzeichnen und Bohrungen ausführen. 6 mm Bohrungen sind dabei völlig ausreichend.

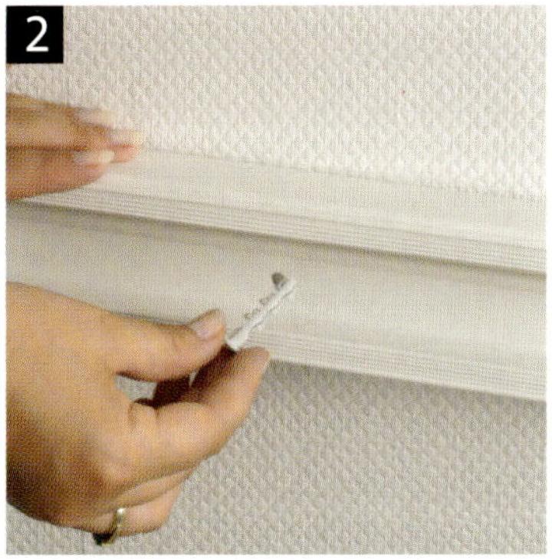

2 Für die Befestigung stehen verschiedene Alternativen zur Wahl: Besonders einfach geht es mit so genannten Steckdübeln. Diese Plastikbefestigung ist Dübel und Schraube in einem. Sie wird durch die Bohrung des Kabelkanals in das Bohrloch gedrückt. Man kann aber natürlich auch herkömmliche Dübel und Schrauben einsetzen.

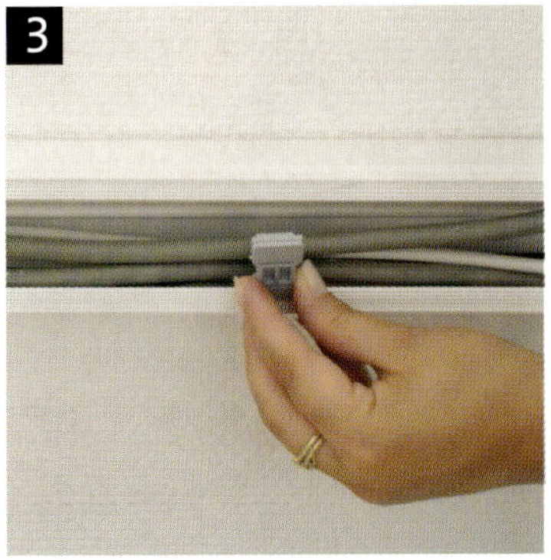

3 Die Kabel werden in den Kanal eingelegt. Damit diese auch bei abgenommener Abdeckung nicht aus dem Kanal herausfallen, gehören bei breiteren Kanälen kleine Halter zum Lieferumfang. Diese werden auf der ganzen Kanallänge verteilt.

4 Abschließend steckt man die Blende des Kabelkanals auf. Dabei darauf achten, dass sich beim Aufdrücken keine dünnen Kabel zwischen Kanal und Blende befinden. Die Blende rastet beim Aufdrücken spürbar ein.

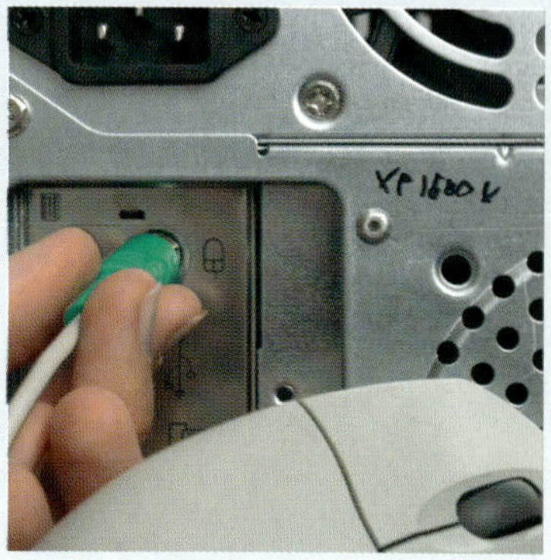

Maus und Tastatur werden über so genannte PS-2-Stecker mit dem Computer verbunden. Die Buchsen befinden sich ganz oben auf der Anschlussleiste.

Computer verkabeln

Er ist aus unserem Leben nicht mehr fortzudenken: der Computer. Ihn mit Maus und Monitor zu verkabeln, ist dabei wesentlich leichter, als ihn perfekt zu bedienen.

Alle wichtigen Anschlüsse eines Computers befinden sich auf seiner Rückseite. Beim Verkabeln sollten Sie sicherstellen, dass das eventuell schon angeschlossene Netzkabel, was sich normalerweise ganz oben auf der Rückseite des PCs befindet, nicht in der Steckdose steckt. Es wird immer zuletzt angeschlossen.

Bei neueren PCs erleichtern farbige Buchsen sowie Symbole den Anschluss der Zusatzgeräte. Die meisten wichtigen Anschlüsse sitzen sehr eng zusammen auf einem Anschlussblech, das in der Regel hochkant eingebaut ist. Man beginnt mit Maus und Tastatur. Sie werden über kleine, runde, identische Stecker mit dem Gehäuse verbunden. Stecker und Buchse für die Tastatur sind lila gefärbt, für die Maus hellgrün. Die Stecker passen nur in einer Position auf die Buchse. Achten Sie beim Anschluss darauf, dass Sie Maus und Tastatur nicht vertauschen; andernfalls fährt der Computer eventuell nicht hoch.

Für Drucker gibt es zwei Anschlussformen:

■ Ältere Geräte werden an die so genannte parallele Schnittstelle angeschlossen – eine flache, breite Buchse mit vielen Pinnen. Das Druckerkabel hat zwei verschieden große Stecker – der kleinere von beiden kommt ans Gehäuse. Er passt hier nur in einer Position. Der Stecker wird zunächst aufgesteckt und dann mit den integrierten Schrauben links und rechts an der Buchse fest verankert. Zum Festziehen der Schrauben benötigen Sie einen kleinen Schraubendreher. Ziehen Sie die Schrauben nicht zu fest an, damit man sie später auch wieder problemlos lösen kann.

■ Neuere Drucker erhalten ihre Daten über ein USB-Kabel. USB (Universal Serial Bus) ist ein universelles Anschlusssystem, über das nicht nur Drucker mit dem Computer verbunden werden, sondern auch viele andere Geräte wie z.B. Digitalkameras, Scanner oder auch ISDN-Geräte. Jeder neuere Computer verfügt über mindestens zwei USB-Buchsen, die ganz eng nebeneinander sitzen. Die Buchsen sind flach und klein. Beim Anschluss

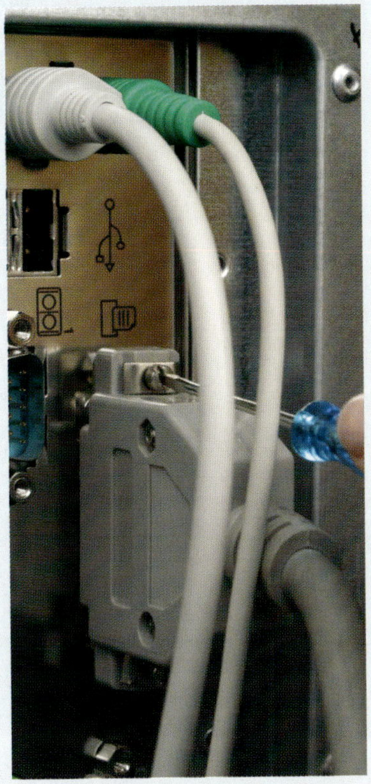

Das breite Druckerkabel wird mit kleinen Schrauben an der Buchse fest verankert (o.). Ein USB-Hub erweitert den Computer um drei weitere USB-Anschlüsse (u.)

eines USB-Gerätes ist es vollkommen gleichgültig, welche der beiden Buchsen belegt wird. Der USB-Stecker – der auch nur in einer Position passt – wird einfach nur eingesteckt und nicht festgeschraubt. Monitorstecker und -buchse sind blau. Die Buchse befindet sich in der Regel nicht auf dem Anschlussblech bei den anderen Komponenten, sondern einzeln etwas tiefer an der Grafikkarte. Beim Anschluss von Monitoren unterscheidet man digitale und analoge Anschlüsse. Sie sehen beide ähnlich aus – welcher der richtige ist, hängt vom Monitor ab. Orientieren Sie sich deshalb am Kabel, das vom Monitor kommt, und stecken Sie es in die passende blaue Buchse. Wie beim parallelen Druckerkabel wird der Anschluss auch hier über zwei Schrauben gesichert.

Die Boxen kommen an die Soundkarte. Die entsprechenden Anschlüsse finden sich entweder auf dem Anschlussblech oder auf einer separaten Soundkarte etwas tiefer auf der Gehäuserückseite. Zur Soundkarte gehören immer mindestens drei runde, so genannte Mini-Klinkenanschlüsse, die direkt nebeneinander angeordnet sind. Über einen von ihnen kann Musik in den Computer eingespielt (Audio-Eingang), über einen anderen ausgegeben (Audio-Ausgang) werden. Der dritte dient zum Anschluss eines Mikrofons. Die Boxen kommen an den Audioausgang. Leider sind hier die Farbmarkierungen nicht einheitlich. In der Regel ist der Ausgang grün markiert. Wenn keine eindeutige Beschriftung – etwa durch Pfeile – zu erkennen ist, geht hier nur Probieren über Studieren, wobei ein falscher Anschluss nicht zu Defekten führt. Neben den drei Audiobuchsen findet sich immer auch ein breiter gelber Anschluss für Joysticks oder Midigeräte wie ein Keyboard.

Anschluss ans Internet findet der Computer über verschiedene Wege. Ist ein analoges Modem eingebaut, steckt man das dazugehörige TAE-Telefonkabel (siehe S. 192) in die passende schwarze Buchse am Computer und das andere Ende in die ganz linke Buchse einer Dreier-Telefondose. Bei ISDN gibt es zwei Möglichkeiten: Entweder es ist eine ISDN-Karte eingebaut; dann verbindet man diese mit dem dazugehörigen ISDN-Kabel direkt mit dem NTBA (siehe S. 193). Oder aber das ISDN-Modem befindet sich in einem separaten Gehäuse. Dann wird dieses zunächst über ein USB-Kabel mit dem Computer und schließlich über ein ISDN-Kabel mit dem NTBA verbunden.

Bei modernen Grafikkarten besteht auch die Möglichkeit, einen Fernseher anzuschließen um so beispielsweise einen Film auf DVD über das DVD-Laufwerk des Computers auf dem Fernsehbildschirm anschauen zu können. Die Grafikkarten verfügen dazu meistens über eine gelbe Chinchbuchse (siehe auch S. 64 ff.). Über ein entsprechendes Chinchkabel kann man also den Computer hier mit dem Videoeingang eines Fernsehers oder eines Videorekorders verbinden. Dazu gibt es Adapter für die Scartbuchsen (s. Seite 66 ff.).

Neben diesen Standardanschlüssen gibt es eine ganze Reihe weiterer Verbindungsmöglichkeiten wie z.B. die heute kaum noch genutzte serielle Schnittstelle am Anschlussblech oder den Firewire-Anschluss für einen digitalen Camcorder. Beim Verbinden von Zusatzgeräten kann man kaum gravierende Fehler machen, sie passen alle immer nur an eine entsprechende Buchse.

Der besondere Tipp

■ Reichen die USB-Anschlüsse am Gehäuse nicht aus, kann man einen externen USB-Hub (Mehrfachadapter) anschließen, der normalerweise vier Buchsen bietet. Er wird statt eines USB-Anschlusskabels mit dem Gehäuse verbunden. Dieses Gerät empfiehlt sich auch, wenn man USB-Kabel häufig wechselt – z.B. um einen digitalen Fotoapparat anzuschließen.

■ Zum Schutz vor Schäden durch Blitzschlag bietet der Handel spezielle Zwischenstecker für das Netzkabel an.

In den meisten modernen Schreibtischleuchten erzeugt eine kleine Halogen-Stiftsockellampe das Licht. Sie zu wechseln ist kein Kunststück.

Leuchtmittelwechsel

Die meisten modernen Schreibtischleuchten arbeiten mit Niedervolt-Spannung und speziellen Halogen-Leuchtmitteln, den so genannten Stiftsockellampen. Auch sie kann man im Fall des Falles selbst wechseln.

Das Besondere an diesen Leuchtmitteln ist, dass sie nicht wie Glühbirnen eingeschraubt, sondern eingesteckt werden. Die Stiftsockellampen erkennt man an dem kleinen Glaskörper, an dem unten zwei Stifte herausragen. Über diese Stifte wird die Halogenlampe mit Strom versorgt.

Stiftsockellampen gibt es in zwei verschiedenen Größen. Bezeichnet werden diese nach dem so genannten „Sockel“, dem Gegenstück zur Fassung in der Leuchte. Kleinere Stiftsockellampen tragen die Bezeichnung „GY 6,35“, größere „G4“. In der Regel befindet sich in Schreibtischleuchten eine G4-Fassung.

Auch diese Leuchtmittel gibt es mit unterschiedlicher Leistung, so z.B. mit 20, 35 oder 50 Watt. Auf den Leuchtmitteln selbst kann man allerdings oft nicht erkennen, wie viel Watt Leistung sie bringen. Aufschluss gibt entweder das Typenschild auf der Unterseite des Leuchtenfußes oder aber der Transformator, der zur Leuchte gehört. Auf ihm steht, wie viel Watt Leistung er bei 12 Volt abgibt. Die hier angegebene Leistung entspricht der des Leuchtmittels.

Flackert das Licht oder geht das Licht nach einiger Zeit immer wieder aus, ist wahrscheinlich nicht das Leuchtmittel defekt. In den meisten Fällen ist der Fehler am Sockel zu suchen. Die Stifte des Leuchtmittels oder aber die Aufnahme in der Fassung können nämlich mit der Zeit oxydieren.

Abhilfe kann man hier schaffen, in dem man die Stiftsockellampe aus der Fassung nimmt und die Stifte überprüft. Sind sie schwarz angelaufen, leiten sie den Strom nicht mehr richtig. In solch einem Fall mit einem Messer die schwarze Schicht auf den Stiften abkratzen und anschließend das Leuchtmittel wieder einsetzen.

Sollte die Schreibtischleuchte dann immer noch nicht richtig funktionieren, muss die Fassung von einem Fachbetrieb gewechselt werden. Das ist allerdings nicht allzu teuer.

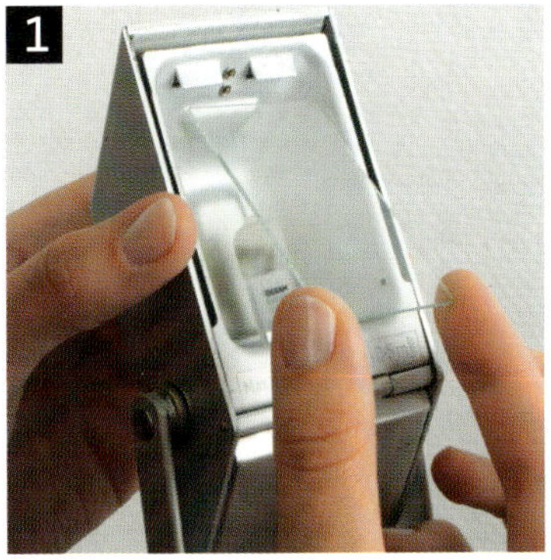

1 Eine Stiftsockellampe wird sehr heiß. Damit von ihr keine Brand- oder Verletzungsgefahr ausgeht, befindet sie sich oft hinter einer dünnen Glasscheibe. Die muss beim Leuchtmittelwechsel als erstes abgenommen werden. Die Befestigungsmechanismen sind von Leuchte zu Leuchte unterschiedlich. Meistens muss eine Haltefeder vorsichtig gelöst oder aber die Scheibe samt Halterung herausgedreht werden.

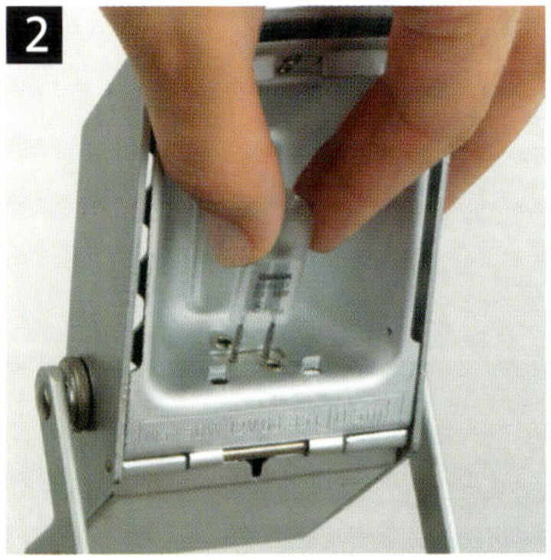

2 Jetzt liegt das Leuchtmittel frei. Man fasst es unten an der flachen Seite des Glaskörpers an und zieht es vorsichtig heraus. Dabei darauf achten, dass kein Stift abbricht. Sollte dies dennoch passieren, kann man den noch in der Fassung sitzenden Stift mit einer Spitzzange herausziehen.

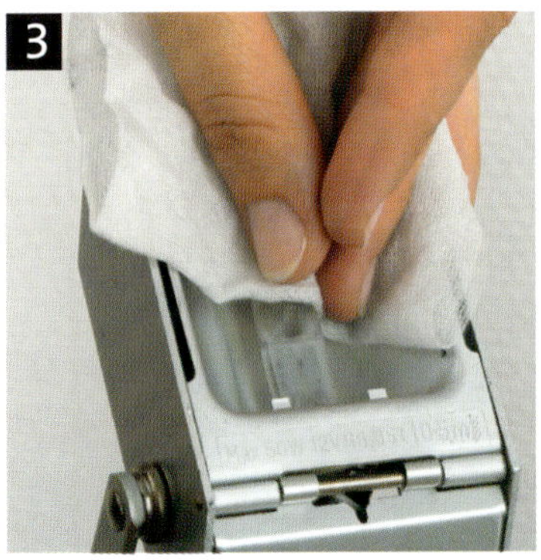

3 Das neue Leuchtmittel sollte nicht mit bloßen Fingern berührt werden, da sich immer ein Fettfilm auf der Haut befindet. Das Fett würde bei Berührung des Leuchtmittels Spuren auf dem Glaskörper hinterlassen, die sich dann im Betrieb entzünden und das Leuchtmittel zerstören können. Deshalb die Stiftsockellampen immer mit der Plastikfolie, die zur Verpackung gehört, oder einem Brillenputztuch anfassen.

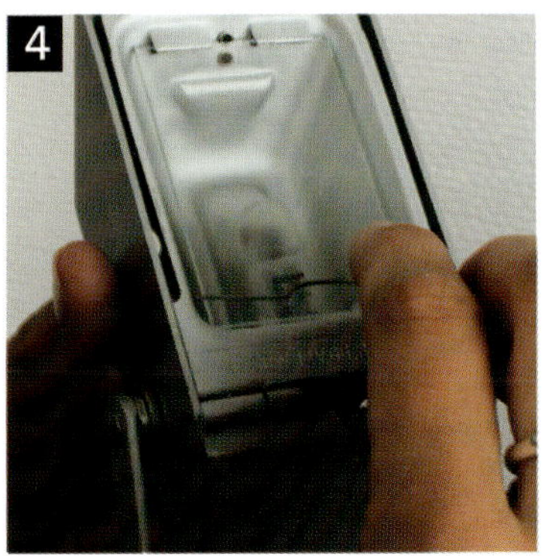

4 Die Stiftsockellampe wieder in die Fassung einsetzen. Dabei das Leuchtmittel nicht verkanten. Die Stifte so weit in die Fassung drücken wie es geht. Durch leichtes Ruckeln überprüfen, ob das Leuchtmittel auch wirklich fest sitzt. Abschließend das Schutzglas wieder montieren.

Badezimmer

„Das ist doch das Schönste am Heimwerken: sich anschließend ohne schlechtes Gewissen stundenlang pflegen zu können!"

Die meisten Männer machen's in Minuten, Frauen können es stundenlang – sich im Badezimmer dem Bodystyling widmen.

Damit Routinegriffe zu Lippenstift, Lockenwickler und Lotion nicht nur Spaß machen, sondern auch – z. B. im morgendlichen Stress – zügig von der Hand gehen, sollte das Bad nicht nur atmosphärisch, sondern auch funktional eingerichtet sein. Dieses Kapitel zeigt vor allem, wie man alte Bäder zeitgerecht umgestaltet. Mehr Komfort bringen z. B. eine neue Massagebrause oder eine Duschabtrennung für die Badewanne.

„Spieglein, Spieglein, wie kommst du an die Wand?" Dies wissen Sie demnächst ebenso wie Nützliches zu Siphonreinigung oder Dichtungswechsel am Wasserhahn.

Badgestaltung

Im wahrsten Sinne des Wortes einmal abzutauchen, sich und seinem Körper einfach Gutes zu gönnen und rundum zu entspannen – das verbindet sich mit einem zeitgerechten Wohlfühlbad. Mit gestalterischem Engagement lässt sich dabei fast jeder Waschraum in eine Wellnessoase verwandeln.

Dem Entspannungsbedürfnis wirkt in erster Linie die sterile Atmosphäre einer „keramischen Abteilung" entgegen, die durch weitgehend verflieste Wände und Böden entsteht. In älteren Bädern sind oft sogar alle Wände bis unter die Decke gekachelt. Aber selbst wenn das Badezimmer in Ihrer Wohnung so ausgestattet ist, lässt sich mit einigen unaufwändigen Gestaltungsmaßnahmen deutlich mehr Wohlfühlatmosphäre schaffen. Erste Hilfe leisten vor allem Zimmerpflanzen. Die meisten von ihnen gedeihen hier sogar besonders gut, weil ihnen der Wasserdampf beim Baden oder Duschen zusätzliche Feuchtigkeit zuführt. Einzige Voraussetzung: Der Raum muss hell sein. Wenn das Bad allerdings über kein Außenfenster verfügt, erfüllen künstliche Blumen denselben Effekt.

Ein oder zwei auf die Fliesen abgestimmte Bilder lockern die Wände auf. Dabei kann man allerdings keine Fotos oder Drucke hinter Glas aufhängen, weil sich diese nach kurzer Zeit durch die Feuchtigkeit wellen, und das Glas beschlägt. Gut geeignet hingegen sind Bilder aus Öl- oder Acrylfarben, die auf Stoff oder Holz gemalt sind – und die lassen sich mit etwas kreativem Geschick auch leicht selbst malen. So kann man die Farbgestaltung auch gleich auf das Bad hin abstimmen.

Natürliche Materialien setzen mit ihrer Ausstrahlung wirksame Kontrastpunkte zu sterilem Badambiente. Eine kleine Holzbank als Ablagefläche, ein kleines Marmorbrett als Regal oder ein Rattan-Stuhl in einer Badecke eignen sich besonders, die Wohlfühlatmosphäre im Bad zu steigern.

Unvorteilhaft wirken in Bädern aber nicht nur vollverflieste Wände, sondern auch offenkundiges Chaos wie Ablagen voll von Schminkutensilien oder Pflegeprodukten. Funktionale Schränke schaffen hier Abhilfe. Die Möbelindustrie bietet zahlreiche Alternativen an – vom klassischen Spiegelschrank in zeitge-

Durch wohnliche Accessoires und Möbel wie einen kleinen Beistelltisch (o.) oder Vasen (u.l.) verliert das Badezimmer seinen Nasszellen-Charakter.

rechtem Design bis hin zu kompletten Badmöbel-Serien. Die meisten Möbel lassen sich dabei auch selbst montieren (siehe S. 216).

Ordnung bedeutet aber noch lange nicht, dass im Badezimmer alles hinter Schranktüren verschwinden muss. Im Gegenteil: Sie schafft die Voraussetzung, um schöne Details wirkungsvoll zu inszenieren, wie Parfümfläschchen auf einem Glasregal.

Nischen nutzen

Kleine Bäder sind oft verwinkelt, oder es ziehen sich Sockel und Vorsprünge über Boden und Wände. Diese lassen den Raum nicht nur kleiner erscheinen, sondern auch unruhig. Je mehr sie in die Gestaltung einbezogen werden, desto mehr gewinnt das Bad. So kann man z. B. Nischen effektiv nutzen und zudem noch attraktiv gestalten, wenn man exakt passende Regale in sie integriert.

Schränke und Regale von der Stange haben den Nachteil, dass sie für noch mehr Unruhe sorgen, weil sie nicht bündig mit der Nische abschließen und weitere Vorsprünge erzeugen. Auf Maß angefertigte Regalkonstruktionen sind oft sogar noch preiswerter als ein Möbelstück aus dem Einrichtungshaus. Perfekt eignen sich Glasböden, die man sich beim Glaser zuschneiden lässt und dann mit Regalträgern aufhängt (Arbeitsanleitung siehe S. 178).

Die Rück- und Seitenwände kann man zuvor mit Holz- oder Pressspanplatten verkleiden. So entsteht nicht nur der Eindruck eines Einbaumöbelstücks, sondern es wird auch ein Teil der gefliesten Wandfläche kaschiert. Die Arbeitsschritte gleichen denen beim Umgestalten von Fliesenspiegeln (siehe S. 88).

Apropos Kaschieren von Wänden: Beim Glaser erhält man auch recht preiswert größere auf Maß gefertigte Spiegel, die sich leicht selbst befestigen lassen (siehe S. 212 ff.).

Für das Wohlbefinden kommt es auch im Badezimmer auf die richtige Beleuchtung an. Natürlich benötigt man für das Waschen und Schminken helles Funktionslicht, bei einem entspannenden Bad aber stört es ungemein.

Licht zum Entspannen

Anders als beispielsweise in Wohn- oder Schlafräumen kann man im Badezimmer nicht einfach irgendwelche zusätzlichen Leuchten aufstellen. Das wäre lebensgefährlich. Nutzen Sie hier nur Leuchten, die für Feuchträume geeignet sind. Nicht einmal theoretisch darf die Gefahr bestehen, dass die Leuchte ins Waschbecken, in die Badewanne oder in die Duschtasse fallen könnte. Außerdem muss gewährleistet sein, dass die Leuchte – auch nicht versehentlich – in direkten Kontakt mit Wasser geraten kann. Absolut tabu ist es, nicht speziell dafür geeignete Leuchten direkt über Bad oder Dusche anzubringen, selbst dann nicht, wenn sie fest an der Decke verankert werden.

Trotz dieser Sicherheitsregeln bleibt genügend Spielraum für kreative Lichtatmosphäre. Bestens geeignet sind z. B. alle Leuchten, die auch für den Außenbereich zugelassen sind, allen voran entsprechende Lichterketten. Diese können z. B. in einem Regal, um einen Bilderrahmen oder auch in einer größeren Topfpflanze dekorativ drapiert werden. Einen schönen Lichteffekt erzielen Sie bei Pflanzen übrigens auch, wenn Sie kleine Halogen-Erdstrahler in den Topf stecken und ihren Lichtkegel nach oben ins Blätterwerk ausrichten. Die Leuchten erzeugen so schöne Schattenspiele auf Wänden und Decke.

Feuer und Wasser zählen zu den reizvollsten Gegensätzen überhaupt. Den Wellnesscharakter unterstreichen auch Kerzen und Teelichter – vor allem dann, wenn sie zahlreich und an verschiedenen Stellen aufgestellt werden: am Wannenrand, auf dem Fenstersims, auf Ablagen.

Alle Sinne ansprechen

Je mehr Sinne positiv angesprochen werden, desto besser können Sie entspannen. Ein Duftlämpchen für ätherische Öle oder ein kleines Gefäß für Räucherstäbchen ermöglichen es, ganz nach den individuellen Vorlieben den Geruchssinn mit sinnlichen Düften zu verwöhnen.

Ein Radio oder eine einfache, kleine Stereoanlage sorgen je nach Stimmungslage für die richtige musikalische Untermalung. Sie kann man in viele Badmöbel integrieren. Problematisch ist allein der Stromanschluss. Um das Kabel möglichst unauffällig zur Steckdose zu führen, sägt man in die Rückwand des Möbelstücks ein kleines Loch, durch das der Netzstecker passt.

Fliesen überstreichen

Fliesen zu streichen ist eine der einfachsten Möglichkeiten, alte und unattraktive Bäder neu zu gestalten.

Für diese Arbeit bietet der Handel speziell aufeinander abgestimmte Systeme aus Haftgrund und speziellem Fliesenlack an.
Bei den Produkten handelt es sich um Zwei-Komponenten-Systeme: Sowohl Grundierung als auch Lack müssen also vor dem Aufstreichen aus zwei Produkten angemischt werden.

Vor der Schönheitskur Fläche gründlich reinigen. Am besten speziellen Fliesen- und Fugenreiniger verwenden. Der Fliesenlack haftet nicht auf Silikon. Alte Dichtungsfugen aus diesem Material müssen gänzlich entfernt werden. Das betrifft meist nur wenige Fugen am Rand der Fliesenflächen. Dazu Fugen z. B. mit einem Messer auskratzen und anschließend mit Silikon-Entferner nacharbeiten. Nach dem Lackieren werden die Fugen neu abgedichtet.

Vor Beginn der Arbeiten Umgebungsflächen sauber abkleben (siehe auch S. 26). Zunächst den Haftgrund nach Herstellerangaben anmischen. Mit dem Pinsel Ecken und Kanten dünn vorstreichen und dann die Fliesen mit einer Schaumstoffrolle grundieren.

Der eigentliche Lack wird in zwei Schichten aufgetragen. Auch ihn zunächst anmischen und dann Ecken und Kanten ausstreichen. Mit der Rolle streicht man den Lack zunächst diagonal auf und verteilt ihn dann durch waagerechte oder senkrechte Rollbewegungen. Die zweite Lackschicht kann frühestens zwölf Stunden nach der ersten in gleicher Weise aufgetragen werden.

Für das einfache Umgestalten von alten Fliesenflächen bietet der Handel speziell abgestimmte Systemkomponenten an.

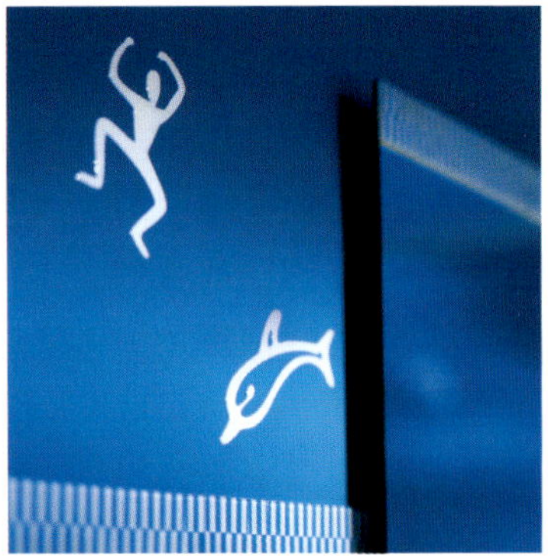

Fliesen bekleben

Müssen Badezimmer eigentlich langweilig aussehen? Das haben sich führende europäische Designer gefragt und eine pfiffige Lösung gefunden: Aufkleber, die Fliesen ganzflächig bedecken.

So wird es möglich, ganz unaufwändig das Bad in einen neuen Look zu tauchen. Die Aufkleber gibt es in verschiedenen Kollektionen, so z.B. in bunten Farben, mit peppigen Figuren und Zeichen oder aber in grafischem Schwarzweiß-Look. Neben den vollflächigen Fliesenaufklebern ergänzen selbstklebende Bordüren oder auch ganze Wandbilder die Designauswahl. Je nach Geschmack lassen sich die Aufkleber der einzelnen Kollektionen auch mischen und so ganz individuelle Gestaltungen finden.

Die vollflächigen Aufkleber sind für das meist benutzte Wandfliesenmaß von 15 x 15 cm ausgelegt. Sie bestehen aus farbig hinterlegtem Gießharz und lassen sich sehr leicht reinigen. Am besten wirken sie auf einfarbigen Fliesen.

Neben den Aufklebern bieten die einzelnen Kollektionen auch zahlreiche Accessoires. Das Spektrum reicht von plastischen Dekorelementen zum Aufkleben über im Design passende Badematten und Handtücher bis hin zu kleinen Einrichtungsgegenständen wie Seifenschale oder Zahnbürstenhalter.

Das Ganze hat nur einen kleinen Haken: Aufkleber und Accessoires sind nicht gerade preiswert.

1 Vor dem Bekleben der Fliesen sollten Sie diese gründlich reinigen. Am besten verwenden Sie dazu einen starken Haushaltsreiniger. Zum Bekleben müssen die Fliesen absolut trocken, staub- und fettfrei sein. Nur dann haftet der Aufkleber optimal. Damit die Fliese geschmeidig ist und sich leicht aufkleben lässt, erwärmt man sie mit einem Fön.

2 Den Fliesenaufkleber anhalten und die optimale Klebeposition ermitteln. Dann die Schutzfolie auf der Rückseite des Aufklebers abziehen.
Den Aufkleber exakt gerade an einer Fliesenseite ansetzen. Am einfachsten geht es, wenn man sich für die Fliesenoberkante entscheidet.

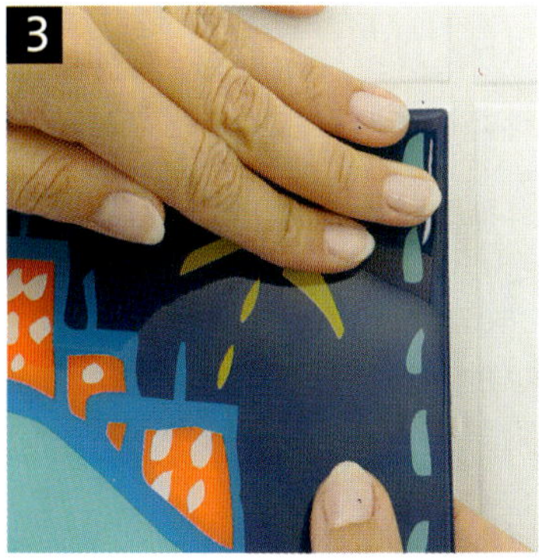

3 Nun den Aufkleber blasenfrei auf der ganzen Fliese andrücken. Dazu von der angesetzten Seite aus mit dem Finger langsam Stück für Stück den Aufkleber auf die Fliese drücken. Dann den gesamten Aufkleber noch einmal fest anpressen.

Aufkleber sollten jetzt nach Möglichkeit 24 Stunden lang nicht in Kontakt mit Wasser geraten.

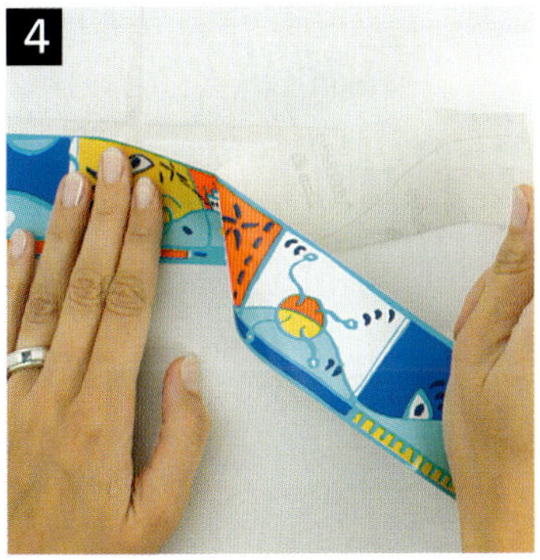

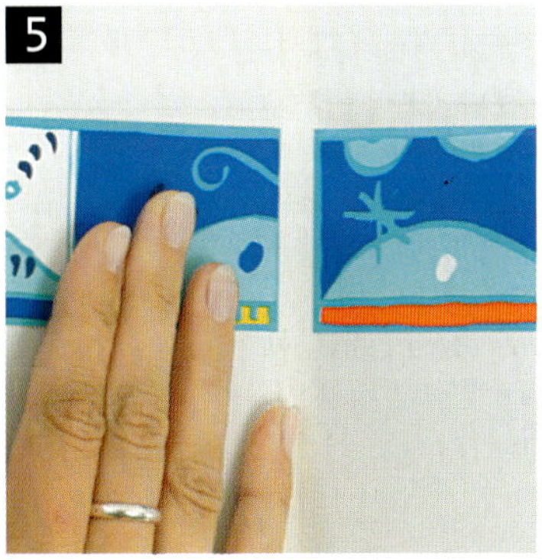

4 Beim Verkleben von Bordüren orientieren Sie sich an einer waagerechten Fliesenreihe. Am einfachsten kleben Sie unmittelbar unter oder über einer Fuge.

5 Die Bordüre nicht um die Ecke kleben. In der Ecke schneiden und auf der anderen Wand neu ansetzen.

Accessoires anbringen

Vom Zahnputzbecher über Seifenspender und Toilettenpapierhalter bis hin zur Handtuchstange: Badaccessoires anzubringen ist kein Kunststück.

Fast jedes Badzubehör wird auf die gleiche Art und Weise montiert: Zunächst schraubt man eine Halteplatte fest, an der dann wiederum das eigentliche Accessoire befestigt wird.

Beim Anbringen der Montageplatten müssen Dübel in der Wand verankert werden und dazu muss man vorher bohren. Dabei ist besonders im Badezimmer die Gefahr groß, dass man Wasserrohre oder Stromkabel trifft. Deshalb sollten Sie unbedingt vor jeder Bohrung mit einem Metalldetektor sicherstellen, dass sich hinter der geplanten Bohrposition keine Leitungen befinden (siehe auch S. 118).

Werkzeug & Material

- Bleistift
- Bohrmaschine
- 6 mm Steinbohrer
- Schraubendreher
- Zollstock oder Maßband
- Wasserwaage
- Accessoire inkl. aller Befestigungsteile

That's easy!

Schnell wie Schumi!

Sehr geringer Kraftaufwand!

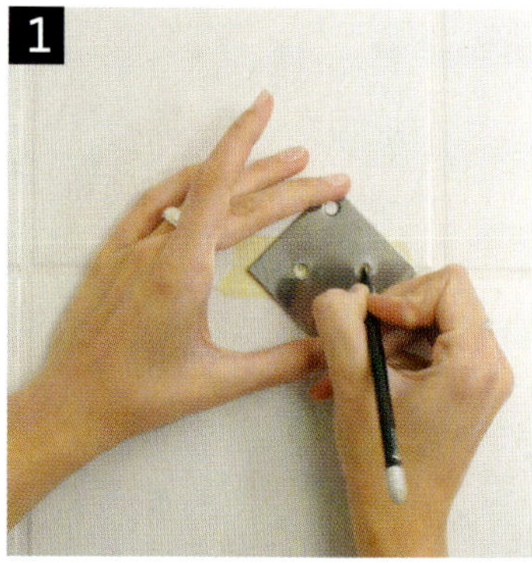

1 Die Montageposition des Halters an der Wand festlegen. Um beim Bohren Beschädigungen der Fliesen vorzubeugen, wird an den Bohrpositionen ein Stück Abklebeband (Krepp) auf die Fliese oder Fuge geklebt. Dies mindert die Gefahr, dass man beim Ansetzen des Bohrers wegrutscht. Auf dem Klebeband dann die Bohrposition anzeichnen. Bei größeren Accessoires wie einem Handtuchhalter sollte man die Montagepositionen mit der Wasserwaage überprüfen.

2 Wenn man in Fliesen bohrt, muss die Bohrmaschine richtig eingestellt sein; sonst beschädigt man allzu leicht die keramischen Beläge. Wichtig: Die Geschwindigkeit am Einstellrad im Griff auf die geringste Stufe stellen und bei Schlagbohrmaschinen zudem sicherstellen, dass die Schlagfunktion abgeschaltet ist.

3

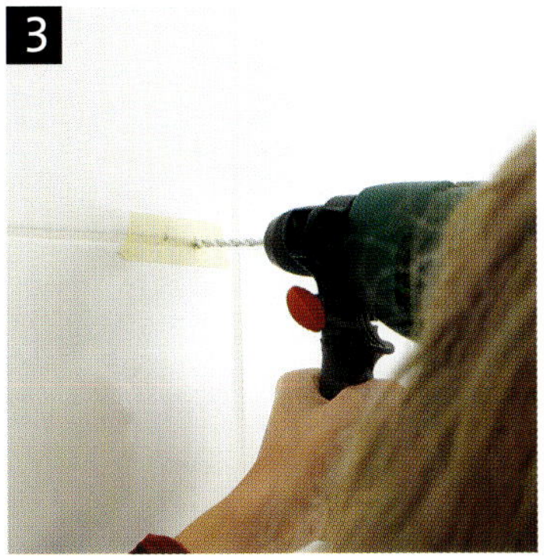

4

5

6

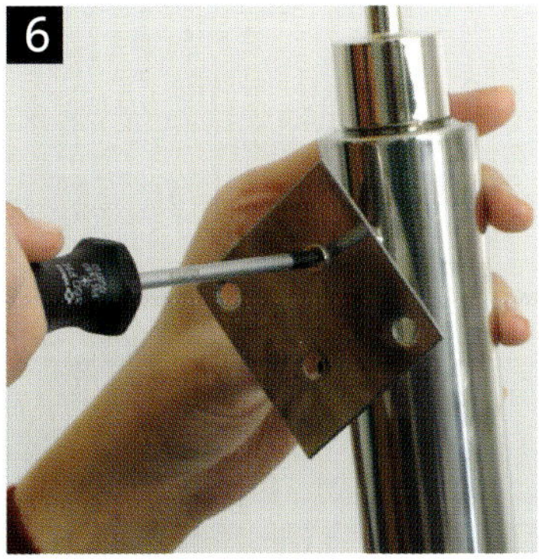

7

3 Die Löcher müssen vor allem langsam gebohrt werden; am leichtesten geht das in Fugen. Die Bohrmaschine dabei immer möglichst gerade halten.

4 Dann mit einem Staubsauger die Dübellöcher aussaugen und Dübel einstecken.

5 Nun zunächst am Accessoire, hier einem Seifenspender, die Abstandshalter mit der Hand fest aufschrauben. Für diese Montage sind keine Werkzeuge erforderlich.

6 Es werden zunächst Spender und Halteplatte miteinander verbunden und nicht etwa zuerst die Montageplatte an der Wand montiert. Die Montageplatte durch die dafür vorgesehenen Löcher mit den mitgelieferten Schrauben an den Abstandshaltern festdrehen.

7 Abschließend den Seifenspender an der Wand festschrauben.

Spiegel montieren

Ein Spiegel ist im Bad genauso unverzichtbar wie fließendes Wasser. Ihn selbst zu montieren ist eigentlich kein Problem.

Für die Befestigung eines Spiegels bieten sich vier Alternativen an.

- Verkleben
Der Spiegel wird mit speziellem Spiegelklebeband und/oder Spiegelkleber auf der Wand fixiert.

- Unsichtbare Halter (Click-Halterung)
Auf dem Spiegel und an der Wand bringt man Montageplatten an, die den Spiegel anschließend unsichtbar halten.

- Klammern
Am unteren und oberen Spiegelrand werden mindestens vier Klammern in der Wand befestigt, die den Spiegel halten.

- Aluschienen
Statt der Klammern befestigt man spezielle Schienen aus Aluminium, die zuvor auf die Spiegelbreite zugeschnitten wurden.

Spiegel bieten Fachgeschäfte und Glaser in den zwei Standardstärken 4 und 6 mm an. Alle Spiegel, die gehängt werden, sollten 6 mm stark sein. Nur beim Verkleben von kleineren Spiegeln sind 4 mm ausreichend; ab 1 m^2 Größe ist es aber auch hierbei empfehlenswert, zu 6 mm starken Produkten zu greifen.

Klammern und Schienen haben den Nachteil, dass die Befestigung sichtbar bleibt. Wesentlich eleganter ist die unsichtbare Halterung. Deshalb sind Verkleben und unsichtbare Halter besonders zu empfehlen, zumal die benötigten Materialien nicht allzu teuer sind.

Wenn Sie sich beim Glaser einen Spiegel auf Maß zuschneiden lassen, sollten Sie freistehende Kanten immer schleifen lassen. Am besten überlassen Sie dies den Profis; man kann die Kanten zwar auch selbst mit zuvor in Wasser getauchtem Schleifpapier (120er bis 150er Körnung) schleifen, dabei steht allerdings der Aufwand in keinem Verhältnis zu dem häufig nicht befriedigenden Ergebnis. Bei allen Spiegeln sollten Sie gewährleisten, dass hinter ihnen Luft zirkulieren kann. Ansonsten sammelt sich vor allem im Bad schnell Feuchtigkeit auf der Rückseite, die mit der Zeit den dort aufgetragenen Schutzlack zersetzt; die Spiegel werden blind. Nach Möglichkeit sollte mindestens an drei Seiten Luft ein- und austreten können. Wird der Spiegel wand- und/oder decken- bzw. bodenbündig angebracht, müssen also ein paar Millimeter Abstand verbleiben.

1 Vor dem Verkleben eines Spiegels diesen zunächst provisorisch an seine Position stellen oder halten, um zu überprüfen, ob er auch maßgerecht zugeschnitten ist. Bei größerem Spiegel zu zweit arbeiten.

2 Liegt der Spiegel z. B. auf dem Boden oder einem Sockel auf, wird mit der Wasserwaage überprüft, ob er auch gerade steht. Eventuell einen kleinen Keil an der Seite unterschieben, an der der Spiegel angehoben werden muss, oder Position mit Bleistift markieren.

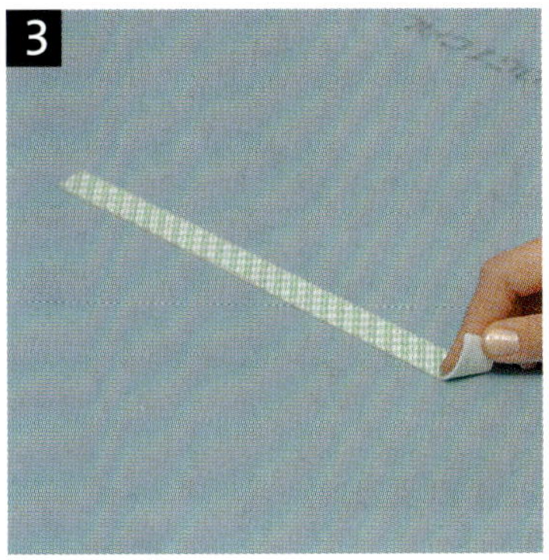

3 Der Spiegel wird mit zwei Klebemitteln an der Wand fixiert: Doppelseitige Spiegel-Klebebänder halten ihn unmittelbar nach dem Andrücken an die Wand in Position. Spezieller Spiegelkleber sorgt für die dauerhafte Verbindung. Zunächst einige Streifen Klebeband senkrecht auf die Spiegelrückwand aufkleben.

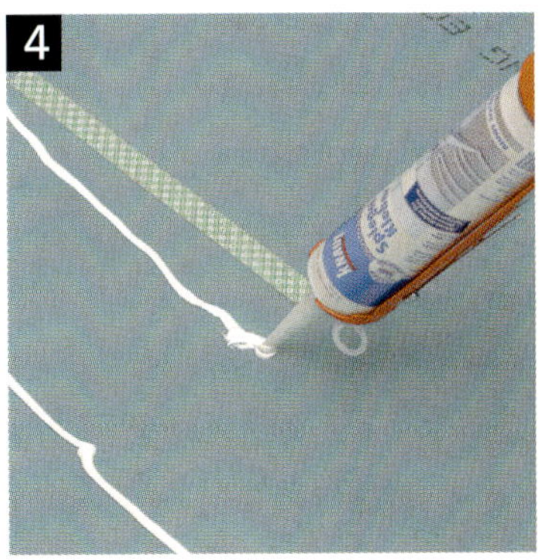

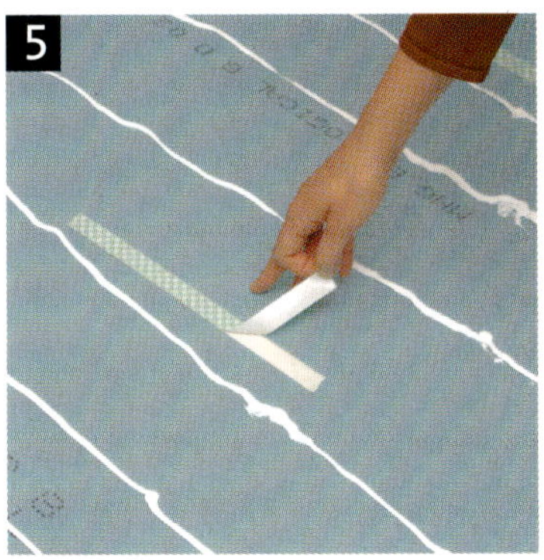

4 Dann Spiegelkleber aus der Kartusche aufbringen (siehe auch S. 92). Der Kleber wird in Abständen von ca. 10 cm in senkrechten Bahnen aufgetragen. Nicht quer oder s-förmig auftragen, da ansonsten Kondenswasser wesentlich langsamer abtrocknet und den Spiegel von hinten angreifen kann.

5 Nach dem Auftragen des Klebers Schutzband des doppelseitigen Klebebands abziehen.

6 Spiegel dann an die Wand kleben. Er kann nach dem Kleben nicht mehr verrückt werden. Spiegel deshalb entweder unten auflegen oder entlang einer mit Bleistift angezeichneten Seitenmarkierung ansetzen. Dann Spiegel fest mit der flachen Hand auf die Wand drücken. Dabei an mehreren Stellen drücken.

Spiegel mit Click-System montieren

Spiegel mit Click-Halterungen aufzuhängen hat den Vorteil, dass man die Spiegel auch wieder von der Wand nehmen und z.B. mit ihnen umziehen kann.

Die hier gezeigten Halterungen gibt es in drei Grundgrößen für Spiegel bis 0,8, 1,6 oder 2,6 m^2 Fläche. Bei größeren Spiegeln kann man auch mehrere Halter anbringen. Zum Lieferumfang gehören immer zwei Halter; die Sets enthalten alle Montageteile einschließlich Dübel und Schrauben. Es sind mehrere Befestigungsarten möglich, so z.B. mit Druckknöpfen oder Exzenterscheiben. Empfehlenswert ist die Montage mit Exzenterscheiben, weil man hier den Spiegel nach der Montage bei Bedarf noch feinjustieren kann. Bei größeren Spiegeln ab 1,5 m^2 Fläche ist es aber ratsam, diese vom Glaser montieren zu lassen – vor allem auch deshalb, weil sich schon der sichere Transport eines großen Spiegels als schwierig erweist.

Werkzeug & Material

- Zollstock oder Maßband
- Bleistift
- Bohrmaschine
- 6 oder 8 mm Steinbohrer
- Schraubendreher
- Andruckgewichte (z.B. schwere Bücher)

- Spiegel
- Click-Montageset mit Exzenterscheibe

Nicht so schwer, wenn man zu zweit arbeitet

Schnell wie Schumi!

Auch für Halbstarke!

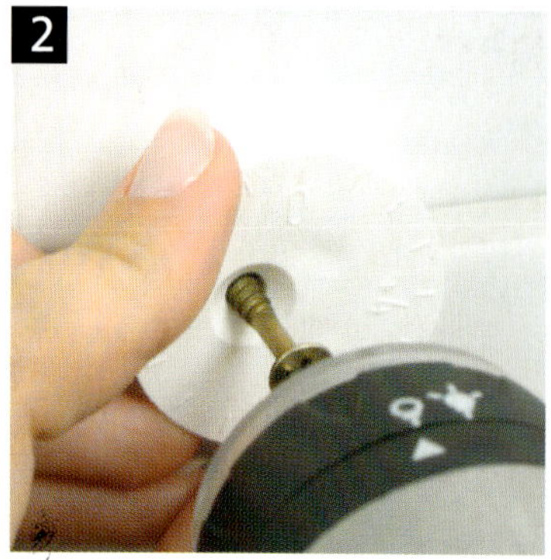

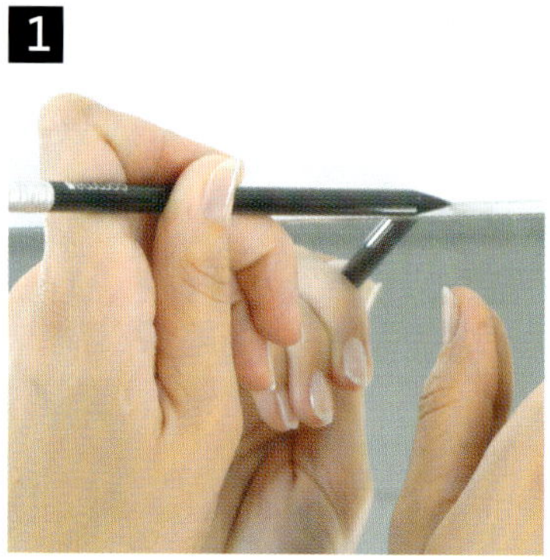

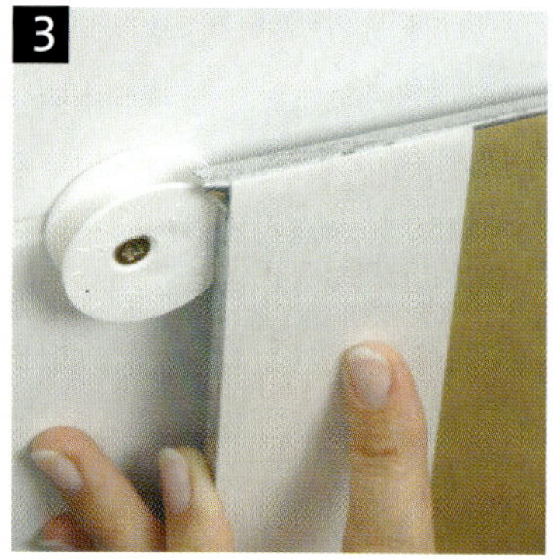

1 Zunächst legen Sie die Montageposition des Spiegels fest. Dazu den Spiegel von einem Helfer an der Wand anhalten lassen. Ist die richtige Position gefunden, oberhalb des Spiegels exakt auf der gesamten Spiegelbreite eine Bleistiftlinie ziehen. Den waagerechten Verlauf der Linie kann man mit einer Wasserwaage überprüfen.

2 In einem Abstand von ca. 15 cm von oben und von beiden Spiegelseiten aus nach innen zwei Bohrpositionen anzeichnen. Löcher für die Dübel bohren und Dübel einstecken. Exzenterscheibe mit Schraube festziehen. Dabei darauf achten, dass die „0“-Einstellung der Scheibe exakt nach oben zeigt.

3 Dann die Halter, die so genannten Spiegelbleche, an den Exzenterscheiben aufhängen und die Schutzfolien der Klebebänder abziehen.

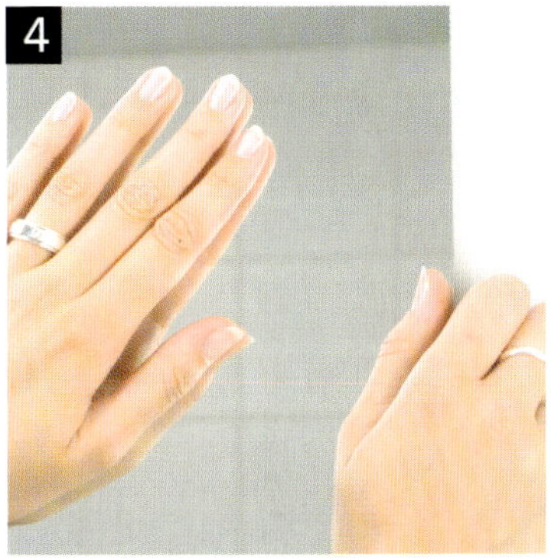

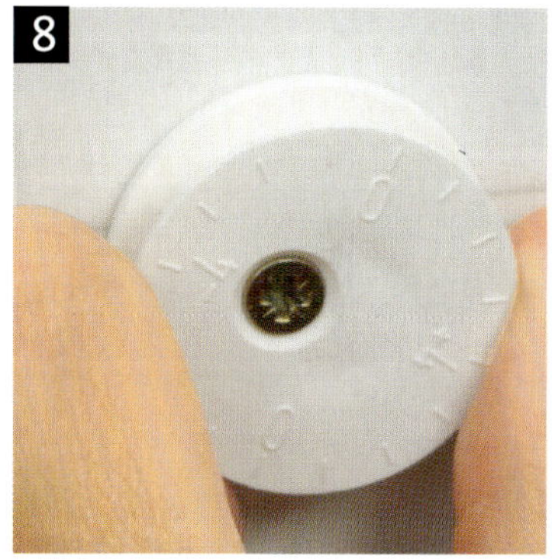

4 Spiegel richtig ausgerichtet kräftig gegen die Spiegelbleche drücken; die Bleche haften nun auf der Rückseite des Spiegels. Nun den Spiegel vorsichtig zur Seite, also von der Exzenterscheibe herunter schieben, und wieder von der Wand nehmen.

5 Den Spiegel auf einem weichen Untergrund (Teppich) auf den Rücken legen. Halterungen fest anpressen und dann mindestens eine Stunde mit 15 kg belasten. Dazu eignen sich z.B. aufeinander gelegte, schwere Bücher.

6 Durch die Halterung des Click-Systems steht der Spiegel oben von der Wand ab. Damit er in der Vertikalen nicht schief hängt, werden unten auf die Spiegelrückseite Abstandshalter aufgeklebt. Die selbstklebende Folie abziehen und Abstandshalter fest auf den Spiegel drücken.

7 Jetzt den Spiegel aufhängen. Ihn dazu auf die richtige Höhe bringen und seitlich auf die Exzenterscheibe aufschieben. Das ist vor allem bei größeren Spiegeln nicht ganz einfach. Lassen Sie sich deshalb dabei helfen.

8 Sollte der Spiegel nicht absolut gerade sitzen, können Sie ihn noch einmal von der Wand nehmen, die Schrauben der Exzenterscheiben lösen und diese verstellen.

Die Nachfolger des guten, alten Aliberts präsentieren sich in modernem Design und hochwertigen Materialien.

Spiegelschrank anbringen

Spiegelschränke sind äußerst praktisch: Sie nutzen den Platz über dem Waschbecken als Stauraum, ohne dass dabei auf den Spiegel verzichtet werden muss.

Längst gibt es unzählige Designvarianten zum guten, alten „Alibert“. Dessen heute etwas verstaubt wirkende Optik peppen Sie z. B. durch geschwungene Spiegeltüren, Dekoraufsätze oder farbige Grundmaterialien auf. So lassen sich Spiegelschränke auch in zeitgerecht gestaltete Bäder harmonisch integrieren.

Die Montage von Spiegelschränken ist ungleich aufwändiger als die normaler Hängeschränke, vor allem, da in den Schränken Steckdosen und Lichtschalter angeschlossen werden müssen. Der Schrank wird über oder unmittelbar unterhalb eines Strom-Wandauslasses angebracht und das Stromkabel dabei in den Schrank hineingeführt. Deshalb muss vor Beginn der Arbeiten immer die Sicherung für das Badezimmer ausgeschaltet werden. Überprüfen Sie mit dem Spannungsprüfer, ob wirklich kein Strom mehr fließt. Beachten Sie alle wichtigen Regeln im Umgang mit dem 230-V-Hausstromnetz (siehe S. 58).

Bei der Montage sind eine ganze Reihe von Arbeiten zu bewältigen, die man besser zu zweit ausführt, wie z. B. das Aufhängen des Schranks an der Wand oder die Befestigung der Spiegeltüren. Dies gilt insbesondere bei größeren Schränken mit drei oder mehr Flügeltüren.

Werkzeug & Material

- **Spannungsprüfer**
- **Zollstock oder Maßband**
- **Bleistift**
- **Wasserwaage**
- **6 und 8 mm Steinbohrer**
- **Bohrmaschine**
- **Schraubendreher, evt. Seitenschneider**
- **Spiegelschrank inkl. aller Befestigungsmaterialien**

Selbst dann nicht einfach, wenn man zu zweit arbeitet

Das braucht seine Zeit

Ein bisschen Mucki ist erforderlich!

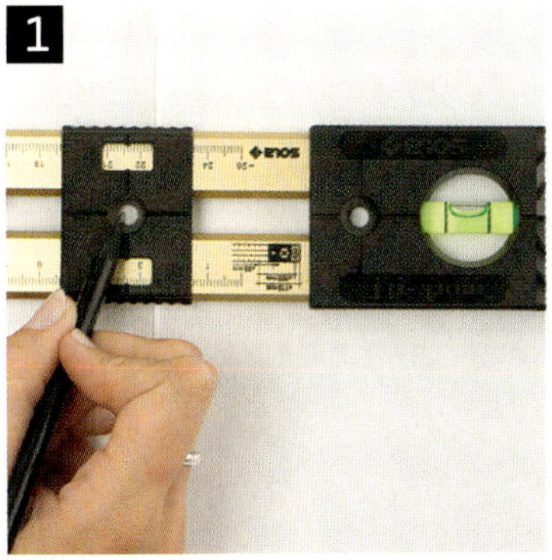

Vor Beginn der Arbeiten sicherstellen, dass am Wandauslass keine Spannung anliegt!

1 Zunächst die Montageposition des Spiegelschranks an der Wand bestimmen. Der Schrank sollte nach Möglichkeit über dem Wandauslass montiert werden, um die Kabel sauber führen zu können. Die beiden Haltepositionen des Spiegelschranks ausmessen und auf die Wand übertragen. Mit der Wasserwaage waagerechten Sitz überprüfen.

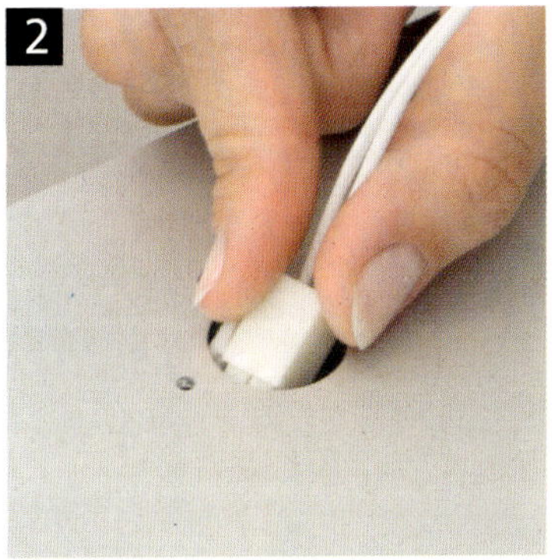

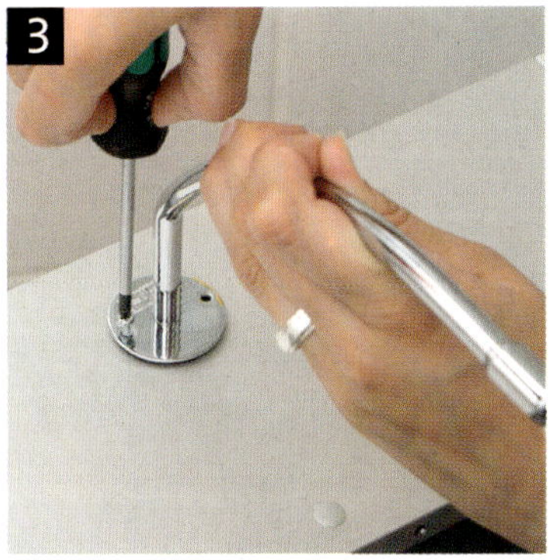

2 Vor dem Aufhängen des Schrankkorpus werden hier zunächst zwei Halogenleuchten oben auf den Schrank montiert. Die Stromkabel der Leuchten durch die dafür vorgesehenen Aussparungen in das Schrankinnere führen.

3 Dann die Leuchten auf dem Schrank festschrauben und die mitgelieferten Leuchtmittel einsetzen.

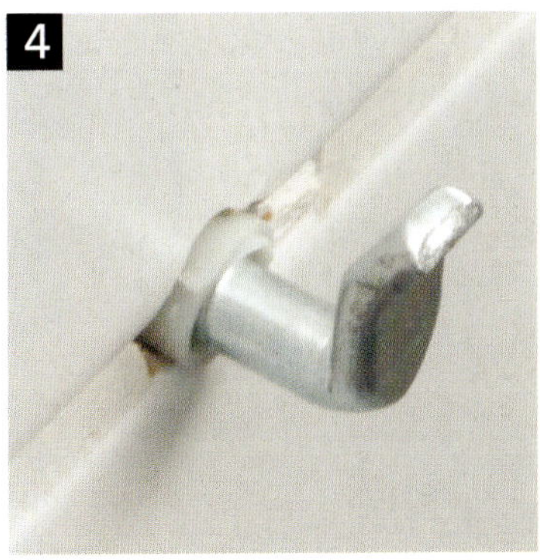

4 Jetzt Montagehaken an der Wand anbringen. Dazu muss gedübelt werden. Vor dem Dübeln mit Metalldetektor sicherstellen, dass keine Leitungen angebohrt werden können. Bohrungen ausführen, Dübel einstecken und Schraubhaken so weit eindrehen, dass sie noch 5 bis 7 mm aus der Wand herausragen.

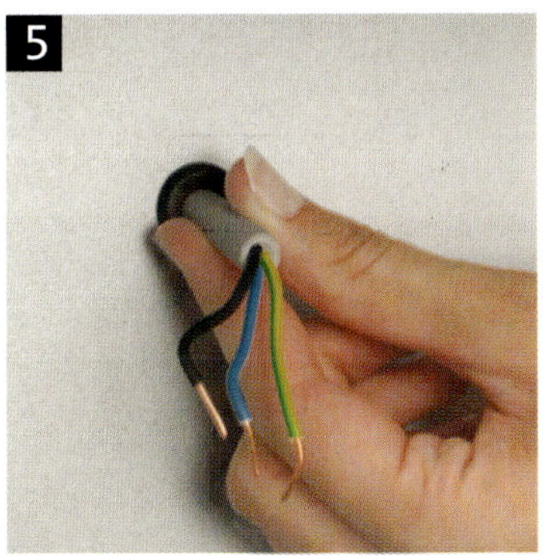

5 Spiegelschrank jetzt zusammen mit einem Helfer aufhängen. Dazu den Schrank anheben und zunächst das Stromkabel des Wandauslasses durch das dafür vorgesehene Loch in der Mitte des Schrankes hindurchziehen. Dann den Schrank an den Haken aufhängen.

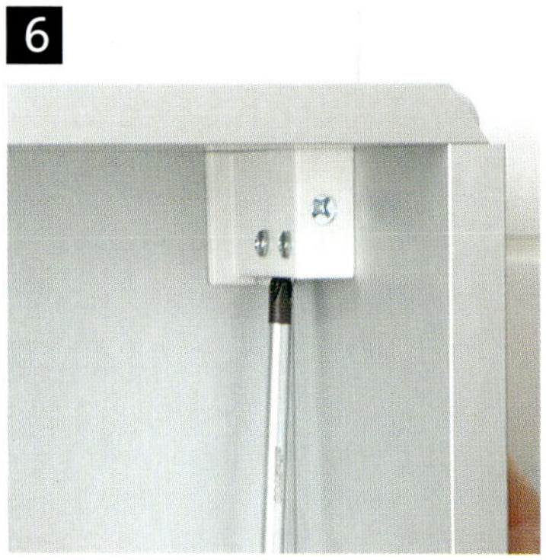

6 - 7 Zur Feinjustierung befinden sich in den inneren oberen Ecken des Schrankes je zwei Einstellschrauben. Wasserwaage auf den Schrank auflegen. Durch Drehen der unteren Einstellschraube kann man den Schrank in der Höhe ausrichten. Dann die vordere Schraube anziehen. Dies bewirkt, dass der Schrank oben bündig an der Wand anliegt.

8 Jetzt den Spannungsanschluss der Steckdosen- und Schalterleiste vornehmen. Dazu die Adern des Stromkabels aus der Wand an der Lüsterklemme der Leiste anlegen. Dabei darauf achten, dass die Kupferenden völlig in der Klemme verschwinden. Eventuell zu lange Kupferadern mit dem Seitenschneider auf 8 bis 10 mm Länge kürzen. Beim Verbinden der Adern auf die Adernfarben achten.

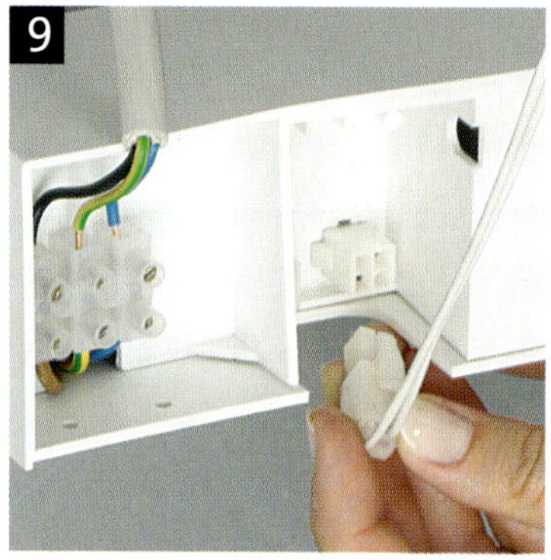

9 Nun die Stecker der Leuchten an der Leiste in die entsprechenden Buchsen stecken. Sie passen nur in einer Position.

10 Die Steckdosen- und Schalterleiste nun mit den entsprechenden Schrauben oben am Schrank festschrauben.

11
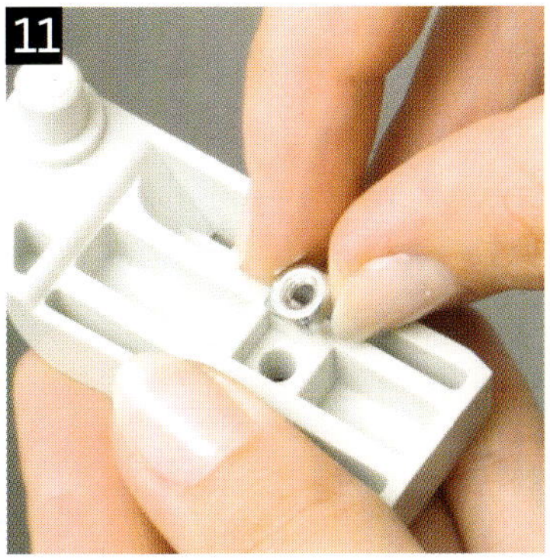

12

13

14
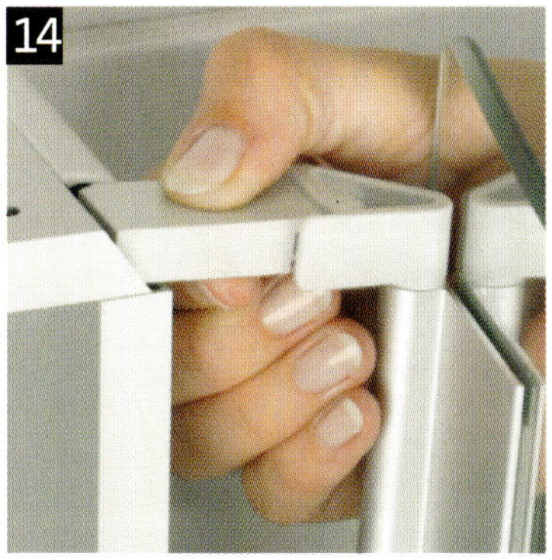

15

16
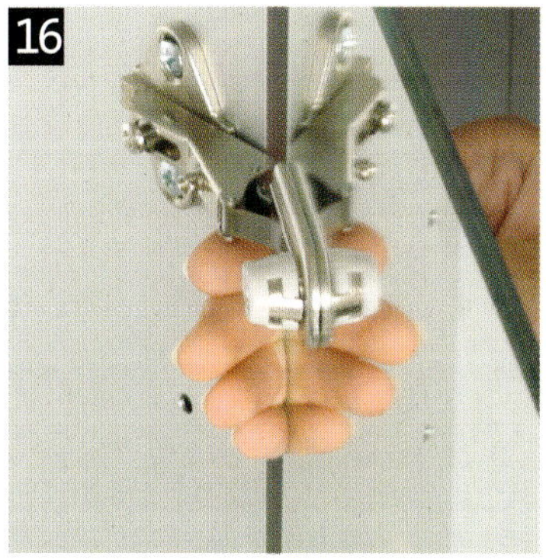

17

18
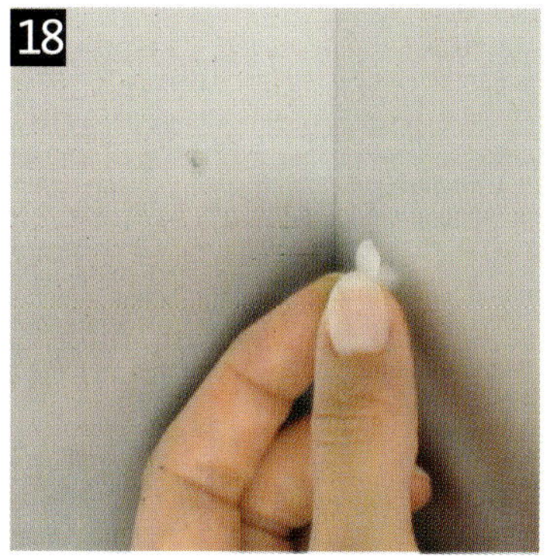

11 - 12 Dann die Türen einsetzen. Bei diesem dreiflügligen Schrank werden zunächst die äußeren Türen montiert. Dazu werden die unteren Halter rechts und links unten seitlich in den Schrank eingesteckt. Zuvor allerdings sind die mitgelieferten Muttern in die Mitte der Halter zu legen. Nach dem Einstecken werden die Halter von oben mit einer Schraube festgeschraubt.

13 Die Mutter in den oberen Halter legen. Vom Helfer die Tür unten in den Beschlag stellen lassen.

14 Dann den oberen Halter zunächst auf die Tür aufsetzen. Die Mutter dabei mit dem Daumen von unten festhalten. Dann den Halter mit der Tür zusammen oben in den Schrankkorpus stecken. Nun auch diesen Halter mit der zugehörigen Schraube sichern.

15 - 16 Die mittlere Tür wird mit handelsüblichen Scharnieren befestigt (siehe auch S. 96).
Die Tür auf die Scharniere aufsetzen, die Schrauben anziehen und die Tür ausrichten.

17 Jetzt selbstklebende Türstopper unten am Korpus aufkleben. Bei diesem Modell werden zudem unten auf die Spiegeltüren Designfolien aufgeklebt.

18 Abschließend Regalböden in den Schrank einlegen. Dazu zunächst die Regalhalter in die entsprechenden Löcher stecken.

Duschvorhang und Badewannenaufsatz verhindern Überschwemmungen nach dem Duschen. Beide kann man leicht selbst montieren.

Duschabtrennungen

Überschwemmungen, nein danke! Vorhänge und Trennwände sichern das Badezimmer effektiv gegen Spritzwasser beim Duschen.

Die einfachste Art, das Badezimmer auch beim Duschen trocken zu halten, ist, einen Duschvorhang zu montieren. Er lässt sich kinderleicht aufhängen. Im Handel gibt es für jede Breite passende Stangen, die einfach nur oben zwischen die Wände geklemmt und auch um Ecken geführt werden können.

Wesentlich eleganter wirkt allerdings eine Trennwand, die sich zudem leichter pflegen lässt als ein Vorhang. Hier gilt es zwischen Trennwänden für Duschen und für Badewannen zu unterscheiden. Solche für Duschen sind relativ kompliziert zu befestigen – das sollten Sie einem Fachmann überlassen. Beim Kauf sollten Sie die Abmessungen Ihrer Dusche genau kennen – das betrifft nicht nur die exakten Längenmaße der Duschwanne, sondern auch deren Höhe.

Viel leichter hingegen lässt sich eine Trennwand für den Badewannenrand montieren, ein so genannter Badewannenaufsatz. Dies ist eine Arbeit, die man relativ leicht selbst ausführen kann. Beim Kauf ist es wichtig zu wissen, ob sich die Duschstange für die Badewanne an der kurzen Seite, also vor Kopf der Wanne, oder an der langen Seite befindet. Dementsprechend unterschiedlich sind die Aufhängungen und die Klappmechanismen der Trennwände. Grundsätzlich gilt: Je breiter die Abtrennung ist, desto effektiver schützt sie das Badezimmer vor Spritzwasser beim Duschen. Eine kurze Trennwand sieht zwar elegant aus, ihr Nutzwert ist allerdings begrenzt. Am besten greifen Sie zu einer dreiflügligen Faltwand mit mindestens 1,20 m Breite.

Die preiswerteren Wände bestehen aus Plexiglas. Das ist leicht und vereinfacht die Montage. Eine Abtrennung aus Ganzglas hingegen ist wesentlich schwerer, wirkt dafür aber auch entsprechend hochwertiger. Beim Anbringen einer solchen Wand sollten Sie sich unbedingt helfen lassen.

Die Montage ähnelt sich bei allen Wänden: Es wird zunächst eine Montageschiene, ein so genanntes Profil, an der Wand verschraubt. In das Profil setzt man die Trennwand ein und verschraubt sie.

Badewannenaufsatz selbst montieren

Im hier gezeigten Beispiel wird eine dreiflüglige Falttrennwand mit Kunststoffglas montiert. Der Aufsatz selbst ist weitgehend vormontiert – es müssen lediglich ein Profil an die Wand geschraubt, die Gummidichtung eingezogen und die Trennwand im Profil verschraubt werden.

Eine kleine Schwierigkeit besteht darin, dass im Profil noch keine Montagelöcher vorgebohrt sind. Man muss diese also selbst mit Bohrmaschine und Stahlbohrern herstellen. Das Ganze hat aber den Vorteil, dass man die Bohrpositionen den Gegebenheiten entsprechend anpassen und das Profil z. B. genau in Fugen verschrauben kann.

Werkzeug & Material

- Bleistift
- Wasserwaage
- Bohrmaschine
- 3 und 6 mm Stahlbohrer
- 6 mm Steinbohrer
- Schraubendreher

- Trennwand inkl. Montagematerial
- evtl. Hohlraumdübel

Das können Sie!

In einem guten Stündchen fertig

Auch für Halbstarke!

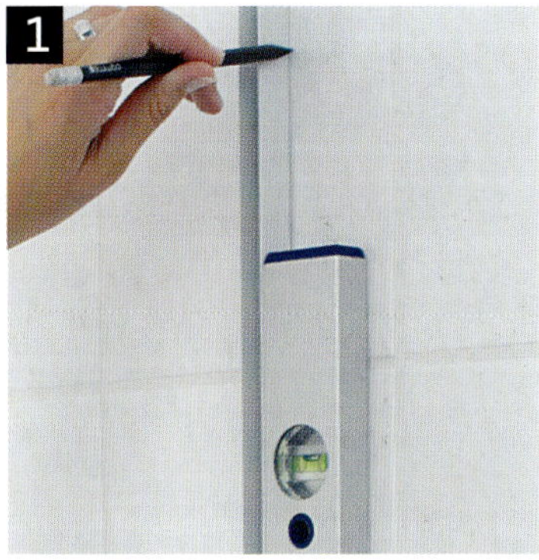

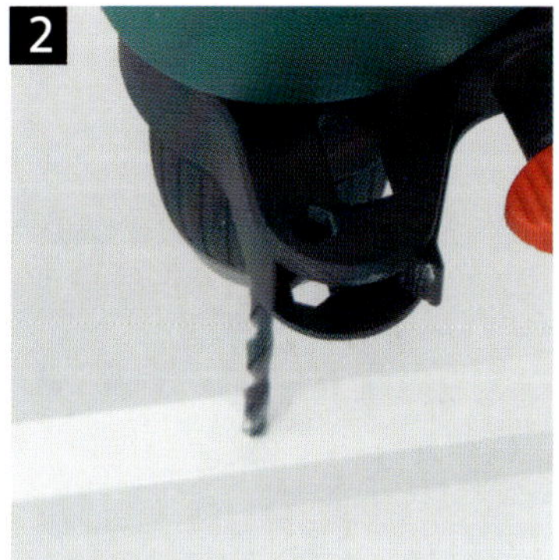

1 Wichtig ist, dass die Trennwand exakt lotrecht steht. Dazu die Halteschiene der Trennwand – das Profil – an die Wand setzen, mit der Wasserwaage ausrichten und entlang des Profils eine senkrechte Linie an die Wand zeichnen.

2 Dieses Profil wird mit drei Schrauben an der Wand gehalten. Für die Verschraubungen sind noch keine Bohrlöcher vorhanden. Diese müssen Sie selbst mit einer Bohrmaschine und 6er Stahlbohrern erstellen. Die Löcher werden unten und oben in einem Abstand von je ca. 5 cm zu Ober- und Unterkante sowie mittig in das Profil gebohrt.

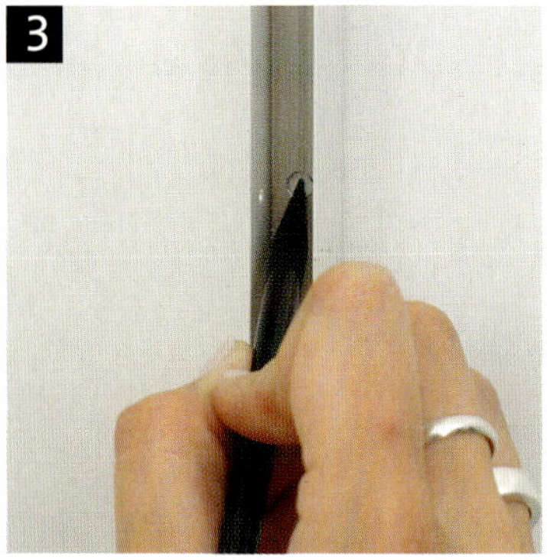

3 Das exakt zur Trennwand passende Profil an der angezeichneten Position an die Wand halten. Darauf achten, dass es unten 1 cm Abstand zum Wannenrand hat. Dann durch die Bohrungen Bohrpositionen an der Wand anzeichnen.

4 Bohrungen mit 6er Steinbohrer langsam ausführen.

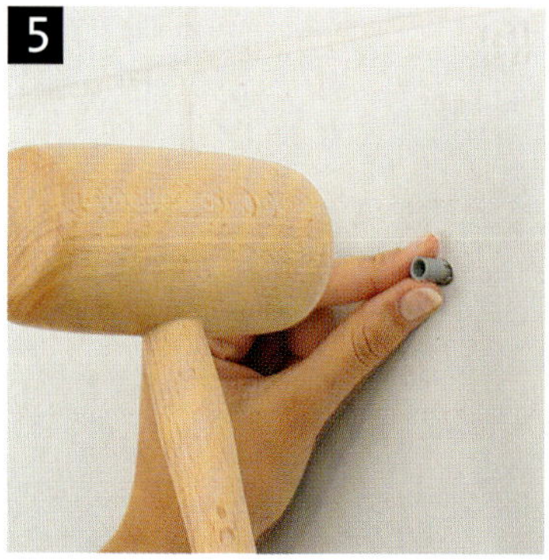

5 Die mitgelieferten Dübel sind für feste Wände geeignet. Falls Sie Hohlraumwände z. B. aus Gipskarton vorfinden (siehe auch S. 120), müssen Sie andere, nämlich Hohlraumdübel einsetzen. Falls sich die Dübel nicht mit der Hand in das Loch drücken lassen, helfen Sie mit einem Holz- oder Gummihammer nach.

6 Dann das Profil mit den mitgelieferten Schrauben an der Wand befestigen.

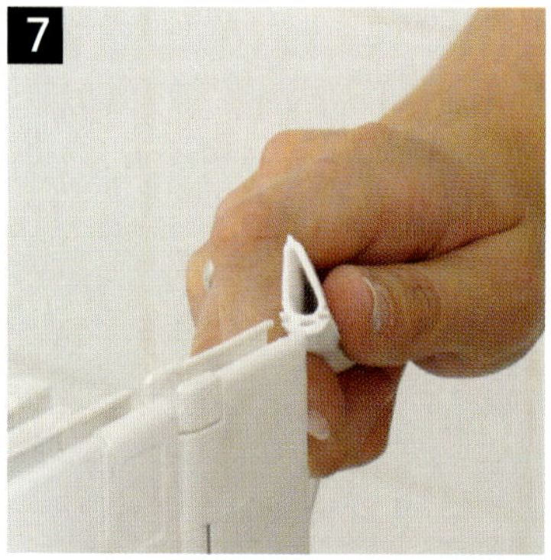

7-8 Unten am Faltwandaufsatz wird eine Gummidichtung eingezogen. Diese schieben Sie von der Seite aus auf.

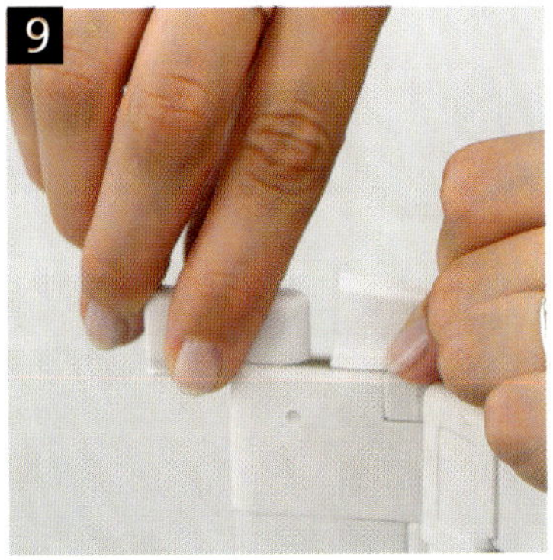

9 Wenn die Gummidichtung ganz aufgeschoben wurde, wird ein Endstück aufgesetzt.

10 Jetzt die Trennwand in das angeschraubte Profil stecken.

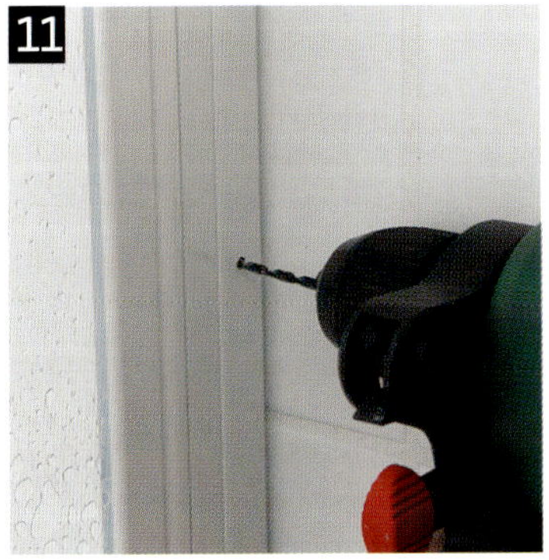

11-**12** Damit der Wannenaufsatz sicher im Profil hält, wird er mit drei Schrauben verschraubt. Dazu müssen Sie erst die entsprechenden Bohrlöcher mit einem 3 mm Stahlbohrer herstellen. Die Bohrungen nehmen Sie ganz unten und ganz oben sowie in der Mitte vor. Durch Profil und eingehängte Wand bohren und dann mitgelieferte Schrauben inklusive Unterlegscheiben eindrehen.

13 Damit die Schrauben nicht rosten, werden zum Schluss Abdeckkappen auf die Schraubenköpfe gesteckt.

Massagebrause anbringen

Mehr Spaß beim Duschen bieten Massagebrausen; eine alte Standardbrause kann ganz einfach durch sie ersetzt werden.

Werkzeug & Material

- Bleistift
- Wasserwaage
- Bohrmaschine
- 3 und 6 mm Stahlbohrer
- 6 mm Steinbohrer
- Schraubendreher
- Massagebrause

Das geht ganz einfach!

Im Nu gemacht!

Babyleicht!

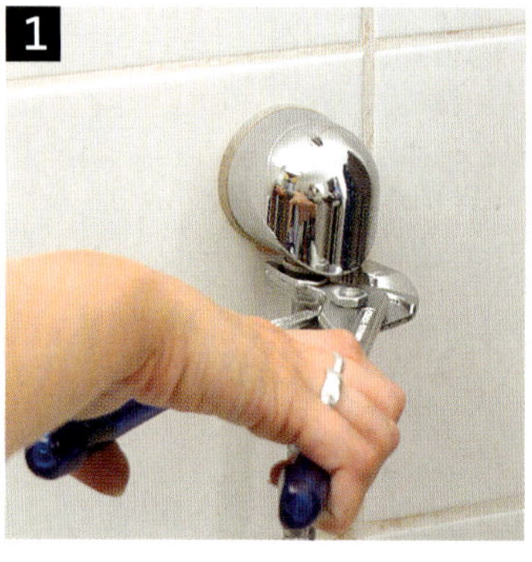

1 Zunächst den alten Brauseschlauch von der Armatur entfernen. Dazu mit einer Rohrzange (Wasserpumpenzange) die große Mutter vom Schlauch lösen. Dann die Mutter mit der Hand abdrehen und Schlauch herausziehen.

2 Am neuen Schlauch einen der beiden mitgelieferten Dichtungsringe in die Verschraubung einsetzen.

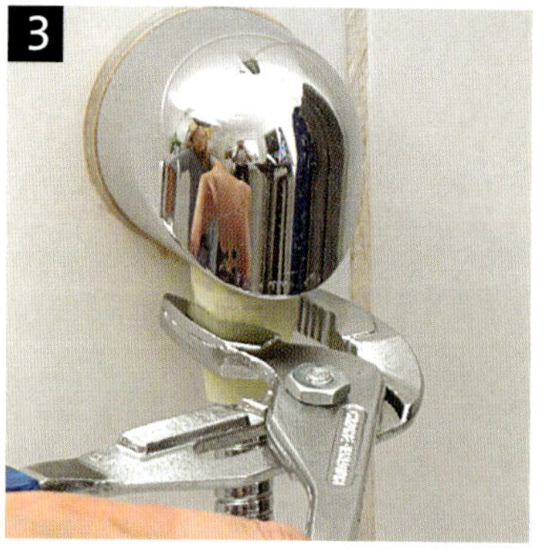

3 Dann den Schlauch an der Armatur festschrauben. Ihn zunächst mit der Hand anziehen. Um sicherzustellen, dass die Verbindung dicht ist, kann man mit der Wasserpumpenzange die Schraubverbindung nachziehen. Damit man dabei nichts verkratzt, die Schlauchverbindung zunächst mit Abklebeband umwickeln. Dann mit der Rohrzange den Schlauch fest anziehen.

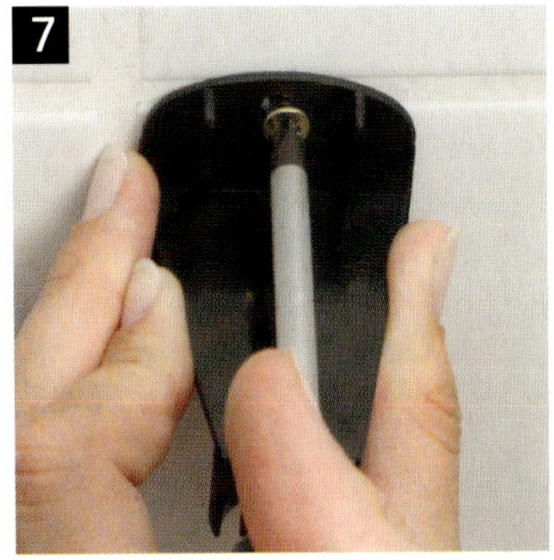

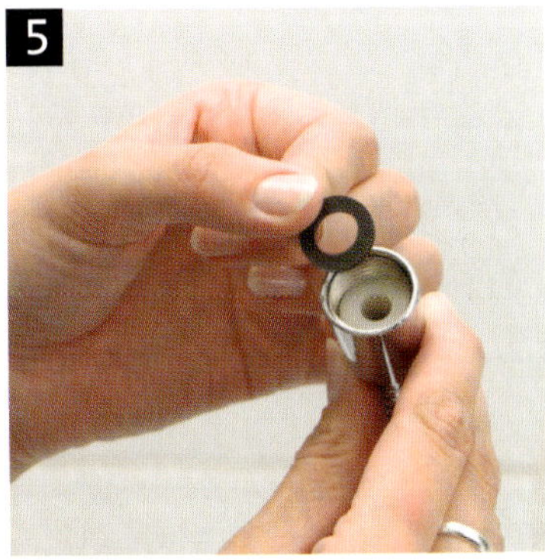

4 Nun die Brause am Schlauch montieren. Zum Lieferumfang gehört ein Durchlaufreduzierer, der zum Wassersparen beiträgt. Dieser wird in die Wasserzufuhr der Brause gelegt.

5 Dann den Dichtungsring in die Schlauchverschraubung einsetzen.

6 Den Schlauch nun auf die Brause aufdrehen und mit der Hand fest andrehen. Eventuell die Schraubverbindung mit einem 17er Gabelschlüssel anziehen. Zuvor auch hier zum Schutz des Chroms Abklebeband aufkleben.

7-8 Eine neue Duschstange lässt sich ebenfalls sehr leicht anbringen. Die Arbeitsschritte gleichen denen beim Anschrauben von anderen Accessoires (siehe S. 210): Befestigungsposition der Stange festlegen, Montagehalter anschrauben und Stange aufstecken.

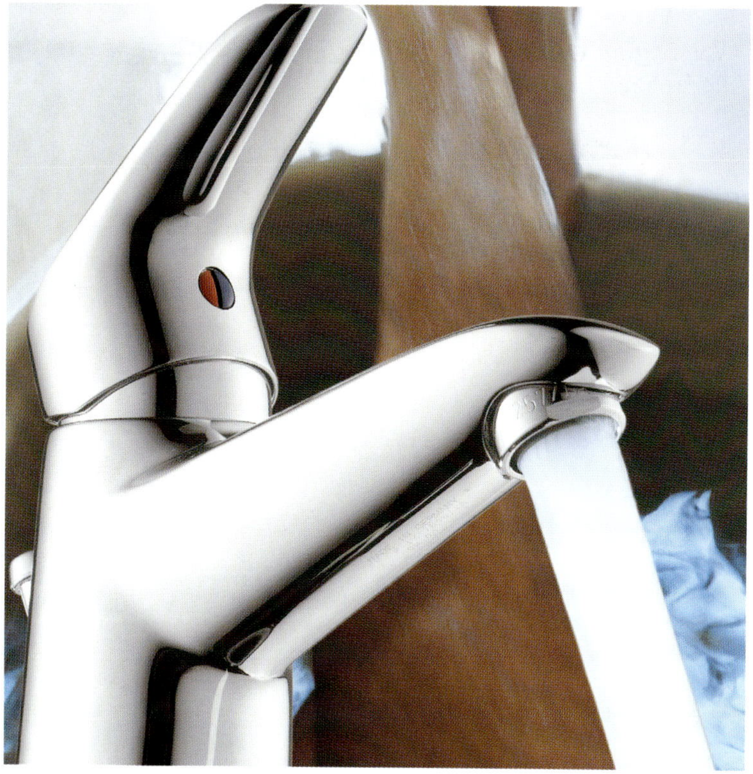

Dichtringe gibt es in vielen verschiedenen Größen und Formen.

Tropfender Wasserhahn

Ein tropfender Wasserhahn kostet nicht nur Nerven, er vergeudet auch unnötig Wasser. Ob man ihn selbst reparieren kann, ist von der Art des Mischers – wie Fachleute den Hahn bezeichnen – abhängig.

In vielen modernen Bädern sind Einhebelmischer installiert, bei denen man die Warm- und Kaltwasserzufuhr mit einer Handbewegung steuern kann. Tropft ein solcher Mischer, können Schmutzablagerungen die Ursache sein. Durch mehrmaliges ruckartiges Öffnen und Schließen des Mischers kann man sie unter Umständen herausspülen – das erübrigt eine Reparatur. Nützt diese Maßnahme nichts, sollte der Fachmann eingeschaltet werden, denn dann müssen Teile des Innenlebens komplett gewechselt werden.

Anders sieht das bei einem klassischen Wasserhahn aus – der Fachmann spricht vom Zapf- oder Auslassventil. Hier kann man die entsprechenden Dichtungen selbst wechseln. Die gibt es in verschiedensten Ausführungen. Am besten kaufen Sie ein Dichtringsortiment, das alle gängigen Abdichtringe enthält. Nicht in jedem Fall ist eine neue Dichtung erforderlich. Oft reicht es aus, wenn man die Gummidichtung mit einem speziellen Fett, so genanntem Heißwasserfett, einschmiert. Dieses bewirkt bei spröden Dichtungen aus Gummi, dass diese wieder elastisch und damit funktionstüchtig werden. Außerdem benutzt man das Fett, um hakende Zapfventile wieder gängig zu machen.

Vor der Arbeit an einem Auslassventil müssen Sie auf jeden Fall die Wasserzufuhr absperren, meistens befindet sich dazu ein entsprechendes Eckventil direkt unterhalb des Waschbeckens. Drehen Sie das Ventil zu und stellen sie durch Aufdrehen des Wasserhahns sicher, dass kein Wasser mehr fließt.

Zum Ersetzen der Dichtungen ist es erforderlich, dass Sie den Ventilkörper, der unterhalb des Griffs angebracht ist, lösen. Unten am Ventilkörper befindet sich eine schwarze Gummidichtung, die es zu erneuern gilt. Wenn die Ursache hier nicht zu finden ist und der Wasserhahn trotz eines Dichtungswechsels nach wie vor tropft, muss die so genannte O-Dichtung im Ventilkörper gewechselt werden. Überlassen Sie dies dem Installateur. Bauen Sie nur den Ventilkörper aus und legen Sie diesen einem Heizungs- und Sanitärfachmann vor.

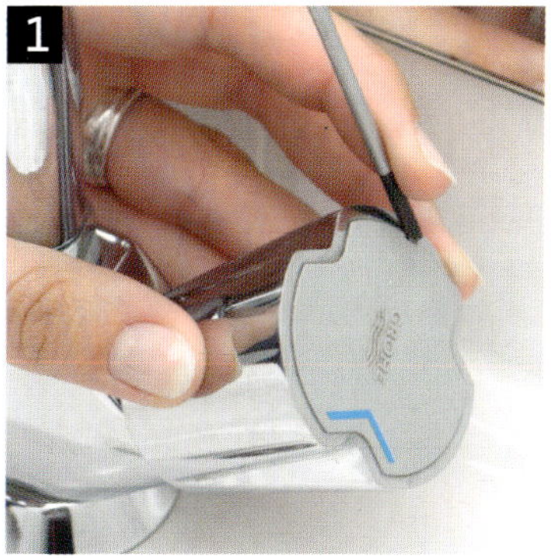

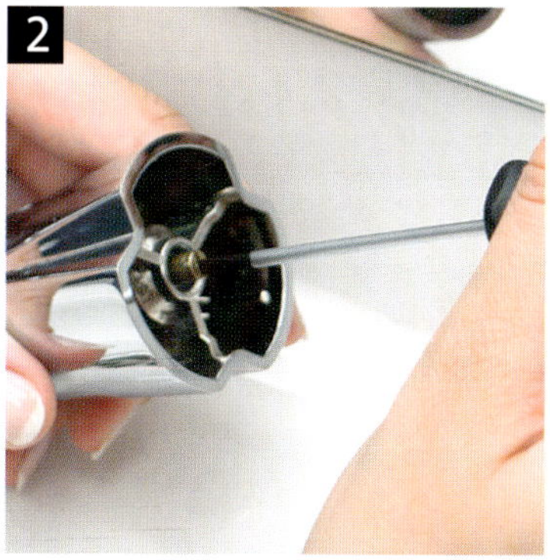

Vor Beginn der Arbeiten Wasserzufuhr zur Armatur abdrehen.

1-**2** Zunächst wird der Bediengriff entfernt. Bei vielen Armaturen ist er nur aufgesteckt und kann durch kräftiges Ziehen abgenommen werden. Bei einigen Zapfventilen ist er jedoch gesondert gesichert. Es müssen zunächst eine Abdeckkappe abgewinkelt und eine kleine Sicherungsschraube gelöst werden.

3 Jetzt kann der Bediengriff durch kräftiges Ziehen abgelöst werden.

4 Nun liegt der Ventilkörper frei. Oben erkennen Sie eine Sechskant-Schraubverbindung. Diese lösen Sie mit einem entsprechend großen Gabel- oder Ringschlüssel (17er, siehe auch S. 248 ff.). Mit dem Werkzeug drehen Sie so lange nach links, bis sich der Ventilkörper aus der Armatur ziehen lässt.

5-**6** Unten am Ventilkörper befindet sich eine schwarze, breite Dichtung, die so genannte Hahn- oder Ventilscheibe. Diese nehmen Sie ab und ersetzen sie.
Bei vielen Armaturen ist sie durch eine kleine Mutter in der Mitte gesichert, die zuvor mit einem Steckschlüssel abgedreht werden muss.

Nach dem Wechsel der Dichtung Armatur wieder zusammensetzen.

Verstopften Abfluss reinigen

Verstopfe Abflüsse erscheinen wie mittlere Katastrophen – oft aber bedarf es nur weniger Handgriffe, diese zu reinigen.

Besonders bei Waschbecken ist dies kein Problem. Die Ursache für die Verstopfung sind meist verklebte Haare im Siphon, der speziell gebogenen Zuführung vom Waschbecken zum Abflussrohr in der Wand.

In den meisten Fällen besteht der Siphon aus einzelnen Rohrstücken, die miteinander verschraubt sind (Röhrensiphon). Außerdem gibt es so genannte Tassensiphons, die ähnlich wie eine dicke Flasche ausgeformt sind.

Bei einem Röhrensiphon ist das oberste, gerade Rohrstück mit dem Waschbecken verbunden. Direkt daran schließt sich ein bogenförmiges Rohr an – der eigentliche Siphon. Er dient als Geruchsverschluss, wie die Fachleute sagen: In dem Bogen steht immer etwas Wasser und verhindert so, dass üble Gerüche aus den Abwasserrohren in der Wand durch den Abfluss des Waschbeckens austreten können.

Das Röhrensystem des Siphons wird von großen Verschraubungen zusammengehalten. Diese kann man mit einer Rohrzange lösen. Einfacher geht es mit einer so genannten Siphonzange, die speziell für diese Aufgabe konzipiert ist. Beim Lösen der Verschraubungen zeigt sich, dass sich auch hier Dichtungen befinden. Sollten diese defekt sein und der Siphon lecken, kauft man am besten ein komplettes neues Dichtungsset speziell für Röhrensiphons im Badezimmer.

Bei einem Tassensiphon schraubt man zum Reinigen unten lediglich den „Bauch der Flasche“ ab, bei Röhrensiphons sind immer mehrere Verschraubungen zu lösen.

Schwierig wird es, wenn die Ursache für die Verstopfung nicht im Siphon liegt, sondern sich das Abwasserrohr in der Wand zugesetzt hat. Dann kommen Sie nicht umhin, einen Fachmann mit der Reinigung zu beauftragen.

Bei Duschtassen- und Badewannenabflüssen sind keine Abwasserrohre wie der Siphon erreichbar. Hier sollte man zunächst versuchen, mit dem berühmten „Pömpel“, also mit einem Saugnapf (Fachausdruck: Pumpfix) Unterdruck in den Abflussrohren zu erzeugen und so Verstopfungen zu lösen. Den Pumpfix dazu auf den Abfluss in der Wanne aufdrücken und zwar so, dass sein Gummirand möglichst ganz auf dem Wannenboden aufliegt. Durch kräftige, ruckartige Auf- und Abbewegungen mit dem Holzgriff pumpen. Zugleich andere Abflussöffnungen wie den Überlauf möglichst dicht verschließen, z. B. indem man einen feuchten Lappen dagegen drückt. Während des Pumpens sind deutliche Sauggeräusche zu hören. Die besten Ergebnisse erzielt man, wenn sich im Becken Wasser befindet – was bei verstopften Abflüssen oft der Fall ist. Hilft diese Maßnahme nicht, muss auch hier ein Sanitärunternehmen beauftragt werden.

Der besondere Tipp

- **Wenn sich bereits sehr viel Wasser im Waschbecken angesammelt hat, empfiehlt es sich zunächst einen Teil mit einem Messbecher abzuschöpfen und in einen anderen Ausfluss zu gießen.**
- **Bei der Reinigung von Siphons halten Gummihandschuhe Finger sauber.**
- **Für Durchlüftung sorgen, damit der mögliche Gestank aus den Abwasserrohren nicht durchs ganze Haus zieht.**

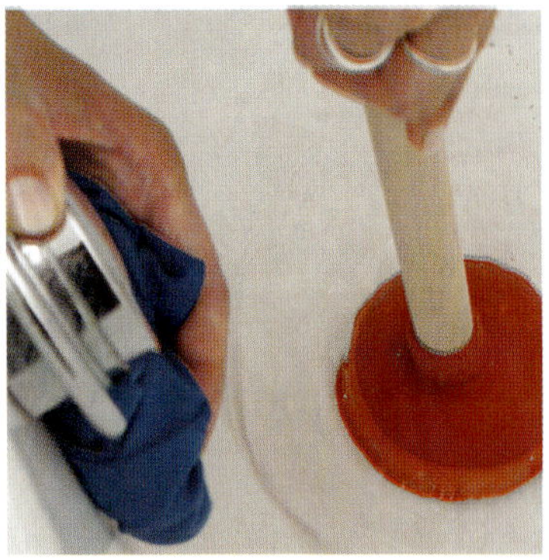

Wenn man mit einem Pumpfix verstopfte Wannenabflüsse freibekommen will, muss man den Überlauf mit einem Tuch weitgehend luftdicht verschließen und kräftig pumpen.

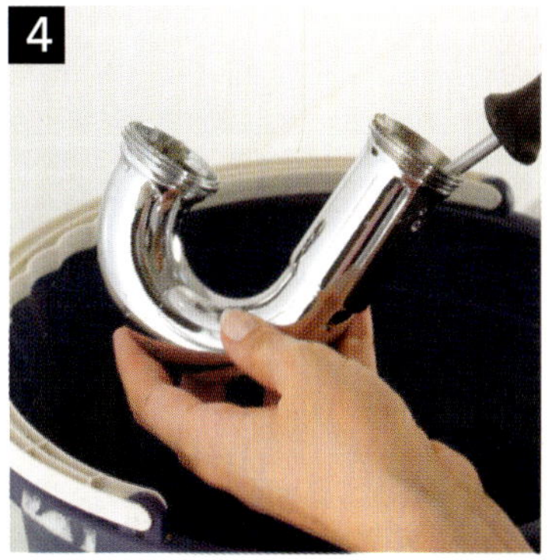

1 **Eimer unter den Siphon stellen und Wischlappen parat halten.**

2 **Demontiert wird nur der Bogen, nicht aber das gerade Stück zur Wand noch das nach oben zum Becken hin. Wasserrohr- oder Siphonzange mit der rechten Hand ansetzen, mit der linken unten den Siphon halten und dann die Schraubverbindung lösen.**

3 **Nach dem Lösen der Verschraubungen kann der Bogen abgezogen werden.**

4 **Siphon reinigen, indem man z. B. mit einem langen Schraubendreher die Verstopfung zu lösen versucht. Hilfreich ist hierbei auch ein flexibler Draht.**

5 **Nach dem Reinigen Siphon wieder montieren. Dabei darauf achten, dass die Dichtungen an den Verschraubungen korrekt sitzen. Bevor Sie den Eimer wieder unter dem Becken entfernen, sollten Sie prüfen, ob der Siphon auch wieder richtig dicht ist.**

WC-Sitz ersetzen

Den WC-Sitz zu wechseln ist meist kein reines Vergnügen – aber man benötigt noch nicht einmal den Werkzeugkasten.

Die Sitze werden alle von zwei Schrauben gehalten, die hinten am WC von unten angeschraubt sind. Bei preiswerten Deckeln sind es Flügelschrauben, die von Hand gedreht werden müssen. Qualitativ hochwertigeren Produkten liegt ein Plastikschlüssel bei, der das Lösen und Festziehen der Schrauben wesentlich vereinfacht.

Beim Kauf eines neuen Sitzes müssen Sie beachten, dass es zwei Arten gibt: Sitze für Standard-WCs, die für die meisten Toiletten passend sind, und solche mit geradlinigerer Form für einige wenige Design-WCs.

Unterschiede gibt es nicht nur in Form, Farbe und verwendetem Material, sondern vor allem in der Befestigungstechnik. WC-Sitze, deren Halterung komplett aus Plastik besteht, sind nicht nur schwerer zu montieren, sondern halten oft auch nicht richtig. Empfehlenswerter sind Befestigungen aus ummanteltem Stahlblech oder massivem Material, da sie nicht nur insgesamt stabiler sind, sondern sich z.B. auch die Halteschrauben auf den Gewindestangen leichter drehen lassen.

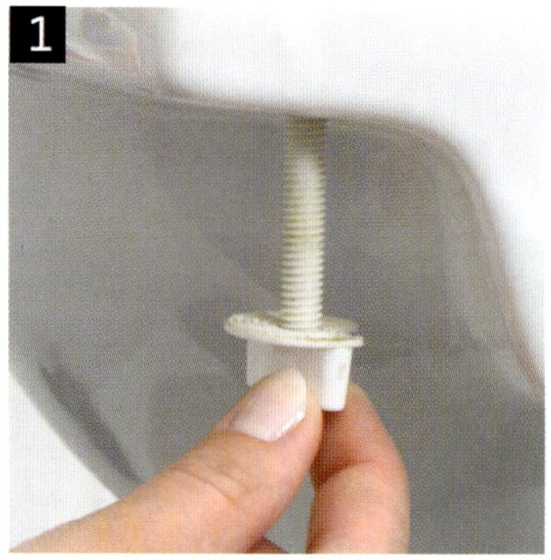

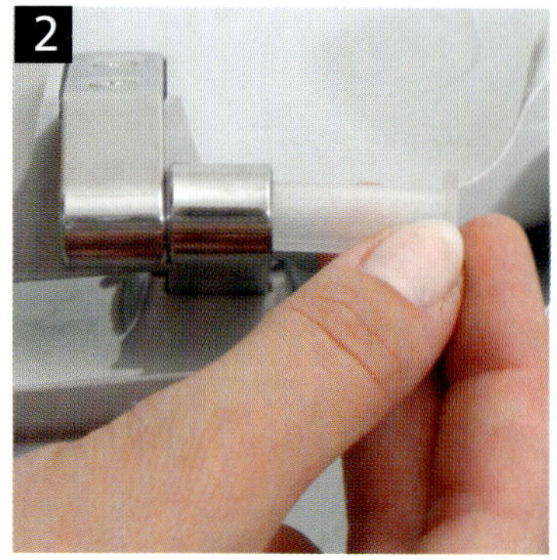

1 Zunächst den alten WC-Sitz demontieren. Dazu müssen hinten am WC zumeist zwei von unten angebrachte Flügelschrauben abgedreht werden. Diese Schrauben sind in der Regel nicht sichtbar und müssen ertastet werden. Nach dem Lösen kann man Brille und Deckel abheben.

2 Beim neuen Sitz setzt man zunächst Sitz und Deckel zusammen. Dazu beide passend aufeinanderlegen und mit den beiliegenden Plastikröhren die Scharniere verbinden.

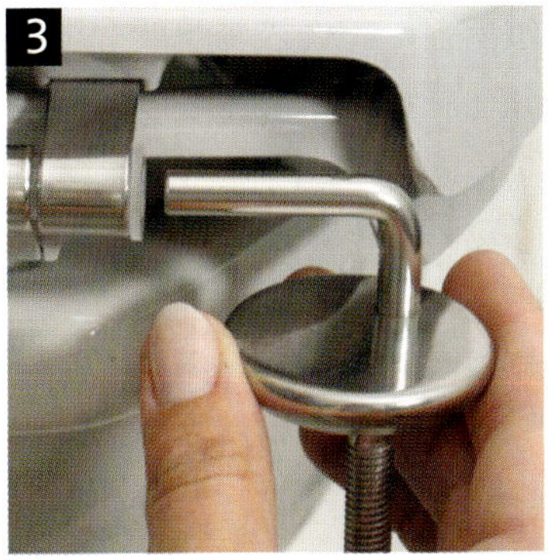

3 Jetzt die eigentlichen Halter von links und rechts in die beiden Plastikröhren schieben. Dabei darauf achten, dass sich die breitere Seite der Halterabdeckung hinten befindet.

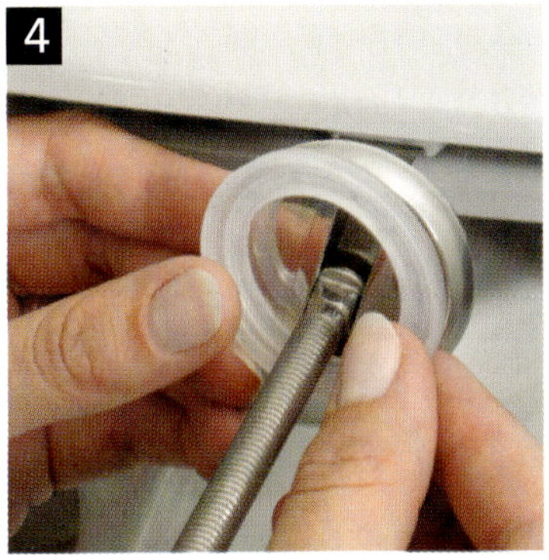

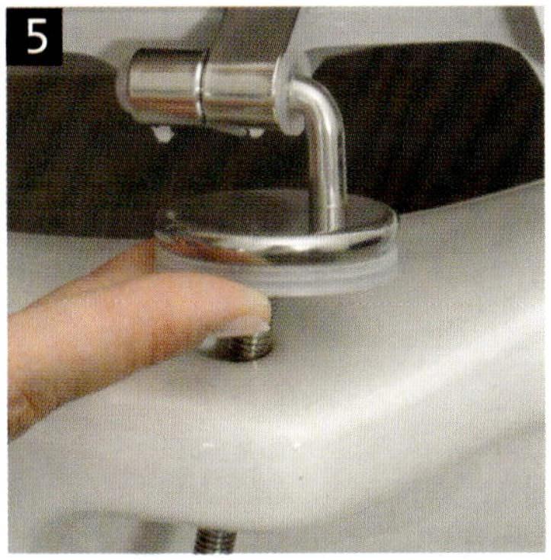

4 Nun die großen Plastikunterlegscheiben auf die Gewindestangen des Halters schieben.

5 Dann die Gewindestangen der Halter durch die Aussparungen im WC stecken.

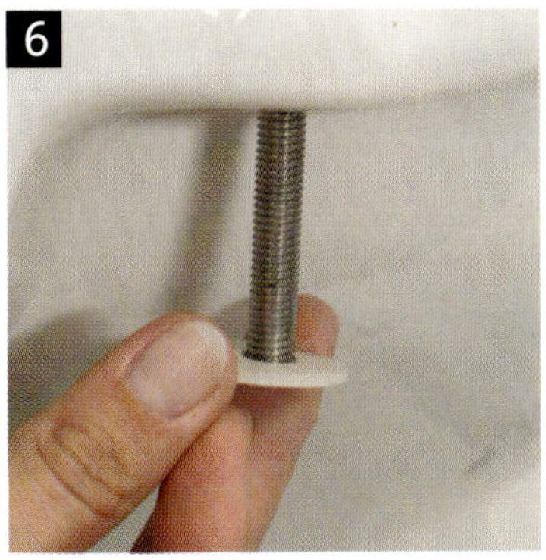

6-7 Von unten die kleineren Unterlegscheiben auf die Gewindestange aufschieben und die Flügelschrauben aufdrehen.

8 Zum Anziehen der Flügelschrauben liegt diesem WC-Sitz ein spezieller Schlüssel bei. Den auf die Flügelschrauben aufstecken und diese dann leicht anziehen.

Den WC-Sitz ausrichten und die Flügelschrauben abschließend fest anziehen.

sweet
JACOBS
KRÖNUNG
BLEDOR
BLEDOR
demeter
lasagne

Haushaltsraum

„Ob er's jemals lernt?"

Waschen, Bügeln, Putzen – das Leben ist voll von Dingen, auf die man eigentlich auch gut verzichten könnte. Aber wenn sie schon sein müssen, dann sollten sie wenigstens leicht von der Hand gehen. Das Haushaltsleben erleichtern durchdachte Wirtschaftsräume, die das Arbeiten wesentlich vereinfachen. Dieses Kapitel zeigt, worauf es dabei ankommt. Gerade Abstellkammern sind oft sehr klein. Den geringen Platz nutzt man am besten mit maßgenau angefertigten Regalsystemen aus dem Baumarkt aus. Und damit das Ganze auch gut aussieht, umleimt man die Kanten. Wie das geht, steht hier genauso wie alle Detailinformationen zu Anschluss von Waschmaschine und Trockner.

Mit auf Maß zugeschnittenen Holzplatten lassen sich auch kleine Abstell- oder Vorratskammern optimal ausnutzen, vor allem, wenn sie bis in die letzte Ecke reichen.

Wirtschaftsräume optimal nutzen

Ob Abstellkammer oder Waschküche, Hauswirtschaftsraum oder Trockenkeller: In jedem Haus finden sich Nutzräume, die für die tägliche Hausarbeit unentbehrlich sind. Sie gilt es möglichst praktisch und ergonomisch zu gestalten.

Abstellkammer

In vielen Wohnungen müssen kleine Abstellkammern ein halbes Warenhaussortiment aufnehmen: Staubsauger und Wäscheständer gilt es hier ebenso unterzubringen wie Schuhputzzeug und Werkzeugkasten. Gleiches gilt für Vorratskammern; auch hier sollte man den Raum optimal nutzen. Oberstes Gebot ist in solchen Fällen, möglichst viel Stauraum zu schaffen. Kein Quadratzentimeter ist dabei im Prinzip zu schade, um nicht als Abstellfläche genutzt zu werden. Am besten nutzen auf Maß angefertigte Regale, die sich gleich über ein oder zwei ganze Wände erstrecken, den wenigen Platz aus. Sie lassen sich mit Trägerschienen und Holz- oder Pressspanplatten leicht selbst anfertigen.

Bei der Suche nach Abstellfläche sollte man auch den Platz über der Tür nicht vergessen. Ein Brett oberhalb des Türrahmens – von stabilen Regalträgern gehalten (Arbeitsanleitung siehe S. 178) – nimmt erstaunlich viele Gegenstände auf, die man nur selten benötigt wie z.B. den Weihnachtsschmuck.

Wesentlich besser erreichbar sollten Besen, Staubsauger und Wäscheständer sein. Für diese findet sich oft Platz hinter der Tür. Damit sie nicht den Boden voll stellen, bietet es sich an, sie aufzuhängen. Der Fachhandel führt eine ganze Reihe von speziellen Aufhängungen an. Besen, Schrubber und Co. lassen sich leicht mit einer Aufhängung für Gartengeräte an die Wand bringen. Nicht selten befinden sich in diesen Räumen auch wichtige haustechnische Einrichtungen wie Wasser- und Gasanschluss oder der Sicherungskasten. Diese Einrichtungen sollten stets problemlos zugänglich sein und dürfen nicht überbaut werden. So gibt es z.B. spätestens beim nächsten Zählerlesen Probleme, wenn der Gasanschluss von Regalen umbaut oder gar in einem Einbauschrank verschwunden ist. Klappboxen oder ähnlich mobile Gegenstände dürfen sich allerdings vor den haustechnischen Einrichtungen befinden. Sie müssen nur einfach an die Seite geräumt werden können.

Waschküche

Neben Waschmaschine und Trockner sollten Sie vor allem an Platz für Schmutz- und Bügelwäsche denken. Besonders praktisch ist ein Regal, in das mehrere Klappboxen oder Wäschekörbe passen. Es sollte Platz für mindestens vier Boxen bieten, je eine für Kochwäsche, bunte und weiße Feinwäsche sowie Bügelwäsche.

In größeren Familien, in denen mehr Wäsche anfällt, sollte das Regal nach Möglichkeit auch noch weitere Klappboxen aufnehmen können. Die Klappboxen sind vor allem für die Bügelwäsche sinnvoll, da man sie mit einem Griff herausnehmen und z.B. neben das Bügelbrett stellen kann.

Wenn Waschmaschine und Trockner direkt nebeneinander stehen, bieten ihre Abdeckplatten ausreichend Raum, um Wäsche zu sortieren oder zusammenzulegen. Eine Maschinenfläche hingegen erweist sich hierfür in der Praxis als viel zu klein.

Bessere Arbeitsbedingungen schafft man mit einer Küchenarbeitsplatte. Sie sollte mindestens 1 m breit sein. Auf der einen Seite kann sie auf der Maschine aufliegen, auf der anderen Seite hält sie ein großer Regalträger. Perfekt wird das Ganze, wenn man statt dem Regalträger einen Küchenschrank unterbaut. Der bietet dann auch gleich wieder Stauraumplatz z.B. für Waschmittel oder Bügeleisen.

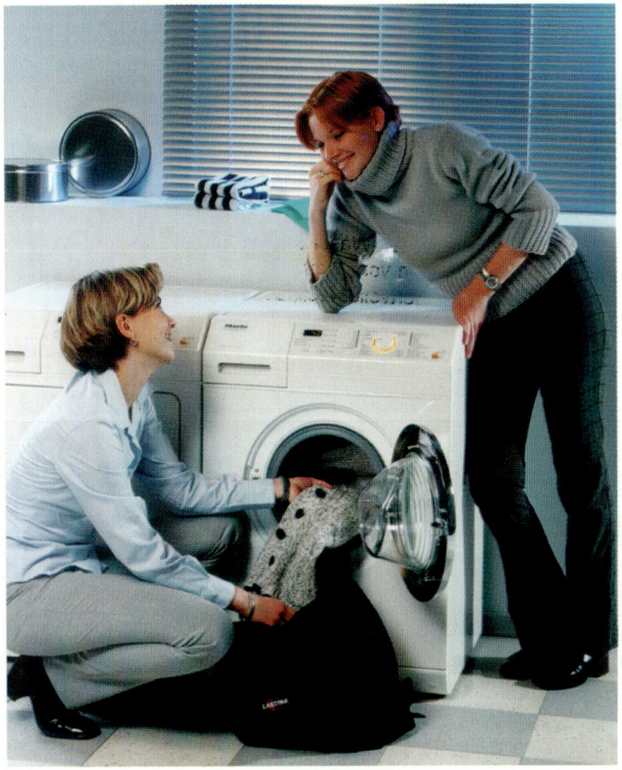

Trockenkeller

In größeren Kellern bietet es sich an, in einem Raum eine Wäscheleine zum Trocknen größerer Wäschestücke wie z.B. Bettlaken zu spannen. Die Leine sollte nicht zu tief aufgehängt werden, damit man sich nicht bücken muss, um unter ihr hindurchgehen zu können. Je höher die Leinen allerdings gespannt sind, desto kraftaufwändiger und umständlicher wird das Aufhängen der Wäsche. Die optimale Höhe richtet sich deshalb nach Ihrer Körpergröße. Das richtige Höhenmaß sind Körpergröße zzgl. 10 cm. Diese Zugabe ist erforderlich, weil die Leinen mit der Zeit etwas durchhängen.

Kellerwände sind immer massiv; zur Befestigung der Leine setzt man Universaldübel und Schraubhaken ein. Da die Leine gespannt wird und relative hohe Gewichte tragen muss (nasse Wäsche ist schwer), sollten Sie möglichst große, kunststoffummantelte Haken für 8er, besser 10er Dübel benutzen (siehe auch S. 120).

Einfach und platzsparend ist es, die Leine nicht gerade von einer Wand zur anderen zu spannen, sondern zickzack. Dazu die Haken auf den gegenüberliegenden Wänden um 50 cm versetzen. Auf einer Wand werden die Haken in einem Abstand von ca. 1 m befestigt. 10 m Leine sind für eine Maschine Wäsche ausreichend. Bei einem 3 m breiten Raum reichen so 4 Haken aus.

Eine Alternative zur Wäscheleine sind ausziehbare Wäscheständer, die an der Wand befestigt und nur bei Bedarf ausgezogen werden. Die Ständer sollten wie die Haken möglichst sicher in der Wand verankert werden, also mindestens mit 8er Dübeln und Schrauben.

Achten Sie beim Bestimmen der Bohrpositionen darauf, dass die Halterung gerade hängt. Vor dem Anzeichnen der Positionen wird die Halterung provisorisch an die Wand gehalten und der waagerechte Sitz mit einer Wasserwaage überprüft.

Regalwand anschrauben

Es gibt viele verschiedene, preiswerte Systeme, um Regalwände anzubringen. Besonders flexibel sind Schienenhalter, auf denen Bretter in nahezu allen Höhen und in verschiedenen Breiten eingehängt werden können.

Das Prinzip ist denkbar einfach: An die Wand werden senkrecht auf gleicher Höhe zwei Schienen angeschraubt. In diese Schienen kann man Träger in verschiedenen Tiefen einhängen. Standard sind hier Maße von 20, 30 und 40 cm.

Der Handel bietet für dieses Regalsystem passende, preiswerte Regalbretter an. Diese gibt es in Längen von 0,80, 1,20, 2,00 und 2,50 m. Bei breiteren Regalen ist es empfehlenswert, eine dritte Trägerschiene zu montieren, um die Stabilität zu erhöhen. Statt der vorgefertigten Regalbretter in Standardlängen kann man sich auch Pressspanplatten auf Maß im Baumarkt zuschneiden lassen. Das ist sogar preiswerter als fertige Böden zu kaufen. Für eine perfekte Optik sollten dann allerdings die Kanten der Bretter umleimt werden (siehe folgende Doppelseite).

Wenn die Platten von einer Wand bis zur anderen reichen sollen, gilt es genau zu messen. Dabei gilt: Kaufen Sie die Platten besser ein paar Millimeter zu breit als zu schmal. Wenn die Platte nicht passt, kann man eine Wandseite auch leicht mit der Stichsäge um ein Stückchen einkürzen. Ist die Platte zu kurz, entstehen unvorteilhafte breite Ritzen. In größeren Abstellkammern oder Kellerräumen bieten sich preiswerte Regalsysteme als Alternative zur Regalwand auf Maß an. Achten Sie beim Kauf unbedingt auf Qualität. Leider sind viele dieser Regale nicht besonders stabil.

Auch wenn dies nicht ausdrücklich vom Hersteller gefordert wird, ist es meistens ratsam, die Regale an der Wand zu verankern. Nur so können Sie sicher sein, dass das Regal auch bei einer unglücklichen Gewichtsverteilung nicht nach vorn kippt. Sind hierfür werkseitig vom Hersteller keine Befestigungsmöglichkeiten vorgesehen, durchbohrt man die Rückwand oder die hinteren Regalträger zur Wand hin. Durch die Bohrung zeichnet man eine Bohrposition an der Wand an, bohrt Löcher für Dübel, steckt diese ein und schraubt dann das Regal von vorn mit einer langen Schraube fest.

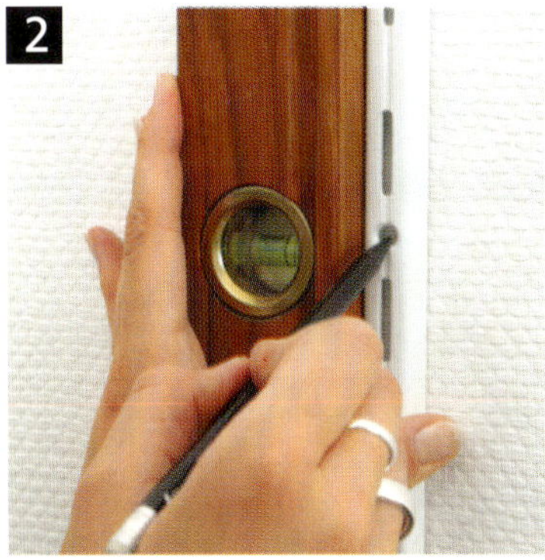

1 Die erste Montageschiene zunächst in der gewünschten Höhe oben mit einer Schraube locker befestigen. Dazu 8-mm-Loch bohren, 8er Dübel einsetzen und Schiene locker anschrauben.

2 Mit der Wasserwaage die Schiene lotrecht ausrichten. Dann weitere Bohrpositionen durch die Löcher der Schiene hindurch anzeichnen.

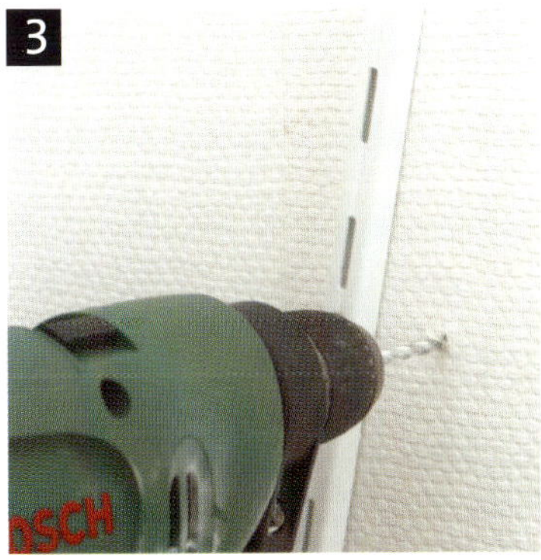

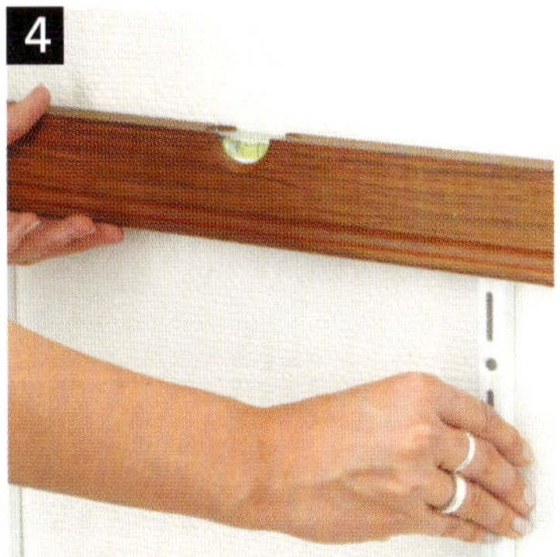

3 Schiene zur Seite drehen, Bohrungen ausführen, Dübel einsetzen, Schiene zurückdrehen und festschrauben.

4 Jetzt Montagehöhe der zweiten Schiene bestimmen. Dazu Wasserwaage oben auf der ersten Schiene ansetzen und versetzt zweite Schiene anhalten. Oberste Bohrposition durch das Loch in der Schiene anzeichnen. Dann die Schiene genauso wie die erste Schiene befestigen.

5 Die Regalträger werden in beide Schienen in der gleichen Höhe eingesteckt.

6 Abschließend Regalbretter einlegen. Dabei darauf achten, dass sie fest auf den Trägern liegen.

Kanten umleimen

Auf Maß zugeschnittene Regalböden nutzen Stauräume perfekt aus. Geeignet sind vor allem preiswerte, individuell zugeschnittene Pressspanplatten aus dem Baumarkt. Professionell wirken solche Regalböden allerdings nur, wenn man die Kanten umleimt.

Pressspanplatten bieten Baumärkte in Standardstärken von 10, 13, 16 und 19 mm an; für Regalböden sind allerdings nur 19-mm-Platten zu empfehlen, weil diese sich nicht so leicht durchbiegen. Beschichtet sind die Platten entweder mit weißem Melanin oder mit Kunststoff in Holzoptik. Die Auswahl reicht hier von natürlichen Holzfarben bis hin zu weiß oder schwarz eingefärbten „Furnieren". Alle Platten kann man sich millimetergenau auf die geforderten Maße zuschneiden lassen. Für das Verkleiden der unansehnlichen Pressspankanten bietet der Handel farblich abgestimmten Umleimer an: Darunter versteht man relativ dünne Dekorstreifen, die als Rollen in 2, 5 oder 10 m Länge erhältlich sind. Sie ähneln farbigem Klebeband und sind 2 cm breit. Für Küchenarbeitsplatten gibt es spezielle, breitere Umleimer.

Die Umleimer werden einfach auf die Kanten aufgebügelt. Auf der Unterseite sind die Dekorstreifen vorgeleimt. Durch die Hitze beim Bügeln schmilzt der Leim auf der Unterseite und verbindet sich mit dem Pressspan. Man bügelt immer etwas breiteren Umleimer auf. Der Überstand links und rechts der Kanten wird anschließend mit einer Feile vorsichtig entfernt.

Der besondere Tipp

- **Achten Sie beim Einkauf darauf, dass Sie mit den Regalbrettern nirgendwo anschlagen; das gibt unansehnliche Macken.**
- **Macken in der Holzspanplatte können Sie mit farblich passenden Filzstiften oder Plakafarbe kaschieren.**
- **Das Abziehen des überstehenden Umleimers mit der Feile ist zwar theoretisch einfach, richtig leicht fällt es aber erst, wenn man ein wenig Erfahrung hat. Bevor Sie das erste Mal eine Kante abziehen, empfiehlt es sich, dies zu üben. Fragen Sie beim Zuschnitt im Baumarkt nach einem Reststück Pressspanplatte zum Üben nach.**

1

1 Von der Rolle mit dem Umleimer wird zunächst ein ausreichend langes Stück (Brettbreite plus 1-2 cm) mit der Schere abgeschnitten. Am einfachsten ist es, den Umleimer auf der Kante des hochgestellten Bretts abzurollen.

2

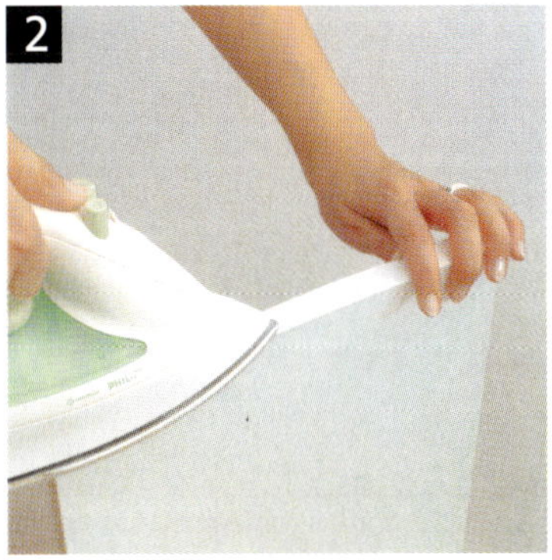

2 Der Umleimer wird einfach aufgebügelt. Das Bügeleisen dazu auf höchste Temperatur stellen und unter leichtem Druck bügeln. Dabei darauf achten, dass der Umleimer die Kante vollständig bedeckt und an beiden Seiten etwas übersteht. Danach das Werkstück ein paar Minuten auskühlen lassen.

3

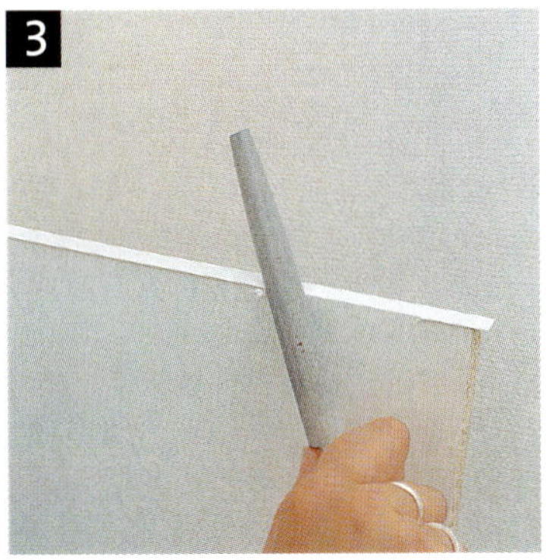

3 Der überstehende Umleimer wird mit einer kleinen Halbrundfeile entfernt. Dabei wird die Feile wie ein Messer eingesetzt; es wird also nicht richtig gefeilt, sondern eher geschnitten. Die Feile am unteren Ende leicht schräg an der Kante ansetzen und mit leichtem Druck in einem Zug an der Kante so abziehen, als wolle man die Kante mit einem Messer abschneiden. An den Enden wird der überstehende Umleimer abgefeilt.

4

5

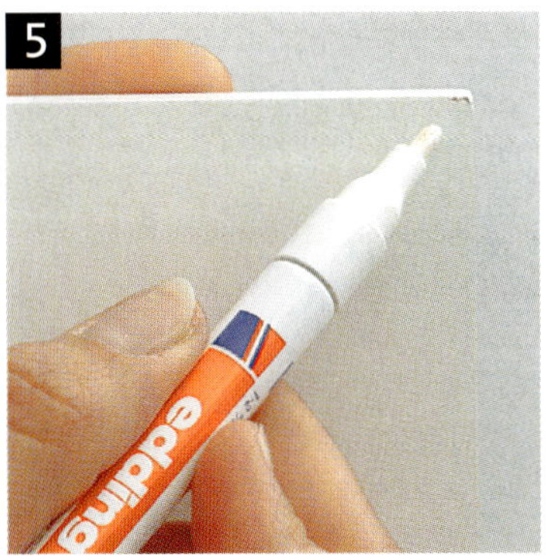

4 Abschließend werden die Kanten mit sehr feinem Schleifpapier (z. B. 240er Körnung) geglättet. Die Kanten werden nur ganz leicht angeschliffen, nicht aber die Flächen. Besonders einfach geht das Schleifen, wenn Sie das Papier um einen Schleifklotz wickeln.

5 Kratzstellen können mit einem farblich passenden Lack- oder Farbstift nachträglich ausgebessert werden.

Waschmaschine und Trockner anschließen

Die Hersteller empfehlen, Waschmaschine und Trockner vom Fachmann anschließen zu lassen. Doch das Geld kann man sich sparen.

Unverzichtbar sind Wasseranschluss und Abwasserrohr. Wenn es hierfür keine separaten Anschlussmöglichkeiten gibt, lassen sich die Maschinen auch an die Wasserinstallation der Küche anlegen. Dazu benötigt man allerdings Verbindungstechnik: Das Wasser zweigt man vom Kaltwasserhahn der Spüle mit einem so genannten WAS-Ventil ab, das z.B. zwischen Hahn und Zulauf zur Küchenarmatur geschraubt wird. Das Abwasser wird über den Siphon der Spüle abgeführt. Ein entsprechender Anschluss ist in der Regel vorhanden. Die eventuell benötigten Teile erhält man im Baumarkt. Die Geräte stellt man am besten auf einen Betonboden auf; dieser gerät im Gegensatz z.B. zu einem Holzbalkenboden oder einem schwimmend verlegten Laminatboden beim Schleudern nicht in Schwingung. Nicht geeignet sind zudem weiche Untergründe wie z.B. ein Teppichboden.

Bei an sich ungeeigneten Untergründen kann man sich behelfen, indem man die Maschine auf eine 3 cm starke und 60 cm x 60 cm große Pressspan- oder Holzplatte stellt.

Optimal ist es, wenn die Platte mit dem Untergrund verschraubt werden kann. Bei Holzböden empfiehlt es sich, die Platte nicht nur mit Dielenbrettern, sondern auch mit tragenden Balken zu verschrauben. Die Maschinen werden nicht direkt an eine Wand gestellt. Es sollte immer ein Abstand von mindestens 2 cm, besser jedoch von noch mehr Zentimetern eingehalten werden.

Wenn Sie Waschmaschine und Trockner aufstellen wollen, ist es besonders praktisch, die Geräte aufeinander zu stellen. Das spart an Platz und spart zumindest bei einer Maschine das Bücken. Allerdings darf man die Maschinen nicht einfach so aufeinander stellen, weil ansonsten die Gefahr besteht, dass die obere Maschine im Betrieb in Schwingung gerät, zu wandern beginnt und schlimmstenfalls herunterstürzt. Im Fachhandel erhält man einen Zwischenbausatz, der statt des normalen Deckels der unteren Maschine montiert wird. Erkundigen Sie sich dort, ob sich Ihre Geräte stapeln lassen. Beim Übereinanderstellen empfiehlt es sich, den Trockner nach oben zu stellen.

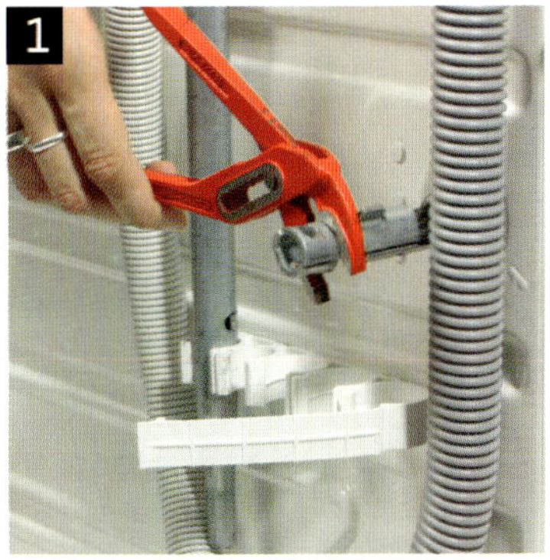

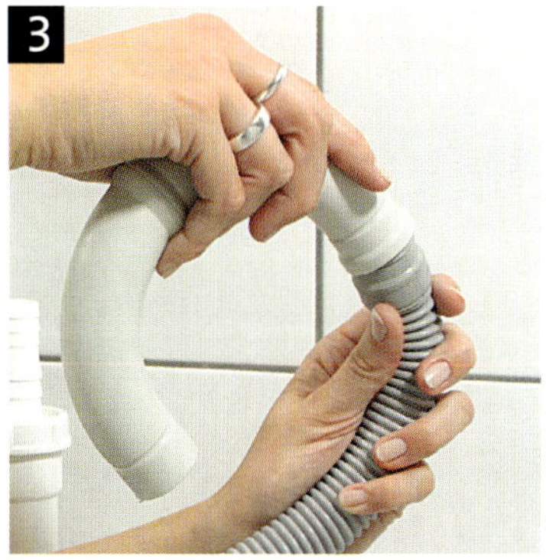

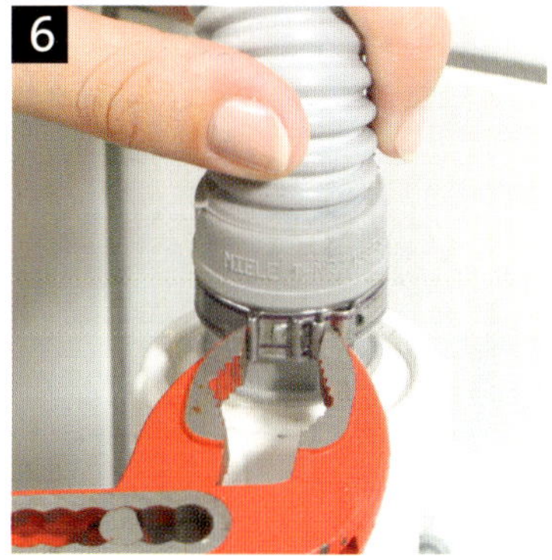

1 Waschmaschinen müssen beim Transport mit den zugehörigen Transportsicherungen geschützt werden. Je nach Hersteller werden die Transportsicherungen unterschiedlich montiert und demontiert, im Bildbeispiel müssen vor der Inbetriebnahme Stangen gelöst und herausgenommen werden.

2 Der Wasseranschluss ist sehr einfach. Am Ende des Zulaufschlauchs befindet sich ein elektrisches Sicherheitsventil, ein automatischer Wasserhahn, der bei einem Leck der Maschine automatisch die Wasserzufuhr stoppt. Dieses Ventil wird an den Wasserhahn angeschraubt; die Schraubverbindung kann, muss aber nicht mit einer Wasserpumpenzange festgedreht werden.

3 Der Ablaufschlauch wird komplett mit einem Krümmer geliefert, mit dem sich der Schlauch in ein Waschbecken oder eine Toilette einhängen lässt. Soll der Ablaufschlauch allerdings fest an einen Siphon angeschlossen werden, muss der Krümmer abgezogen werden.

4 Für eine sichere Verbindung von Schlauch und Siphon ist eine Schlauchschelle erforderlich, die zunächst auf das Schlauchende aufgesteckt wird.

5 Der Ablaufschlauch wird nun auf das Anschlussstück am Siphon gesteckt.

6 Komfortabel ist die Befestigung mit einer genau zum Schlauchdurchmesser passenden Schelle, die nicht geschraubt werden muss, sondern einrastet. Dazu die Schelle mit einer Wasserpumpenzange zusammendrücken.

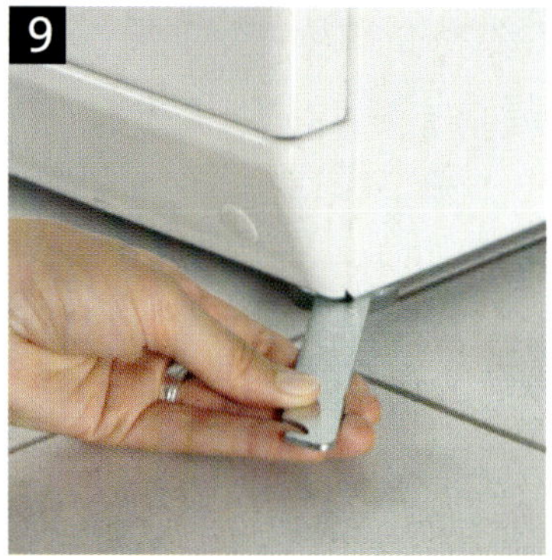

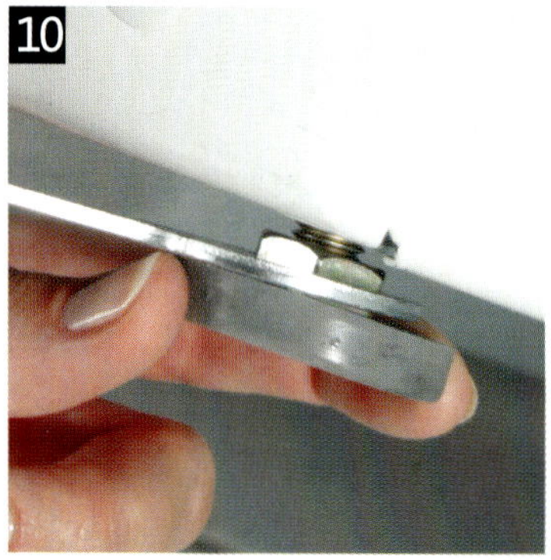

7 Standard sind Schlauchschellen, die mit einem Schraubendreher angezogen werden. Sie gibt es in verschiedenen Größen.

8 Besonders wichtig ist, dass die Maschine absolut waagerecht steht; ansonsten kann es im Betrieb schnell zu Beschädigungen kommen. Deshalb wird die Maschine mit einer Wasserwaage ausgerichtet.

9 Um die Maschine auszurichten, verstellt man die Füße. Sie werden mit einer Kontermutter in Position gehalten. Diese Mutter lässt sich mit einem flachen Schraubenschlüssel auf- und zudrehen. Dadurch dreht sich der Fuß mit.

10 Hat man den Fuß auf die richtige Höhe gebracht, kippt man die Maschine und legt z.B. ein Holz unter. Mit einer Hand den Fuß festhalten und mit dem Schraubenschlüssel die Mutter nach oben gegen das Gehäuse festdrehen. So kann sich der Fuß nicht mehr verstellen.

11 Abschließend überprüft man durch Rütteln, ob die Maschine auch wirklich auf allen vier Füßen sicher aufliegt.

12

12 Auch Wäschetrockner müssen exakt ausgerichtet werden. Die Arbeitsschritte gleichen denen beim Ausrichten von Waschmaschinen.

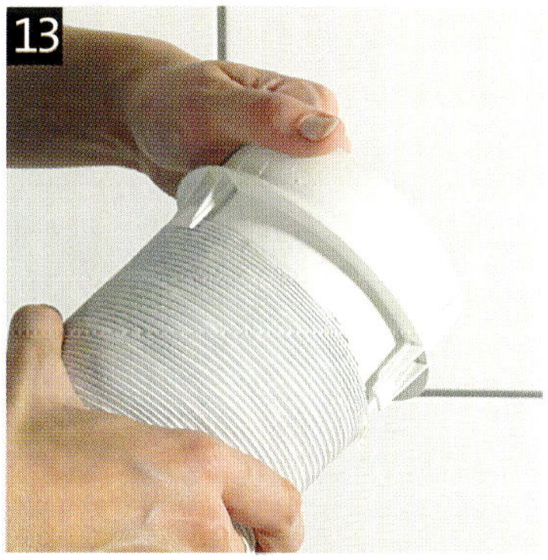
13

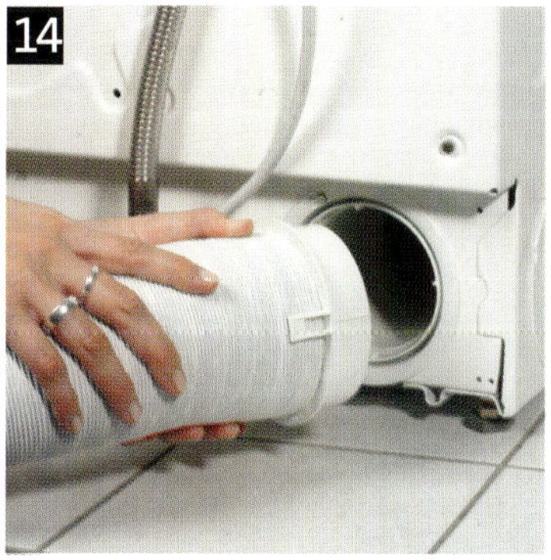
14

13-14 Bei Ablufttrocknern muss ein Abluftschlauch an der Maschine angebracht werden. Dazu wird der Schlauch auf eine Plastikführung gesteckt, die dann ihrerseits in die entsprechende Öffnung auf der Trocknerrückseite eingesteckt wird.

15

16

15-16 Bei Kondenstrocknern entsteht Kondenswasser, das in einem Kondenswasserbehälter in der Maschine aufgefangen wird. Das Leeren dieses Behälters ist allerdings lästig. Das Wasser kann aber auch direkt in einen Siphon geführt werden. Dazu gibt es spezielle Aufsätze und Anschlussstücke für den Siphon. Die Montage ist einfach: Den zugehörigen Dichtungsring unter den Schraubverschluss setzen und dann das Anschlussstück auf dem Siphon verschrauben.

17

17 Alle Waschmaschinen und Trockner werden an das normale 230-V-Hausstromnetz angeschlossen. Allerdings muss jedes Gerät direkt an eine separate Steckdose angelegt werden. Der Anschluss von mehreren Maschinen über eine Steckdosenleiste ist nicht ratsam, weil diese durch die hohen Ströme schmelzen kann.

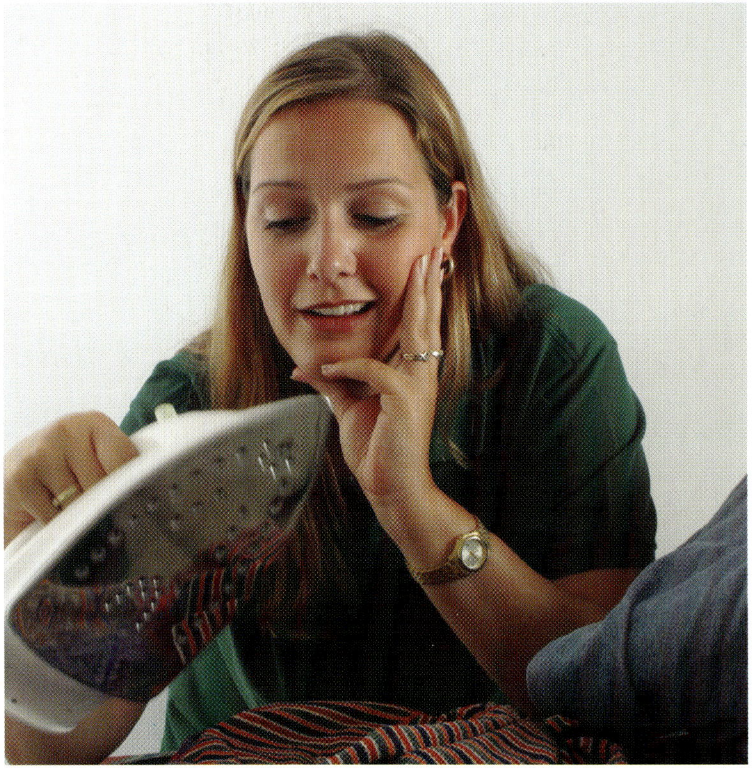

Bügeleisenschnur ersetzen

Meist sind es die kleinen Dinge, die das Leben schwer machen – wie z. B. eine defekte Bügeleisenschnur. Aber die lässt sich mit ein Paar Schraubenumdrehungen leicht wechseln.

Das Ersetzen eines defekten Stromkabels zählt dabei zu den wenigen Reparaturen, die heute an modernen Elektrogeräten noch möglich sind. Bei den meisten Defekten muss das Gerät zum Reparaturservice.

Mit einer beschädigten Bügeleisenschnur gilt es nicht zu spaßen. Allzu schnell gelangt man nämlich beim Bügeln an die schadhafte Stelle – und das kann lebensgefählich sein. Das Auswechseln eines solchen Stromkabels ist allerdings relativ einfach. Man benötigt nur ein neues Kabel. Als Schnurersatz kommt hier allerdings kein Standardstromkabel in Frage, sondern nur eine neue Bügeleisenschnur. Man erhält sie im Baumarkt oder im Elektrofachhandel.

Im Gegensatz zu einem Standardkabel entsprechen die Bügeleisenschnüre den Sicherheitsanforderungen, die heute bei Elektrogeräten Standard sind. Dazu zählt z. B. eine schwer entflammbare Ummantelung und ein vollständig verschweißter Stecker. Den kann man also nicht mehr wie früher wechseln. Auch hier muss also – im Falle eines defekten Steckers – eine neue Bügeleisenschnur her. Es ist wohl selbstverständlich – dennoch muss es hier erwähnt werden – dass vor dem Wechsel der Schnur der Netzstecker aus der Steckdose gezogen sein muss.

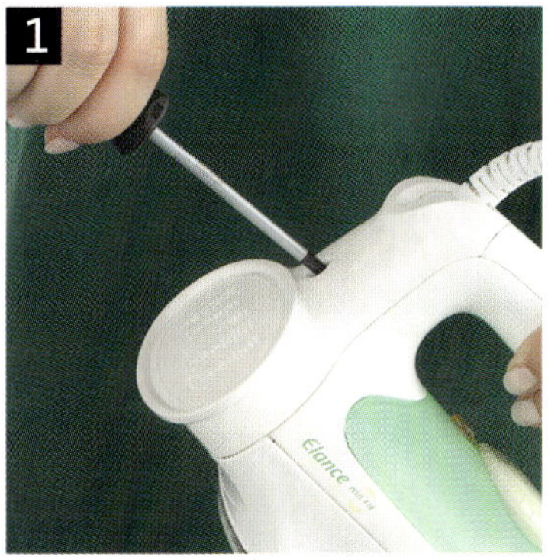

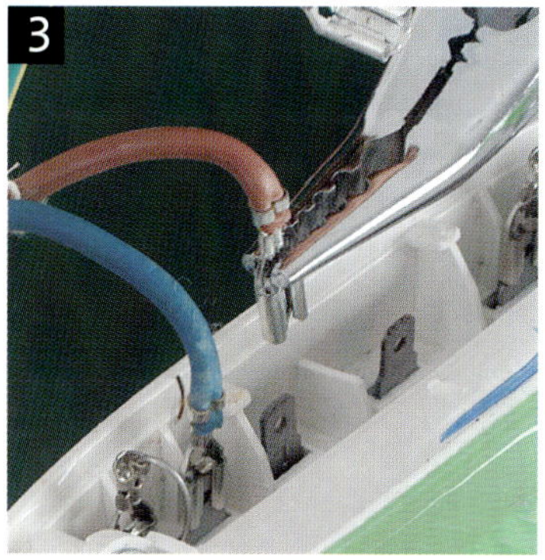

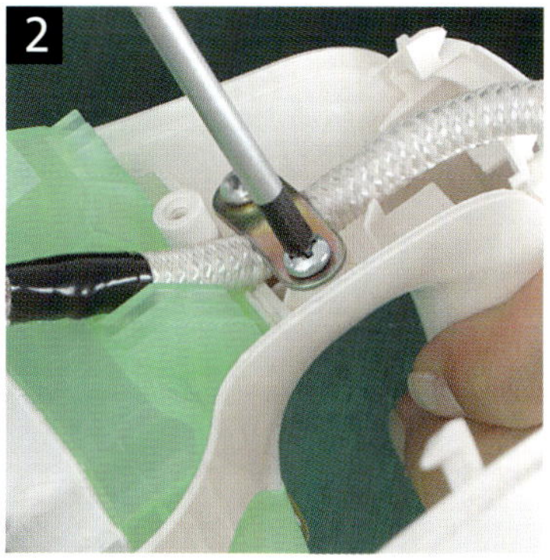

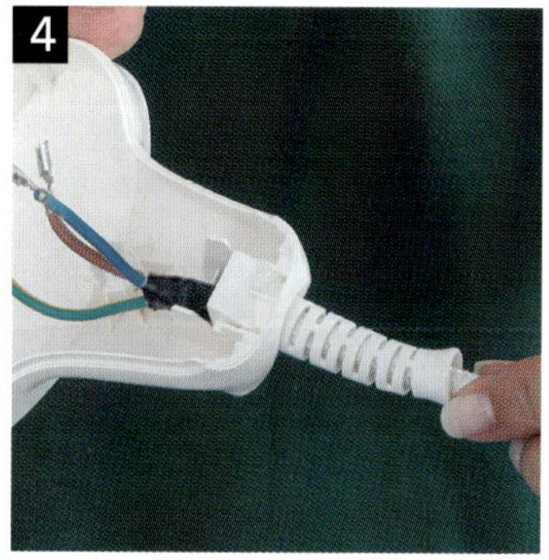

1 Dort, wo die Bügeleisenschnur im Gerät verschwindet, erkennt man bei genauem Hinsehen eine Abdeckung, die von kleinen Schrauben gehalten wird. Diese entfernt man und kann dann die Abdeckung abnehmen.

2 Vor der Klemmleiste wird das Kabel von einer so genannten Zugsicherung gehalten, die auch bei starkem Reißen an der Schnur verhindert, dass die Adern herausgezogen werden und so ein Kurzschluss entsteht. Zum Entfernen der alten Schnur eine Schraube der Zugsicherung lösen und diese zur Seite drehen.

3 Die Adern der Schnur sind am Bügeleisen mit so genannten Kabelschuhen angelegt, die einfach abgezogen werden. Wenn die Schuhe der alten Schnur sehr fest sitzen, hilft eine Spitzzange beim Abziehen.

4 Zum Schluss zieht man die alte Schnur durch die Kabelführung des Bügeleisens. Zur Montage der neuen Schnur Schritte in umgekehrter Reihenfolge ausführen: Schnur durch die Kabelführung ziehen, Kabelschuhe aufstecken, Zugsicherung schließen und Abdeckung wieder aufschrauben.

Werkzeuge

„Geht nicht, gibt's nicht!"

Für den Werkzeugkasten gilt der gleiche Grundsatz wie für das Outfit: Qualität sieht und spürt man einfach. Jede Frau, die sich mal mit minderwertiger Schminke gestylt hat, weiß: So sehr man sich auch bemüht, das Ergebnis wird nicht perfekt. Und so ist es auch bei Hammer, Bohrer & Co.: Gutes Werkzeug ist die halbe Miete. Wer hier Billigware kauft, macht sich das Leben nur unnötig schwer. Qualität ist zwar teurer, aber hält auch wesentlich länger. Die Investitionen lohnen sich vor allem bei Standardwerkzeugen, die man fast ein Leben lang benutzen kann. Unter den Tausenden von Werkzeugen haben wir hier eine kleine Auswahl unter denen getroffen, die zur Grundausstattung gehören. Für viele Arbeiten wie Tapezieren und Streichen benötigen Sie darüber hinaus Spezialwerkzeuge, die bei den jeweiligen Arbeitsanleitungen angegeben sind und vorgestellt werden. Eine Checkliste vereinfacht Ihnen, Ihren Werkzeugkoffer sinnvoll zu füllen.

248

Standardwerkzeuge im Überblick

Anschlagwinkel

Der rechte Winkel ist das Maß aller Dinge, wenn etwas „gerade“ sein soll. Das Werkzeug ist so zum Anzeichnen und Überprüfen von 90°-Winkeln unerlässlich. Je länger die Schenkel sind, desto leichter kann man messen. Für die meisten Aufgaben reicht ein Winkel mit 30 cm Hauptschenkellänge aus.

Cuttermesser

Ohne die kleinen Scharfschneider läuft fast nichts beim Heimwerken. Sie gibt es in verschiedenen Ausführungen. Empfehlenswert sind vor allem Klingenhalter, bei denen nicht nur Messerklingen, sondern auch Haken z. B. zum Zuschnitt von Teppichböden eingesetzt werden können. Ein Cuttermesser ohne Ersatzklingen ist dabei genauso unbrauchbar wie ein Bleistift ohne Anspitzer. Ersatzklingen sollten also immer griffbereit sein.

Feile

Eine kleine Werkzeugfeile ist genauso wenig aus dem Werkzeugkoffer fortzudenken wie ihre feine Schwester aus dem Beauty-Case. Beim Heimwerken nutzt man die Feile vor allem, um gefährliche Grate an Eisenteilen abzufeilen und Kanten zu glätten. Außerdem erleichtern sie es ungemein, überstehende Kantenumleimer abzutrennen. Die Feilen bietet der Handel in verschiedensten Ausführungen und Längen an. Für die meisten Aufgaben reicht eine Halbrundfeile mit 20 cm Länge.

Gipsbecher

Zum Anrühren von Spachtelmasse sind die preiswerten, schwarzen Rührbecher ideal – und kleine Löcher gilt es bei jeder Wandrenovierung zu stopfen.

Hammer

Der ungeliebte „Blaue-Finger-Hauer“ ist absolut unverzichtbar. Bei einem normalen Hammer spricht der Fachmann vom Schlosserhammer. Der wird nach dem Gewicht des Kopfes in unterschiedlichen Größen verkauft. Am besten hat man zwei Hämmer zur Hand: Einen kleinen 300 g schweren Hammer für Standardaufgaben, und einen größeren mit 500 g oder 800 g zum kräftigen Schlagen.

Mit mittleren Hämmern ist einem meist wenig gedient: Für die eine Arbeit sind sie zu groß, für die andere zu klein. Vom Fäustel spricht man übrigens bei kleineren, schweren Hämmern mit rechteckigem Kopf. Für die Fälle, in denen man nur leicht etwas anklopfen, aber Beschädigungen vorbeugen möchte, ist ein Holz- oder Gummihammer praktisch, so z.B. für das Einschlagen von Holzdübeln beim Möbelbau.

Inbusschlüssel

Vor allem im Möbelbau sind viele Schrauben nicht geschlitzt, sondern sechskantig ausgespart. Um sie fest- oder loszudrehen, benötigt man Inbusschlüssel. Die gibt es als preiswerten Satz mit verschiedenen Größen.

Kartuschenpresse

Wann immer es ums Thema Abdichten geht – und oft auch ums Verkleben – ist eine Kartuschenpresse unerlässlich. Probieren Sie die „Pistole", wie Machos das Gerät gerne nennen, im Laden aus. Überprüfen Sie, ob der Griff leichtgängig ist und fein dosierte Züge zulässt. Wenn die Presse nämlich schwergängig ist oder hakt, ist es schwer, Kartuschenmaterial wie Acryl oder Silikon sauber aufzubringen.

Meißel

Für kleinere Stemmarbeiten an Putz oder Mauerwerk ist ein Meißel sinnvoll, so z.B. um hinter einer Fußbodenleiste den Putz ein wenig abklopfen und ein Kabel entlang führen zu können.

Sägen

Ritsch-ratsch Holz oder Metall durchtrennen: Das geht nur leicht, wenn man die richtige Säge, vor allem mit dem richtigen Sägeblatt zur Hand hat. Zu unterscheiden gilt es Holz- und Metallsägeblätter. Im Haushalt kommt man am besten mit drei kleinen Sägen klar: Einem Fuchsschwanz mit 350 mm langem Holzsägeblatt für gröbere Sägeaufgaben, einer Feinsäge zum Durchtrennen von kleinen oder dünnen Hölzern sowie einer Puksäge, einer kleinen Bügelsäge, mit der man auch Eisen und Plastik durchtrennen kann. Um genaue Winkel zu sägen, greift man am besten zu einer Gehrungssäge, die allerdings nicht ganz billig ist und erst angeschafft werden sollte, wenn man sie benötigt. Stattdessen kann man auch eine preiswerte Gehrungslade benutzen, eine hölzerne Führung für Sägen.

Schleifklotz & Schleifpapier

Ob eine Kante aus optischen Gründen schön glatt zu schleifen oder aus Sicherheitsgründen zu entgraten ist: Ein paar Blatt Schleifpapier sollte man immer zur Hand haben. Die Papiere gibt es in unterschiedlicher Körnung. Je größer diese ist, desto feiner wird das Schleifergebnis. Für den Anfang reichen je 2 Blatt mit 80er, 100er, 120er, 200er und 240er Körnung aus. Fürs saubere Schleifen sorgt ein preiswerter Schleifklotz, um den das Papier gewickelt wird.

Schraubschlüssel

Sie sind das A und O beim Abdrehen und Festziehen von Sechskantmuttern und -schrauben. Je nach der mm-Größe der Muttern und Schrauben unterscheidet man z.B. 8er, 13er oder 17er Schlüssel.

- Gabelschlüssel (Maulschlüssel): Der Schlüsselkopf ist zu einer Seite hin geöffnet und kann so auch seitlich auf eine Mutter oder einen Schraubenkopf gesteckt werden. Dabei greift der Schlüssel manchmal aber nicht perfekt. Ein Maulschlüssel hat an seinen beiden Enden je einen verschieden großen Kopf.

- Ringschlüssel: Dieser Schlüssel passt nur von oben auf Mutter oder Schraube, greift dafür aber wesentlich sicherer. Auch hier finden sich immer zwei verschiedene Schlüsselgrößen an einem Werkzeug.

- Gabel-Ringschlüssel: Das eine Ende ist als Maul-, das andere als Ringschlüssel ausgeformt.

- Steckschlüssel: Auf den Sechskantkopf steckt man passende Miniröhren auf. Auf der einen Seite haben sie einen Ring-

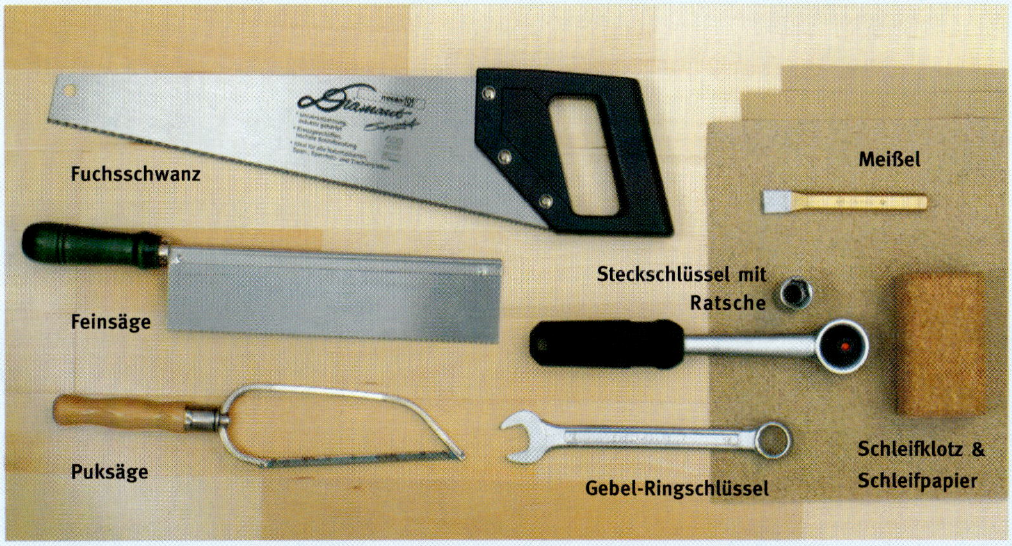

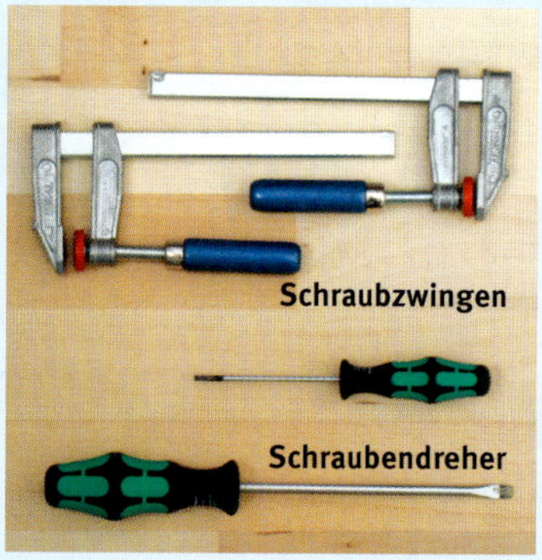

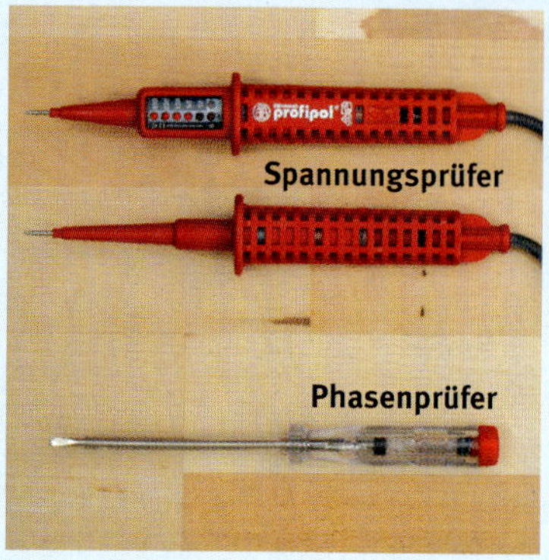

schlüsselkopf, auf der andern setzt man einen Hebel an. Den gibt es als starres Rundeisen oder aber als flexible „Ratsche". Die ermöglicht es, Muttern oder Schrauben durch kurze Handbewegungen an- oder abzuschrauben, ohne dass der Steckschlüssel abgezogen werden muss.

Alle Schlüsselarten bietet der Handel in Sets oder Sätzen in unterschiedlichen Größen an. In der Regel benötigt man aber nur 8er bis 17er Schlüssel. Für den Anfang reicht es also, sich entsprechende Gabel-Ringschlüssel zuzulegen. Lassen Sie sich in Bezug auf die Qualität im Handel beraten.

Schraubendreher

Es gibt wohl keine andere Werkzeugklasse, die man so oft benutzt wie die Schraubendreher. Sie sehen zwar alle irgendwie ähnlich aus, aber vor allem hier machen sich Qualitätsunterschiede sehr deutlich bemerkbar. Das beginnt schon beim Griff: Standardschraubendreher vor allem mit kleinem Griff bieten keinen guten Halt, sind sehr hart und bei längerem, festem Zupacken schmerzt die Hand. Anders ist dies bei ergonomischen Griffen, die es zudem erleichtern, die Körperkraft auf das Werkzeug zu übertragen. Die Spitzen von billigen Drehern verformen sich schnell oder brechen ab. Gute Spitzen hingegen halten nicht nur länger, sondern rutschen auch nicht so leicht aus der Schraube heraus. Am besten entscheiden Sie sich für einen Schraubendrehersatz mit acht verschieden großen Kreuz- und Schlitzschraubendrehern, ergonomischen Griffen und Qualitätsspitzen. Hier muss man für einen kleinen Dreher zwar tiefer in die Tasche greifen als für einen kompletten Satz von Billigdrehern – diese Investition aber bereut man auch als Gelegenheitsheimwerkerin bestimmt nicht.

Weiter empfehlenswert: ein kleiner, vollummantelter Schlitzschraubendreher für Elektroarbeiten. Diese gibt es VDE-geprüft (Qualitätssiegel) für den professionellen Elektrikereinsatz – und für mindestens einen Dreher genau dieser Klasse sollten Sie sich entscheiden. Für den kleinen Geldbeutel reicht allerdings auch ein Spannungsprüfer in Dreherform, ein so genannter Phasenprüfer.

Schraubzwingen

Schraubzwingen pressen zwei Werkstücke fest aneinander oder befestigen ein Werkstück sicher an einer Halterung. Bei vielen Tätigkeiten wie dem Sägen, Schneiden oder Schleifen kommt es nämlich besonders auf stabilen Halt an, und genau für den sorgen Schraubzwingen, die es in verschiedenen Größen gibt. Unverzichtbar sind sie vor allem dann, wenn leistungsstarke Elektrowerkzeuge eingesetzt werden. Für die Grundausstattung reichen zwei kleinere Zwingen, bei denen Plastikabdeckkappen verhindern, dass Oberflächen beschädigt werden. Des Weiteren sind Schraubzwingen unerlässlich, wenn man Hölzer miteinander verleimen möchte.

Spachtel

Zum Aufziehen von Reparaturmasse und zum Abschaben alter Materialien benötigt man Spachtel. Empfehlenswert ist ein größerer stabiler Spachtel mit Holzgriff, ein Malerspachtel. Beim Ausspachteln sehr feiner Massen greift man zu einem Set mit preiswerten Japanspachteln. Das sind dünne, biegsame Metallspachtel, die sich vielseitig verwenden lassen.

Spannungsprüfer

Nur Selbstmordkandidaten fingern am Hausstromnetz herum, ohne sicherzustellen, dass keine Spannung mehr anliegt (siehe auch S. 58 ff.). Bei allen Elektroarbeiten ist ein Spannungsprüfer unerlässlich. Empfehlenswert ist vor allem ein Spannungsprüfer mit zwei Spitzen, der durch Leuchtdioden die vorhandene Spannung anzeigt. Sehr preiswert und zusätzlich zu empfehlen sind kleine Schlitzschraubendreher, die durch eine glimmende Lampe anzeigen, ob Spannung anliegt.

Stechbeitel

Der Stechbeitel ist der kleine Bruder des Meißels und eigentlich für Holzarbeiten gedacht. Mit ihm kann man aber auch andere weiche Materialien abstemmen.

Wasserwaage

„Steht im Wasser“ melden Profis gerne zufrieden, wenn etwas genau senkrecht oder waagerecht ausgerichtet ist. Nasse Füße haben die betreffenden Materialien dennoch nicht: Gemeint ist, dass die kleine Luftblase in dem Sichtfenster einer Wasserwaage – in der Libelle – exakt mittig schwimmt. Eine empfehlenswerte Wasserwaage ist am besten 80 cm lang. Kleinere Waagen erschweren genaues Messen. Teuer, aber gut sind Wasserwaagen mit Schiebern und Markierungshilfen, die vor allem das waagerechte Aufhängen von Gegenständen an der Wand wesentlich vereinfachen (Markenname: „Mark-it“).

Zangen

Die vielschichtige Welt der praktischen Greifer ist voller Spezialisten wie dem „Papageienschnabel“, einer Fliesenlochzange, oder dem „Engländer“, einer speziellen Sanitärzange. Einige von ihnen gehören aber in jedem Fall zur Grundausrüstung:

- Kneifzange:
Sie benutzt man vor allem zum Herausziehen und Durchtrennen von Nägeln, Drähten oder anderen Eisenmaterialien. Kneifzangen unterscheiden sich vor allem in der Schenkellänge. Je länger die ist, desto weniger Kraft benötigt man zum Greifen oder Trennen. Zugleich wird die Zange schwerer. Mit 180 mm bis 210 mm Schenkellänge liegen Sie richtig.

- Kombizange:
Sie ist ein kleiner Universalist: Greifen, Drehen, Ziehen, Durchtrennen sind nur die wichtigsten Aufgaben, derer sie sich annehmen kann. Achten Sie beim Kauf darauf, dass die Zange gut und sicher in der Hand liegt. 160 oder 180 mm Schenkellänge reichen aus.

- Wasserpumpenzange (Rohrzange):
Diese Zangen kommen vor allem bei Sanitär-

Der besondere Tipp

- **Gefüllte Werkzeugkoffer sind verlockend. Sie versprechen „alles was man braucht zu einem Spitzenpreis“. Aber genau bei solchen Werbeslogans heißt es: Finger weg!
Denn richtig gutes Werkzeug kostet einfach auch richtig gutes Geld. Bei Billigware ärgert man sich hinterher garantiert. Für einen mit Qualitätswerkzeugen gefüllten Koffer muss man ziemlich tief in die Tasche greifen. Dabei gilt es genau zu überlegen, ob man all das, was im Koffer ist, auch wirklich braucht. Bei kleinem Geldbeutel kauft man besser immer nur genau die Werkzeuge, die man gerade benötigt, in guter Qualität und füllt seinen Werkzeugkoffer so nach und nach auf.**

- **Taschen für Werkzeuge oder Werkzeugkoffer aus Plastik sind wesentlich empfehlenswerter als Werkzeugkästen aus Stahlblech, da diese recht schwer und unhandlich sind.**

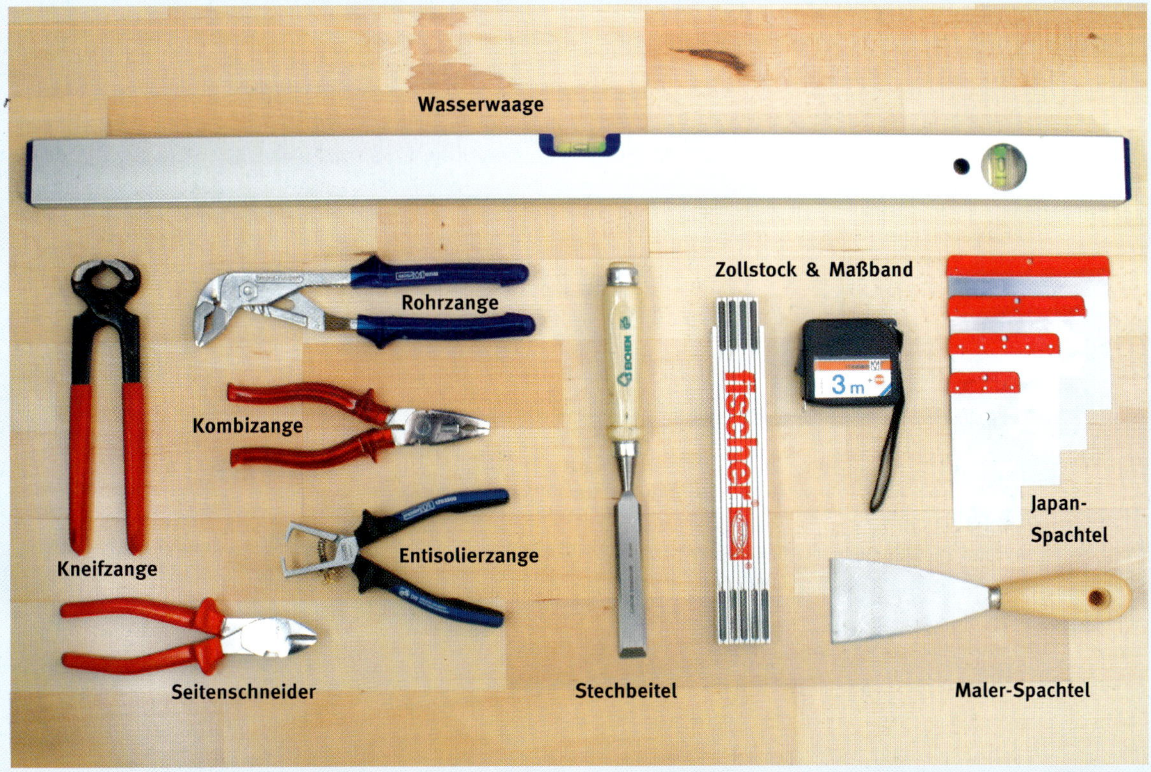

arbeiten zum Einsatz. Mit ihnen lassen sich auch größere Muttern und Schrauben lösen. Zudem leisten sie wertvolle Hilfe, wenn man kleinere Werkstücke halten möchte.

■ Seitenschneider:
Ein guter Seitenschneider ist ein kleiner Kraftprotz, mit dem sich Kabel, Leitungen und Drähte ganz leicht durchtrennen lassen. Er hat dabei die Form einer Zange. Seine Funktion kann auch eine Kombizange erfüllen – mit einem Seitenschneider geht aber die Arbeit leichter von der Hand.

Zu den weiteren wichtigen Zangen gehören die Spitzzange zum Greifen von kleinen Gegenständen und die Entisolierzange zum Freilegen von Kupferadern.

Zollstock & Maßband

Millimetergenaues Maßnehmen ist die Vorarbeit, ohne die sich kaum ein Heimwerkervorhaben realisieren lässt. Unterschiede gibt es vor allem bei den Maßbändern. Sie sollten mindestens drei Meter lang sein, um auch einmal eine größere Fläche leicht ausmessen zu können. Je breiter das Maßband dabei ist, desto größer sind auch die Beschriftungen und desto leichter lassen sich dementsprechend auch die Maßangaben ablesen.

Weitere Arbeitsmittel

Sie gehören in den Werkzeugkoffer so selbstverständlich wie Haarbürste und Pinzette in den Schminkkoffer:

- Bleistift und Anspitzer
- kleines, scharfes Messer
- Haushaltsschere (Universalschere)
- Drahtbürste
- Schnur (am besten Maurerschnur)
- Arbeitshandschuhe
- Schutzbrille
- Kabeltrommel (Verlängerungskabel)

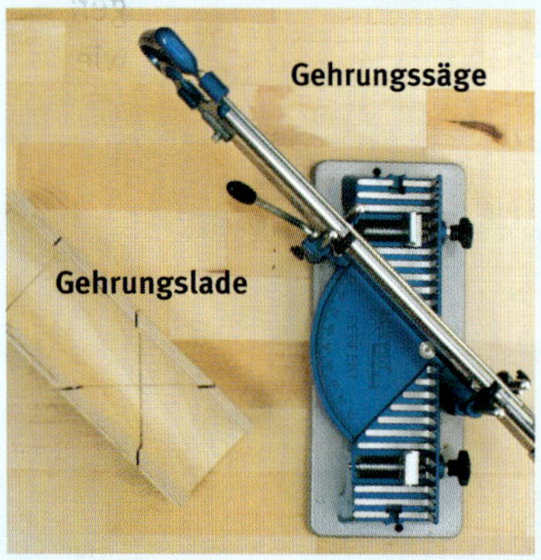

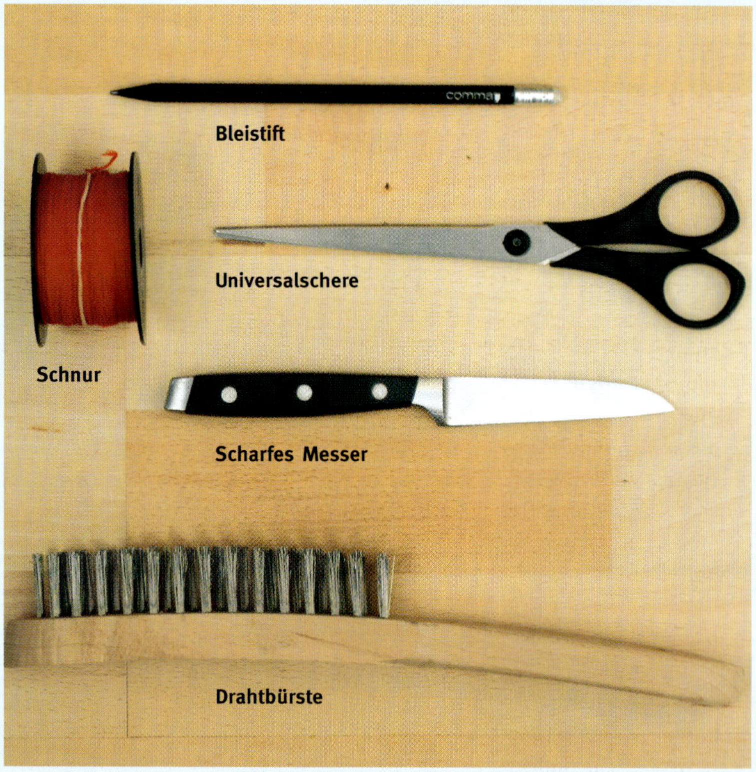

Elektrowerkzeuge im Überblick

Schrauben, Sägen, Schleifen – für viele anstrengende Arbeiten stellt die Industrie elektrische Helfer zur Seite, die das Heimwerken wesentlich erleichtern.

Allerdings: Die Auswahl ist groß. Neben kleinen Allroundern wie der Schlagbohrmaschine gibt es zahlreiche Spezialisten wie den kleinen Akku-Schraubendreher. Da vor allem empfehlenswerte Markenmaschinen doch relativ teuer sind, gilt es genau zu überlegen, welche der Geräte man wirklich benötigt.

Anhand der Stromversorgung teilt sich das Angebot in zwei Geräteklassen: die Akkugeräte und die schnurgebundenen Maschinen. Akkugeräte haben den Vorteil, dass sie sich sehr leicht handhaben lassen. Ihre Leistungskraft ist allerdings begrenzt. Schnurgebundene Geräte hingegen bieten die Gewähr, auch kraftintensivere Aufgaben wie das Bohren in steinhartem Beton bewältigen zu können.

Wer viel heimwerkt, setzt so auf beide Gerätetypen und hat z. B. fürs schnelle Arbeiten einen Akkubohrer und für kraftintensive Tätigkeiten eine schnurgebundene Schlagbohrmaschine zur Hand. Für die Werkzeuggrundausstattung reicht sicherlich eines der beiden Geräte aus.

Die Maschinen unterscheiden sich wesentlich in ihrem Leistungsvermögen und ihrer Ausstattung. Mit der Formel „Je bessere Leistungsdaten die Maschine bietet, desto empfehlenswerter ist sie auch“ liegt man allerdings falsch. Viel entscheidender ist, wie schwer die Maschine ist und wie gut sie sich handhaben lässt. Eine leistungsfähige Schlagbohrmaschine beispielsweise kann nahezu das Doppelte wiegen wie eine kompaktere, leistungsschwächere. Für die meisten Aufgaben reicht das preiswertere Kleingerät vollkommen aus. Wichtig ist zudem, wie das Gerät in der Hand liegt, nicht zuletzt, weil die Ergonomie meistens auf kräftige Männerhände ausgelegt ist. Vor dem Kauf sollte man also mehrere Geräte einmal in die Hand nehmen und vergleichen.

Beim Kauf ist grundsätzlich Markenware zu empfehlen; hier hat man vor allem die Gewähr, dass der Service stimmt. Im Fall der Fälle führt ein dichtes Servicenetz Reparaturen schnell aus. Und man hat die Gewähr,

Der besondere Tipp

- **Bei allen Arbeiten mit schnurgebundenen Elektrowerkzeugen sollten Sie eine Verlängerungsschnur griffbereit haben. Besonders geeignet sind Kabel, die auch für den Außenbereich zugelassen sind. Als praktisch erweisen sich Kabeltrommeln, die immer auch mehrere Steckdosen bieten.**
- **Lesen Sie bei Akku-Geräten genau nach, durch welches Nutzungs- und Ladeverhalten Sie Lebensdauer und Leistung der Akkus optimal ausschöpfen und so genannte Memory-Effekte, die das Leistungspotential des Akkus vermindern, wirkungsvoll vermeiden.**
- **Bei größeren Arbeitsvorhaben empfiehlt es sich, alle Akkus über Nacht aufzuladen.**
- **Selten benötigte Maschinen muss man sich nicht kaufen – man kann sie gut bei Bekannten oder auch im Baumarkt leihen.**

auch nach Jahren noch Ersatzteile zu bekommen.

Akkubohrmaschinen

Die unbestrittene Nummer Eins unter den Elektrowerkzeugen ist heute der Akkubohrer. Er bewältigt vor allem die beiden wichtigen Standardaufgaben Schrauben und Bohren. Die Geräte am Markt unterscheiden sich zunächst in ihrer Leistung, die in Volt angegeben wird. Standard im Heimwerkerbereich sind Geräte mit 9, 6, 12, 14,4 und 18 V.

Je mehr Volt die Maschine hat, desto besser eignet sie sich zum Bohren, wobei selbst stärkere Akkugeräte lange nicht die Bohrleistung bringen wie schnurgebundene Schlagbohrmaschinen. Zum Schrauben reichen 9,6 V vollkommen aus. Zu berücksichtigen ist, dass leistungsstärkere Akkugeräte schwerer sind als schwächere. Derzeit bieten vor allem 14,4-V-Geräte einen guten Kompromiss aus Leistung, Gewicht und Preis.

Akkuleistung

Intensive Aufmerksamkeit sollte auch dem Akku gelten, genauer gesagt, dem Ladegerät. Bei billigen Geräten liegt oft ein nur sehr langsam arbeitendes Ladegerät bei. In der Praxis erweisen sich aber vor allem kurze Ladezeiten als wichtig: Denn was nützt das Gerät, wenn der Akku leer ist und man für Stunden die Arbeit unterbrechen muss? Die empfehlenswerten 14,4-V-Geräte von Markenherstellern sind hingegen dank Schnellladegeräten innerhalb 1 Stunde wieder betriebsbereit. Im optimalen Fall hat man immer einen Zweitakku parat, den man etwas preiswerter bekommt, wenn man ihn zusammen mit der Maschine kauft.

Das ist allerdings nicht erforderlich, wenn man ein weiteres schnurloses Gerät – z. B. eine Akku-Stichsäge – desselben Herstellers besitzt. Beim Kauf sollte man darauf achten, dass beide Geräte mit der gleichen Akkugröße ausgestattet sind. Da sich die wiederaufladbaren Batterien leicht wechseln lassen, ist man jetzt sehr flexibel: Während der eine Akku lädt, kann man den anderen nötigenfalls sogar für beide Maschinen abwechselnd benutzen.

Für die Betriebszeit der Akkus gilt: Je mehr Leistung die Maschine erbringen muss, desto schneller geht auch die Akkuladung zur Neige. In der Praxis bedeutet dies beispielsweise, dass man mit demselben Gerät wesentlich mehr Schrauben in einen weichen Untergrund versenken kann als in einen harten.

Weitere Akkugeräte

Neben den Akkubohrern wächst der Markt an weiteren schnurlosen Geräten. So gibt es mittlerweile auch das zweite wesentliche Standard-Elektrowerkzeug auf Akkubasis: die Stichsäge. Relativ neu im Handel sind zudem schnurlose Kreissägen, eine Geräteklasse, die nicht der Grundausrüstung zugeordnet werden kann. Sehr praktisch sind kleine akkubetriebene Schraubendreher. Man kann zwar nicht mit ihnen bohren, aber leicht und vor allem handlich schrauben. Topgeräte lassen sich im Schaft abknicken – was das Schrauben an engen Stellen erleichtert – und bieten obendrein eine integrierte Leuchte.

Schlagbohrmaschinen

Auch bei den schnurgebundenen Geräten ist die Bohrmaschine als erstes zu nennen. Es gibt sie in unzähligen Ausführungen, so z. B. auch als Bohrhammer, mit dem man u. a. auch meißeln kann. Für den Heimwerkeralltag reicht eine kleine, unter 2 kg schwere Schlagbohrmaschine vollkommen aus. Sie sollte um 600 Watt Leistung aufbringen und bewältigt damit alle Standardaufgaben. Nur wenn Sie in einem Haus mit harten Betonwänden und -decken wohnen, muss das Gerät mehr Kraft aufbieten können. Wer sich nicht sicher ist, welche Art von Maschine er benötigt, kann sich zunächst einmal eine kleine Maschine bei Bekannten leihen und testen, ob deren Leistung ausreicht.

Schlagbohrmaschinen heißen die Geräte übrigens, weil man sie von normalem Bohren auf Schlagbohren umstellen kann, was das Vordringen auch in härtere Materialien ermöglicht. Wichtig ist in jedem Fall ein Schnellspannfutter, um Bohrer oder Bit schnell und ohne Zusatzwerkzeug (Bohrfutterschlüssel) wechseln zu können (siehe auch S. 118). Schnellspannfutter sind auch bei allen Akkubohrern Standard.

Stichsäge

Zur Grundausstattung gehört in jedem Fall auch eine Stichsäge, mit der selbst Ungeübte leicht und relativ gefahrlos sägen können. Auch diese gibt es natürlich wieder in verschiedenen Leistungsklassen, wobei die kleinen Geräte mit 450 bis 500 W ausreichend und solche mit 600 W empfehlenswert sind. Beim Kauf sollten Sie hier immer zu einer gut ausgestatteten Maschine greifen, die sich präzise führen lässt und variable Einstellmöglichkeiten z. B. bei der Hubzahlsteuerung bietet. So wird auch langsameres Sägen möglich. Empfehlenswert ist außerdem ein Pendelhub für schnelle, gerade Schnitte. Von billigen Maschinen ist hier besonders abzuraten, weil sie das Sägeblatt nicht vernünftig führen und saubere Schnitte so gut wie unmöglich sind. Besonders sinnvoll ist eine Absaugvorrichtung, an die ein Staubsauger angeschlossen werden kann. Das reduziert Sägemehl und -späne erheblich. Bei Top-Maschinen lassen sich Sägeblätter mit einem Handgriff wechseln (SDS-System).

Schleifmaschinen

Fürs Schleifen stehen verschiedene Maschinen zur Wahl: der Schwingschleifer, mit dem sich leicht größere Flächen fein schleifen lassen, der etwas gröber schleifende Deltaschleifer, mit dem man bis in jede Ecke kommt, und der Exzenterschleifer, der beim Polieren von Oberflächen die Nase vorn hat (siehe auch S. 133). Für Anfänger eher ungeeignet sind Bandschleifer.

Welche der Maschinen die richtige ist, hängt also von den Arbeitsaufgaben ab. Als Grundausstattung eignet sich am ehesten ein Schwingschleifer, den es zudem auch mit einem Delta-Schleifaufsatz gibt.

Beim Kauf der Maschine sollte man sich gezielt auf die eigenen Bedürfnisse hin beraten lassen. Das gilt übrigens für den Kauf aller Elektrowerkzeuge.

Weitere Maschinen

Für die Grundausstattung ist auf jeden Fall eine kleine, äußerst preiswerte Heißklebepistole zu empfehlen. Alle weiteren Geräte wie z. B. Kreissäge, elektrischer Hobel oder Oberfräse sind etwas für Profiheimwerker.

Während eine Kreissäge (o.) eher etwas für Profis ist, sollte ein Ersatzakku (u.) zur Grundausrüstung von schnurlosen Geräten zählen.

Für Bohrmaschinen gibt es besonders viel Zubehör wie z. B. Schleif- und Polieraufsätze.

Für die Bits bietet der Handel unterschiedliche Halter an, so z. B. magnetische, in denen die Schraubeinsätze besonders gut halten.

Zubehör

Das Arbeiten mit Elektrowerkzeugen ist ohne das richtige Zubehör undenkbar.

So sind Bohren ohne Bohrer und Schrauben ohne Bit Dinge der Unmöglichkeit (siehe auch S. 118 ff.). Für Stichsägen bietet der Handel unterschiedliche Sägeblätter z. B. für Holz oder Metall an. Hier greift man am besten zu einem kleinen Set mit verschiedenen Blättern. Beim Kauf muss man darauf achten, dass die Blätter exakt zur Maschine passen – am besten nennt man dem Verkäufer Hersteller und Typ. Wie bei Werkzeugen gilt auch hier: Qualität hat ihren Preis – Billigsägeblätter werden schneller stumpf und brechen schneller als Qualitätserzeugnisse.

Für Bohrmaschinen gibt es besonders viel Zubehör. Allen voran steigern unterschiedliche Aufsätze den Nutzwert der Maschine. So bietet der Handel z. B. verschiedenste Schleif- und Polieraufsätze sowie Drahtbürsten an, mit denen man gut Eisenrohre entrosten oder alte Lackschichten ablösen kann.

Das Heimwerkerleben erleichtern vor allem Absaugevorrichtungen z. B. beim Sägen und beim Schleifen. Wenn die Maschine über eine entsprechende Vorrichtung verfügt, kann man zum Absaugen sowohl den Staubsauger als auch große Allzwecksauger einsetzen. Im Handel erhalten Sie dafür entsprechende Adapter und Übergangsstücke. Beim Kauf müssen Sie wissen, ob Ihr Sauger mit einem 19, 35, oder 49 mm Schlauchsystem arbeitet (nachmessen). Besonders zu empfehlen ist eine Schlauchverlängerung von 3 oder 5 m, weil man dann nicht bei jeder Positionsveränderung mit dem Werkzeug auch den Staubsauger bewegen muss. Ganz staubfrei wird das Arbeiten allerdings nie.

Checkliste Werkzeuge

Werkzeug			
Akkubohrmaschine		■	
Akkuschrauber			■
Anschlagwinkel	■		
Arbeitshandschuhe			
Bleistift + Anspitzer		■	
Cuttermesser, Ersatzklingen			■
Deltaschleifer		■	
Drahtbürste	■		
Ersatzakku für Akkugeräte			■
Entisolierzange		■	
Exzenterschleifer		■	
Feile		■	
Feinsäge	■		
Fuchsschwanz		■	
Gabel-Ringschlüsselsatz (6-17 er)	■		
Gehrungslade			■
Gehrungssäge	■		
Gipsbecher	■		
Gummihammer	■		
Hammer groß (800 g)		■	
Hammer klein (300 g)	■		
Haushaltsschere (Universalschere)		■	
Heißklebepistole		■	
Holzhammer			
Inbusschlüssel	■		
Japanspachtel (Satz)		■	
Kabeltrommel		■	
Kartuschenpresse		■	

Werkzeug			
Kleiner Meißel	■		
Kleines, scharfes Messer		■	
Kneifzange		■	
Kombizange	■		
Malerspachtel			■
Maßband	■		
Phasenprüfer oder	■		
Elektroschraubendreher			■
Puksäge	■		
Rohrzange		■	
Schlagbohrmaschine mit Bohrer-			
satz (Holz-, Stein-, Metallbohrer)		■	
Schleifklotz	■		
Schleifpapiere	■		
(80er, 100er, 120er, 200er, 240er)			■
Schnur (Maurerschnur)			■
Schraubendrehersatz			■
Schraubzwingen			■
Schwingschleifer			■
Seitenschneider		■	
Spannungsprüfer		■	
Spitzzange	■		
Stechbeitel	■		
Steckschlüsselsatz	■		
Stichsäge mit Sägeblätter-Satz	■		
(Holz, Metall)	■		
Wasserwaage			
Zollstock			

- ■ (grün) Unverzichtbar
- ■ (rot) Grundwerkzeugkasten
- ■ (blau) Erweiterte Ausrüstung

Wir danken folgenden Unternehmen für ihre aktive Unterstützung:

A.S. Creation Tapeten AG, Gummersbach, Wandbeläge	www.as-creation.de
Alpina Farben Vertriebs-GmbH & Co. KG, Ober-Ramstadt, Farben und Lacke	www.alpina-farben.de
Artur Fischer GmbH & Co. KG, Waldachtal, Befestigungen	www.fischerwerke.de
C.A. Jürgen Lehnartz GmbH, Remscheid, Maler- und Tapezierbedarf	www.lehnartz.de
DIY World GmbH, Wuppertal, Werkzeug	www.diy-world.de
Edding AG, Ahrensburg, Markier- und Schreibgeräte	www.edding.de
Erfurt & Sohn KG, Wuppertal, Wandbeläge	www.erfurt.com
Europäische Teppich-Gemeinschaft e.V., Wuppertal	www.teppich-siegel.de
Gebr. Schulte GmbH & Co. KG, Sundern, Badewannenfaltwände	www.schulte.de
Gera-Leuchten GmbH, St. Gangloff/Thüringen, Leuchten & Lichtsysteme	www.gera-leuchten.de
Hamberger Industriewerke GmbH, Rosenheim, Parkett- und Laminatböden	www.haro.de
Henkel KGaA Ceresit, Düsseldorf, Bauprodukte	www.ceresit.de
Hettich Beschläge GmbH & Co., Vlotho, Beschläge	www.hettich.com
Hubert Blome GmbH & Co. KG, Sundern-Stockum, Vorhanggarnituren	www.blome.net
ICI Paints Deco GmbH Consolan, Hildem, Lasuren	www.consolan.de
ICI Paints Deco GmbH Dulux, Hilden, Farben und Lacke	www.dulux.de
ICI Paints Deco GmbH Molto, Hilden, Bauchemie	www.molto.de
J.D. Flügger Schöner Wohnen Farbe, Hamburg, Farben und Lacke	www.fluegger.com
Knauf Bauprodukte GmbH, Iphofen, Innenausbau	www.knauf-bauprodukte.de
Miele & Cie. GmbH & Co., Gütersloh, Küchen & Hausgeräte	www.miele.de
Muskat Gesellschaft m.b.H., Hamburg, Spiegelbefestigungen	www.muskat.com
Musterring International Josef Höner GmbH & Co. KG, Rheda-Wiedenbrück, Möbel	www.musterring.de
Nicol-Möbel Vertriebs- GmbH & Co. Wohnbadausstattungs-Badaccessoires KG, Fuldabrück	www.nicol.de
Norddeutsche Steingut AG, Bremen, Fliesen	www.norddeutsche-steingut.de
Nürnberger Bund Produktionsverbindungshandels GmbH, Essen, Armaturen	www.nb-pvh.de
Octopus Arctic Interior & Decoration RS Ltd Oy, Hagen	www.octopus-bath.com
Oligo Lichttechnik GmbH, Hennef, Leuchten & Lichtsysteme	www.oligo.de
Pagette Sanitär Produktions- und Vertriebs-GmbH, Bottrop, WC-Sitze	www.pagette.de
Robert Bosch GmbH, Geschäftsbereich Elektrowerkzeuge, Leinfelden-Echterdingen	www.bosch-pt.de
Robert Bosch Hausgeräte GmbH, München	www.bosch-hausgeraete.de
Sieper-Werke GmbH, Hilchenbach, Spiegelschränke	www.sieper.de
SOLA-Meßwerkzeuge GmbH & Co., Lindau, Wasserwaagen	www.sola.at
Villeroy & Boch AG, Mettlach, Bad- und Küchenausstattung	www.villeroy-boch.com
Vorwerk Teppichwerke, Hameln, Bodenbeläge	www.vorwerk-teppich.de
Wilhelm Kirchhoff GmbH, Iserlohn, Sanitärarmaturen	www.kirchhoff-sanitaer.de

Konzeption: Medien Kommunikation, Unna
Text: Yara Hackstein und Tobias Pehle
Layout, Gestaltung, Lithografie und Satz: headline:Werbeagentur, Iserlohn
Karikaturen: Verena Walter

1 2 3 4 5 9 8 7 6 5

Fotografien:
Titel: XXX XXX
Alpina: 13 m., 17 u., 71, 109 o., 136–139, 143 o., 205 o., r.; Arcor: 195 o.; As-Creation: 38, 112–113, 152–155; Bosch: 23 u.r., 50 o.r., 118 l.o., 134, 235 r., 240, 253; Edding: 090 l.o.; Europäische Teppichgemeinschaft: 145, 146 u.; Fischer: 94–95, 120–121, 178–179; Gera-Leuchten: 101 o., m.; Hamberger: 150, 165–169, 182 l., 183 o., 184; Henkel: 19 u., 24, 34, 035, 148–149; ICI Paints: 12, 13 o., 14 o., u., 15 o.m., u., 16, 33 u.r., 76 r.o, 77 r. o., 116, 132–133, 135, 162 r.o.,163,180, 202, 207, 212; J. Schossig: 232, 234 l.; Kirchhoff: 226 l.; Knauf: 78, 81, 90 r. u, 117; Lehnarzt: 22 o.r., 23 u.l., 27 o.m.; Miele: 68, 73 l.o., 76 l.o., 77 r. u., 88–89, 101 u., 235 l.; Musterring: 77 l.o., 108, 109 r. u., 110, 140, 142, 143 r.u., 160; Nokia: 194 l.o.; Octopus: 208, 220 l.; Oligo: 56–57, 100, 124–125, 182 r., 200, 111 r.; Optifit: 70, 72 r.o., 73 r. u., 74 r.o., 204–206; Philips: 64 o., 65 u.r., 66, 244; Schöner Wohnen Farbe: 013 u., 14 m., 15 o.l., o.r., 19 o., 106, 183 u., 188–191; Schulte: 220 r.; Sieper: 216; Telekom: 192 l.o.,194 r.o.,198; Villeroy & Boch: 72 l.o., 74 l.o., 75; Vorwerk: 144, 146 o.;
alle übrigen: Medien Kommunikation, Unna
Grafiken: Knauf: 79; Hettich: 97

Die Autoren bedanken sich ganz herzlich bei:

Andreas, Annette, Antonia, Axel, Christof, Ellen, Harriet, Karolin, Maike, Maraike, Marcus, Mathias, Raphael, Reinhold, Roberto, Simone, Suse, Steffi, Thomas, Tobias, Verena und ganz besonders bei Johannes.

Register

Abdichten 92
Abfluss 228
Abgemischte Farben 17
Abklebeband 26
Abkleben 26
Ablage 110, 142
Abdeckprofil 169
Abstellkammern 234
Abstreifgitter 29
Acryl 92
Acrylharzfarben 17
Akkubohrmaschine 254
Akkugeräte 253 ff.
Akkuleistung 254
Akkuschraubendreher 253 ff.
Altanstrich 21
Analoge Telefontechnik 192 ff.
Ansatz (bei Tapeten) 37
Anschlagwinkel 248
Antennenanschlusskabel 65, 67 f.
Antischmutz-Ausrüstung 146
Arbeitshöhen 73
Armatur 224 ff.
Atmosphärisches Licht 56 f., 101, 143
Aufhängungen 51
Aufkleber 208

Badaccessoires 210 ff.
Badewannenaufsätze 220 ff.
Baldachin 104
Bandschleifer 255
Beizen 132
Bett 142 f.
Bilderrahmen 50
Bits 121 f., 256
Bodenfliesen 78 ff.
Bohrmaschine 118
Bohrer 118 f.
Bordüre 112, 208
Bügeleisen 244
Büromöbel 183 ff.

Chinchkabel 64 f., 199
Click-Böden 165, 167, 170 ff.
Click-Halterungen für Spiegel 214
Computer 183, 198 f.
Cuttermesser 248

Dämmmatten 168
Dampfsperre 167
Deckkraft von Farben 18
Dehnungsfugen 169
Deltaschleifer 255, 257
Dichtungen 226
Diele 108 ff.
Dimmer 60 f.
Dispersionsfarbe 17
Drahtbürstenaufsatz 255, 257
Drucker 198 f.
DSL 194
Dübel 118 ff., 156 f.
Durchlaufreduzierer 225
Duschabtrennungen 220
Duschvorhänge 220

Effekte 32
Effektfarbe 114 f.
Einhebelmischer 226
Elektrik 58 f., 124 f.
Elektrischer Farbroller 29
Exzenterschleifer 255, 257

Faltwände 220
Farbkontraste 16
Farbrolle 28
Farbwanne 29
Farbwelt 12 ff.
Feile 248, 257
Feinsäge 249, 257
Fensterlaibung 29, 45
Fernbedienung 62 f.
Fertigparkett 165 ff.
Feste Farbe 18, 176
FI-Schalter 58 f.
Fixieren (Teppichboden) 147
Fliesen 78 ff.
Fliesenaufkleber 208
Fliesenecken 82
Fliesenfarbe 207
Fliesenkleber 83
Fliesenmaß 80
Fliesenmuster 79
Fliesenschneider 81
Fliesenspiegel 88
Floreathaken 52
Flüssigdispersion 18, 28
Fuchsschwanz 249, 257
Fugen auffrischen 90
Fugenfarbe 90
Füllspachtel 24
Funktionslicht 56 f., 100 f.
Fußleisten 150

Gabel-Ringschlüssel 249, 257
Gabelschlüssel 249, 257
Gardinen 156
Garderobe 108 f., 122 f.
Gehrung 150 f.
Gipsbecher 24, 248, 257
Glanzgrad von Farben 17
Glasfasertapeten 36, 188 ff.
Glasur 78

Haftungseigenschaften von Farbe 21
Hakenklingen 148
Halbrundfeile 248
Halogenleuchten 124 ff., 143, 200 f.
Hammer 52, 248, 257
Handtuchhalter 210
Hängeleuchte 104
Heißklebepistole 196, 255, 257
Heißwasserfett 226
Heizkörperlack 138
Heizkörperpinsel 29, 138
Heizkörperrolle 28
Hohlraumbefestigungen 178
Hohlraumdübel 120 f., 178
Holz 132 ff.
Holzarten 166
Holzböden 165 ff.
Hölzer reinigen 133
Holzspachtel 134

Inbusschlüssel 249, 257
Injektionsmörtel 156 f.
Instantkleister 40
ISDN 193 f.

Japanspachtel 24, 250, 257

Kabel verlegen 196
Kabelanschluss 66 f.
Kabelkanal 197
Kantenschnittlineal 39
Kantenumleimer 89, 238
Kartuschenpresse 92, 249
Kindgerechte Gestaltung 162 f.
Kleister 40 f.
Kleistermaschine 39
Kneifzange 251, 257
Kombizange 251, 257
Kreissäge 254 f.
Küchenarbeitsplatten 70, 73, 76, 92 f.,
Küchenmöbel 72 f.
Küchenplanung 72
Küchenschrank 94 f., 96 ff.
Küchentisch 76 f.

Lacke 135
Lackieren 133
Laminat 165 ff.
Lampen 56 f., 100 f., 124 f., 143, 200 f.
Lasieren 133
Lasuren 135
Latexfarben 17

Leuchten 56 f., 100 f., 124 f., 143, 200 f.
Leuchtmittelwechsel 200
Licht 56 f., 100 f., 124 f., 143
Lichtschalter 27
Löcher in der Wand 24
Lot 39, 45 f.
Lüsterklemme 58

Makulatur 21
Malerspachtel 24, 250, 257
Maskenband 26
Massagebrause 224
Maßband 252, 257
Maulschlüssel 249
Meißel 249
Möblierung 12 ff.
Modem 194, 199
Mustertapeten 34

Nägel 52 f.
NTBA 193, 199
Nullleiter 58

Papiertapeten 35
Parkett 165 ff.
Partnerküche 71
Phase 58
Phasenprüfer 250, 257
Pinsel 28
Plastikfolie 26
Prägetapeten 35
Pressspanplatten 88 f.
Profiltapeten 35
Pumpfix 228
Puksäge 249, 257
Putz 21

Quast 39

Rapport 37
Rauchmelder 130 f.
Raufaser 35, 38
Raumwirkung 16
Regale 178
Regalsystem 236
Regalwand 236
Reliefware 144
Risse 24
Röhrensiphon 228
Rollputz 116 f.

Säge 168 ff., 249, 257
Satellitenfernsehen 67
Scartkabel 66 f.
Schablone 32
Schlageisen 168
Scharnier 96 ff.
Scherbe 78
Schienensystem 124 ff.
Schlagbohrmaschine 253 ff., 257
Schlagholz 168
Schleifen 134
Schleifklotz 249, 257
Schleifmaschinen 255
Schleifpapier 249, 257
Schlingenflor 144
Schnittstellen 198
Schranktüren 96 ff.
Schraube 118 ff., 120
Schraubendreher 250, 257
Schraubschlüssel 249
Schraubzwingen 250, 257
Schreibtisch 182 f.
Schreibtischleuchten 182 f.
Schuhschrank 110
Schutzleiter 58
Schwimmende Verlegung 167
Schwingschleifer 255, 257
Seifenspender 210
Seitenschneider 252, 257
Sicherung (Elektro) 58 f.
Silikon 92
Singleküche 71
Siphon 228, 240 ff.
Sitzplätze 76 f.,
Sockelleisten 150, 169
Spachtelmasse 24
Spannseilsystem 156 f.
Spannungsprüfer 58 f., 250
Spachtelcreme 116
Spiegel 108 f., 212
Spiegelhalter 212
Spiegelkleber 212
Spiegelschrank 216 ff.
Spüle 73 f.
Stechbeitel 250, 257
Steckdose 27
Steckschlüssel 249, 257
Stichsäge 255, 257
Strukturfarbe 114 f.

Tapeten 21 ff., 35 ff., 38 f.
Tapetennaht 21
Tapetensymbole 37
Tapetenwechselgrund 21
Tapeziertisch 39
Tassensiphon 228
Telefon 192 ff.
Telefonanlagen 194 f.
Teleskopverlängerungen 28
Teppichböden 143 ff.
Teppichbodenleisten 150
Teppichklebeband 147
Teppichsiegel 145
Textiltapeten 35
Theke 76 f.
Tisch 76 f.
Trägermaterial 35
Transformatoren 124 ff., 200
Treppenhaus 111
Trittschalldämmung 167
Trockenkeller 235
Trockner 240 ff.
Tufting 144
Türen lackieren 136

Übergangsprofile 169
Umleimer 238
Universaldübel 120 f.
Unterbauleuchten 102 f.
Untergrundbehandlung 21
USB 199

Velours 144
Verfugen 83
Verkleben 147, 149
Verstopfte Abflüsse 228
Vlies 112 f.
Vliestapeten 36, 152
Vorhangstangen 156, 158 f.

Wachsen 132
Wandabschluss 112
Wände grundieren 21
Wandeffekte 32
Wandfliesen 78, 81
Waschküche 235
Waschmaschine 240 ff.
Wasserhahn 226
Wasserwaage 51, 251, 257
WC-Sitz 230
Werkzeuge 247
Werkzeugkasten 251, 257
Wickelkommode 164

X-Haken 52

Zahnputzbecher 210
Zangen 251
Zapfventil 226
Zubehör 255
Zugeisen 168
Zusatzeignungen 146

Quickfinder

Arbeitsanleitungen

Abdichten

Fugen auffrischen 90

Arbeitsplatte abdichten 92

Aufhängungen

Wechselrahmen aufhängen 54

Küchenschrank aufhängen 94

Garderobe anbringen 122

Vorhänge 156

Vorhangstange befestigen 158

Regal aufhängen 178

Accessoires anbringen 210

Spiegel montieren 212

Spiegel mit Click-System montieren 214

Regalwand anschrauben 236

Böden

Teppichböden: Die Verlegearten 147

Teppichboden verlegen 148

Fußleisten befestigen 150

Fertigparkett und Laminatböden selbst verlegen 167

Click-Boden selbst verlegen 170

Elektroinstallation

Die Hauselektrik 58

Keine Angst vor Strom 59

Lichtschalter gegen Dimmer tauschen 60

Fernbedienung installieren 62

HiFi-Anlage anschließen 64

Fernseher & Co. anschließen 66

Unterbauleuchte anbringen 102

Hängeleuchte montieren 104

Schienensystem anbringen 126

Rauchmelder installieren 130

Telefoninstallation 192

Kabel verlegen 196

Computer verkabeln 198

Leuchtmittelwechsel 200

Bügeleisenschnur ersetzen 244

Fliesen

Selber fliesen 79

Fliesen: die Vorplanung 80

Wände richtig fliesen 81

Boden verfliesen 84

Lackieren

Holz aufarbeiten 132

Holz vorarbeiten 133

Türen lackieren 136

Heizkörper streichen 138

Möbelbau

Küchenschranktüren richten 96

Ausgebrochene Tür reparieren 98

Büromöbel zusammenbauen 184

Spiegelschrank anbringen 216

Kanten umleimen 238

Sanitärinstallation

Badewannenaufsatz selbst montieren 221

Massagebrause anbringen 224

Tropfender Wasserhahn 226

Verstopften Abfluss reinigen 228

WC-Sitz ersetzen 230

Waschmaschine und Trockner anschließen 240

Streichen

Wände & Decken selbst streichen 19

Die Vorarbeiten: Schlüssel zum Erfolg 20

Untergrund vorbehandeln 21

Alte Tapeten entfernen 22

Risse & Löcher zuspachteln 24

Richtig abkleben 26

Flüssigdispersion streichen 30

Kreative Wandeffekte 32

Wände strukturieren 114

Mit fester Farbe streichen 176

Fliesen überstreichen 207